합충형파해 강론

사주정석: 氣相命理의 진수

합충형파해 강론

사주정석:氣相命理의 진수

초판인쇄 2018년 06월 25일
초판발행 2018년 06월 27일

지은이 윤훈근
펴낸이 윤훈근

펴낸곳 밝은내일연구소(주)
출판등록 제2017- 000017
주소 경남 창원시 진해구 자은로 64번나길 15
전화 055)547- 8090
팩스 055)546- 9935
이메일 jinyoudosa@naver.com
홈페이지 brightttomorrow. modoo. at

* 잘못된 책은 교환해드리며, 책값은 뒤표지에 있습니다.
* 사전 승인 없는 무단 복제 및 무단 전재를 금합니다.

국립중앙도서관 출판예정도서목록(CIP)

합충형파해 강론 : 사주정석 : 기상명리의 진수 / 저자: 윤훈근. -- [창원] : 밝은내일연구소, 2018
　　p. ;　cm

ISBN 979-11-961626-4-1 13180 : ₩38000

사주 명리학[四柱命理學]

188.5-KDC6
133.3-DDC23　　　　　　　　　CIP2018019638

합충형파해 강론

사주정석: 氣相命理의 진수

윤훈근 尹焄根 지음

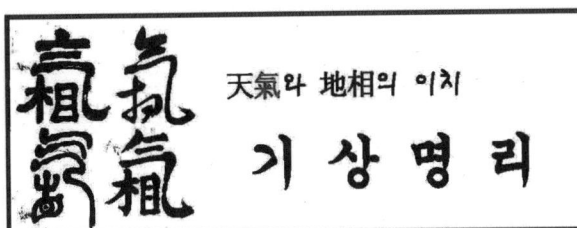

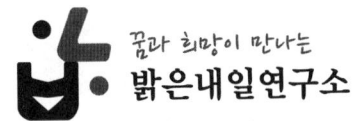
밝은내일연구소

합충형파해 강론을 펼치면서…

　감히 이 책의 부제로 '氣相으로 보는 사주명리의 진수'라 덧붙였다. 氣는 기운(氣運)을 의미하고, 相은 물상(物相)을 의미한다. 氣-相은 陽-陰 또는 天-地의 표현이다. 동양철학의 사상적 카테고리인 '영원성'은 봄-여름-가을-겨울… 사계절 순환으로 설명된다. 사주명리는 과학이 아니라 과학보다 정밀하고 완벽한 자연 순환을 과학적 논리로 설명할 따름이다. 과학적 논리는 세상만물의 자연 순환과 영원성에 기인하여 발달하였으니, 사주를 과학이라 일컫는 것은 대 자연의 위대함을 무시하는 처사이리라.

　하늘 기운에 의한 만물의 순환을 사주체계에 비유하면 천간은 氣(양)이고 지지는 相(음)이다. 음양이 사상-팔괘-16괘-32괘-64괘로 분화하는 데는 기적(氣的) 요소가 필요하고, 이 기적 요소를 천지가 열리면서 세상만물이 드러나는 현상에 비유하여 天-人-地로 표현한다. 人을 오행에 비유하면 土이고, 사주체계에 비유하면 지장간이라 할 수 있다. 하늘의 움직임을 땅에 전달하고, 땅의 생성된 기운을 하늘에 전달하는 기적 요소가 지장간인 셈이다.

　무릇 사주체계의 태동은 하늘 기운에 의한 땅에서 물상의 생장쇠멸을 문자화한 것이다. 천지의 변화를 읽지 않고서는 사주를 간명할 수 없다. 하늘 기운의 흐름에 따라 땅에서 물상이 생장쇠멸하는 과정을 살피고자 하는 것이 기상명리이고, 생장쇠멸 과정에서 발생하는 현상을 분별하고자 하는 것이 합·충·형·파·해 등의 관계성과 작용이다.

　하늘에서 비가 내리니 땅에서 물상이 생장하고, 땅에서 아지랑이가 피어 하늘로 올라가 다시 비가 되어 내리게 된다. 천지가 상응하여 기상이 운행되는 전화-전환-변환 과정을 설명한 것이 합·충·형·파·해 등이다. 천간에서의 운행은 천간합의 방향성이고, 지지에서의 운행은 삼합의 운동성이다. 천간합-지지삼합의 운행과정에서 조화를 이루고자 하는 작용력이 합·충·형·파·해 등의 작용관계인 것이다.

흔히 우리는 합·충·형·파·해 작용관계를 수학공식처럼 외우고 사주팔자에 적용하기도 한다. 합은 좋고 충은 나쁘다느니, 합은 묶이고 충은 묶인 것을 풀어준다느니, 이형(二刑)보다 삼형(三刑)의 작용력이 크다느니, 파·해는 중요하지 않다는 항간의 말들은 십간십이지의 고유한 특성과 천지의 기상흐름을 궁구하지 않은 까닭이다.

육합, 육충, 육해, 육파 등 6개로 공식화하거나, 辰과 亥를 빼고 형을 논하는 것은 전개논리를 합리화하기 위한 수단일 뿐이다. 寅巳申亥-子卯午酉-辰未戌丑의 작용이 다른데, 子丑-寅亥-卯戌-辰酉-巳申-午未 등을 같은 육합의 작용으로 볼 수 있겠는가. 또 어느 사주를 막론하고 합·충·형·파·해 등이 혼재할 수밖에 없는데, 어느 작용을 어떻게 봐야 하는지 명확하지 않다. 가령 巳申은 刑도 되고, 合도 되고, 破도 되니 그러하다.

그래서 기상명리에서는 합·충·형·파·해의 작용은 발동조건이 부여되었을 때 작용력이 발동하고, 동기부여가 되지 않으면 합·충·형·파·해 관계가 성립되더라도 발동하지 않는다는 것을 명확화하였다. 이는 천간-지지의 기상(氣相) 흐름으로 밝히는 독창적 논거들이다.

이 책을 계기로 사주간명에 있어서 논리를 외워 적용하는 일차원적인 논법에서 탈피하여 만물의 생장쇠멸에 기인한 사주체계의 본질을 깨우치고 사주학의 발전에 보탬이 되기를 바라는 심정이다.

戊戌年 五月에 시루봉 자락에서
盡洧 尹焄根 쓰다.

일러두기...

　　이 책은 본 저자가 창안하여 출간한 『기상명리』의 내용을 바탕으로 한 사주간명기법이다. 십간십이지의 고유특성과 천간-지지의 방향성을 근거로 삼았고, 간지가 서로 만날 때 일어나는 현상을 합·충·형·파·해 관계로 설명하고 그 작용의 성립조건-발동원리를 다루었다. 이해를 돕기 위하여 우리가 이미 알고 있는 합·충·형·파·해 관계로 설명하고 있지만, 간지 상호관계에서 발생하는 작용을 말하고자 함이다.

　　기상명리에 의한 합·충·형·파·해 논법은 본 저자가 출원·등록한 독창적인 내용이다. 『기상명리』와 『합충형파해 강론』에서 말하는 간지관계와 작용은 일반적인 사주논리와 이질적인 면이 없지 않다. 가령 육합 중에서 합이 아닌 것이 있고, 형이 아닌데 형작용을 하는 것 등을 밝히고 있다. 기존의 합·충·형·파·해 관계법칙에만 빠져 있으면 이 책의 본질을 이해하지 못하거나 엉뚱한 논리로 현혹한다고 치부할 수 있다. 본 저자의 『기상명리』를 먼저 읽은 후에 이 책으로 함께 사주간법을 궁구하기를 당부하는 바이다.

　　기상명리의 합·충·형·파·해 작용관계를 이해하는데 필요한 氣-相의 흐름을 간략하면 다음과 같다.

▷ 음양 본위 = 천간 기운(氣)에 의한 지지 물상(相)의 흐름
▷ 천지인 논리 = 천간합 방향성 - 지지삼합 운동성 - 지장간 흐름
▷ 四象(시간) 개념 = 사주궁위의 근-묘-화-실, 만물의 생-장-쇠-멸
▷ 오행 관점 = 4궁위+윤회궁, 수목화금+토, 사주팔자+합·충·형·파·해

차 례

합충형파해 강론을 펼치면서 ·················· 5
일러두기 ····························· 7

제1장. 간지의 이해 ····················· 15
  1. 간지의 생성원리 ····················· 16
  2. 간지의 구성원리 ····················· 19
  3. 간지의 기본속성 ····················· 22
  ※ 지지에서 물상태동의 이해

제2장. 천간론 ························ 25
  1. 십간의 기상운행 ····················· 26
  　양간·음간의 기상분별 / 천간의 음양분위 운동
  　양간·음간의 운행과 성향
  2. 십간의 의의와 작용 ··················· 39
  　【1】 甲 ························ 39
  　【2】 乙 ························ 44
  　【3】 丙 ························ 48
  　【4】 丁 ························ 51
  　　※ 丙·丁-庚·辛　※ 丁·癸
  　【5】 戊 ························ 58
  　　※ 戊己=稼穡
  　【6】 己 ························ 63
  　【7】 庚 ························ 66

※ 甲·庚-乙·辛
【8】 辛 ································· 72
【9】 壬 ································· 77
※ 壬과 亥의 차이
【10】 癸 ································ 82
※ 윤회·정신의 인자

제3장. 지지론 ················· 91
1. 12지지의 기본속성 ············· 92
　【1】 亥 ································· 92
　【2】 子 ································· 96
　【3】 丑 ································ 100
　【4】 寅 ································ 103
　　※ 甲과 寅의 차이
　【5】 卯 ································ 106
　【6】 辰 ································ 110
　【7】 巳 ································ 112
　【8】 午 ································ 115
　　※ 巳와 午의 차이
　【9】 未 ································ 119
　【10】 申 ······························· 122
　【11】 酉 ······························· 126
　　※ 酉의 손상
　【12】 戌 ······························· 130
2. 12지지의 발현과 전환 ········· 133
　【1】 寅巳申亥 ······················· 133

차례　9

인사신해 생지의 태동/ 인사신해 기운의 발현(우합)

※ 천라지망의 이해

【2】 子卯午酉 ……………………………… 136

子卯午酉의 기상전환/ 子卯午酉 오행본질의 특성

子卯午酉의 발현과 방향성

【3】 辰未戌丑 ……………………………… 142

진미술축의 작용적 의미/ 진미술축의 戊己 의미

※ 인사신해의 戊 의미/ ※ 午 중 己 의미

진미술축 지장간의 흐름

진미술축에서 水火-木金의 흐름

제4장. 간지 기상론 ……………… 155

1. 간지의 기상흐름 …………………… 156

水火-木金의 음양본위 운동 / 천간의 기상흐름

지지의 기상흐름/ 천간_지지의 기상관계

※ 간지를 살필 때 주요관점

2. 사계의 기상운행 ……………………… 167

1) 겨울의 기상운행 …………………… 168

2) 봄의 기상운행 ……………………… 171

3) 여름의 기상운행 …………………… 174

4) 가을의 기상운행 …………………… 177

3. 간지의 음양본위 운동 …………… 179

1) 양 본위의 癸丙-乙庚 ……………… 180

癸丙-亥卯未 / 乙庚-寅午戌

2) 음 본위의 丁壬-辛甲 ……………… 185

丁壬-巳酉丑 / 辛甲-申子辰

　　　　3) 본위가 불분명한 천간합 ············· 190
　　　　　　甲己, 丙辛
　　　4. 천간합-삼합-형·파 관계 ················ 195
　　　　1) 癸丙(癸乙)-亥卯未-子卯 ············· 198
　　　　2) 乙庚(丙庚)-寅午戌-卯午 ············· 200
　　　　3) 丁壬(丁辛)-巳酉丑-午酉 ············· 203
　　　　4) 辛甲(壬甲)-申子辰-酉子 ············· 205
　　　　《기상흐름의 운행분석 총론》

제5장. 합충형파해 ··············· 213

1. 합·충·형·파·해 작용관계 ············· 214
　　합 / 충 / 형 / 파 / 해 의미와 작용관계
2. 인사신해의 합충형파해 ············· 225
　　1) 寅巳申亥의 발현 ············· 225
　　　※ **천라지망의 이해**
　　2) 寅申과 巳亥 ················· 237
　　3) 寅巳와 申亥 ················· 242
　　4) 巳申과 亥寅 ················· 249
　　5) 인사신해 상호관계의 방향성 ········ 258
　　6) 인사신해의 입묘 ············· 260
　　　- 亥辰/ 巳戌/ 寅未/ 申丑
3. 자묘오유의 합충형파해 ············· 267
　　1) 子午와 卯酉 ················· 267
　　2) 子卯와 午酉 ················· 273
　　3) 卯午와 酉子 ················· 280
　　4) 子卯午酉의 합·천과 입묘 ········· 286

午未/ 子丑/ 子未/ 午丑/ 卯戌/ 酉辰/ 卯辰/ 酉戌
　　※ 卯辰과 酉戌의 차이
　5) 子卯午酉의 암합 ………………… 295
　　- 卯申/ 酉寅/ 子巳/ 午亥
4. 진미술축의 합충형파해 …………… 304
　1) 辰戌과 丑未 ………………… 306
　2) 辰未 관계 ………………… 310
　3) 未戌 관계 ………………… 315
　4) 戌丑 관계 ………………… 320
　5) 丑辰 관계 ………………… 324
　　진미술축 형파의 작용관계와 발동조건 / 삼형의 이해

　　　　　제6장. 간지의 기상운행 ……………… 333
　　　　　　甲子/ 丙子/ 戊子/ 庚子/ 壬子 ………… 334
　　　　　　乙丑/ 丁丑/ 己丑/ 辛丑/ 癸丑 ………… 343
　　　　　　甲寅/ 丙寅/ 戊寅/ 庚寅/ 壬寅 ………… 352
　　　　　　乙卯/ 丁卯/ 己卯/ 辛卯/ 癸卯 ………… 360
　　　　　　甲辰/ 丙辰/ 戊辰/ 庚辰/ 壬辰 ………… 368
　　　　　　乙巳/ 丁巳/ 己巳/ 辛巳/ 癸巳 ………… 377
　　　　　　甲午/ 丙午/ 戊午/ 庚午/ 壬午 ………… 385
　　　　　　乙未/ 丁未/ 己未/ 辛未/ 癸未 ………… 393
　　　　　　甲申/ 丙申/ 戊申/ 庚申/ 壬申 ………… 402
　　　　　　乙酉/ 丁酉/ 己酉/ 辛酉/ 癸酉 ………… 411
　　　　　　甲戌/ 丙戌/ 戊戌/ 庚戌/ 壬戌 ………… 420
　　　　　　乙亥/ 丁亥/ 己亥/ 辛亥/ 癸亥 ………… 429

※ 참고한 문헌들 ………………… 438

천부경天符經

고려시대 포은 정몽주, 목은 이색, 야은 길재와 더불어 오은五隱중에
한 사람인 농은農隱의 유집에서 발견된 천부경문

氣와 相으로 보는 기상명리의 진수

合沖刑破害 강론

간지의 이해
천간론
지지론
간지기상론
합충형파해
간지의 기상운행

제 1 장

간지의 이해

간지의 생성원리

간지의 구성원리

간지의 기본속성

지상에서 물상태동의 이해

간지의 이해

사주가 성립된 시기는 대략 한대(漢代)이다. 2천여 년 전의 사회구조는 남자가 중심이 되는 사회였고, 부모와 官(벼슬)을 중시하던 사회였으며, 사회·직업 등이 분화되지 않은 사회였다. 정치·경제·문화 등 사상은 시대상을 반영하기 마련이다. 사주체계와 논리 또한 그 시대가 추구하는 삶의 형태를 담았을 것이다. 사주체계를 구성하는 중심 이론이 남자, 부모, 벼슬, 학문, 정신 등이었음을 짐작할 수 있다.

만약 지금 시대에 사주·관상 등 동양술수학이 전개된다면 여자, 자식, 재물, 기술, 물질 등이 주요관점이 되지 않았을까. 고대 이론을 그대로 현대에 적용하는 것은 한계가 있을 수밖에 없는 이유이다. 사주를 간명함에 있어서 고전적 법칙에 얽매이지 말고 간지의 기본속성으로 현대적 관점에서 바라보는 지혜가 필요하다.

사주는 과학이 아니라 기상(氣相)을 담은 간지학이다. 간지는 천지만물의 운행과정을 음양·오행의 원리를 기초로 삼아 글자(간지)화 한 것이다. 10천간·12지지 각 글자의 특유한 기운을 표상(表象)하여 만물운행의 방향성을 제시하였다. 그런데 우리는 사주팔자를 단순히 생극과 육친으로 법칙화하고 격국·용신이론에 얽매여 십간십이지의 본질을 무시하는 경향이 있다. 일간 중심의 생극-육친 개념, 월지 중심의 격국·용신 등은 사주를 보는 테크닉에 불과할 뿐이다.

1. 간지의 생성원리

천자문 첫머리에 "天地玄黃 宇宙洪荒"이 가장 먼저 등장한다. 인간의 삶은 천지우주를 벗어날 수 없음을 말하고 있다. 우주에 대해서 "사방천지가 宇이고, 오래전부터 지금에 이르러 온 것이 宙이다"[1]라고 하였다. 천지가 열리면서 우주가 펼쳐졌다는 말이다.

고대 중국인은 천지가 먼저이고, 우주는 천지 안에 있는 것으로 착각하였던 모양이다. 다만 여기서 천지우주라는 거대한 공간이 태고로부터 시간적 영속성으로 이어간다는 사상적 카테고리였음을 알 수 있다. 인간은 천지우주의 시간과 공간 내에 존재하고 그 흐름에서 살아가는 존재임을 말하고 있음이다.

천지자연은 인간의 삶과 무관하게 영원성을 면면이 이어간다. 자연은 인간의 길흉화복과 무관하게 순리에 따라 순차하고, 만물은 천지자연의 흐름에 따라 생장쇠멸을 거듭한다. 인간 또한 만물 중 하나이기에 천지자연의 흐름에 따라 살아가는 존재일 뿐이다.

인간이 만물의 영장이라 자처해도 지진이나 태풍을 막거나 비를 내리게 하거나 해와 달을 변화시킬 수 없다. 만약 인간이 자신의 목적을 달성하기 위해 자연의 순리를 거스르면 문제가 발생하게 된다. 사주팔자가 한 인간의 천지자연이라면 일간은 그 환경의 흐름에 편승하여 살아가는 존재에 불과하다.

사주팔자에서 십간십이지가 어떠한 형태로 존재하든 고유한 본질은 변하지 않는다. 가령 만물의 생명체가 태동하여 성장하는 모습을 甲·乙으로 표현하였다. 이를 나무(목)에 비유하면 봄·여름·가을·겨울 어느 환경에 있든 木이라는 본질은 변하지 않는다. 계절적 환경에 따라 그 모양새와 작용력에 차이가 있을 뿐이다.

사주간지에서 목을 나무, 화를 불, 토를 땅, 금을 돌, 수를 물, 개념으로 오행을 정립하면, 사주체계의 근본원리인 만물의 생장쇠멸 과정을 이해할 수 없다. 사주에서 십간십이지는 음양오행의 기운을 천간과 지지로 분별하여 그 속성에 맞는 글자로 특징하고, 사람의 태어난 연월일시를 만물의 생장쇠멸 과정으로 체계화했기 때문이다. 간지의 고유한 특성을 이해해야 하는 이유이다.

---

1) "上下四方謂之宇, 往古來今謂之宙".

木 간지를 이해해보면, 천간 甲乙은 목기(甲)가→ 목질(乙)로 전화하는 모습을 표현하고, 지지 寅卯는 천간 甲乙기운이 지지에서 펼쳐지는 물상·계절적 흐름으로 설명한다. 그런데 우리는 甲·寅은 양목이고, 乙·卯은 음목이라는 개념(공식)에 사로잡혀 있다.

甲·乙·寅·卯의 자구적 의미를 보자.

　　甲 - 십간의 첫째, 거북 등딱지, 씨앗 껍질을 뒤집어 쓴 모양.
　　乙 - 십간의 둘째, 새, 굽다, 싹이 트는 모양.
　　寅 - 지지의 셋째, 삼가다, 크다, 동료, 동관(同官).
　　卯 - 지지의 넷째, 무성하다, 왕성하다, 문을 밀어 여는 모양.

甲·乙·寅·卯의 자구적 의미에서 '나무'라는 뜻은 어디에도 없다. 그런데도 큰 나무-작은 나무로 의인화하고 등라계갑(藤蘿繫甲)을 잘못 해석하는 오류를 범하고 있다. 甲·乙·寅·卯는 만물이 발생·발산하는 기운·모양새를 오행으로 木에 비유하였고, 이를 간지 글자 甲·乙·寅·卯로 표현하였다. 즉 천지만물이 발생·발산하는 기운을 천간에서 甲·乙, 지지에서 寅·卯라는 글자로 표상화한 것이다.

甲은 씨앗을 둘러싼 딱딱한 껍질을 뚫고 나오는 발생의 기운이고, 乙은 갑에서 나와 싹을 틔우고 발산하는 형상으로 보는 것이 마땅하다. 寅은 비겁(동료)에 해당하고 밖으로 드러남에 삼가고 조심해야 하고, 卯는 펼치는 기운이 왕성하다는 의미로 받아들여야 한다.

사주팔자 어느 한 글자라도 중요하지 않은 글자가 없다. 반론하면 특정한 한 글자가 그 사람의 인생을 좌지우지하는 것이 아니다. 10천간·12지지는 사주궁위 또는 비·식·재·관·인 어디에 속하든 그 글자가 가진 의미와 고유한 기운은 사주팔자에서 작용한다. 만약 격국·용신·조후·통근·강약 등 이론적 공식에 얽매이면 숲을 보지 못하고 나무만 보는 격이다. 나무를 비롯한 모든 기운·물상은 자신이 뿌리내린 환경조건에 따라 모양새가 달리진다는 사실을 간과해서는 안 된다.

사주간지는 음양오행의 이치에 있다. 음양을 오행으로 나누고 오행을 다시 음양으로 분별하여 십간십이지로 분별한다. 천간을 10개로 구성한 것은 만물의 생장쇠멸을 주관하는 기운이고, 지지를 12개로 구성한 것은 사계절을 12월로 나누어 계절적 흐름으로 물상을 주관하는 개념이다. 사주팔자는 한 인간의 생장쇠멸 과정이기에, 천간-지지의 속성 즉 기운-물상의 흐름을 파악해야 한다. 간지의 기본적 속성과 기상(氣相)의 방향성을 살피는 것이 간지론이다.

2. 干支의 구성원리

하늘 기운에 의해 땅에서 물상이 변화하여 영속성을 갖는 것은 자연의 이치이다. 『자평진전』에서 "천간은 動하고 지지는 靜한다"[2]고 하였다. 천간은 스스로 움직이니 하늘에서 기운(氣)이 먼저 일어나고, 지지는 고요하니 하늘 기운에 의해 땅에서 물상(相)이 움직이고 변화하는 것이다.

『연해자평』에서 "바야흐로 하늘은 子에서 열리고, 땅은 丑에서 열리니 사람의 생은 寅에서 비롯된다. 천지의 의도가 시작되고 일어나니 만물이 생겨난다"[3]고 하였다. 하늘에서 甲기운이 열리면 땅에서는 子에서 일양이 시생하고, 子는 丑을 열고 丑에서 寅이 태동하여 하늘의 甲기운이 비로소 땅에서 형성되는 것이다.

하늘에서 갑이 처음 열릴 때 땅에는 아직 천지현황(天地玄黃)하고 우주홍황(宇宙洪荒)한 상태이다. 천지가 현황하여 분간되지 않고 생명체가 드러나지 않은 혼돈의 시기이다. 하늘에서 천기가 열었음에도 땅

---

2) "天動地靜", 沈孝瞻 原著, 徐樂吾 評註, 『子平眞詮評註』.
3) "是時天開於子, 地闢於丑, 人生於寅, 始立天地之義, 萬物生焉", 徐升 編, 『淵海子平評註』.

에서는 아직 아득한 기운으로 천지를 분간할 수 없다. 이 단계를 지지로 보면 亥이다. 해가 갑을 품었는지 갑이 해에서 잉태되었는지 알 수 없는 시기이다. 子에서 일양이 시생함으로써 비로소 甲 존재를 알게 되고, 水는 목을 기르면서 존재가치를 얻게 된다.

子는 만물 생성의 원초적 기운이니 子에서 하루를 시작하고 한 해를 여는 기운이 발현된다. 子에서 하루가 시작되지만 실제로는 밤이고, 일양이 시생하지만 실제로는 추운 겨울이다. 만물은 丑에서 땅을 뚫고 寅에서 나올 수 있는 것은 子에서 일양을 얻었기에 가능하다.

하늘 기운에 의해 땅에서 물상이 변화한다는 관점에서 기상(氣相)의 시작은 水이다. 60갑자의 구성을 보면 甲子에서 시작하여 癸亥로 끝난다. 마지막 癸亥에서 甲이 잉태되어 甲子로 시작하는 것이다.[4] 이것이 甲이 亥에서 장생하는 원리이기도 하다. 만약 하늘에서 갑이 열리는 순간 곧바로 땅에서 갑이 드러난다면 甲寅이라는 간지가 형성되었을 것이다.

甲 → 하늘에서 만물의 생명체의 태동 기운(甲)을 열어주고,
子 → 땅에서 하늘의 일양(一陽) 기운을 얻어 亥에서 잉태한
　　 甲을 키우기 시작한다.
丑 → 子에서 기른 甲이 뚫고 나오도록 땅을 열어준다.
寅 → 천간 갑 기운이 땅에서 현실화된다.

이처럼 하늘 기운이 땅에서 현실화되기까지 3개월의 시차가 발생한다. 기-상의 전환에 시간적 오차가 있음이다. 마치 하늘에서 비가 내리면 빗방울이 땅에 도달하는데 시간이 소요되는 것에 비견된다.

寅에서 목이 드러남과 동시에 火가 장생하고, 火는 水가 힘을 잃어야 나올 수 있다. 寅卯에서 수생목으로 수를 말리고 진에서 수를 입묘

---

[4] 甲子를 천간으로 보면 甲·癸이다. 癸水에 의해 甲木이 태동하니 甲子에서 육십갑자를 시작했을 수도 있다. 癸→甲의 발현은 축에서 이루어진다.

시키니 巳에서 화가 발현된다. 즉 辰·未·戌·丑은 기존의 기운을 쇠멸시 킴으로써 다음 기운을 장생시키는 자리이다.

 진·미·술·축에서 다음 기운을 낼 수 있는 것은 전 단계 묘·오·유·자에 서 기운을 얻었기 때문이다. 진미술축의 지장간 흐름을 보면, 축에서 辛·癸에 의하여 甲이 드러내고, 진에서 乙·癸에 의하여 丙은 발현되고, 미에서 丁·乙에 의하여 庚이 드러나고, 술에서 辛·丁에 의하여 壬이 발 현된다. 甲·丙·庚·壬 천간 기운은 癸·乙·丁·辛에 의하여 발현된다.

 이처럼 천간-지지의 기운-물상의 전화·변환은 지장간에서 잘 표현 하고 있다. 진·미·술·축 지장간에는 癸·乙·丁·辛으로 구성되어 있고, 癸· 乙·丁·辛을 지지로 보면 子·卯·午·酉이다. 진미술축에 癸乙丁辛으로 구 성된다는 점에서 수화기운과 목금물상이 전화·변환되는 자리가 진미술 축임을 알 수 있다.

지지 토	진	미	술	축
지장간	乙癸戊	丁乙己	辛丁戊	癸辛己

〈진·미·술·축의 지장간〉

 진미술축에서 천간 기운을 지지 물상으로 전화·변환시키니, 진미술 축은 정(靜)하는 지지를 동(動)하게 하는 작용을 한다. 천간 기운이 지 지에서 물상으로 드러나기 위해서는 진미술축을 거쳐야 발현되기에 곧바로 물상이 드러나지 않는다. 甲·丙·庚·壬의 태동은 丑·辰·未·戌 토 를 거쳐야 나올 수 있는 것이다. 인간이 땅을 벗어나 살 수 없고, 조 상의 기운을 이어받은 부모로부터 태어나는 것과 같다.

 甲순을 보면 갑자-갑인-갑진-갑오-갑신-갑술 순이다. 갑이 子-寅- 辰-午-申-戌로 목이 생장하여 금으로 변환되어 쇠멸하는 과정이다.[5]

---

5) 육효에서 휘천납갑을 붙일 때 양괘(건·진·감·간)는 子-寅-辰-午-申-戌로 순

천간에서 갑이라는 기운이 발현되니, 시간적 흐름에 따라 지지에서 물상이 현실화되고 전화·변환되는 것이다. 이는 인오술 과정으로 천간으로 보면 乙→庚 방향성이다. 나머지 丙·庚·壬순도 마찬가지이다.

이처럼 甲·丙·庚·壬 천간 기운은 亥·寅·巳·申에서 잉태되고, 子·卯·午·酉에서 실질적으로 발현되어, 丑·辰·未·戌을 거쳐서, 다음 단계인 寅·巳·申·亥에서 각각 드러난다.

3. 간지의 기본속성

음양·오행의 논리는 생극론으로 빠지기 쉽다. 음양은 양 극단에 위치하지만 조화를 이루어야 물상을 형성할 수 있고, 음양을 조화롭게 하는 논리가 천지인(天地人) 개념이다. 천지인의 음양조화를 오행으로 보면, 목화(양)-금수(음)을 조화롭게 하는 인자가 土다. 음양이 계속 분화하여 조화를 이루면서 만물이 생장쇠멸하게 되는데, 이를 부호화한 것이 육효에서 64괘이다.

육효(점성학)는 인간이 하늘에게 물음을 청하는 순간 하늘이 답한 기운을 살피는 것이라면, 사주는 인간이 태어난 순간 받은 하늘과 땅의 기운을 사주팔자로 살피는 것이다. 사주팔자는 태어난 순간의 천지우주의 원초적 기운을 담은 것이라면, 대운은 선천적 기운의 흐름 방향이고, 세운은 대운의 변화에 따른 행동요령이라 할 수 있다.

10천간은 하늘기운의 흐름이고, 12지지는 땅에서 물상이 변화하는 과정이다. 천간은 기운·기세이고 지지는 물상·물질인 셈이다. 천간은 순수한 기운이라면, 지지는 실질적 물상의 변화이다. 천간이 생각이라면, 지지는 현실이다. 천간이 官(벼슬)라면, 지지는 財(재물)이다.6)

차하고, 음괘(태·리·손·곤)은 丑-亥-酉-未-巳-卯로 순차하는 것과 같다.
6) 재관을 음양적 관점에서 간지로 분별하면 관(양)은 천간에 속하고, 재(음)는 지지에 속한다. 천간은 동하는 기운이니 분명하게 드러나는 것이 좋고, 지지

10천간의 하늘기운이 12지지의 땅 물상의 흐름을 주관하게 된다. 하늘의 고유한 10개 기운으로 땅에서 물상이 12개의 지지로 운행된다. 마치 하늘에서 해가 뜨고 달이 지고, 비가 내리고 햇살의 강도에 따라 만물의 모양새가 바뀌어가는 것과 같다. 땅(지지)에서 만물이 생-장-쇠-멸하는 과정이 춘하추동이다.

사주간지의 기본속성을 얼굴에 비유해서 살펴보자.

사주	성향	얼굴
천간(양)	하늘, 이상, 사상, 정신, 인성, 관(명예), 질, 선천	이마
지지(음)	땅, 현실, 물질, 육체, 식상, 재(재물), 량, 후천	입·턱

〈간지의 기본속성〉

천간은 하늘의 순수한 기운이라면 지지는 복잡한 물상이다. 천간을 얼굴에서 이마에 비유되고, 지지를 입·턱에 비유된다. 천간은 시작의 기운이라면, 지지는 결과이자 결실물이다.

천간은 무형적 속성이라 할 수 있다. 타고난 성품·기질을 의미하고, 이상, 질(質), 명분, 기운, 정신적인 것을 지향하는 기본적 경향성이다.

지지는 유형적 속성으로 물질, 양(量), 경제적 실익, 행위적 영향력, 실질적 행동성향, 현실적인 것을 추구하는 기본적 경향성이 있다. 지지는 현실적 삶의 수단·도구이고 사계절의 변화를 주도하기에 월지가 중심이 된다.

만약 천간에 官이 없으면 명예에 대한 욕구와 정신적인 것을 충족하려는 경향성이 있다. 반면에 지지에 官이 있으면 명예를 얻기 위해 치중하는 경향이 있다. 한편 명예에 치중한다는 것은 재물성취가 약하다

는 정하는 물상이니 완전히 드러나면 다른 물상으로 전환되어야 한다. 그래서 관은 드러나는 것이 좋고, 재물은 감춰져야 하니 천간의 재는 공공성 재물 또는 자신만의 재물이 아니라는 의미가 있다.

는 의미가 있고 재물을 탐하면 실패한다는 의미도 된다.

※ 지지에서 물상 태동의 이해

지지에서 물상의 전환과정을 인간에 비유해보자.
甲 기운의 투출은 남녀에게 사랑하는 감정이 싹트는 것과 같다. 사랑은 결혼을 통하여 현실화되기 시작한다. 정자·난자(辛씨앗)가 음양교합으로 수정된 상태가 亥이고, 수정란이 착상되어 태아가 성장하는 과정이 子이고, 만삭으로 태동을 준비하는 시기가 丑이고, 출산하는 단계가 寅이다. 寅은 자식이니 金에서 나온 새로운 물상이 木이다.
亥에서 甲이 장생한다지만 엄밀히 말하면 잉태를 위한 교합이라 할 수 있다. 子는 춥고 어두운 환경이라고 하지만 모태에서 태아가 활발하게 움직이듯 보이지 않는 역동성을 가진다. 丑은 얼어붙은 동토라고들 하지만 실제로는 엄청난 역동성과 폭발성을 감추고 있다. 처음 만나는 세상에 대한 기대감과 세상 밖으로 나와야 하는 두려움·고통을 감내해야 한다. 산모의 고통과 출산의 폭발성은 丑에서 甲이 땅을 뚫고 나오는 에너지와 역동성에 비유된다. 인에서 갑이 록을 얻었다고 하지만 따지고 보면 갓 나온 새싹이요 어린아이에 불과하다.
子丑의 생명력과 역동성은 밖으로 드러나 보이지 않으니 인간이 인지하거나 체험하지 못할 뿐이다. 드러나 보이는 寅에서 갑의 역동성을 보는 오류를 범하기 쉽다. 그래서 寅에서 갑이 록을 이루고, 卯에서 왕지에 이르러, 辰에서 기운이 쇠하여, 巳에서 병(病)에 든다고 하는 것이다. 실제로 목은 卯辰巳에서 왕성함을 모르는 것이다.
나머지 丙·庚·壬 등의 발현도 甲의 발현과정과 같다.

제 2 장

천간론

양간.음간의 기상분별
천간의 음양분위 운동
양간.음간의 운행과 성향

십간의 의의와 작용

천간론天干論

1. 十干의 氣相운행

1) 양간·음간의 기상(氣相) 분별

먼저 10천간의 속성을 간략해보자.
갑/을 = 발생/발산하는 기운이고, 살아 있는 목 물상(생명체)이다.
병/정 = 분산/확산하는 기운이고, 금을 키우는 화 기운이다.
경/신 = 결실/수렴하는 기운이고, 실질적 金 물상이자 木 씨앗이다.
임/계 = 저장/보관하는 기운이고, 木을 키우는 水 기운이다.
무/기 = 중재/조절하는 기운으로 수·화 기운을 조절하여 목·금 물상을 완성하는 바탕이다.

甲 → 乙 → 丙 → 丁 → 戊 → 己 → 庚 → 辛 → 壬 → 癸…
시작→발산→분산→확산→중재→ 조절→결실→수렴→ 저장→보관…

천간 10개 글자는 만물이 발생·발산 기운으로 생성되어, 분산·확산 기운으로 성장하고, 응집기운으로 결실을 완성하여 수렴하고, 결실물을 저장·보관되었다가, 다시 생성되는 생장쇠멸 과정으로 설명된다.
종교·철학적 관점에서 윤회(輪回)이고, 인간의 관점에서 보면 부모-자신·배우자-자식으로 가문이 승계되는 것이다.
음양의 순환과 근본이치에는 양 중에 음이 있고, 음 중에 양이 있다는 사상적 유동성에서 비롯된다. 10천간은 기운(양)에 해당하지만, 물상(음)을 품고 있음이다. 천간(양)을 다시 음양으로 나누어 양간·음간으로 분별한 것은 단순한 음·양 분별이 아니라, 기운(양) 중 물상(음)

이 있음을 의미한다. 양간이 기운(양)이라면, 음간은 기운(양) 중 물상(음)에 해당한다.

천간에서 木·火·土·金·水 오행의 본기(本氣)는 양간이고, 양간(기운)의 모양새를 대변하는 본질(本質)은 음간이다. 가령 목은 甲 목기(木氣)에서 乙 목질(木質)로 모양새가 발현된다. 甲은 乙을 통하여 자신의 가치를 실현하고, 乙은 甲 기운에 의해 목 물상을 펼친다. 丙-丁, 戊-己, 庚-辛, 壬-癸 등 관계도 마찬가지이다.

천간 오행	목	화	토	금	수
본기(순수 기운)	갑	병	무	경	임
본질(물상 기운)	을	정	기	신	계

〈양간·음간의 기운·물상 분별〉

10천간 중 甲·丙·戊·庚·壬 양간은 순수한 기운이기에 물상으로 드러나는데 시간이 걸린다. 이에 비하여 乙·丁·己·辛·癸 음간은 양간의 기운을 함축한 물상을 대변하기에 곧바로 물상으로 발현된다.

오행으로 기상(氣相)으로 분별하면 수화기운은 발현이 늦고, 목금물상은 발현이 상대적으로 빠르다. 수는 성장한 목을 통하여 가치를 얻고, 화는 금 결실을 통하여 가치를 얻는다. 반면에 목·금은 곧바로 물상을 완성함으로써 스스로 가치를 얻게 된다.

총론하면, 물상의 흐름은 기(氣)에서 상(相)이 발현되는 것이다.

▷ 양→음을 내고, 수화(기운)→목금(물상)을 낸다.

▷ 수(기운)→목(물상)을 키우고, 화(기운)→금(물상)을 완성한다.

▷ 甲→乙, 丙→丁, 戊→己, 庚→辛, 壬→癸로 발현된다.

▷ 임(수)→갑(목)을, 계(수)→을(목)을, 병(화)→경(금)을, 정(화)→신(금)을 낸다.

기상명리에서 壬-甲, 癸-乙, 丙-庚, 丁-辛 관계에서 천지운행 및 사계작용 등으로 음양 본위를 살피는 이유이다.

2) 천간의 음양본위 운동

천간기운에 의한 물상의 흐름을 나무에 비유하면, 봄에 나무가 싹을 내어 지엽을 펼치고, 여름에 꽃을 피워 열매를 맺고, 가을에 열매를 완성하여 씨앗을 얻어, 겨울에 씨앗을 저장했다가, 다시 봄에 싹을 틔우는 생장쇠멸의 과정이다. 이 과정에서 戊土는 펼치는 기운의 바탕이 되고, 己土는 저장하는 기운의 터전이 된다.

木→火→土→金→水… 오행의 상생논리는 천간 기운의 흐름이다. 10천간의 운행 속성은 같은 오행이더라도 양간과 음간의 작용력에 차이가 있다. 가령 목생화는 목이 화를 낸다는 순행원리 뿐 아니라, 화가 목을 키운다는 상생원리도 내포되어 있다.

오행의 십간 명칭에서 천간의 흐름(운행)을 살필 수 있다.

목		화		토		금		수	
曲	直	炎	上	稼	穡	從	革	潤	下
乙	甲	丙	丁	戊	己	庚	辛	癸	壬
-	+	+	-	+	-	+	-	-	+
분산	발생	확산	성장	중재	조절	결실	수렴	보관	저장

〈10천간의 명칭과 속성〉

목은 곡직(曲直), 화는 염상(炎上), 토는 가색(稼穡), 금은 종혁(從革), 수는 윤하(潤下)라 명명한다. 오행 명칭을 음양으로 세분하면, 갑=곡(曲), 을=직(直), 병=염(炎), 정=상(上), 무=가(稼), 기=색(穡), 경=

종(從), 신=혁(革), 계=윤(潤), 임=하(下)이다.

이를 십간의 의미로 살펴보면,

○ 갑목이 뿌리를 내리고 땅 위로 뚫고 올라오니 직(直)이라 하고, 을목은 갑목을 바탕으로 가지와 잎을 내어 상하좌우로 분산운동을 하니 곡(曲)이다.

○ 병화는 을목을 바탕으로 사방팔방 분산·확산하여 꽃을 피우니 염(炎)이라 하고, 정화는 병화의 확산운동을 거두어 한 방향으로 일관성을 가지려 하니 상(上)이라 한다.

○ 무토는 살아 있는 생명체를 심고 기르는 바탕이니 가(稼)라 하고, 기토는 만물을 거두어 저장하니 색(穡)이라 한다.

○ 경금은 병화에 의해 열매가 형성되고 겉과 속을 완성해나가니 종(從)이라 하고, 辛金은 庚에서 떨어져 나와 완벽한 모습을 갖추어야 하니 혁(革)이라 한다.[7]

○ 임수는 신금을 저장해야 하기 위해 수기를 집중해야 하니 하(下)라 하고, 계수는 수기를 분산하여 신금에서 갑목을 내어 만물을 윤택하게 하니 윤(潤)이라 한다.

위 표에서 오행 명칭의 음양 배열을 보면,

화는 염(+)상(-), 금은 종(+)혁(-), 수는 윤(-)하(+), 목은 곡(-)직(+) 등으로 배열하였다. 다시 말해서 화·금은 염(丙)-상(丁), 종(庚)-혁(辛) 등 양(+)-음(-)으로 배열되고, 수·목은 윤(癸)-하(壬), 곡(乙)-직(甲) 등 음(-)-양(+)으로 배열되어 있다.

---

7) 혁(革)은 가죽 또는 갑주(甲冑, 거북 등껍질)와 같이 단단하다는 의미도 있다.
　庚=丙巳(丁午), 辛=壬亥(癸子). 즉 庚은 丙火가 필요하고, 辛은 壬水(亥)가 필요하다. 辛이 子水를 만나면 원하던 水가 아니지만, 子에 壬癸가 있기 때문에 辛壬癸로 연결되는 구조로 나쁘지 않다. 지지에서 酉子가 만나면 破하는 관계이지만, 조건이 좋으면 오히려 뻥튀기할 수 있는 것이다.

수·화는 음-양으로, 화·금은 양-음으로 배열한 것은 수→목을 기르고, 화→금을 키우는 과정을 표현한 것이리라.

만물의 생장쇠멸 과정을 보면, 수→목은 생명체의 씨앗을 잉태하여 저장·보관되었다가 새 생명체를 내놓는 생성물이요, 화→금은 살아 있는 생명체를 키우는 것이다. 즉 수→목의 과정은 음 본위의 활동이고, 화→금의 과정은 양 본위의 활동이다.

수가 목을 기르는 과정은 丁→辛→壬→甲으로 지표면 아래에서 목을 길러 밖으로 드러내니 음-양으로 배열한 것이고, 화가 금을 키우는 과정은 癸→乙→丙→庚으로 지표면 위에서 물상을 완성하여 수렴되어 저장되니 양-음으로 배열하였음이다.

오행 명칭의 음양 배열은 음 본위의 水→木 활동은 음양으로, 양 본위의 火→金 활동은 양음으로 배열한 것은 음양 본위에서 물상이 전환되는 형상을 구현한 것이다.

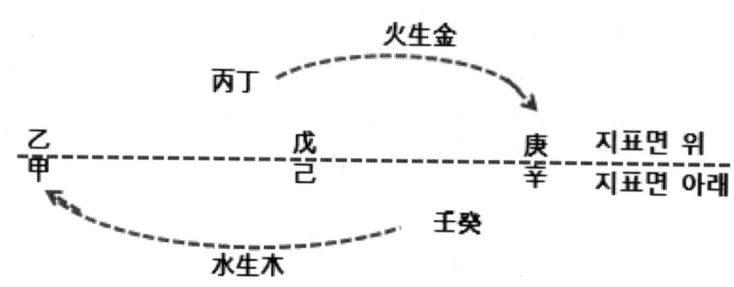

위 그림에서 수→목, 화→금 상생관계를 음양배열로 분별해보면,

수→목으로 발현되는 과정에서, 癸(-)→乙(-)은 양 본위에 있고, 壬(+)→甲(+)은 음 본위에 있다.

화→금으로 완성하는 과정에서, 丙(+)→庚(+)은 양 본위에 있고, 丁(-)→辛(-)은 음 본위에 있다.

이를 음양본위 운동으로 정리해보자.

◆ 수→목의 음 본위 활동

  수→목의 활동은 음→양 배열로 지표면 아래에서 지표면 위로 향한다. 음 본위에서 壬이 甲을 기르고, 양 본위에서 癸가 甲에서 나온 乙을 키운다. 수→목 활동은 壬→甲의 음 본위 운동이 癸→乙의 양 본위 운동으로 전환되는 것이다.

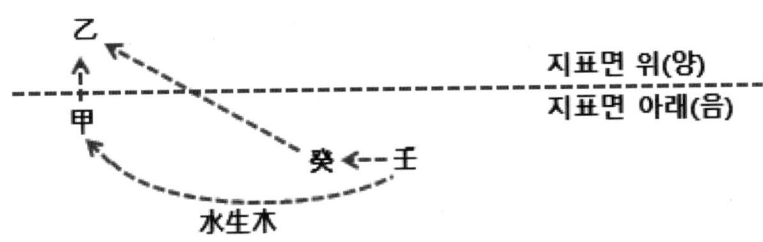

◆ 화→금의 양 본위 활동

  화→금의 활동은 양→음 배열로 지표면 위에서 지표면 아래로 향한다. 양 본위에서는 丙이 庚을 형성하고, 음 본위에서는 丁이 庚에서 분리된 辛을 완성한다. 화→금 활동은 병→경의 양 본위 운동이 丁→辛의 음 본위 운동으로 전환되는 것이다.

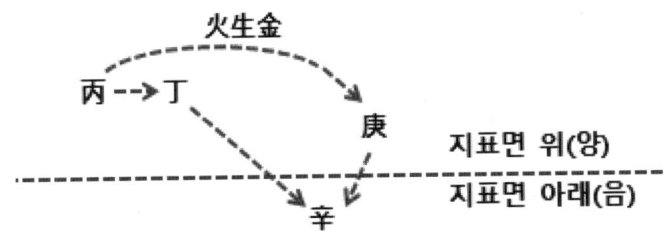

◆ 癸·丁-乙·辛의 음양본위 운동

  위 수→목, 화→금 활동의 그림에서, 지표면 위(양 본위)와 지표면 아래(음 본위)를 연결하는 인자가 乙과 辛이다. 양 본위에서 형성된 금 물상은 辛으로 전환되어 음 본위운동의 씨앗이 되고, 음 본위에서 발현된 목 물상은 乙로 전환되어 양 본위운동의 근원처가 된다.

　음양본위 운동을 상응하게 하는 목적물은 乙·辛이고, 乙·辛이 음양 본위운동으로 전환할 수 있는 것은 癸·丁이 있기에 가능하다. 癸의 분산작용이 없으면 乙이 양 본위에서 발현되지 못하고, 丁의 응집작용이 없으면 辛이 음 본위에서 저장되지 못한다. 만물의 기운을 돌리는 인자는 癸·丁이요, 물상의 표상은 乙·辛이다.

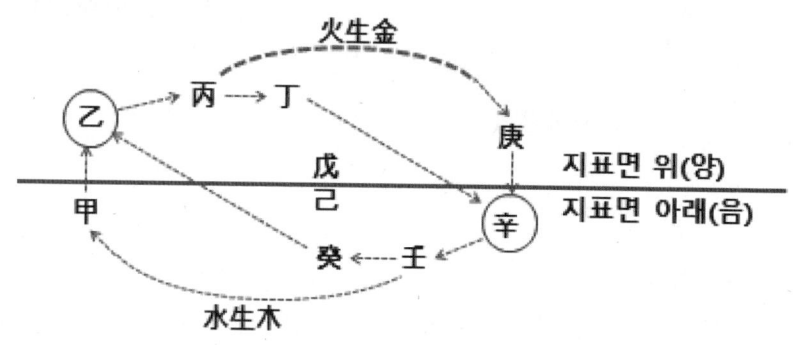

　위와 같이 癸-乙-丙-庚은 양 본위로 이어지고, 壬-甲-丁-辛은 음 본위로 이어진다. 戊土는 양 본위 운동을 돕고, 己土는 음 본위 운동을 돕는다. 이러한 음양 본위의 영역과 운행방향은 『기상명리』에서 살펴본 바와 같다.

　음양 본위의 방향성을 천간합으로 보면, 癸→丙, 乙→庚, 丁→壬, 辛→甲으로 향한다. 양 본위의 전체과정은 乙→庚에 있고, 음 본위 전체 과정은 辛→甲에 있다. 乙→庚 양 본위는 癸→乙-丙→庚의 과정으로 완성되고, 辛→甲 음 본위는 丁→辛-壬→甲의 과정으로 완성된다.

　癸乙戊丙庚 등 양 본위 인자는 분산·확산 작용을 하니 여러 가지 일을 하거나 한 가지 일을 오래하지 못하는 경향이 있고, 壬甲己丁辛 등

음 본위 인자는 응집·저장 작용을 하니 여러 가지 일을 동시에 하지 못하거나 한 방향으로 나아가려는 속성이 있다.

3) 양간·음간의 운행과 성향

앞에서 천간은 지지에서 물상이 생장쇠멸하는 만물의 운행(흐름)을 설명하였다. 양간(기운)→음간(물상)이 발현되고, 수→목→화→금으로 음양 본위를 거듭하면서 영속한다는 점을 살펴보았다. 여기서 다시 양간·음간의 운행과 성향을 정리해보자.

첫째, 甲乙
갑은 해에서 장생한다고 하지만 엄밀히 말하면 甲의 씨앗인 辛이 亥水에 담기는 단계이다. 해에서 갑은 辛 모습으로 있으니 불확실한 상태이다. 인간으로 보면 정자·난자가 합하여 수정된 상태라 할 수 있다. 子에서 일양이 시생하면서 딱딱했던 辛 껍질이 서서히 풀리기 시작하고, 축에서 癸辛己의 작용으로 辛 씨앗에서 새싹(갑)을 내기 시작하여 인에서 태동하게 된다.

卯에서 甲-乙이 전환되면서 甲은 乙에게 기운을 전달하고, 乙은 분산작용으로 목 형상을 완성한다. 乙 모양새에 따라 병화가 형성되고, 乙의 도움으로 丙은 확산운동을 강화한다. 午에서 丙-丁이 전환되면서 갑 기운은 未에서 입묘하고 乙 물상은 조절된다.

乙이 없으면 갑 기운은 유명무실하게 되고, 巳에서 꽃을 피울 수 없다. 양 본위에서 乙을 보지 못하면 근원이 없는 것과 같다. 乙의 결실은 庚이니, 乙은 酉에서 庚-辛이 전환되면 戌에서 입묘한다.

둘째, 丙丁
丙은 寅에서 장생한다고 하지만 실상은 갑 생명체의 발현으로 丙이

寅에서 잉태됨을 의미할 뿐이다. 병은 辰에서 癸·乙을 조절함으로써 巳에서 발현되고, 巳에서 庚을 맺기 시작하여 申까지 경을 키운다.

午에서 丙-丁으로 전환되면서 병화 기운을 丁이 이어받아 열기를 집중하여 庚을 단단하게 하여 辛으로 완성한다. 丙의 분산작용으로 庚이 형성되고, 丁의 응집작용으로 辛이 완성되는 것이다.

丙·丁이 함께 庚·辛 금 물상을 완성하는데, 丙의 목적은 庚에 있으니 戌에서 입묘하고, 丁의 목적은 辛에 있으니 丑에서 입묘한다. 丁이 亥에서 丁壬합으로 辛을 보관하니 병은 술에서 작용력을 상실하고, 癸가 축에서 분산작용으로 辛 씨앗을 발화시키니 丁은 축에서 응집작용을 상실하게 된다.

셋째, 庚辛

庚은 巳에서 장생한다고 하지만 실제로는 乙이 庚으로 변환하기 위해 암술·수술이 수정하는 단계이다. 庚은 丙에 의해 꽃 방울을 맺고 키워지지만, 丁에 의해 수기를 채워 단단한 모습이 갖추어진다.

酉에서 庚-辛으로 전환되면서 辛은 응집작용으로 금 물상이 완성된다. 辛의 모양새에 따라 임수가 형성되고, 수기가 왕성해지니 庚은 축에서 입묘한다. 辛의 완성은 甲의 씨앗을 얻는 것과 같다. 辛은 酉戌亥에서 자신을 가공하여 안전하게 보관되고, 子丑에서 癸가 분산작용을 寅卯에서 목으로의 변환을 마무리하니 辰에서 입묘한다.

넷째, 壬癸

壬은 申에서 장생한다고 하지만 현실적으로는 丁이 庚에 수기를 채워 임수로의 전환을 준비하는 단계이다. 壬이 甲을 내기 위해서는 금을 얻어야 하니 申에서 근원을 얻는 것이다. 壬은 유술해자축에서 辛을 가공하여 인묘에서 목을 완성한 후에 辰에서 입묘한다.

壬이 계속 辛을 품고만 있으면 갑이 나올 수 없으니 壬은 癸에게 자신의 일을 맡긴다. 子에서 壬-癸로 전환되면서 癸는 분산작용으로 辛을 허물어 갑을 내기에 癸의 작용력에 따라 갑 모양새가 결정된다. 癸의 방향성은 乙을 키워 丙으로 향하니 卯辰巳까지 분산작용을 강화하다가, 午에서 丙-丁이 바뀌면서 丁이 응집작용을 강화하니 未에서 입묘한다.

다섯째, 戊己

戊己는 조절·중재하는 기운이다. 戊는 양 본위에서 수→목→화→금으로 乙-庚의 완성을 돕고, 己는 음 본위에서 화→금→수→목으로 辛-甲의 완성을 돕는다. 戊는 癸乙丙庚의 활동을 돕고, 己는 丁辛壬甲의 활동을 돕는 것이다.

토의 근본은 만물을 기르고 생성하는 바탕·터전이다. 未에서 庚이 나오고, 丑에서 甲이 나오니 생명체를 내는 토의 본질은 己이다. 진미술축 중 축미에 己가 있으니 생명체를 내는 토는 丑·未이고, 살아있는 생명체(목)를 내는 己의 응집력을 함축한 토는 丑이다.

丑·未에서 물상의 발현은 60갑자의 子순행에서도 알 수 있다.

	60갑자									
甲子	甲子	乙丑	丙寅	丁卯	戊辰	己巳	庚午	辛未	壬申	癸酉	甲戌 乙亥
丙子	丙子	丁丑	戊寅	己卯	庚辰	辛巳	壬午	癸未	甲申	乙酉	丙戌 丁亥
戊子	戊子	己丑	庚寅	辛卯	壬辰	癸巳	甲午	乙未	丙申	丁酉	戊戌 己亥
庚子	庚子	辛丑	壬寅	癸卯	甲辰	乙巳	丙午	丁未	戊申	己酉	庚戌 辛亥
壬子	壬子	癸丑	甲寅	乙卯	丙辰	丁巳	戊午	己未	庚申	辛酉	壬戌 癸亥

〈육십갑자의 子순행〉

子에서 기운이 태동하여 丑(己)을 바탕으로 물상으로 전환되고, 午에서 변환된 기운이 태동하여 未(己)를 바탕으로 물상으로 전환된다. 甲丙戊庚壬 양간은 子에서 본기가 태동하여 丑에서 乙丁己辛癸 본질로 발현된다. 마찬가지로 午에서 발현된 양간의 본기는 미에서 음간 본질로 발현되어 다음 기운을 내게 된다. 이렇듯 子·午에서 새로운 생명력을 얻고 丑·未에서 새 생명을 내는 것이다.

子-丑과 午-未에서 물상이 발현되는 관계를 보면 甲에서→乙이, 丙에서→丁이, 戊에서→己가, 庚에서→辛이, 壬에서→癸가 나온다는 것을 알 수 있다. 즉 양간이 기운을 발현하여 음간에게 전달하고, 음간은 해당 기운의 모양새(물상)를 갖춘다. 양간 입장에서는 설기 또는 극을 당함이고, 음간 입장에서는 생을 얻음이다.

또 子丑→午未의 관계를 만물생성으로 보면 乙→庚, 辛→甲, 癸→丙, 丁→壬의 방향성에 있다. 극·합의 관계이기도 하다. 극을 당하는 인자는 합하려하고, 극하는 인자는 합으로 끌어들여 바탕을 이룬다. 만물의 운행은 극함으로써 생을 이어간다는 논리와 부합한다.

◆ 甲·丙·戊·庚·壬 양간의 성향

양간은 순수한 기운이기에 명예를 추구하고 장기적 안목이 있다. 스스로 물상으로 발현되지 못하니 다른 사람(음간)을 이용하게 된다. 보스 기질이 있고 사장 또는 지도자의 위치에 있게 된다. 사고가 권위적이고 보수적이지만, 기다릴 줄 아는 인내가 있다.

갑병무경임이 환경을 얻으면 펼치고자 하는 분산 기운이 강하게 발동한다. 대인관계가 왕성하고 오지랖을 부리는 탓에 도리어 자신을 피곤하게 만든다. 인사신해도 유사하다.

여자는 갑병무경임 양간으로 구성되면 환경조건이 좋지 않더라도 역동성을 발휘하지만, 남자는 양 태과로 인한 고달픔이 있다.

양(陽)은 홀수이니 양효(—)는 음양 짝을 채우려한다. 양간은 짝수(--)를 보면 그리워했던 짝을 얻게 되니 짝수를 귀하게 여긴다. 5만원

짜리 물건은 쉽게 사면서 4만원짜리 물건을 살 때는 고민하게 된다. 짝수가 홀수보다 더 크게 여겨지는 것이다.

◆ 乙·丁·己·辛·癸 음간의 성향

음간은 양간의 기운으로 물상을 완성한다. 현실적이고 실무형으로 내조(보좌)하는 2인자 격으로 실질적인 권력형이다. 지혜롭고 특별한 재능과 독특한 아이디어로 남들과 차별화 한다. 개방적이고 규칙에 억매이지 않지만, 끈기가 부족한 단점이 있다.

을정기신계가 환경을 얻으면 펼친 것을 거둬들이고 응집하려는 작용이 발동한다. 자신만의 영역을 구축하여 모양새를 완성하려는 성향이 있고 인간관계가 넓지 않다. 자묘오유도 유사하다.

남자는 을정기신계 음간으로 구성되면 환경조건이 좋지 않더라도 역동성을 발휘하지만, 여자는 음 태과로 인한 고달픔이 있다.

음(陰)은 짝수이니 음효(--)는 음양을 채우고 있다. 음간은 일단 호주머니에 들어가면 잘 내놓지 않는다. 3만원 달라고 하면 아까워하지만, 4만원 달라고 하면 오히려 쉽게 준다. 홀수를 빼주고 나면 짝을 이루지 못한다고 생각하기 때문이다.

◆ 양간과 음간의 성향비교

양간은 유일성이 있지만 융통성이 없고, 음간은 융통성(변화)은 있지만 한결같지 않다. 양간은 기운이니 스스로 힘으로 세상을 살아가는 경향이 있고, 음간은 양기로부터 물상을 얻으니 양간 겁재의 도움이 있다. 甲이 亥-子-丑-寅을 통해 힘들게 쌓아 놓으면 乙이 卯에서 곧바로 채가는 꼴이다. 음간이 양간에 비하여 삶에서 행운이 따르고 성취를 수월하게 얻는 이유이다.

특히 甲·丙·庚·壬이 亥·寅·巳·申 장생지에서 무언가를 얻고자 한다면 많은 시간이 걸리고 인내가 필요하다. 이럴 경우에는 학문·교육·종교·철학·연구·개발 등 장기적인 안목에서 성취를 얻는 직업이 좋다.

癸壬丙甲 乾　癸壬辛庚己戊丁 4
卯寅寅辰　　酉申未午巳辰卯

목이 방국을 이루어 태왕하고 양간으로 구성되었다. 甲·寅 목은 시작·발생의 기운이 강하고, 양은 펼치고자 하는 기운이 강하다. 壬일간이 寅월 환경까지 얻었으니 보스기질이 있고 분산하는 기운이 강하게 발동한다. 대인관계를 왕성하게 하고 오지랖이 넓은데, 세심하게 챙기는 것에는 약하다. 음간 입장에서 보면 무례하고 예의 없는 사람으로 볼 수 있다. 양간과 음간의 기질이 다르고 생각하는 바가 다르기 때문이다.

인월에 필요한 수기를 壬寅일주가 채우고, 癸卯시주로 발현된다. 갑진-인묘진으로 목 방국을 이루고 진이 수기를 말리지만, 丙寅-癸卯로 목 성장을 도모한다. 음 본위에서 壬→甲으로 발현하여, 양 본위에서 癸→乙로 드러내고, 丙이 乙을 키우는 구성이다. 辛金이 없으니 뿌리(씨앗)가 없는 격이고, 경금이 없으니 결실을 완성하기 어려운 꼴이지만, 木 발현과 성장은 갖추어졌으니 木을 위주로 하는 직업성에서 완성을 볼 수 있다. 또 지지에서 인묘진로 구성되니 癸丙이 주도하는 환경이다. 타인의 기운을 빼앗거나 타인을 통해 발현되는 구조이다. 정치에 몸을 담고 있으니 사주구성과 어울리지만, 선거직에서 결실을 보는데 불리하다.

辛未대운에 선거직에 출마하여 낙마하였다. 壬일간이 갑 씨앗인 辛을 얻었으니 뿌리를 얻은 격인데, 丙辛으로 丙·辛이 묶인다. 辛甲으로 발현코자 하는데 寅未-辰未로 목이 손상되니 병인월주가 활동력을 상실한다. 壬寅일주가 辛에 의지하여 목을 키우려하지만, 인미로 구성되어 계묘가 주도하는데, 미에서 癸卯가 영향력을 상실되는 까닭이기도 하다.

壬申대운 戊戌년에 재도전하였다. 壬申대운은 丙壬-寅申으로 월주·일주가 동하고 甲辰년주가 동한다. 인신으로 인묘진이 동하여 壬→甲 환경을 조성하는데, 戊戌년은 癸丙이 동하여 인오술로 금을 완성하려한다. 대운-세운의 방향성이 다르고 금을 완성하는 사주구조가 아니다. 설령 금을 완성해도 庚→辛을 내는데 시간이 걸리고 壬→甲을 얻기 어렵기에 가능성이 없어 보인다. 무엇보다 이 사주는 丙이 목을 키우는 것이 중요하기 때문이다.

2. 十干의 의의와 작용

【1】 甲

● 甲의 자구적 의미

십간의 첫째, 거북의 등딱지, 조가비, 껍질, 씨의 껍질. 싹트다. 새싹이 싹트면서 아직 씨앗 껍질을 뒤집어쓰고 있는 모양을 본뜬 상형문자이다.

갑을 나무에 비유하면 씨앗 껍질을 뚫고 뿌리와 싹눈이 나오는 목기(木氣)의 발현이다. 새싹이 땅을 뚫고 나오면서 아직 씨앗 껍질을 완전히 벗지 못한 형상이 갑이다. 갑은 땅 위에서 성장하는 목이 아니라, 땅 속에서 뿌리를 내리고 위로 솟구쳐 오르는 목기(木氣)이다.

● 새로운 생명체의 태동

갑의 태동은 음 운동이 끝나고 양 운동이 시작됨을 알리는 시작점이다. 갑은 자신을 에워싼 껍질(땅)을 깨고 나와야 한다. 기존의 틀을 깨뜨리고 새로운 모습을 드러내는 기운이다. 기존의 틀을 깨고 새롭게 시작해야 하니 객지로 나가서 자수성가한다.

갑은 새롭게 시작한다는 의미가 있고, 드러내는 성질이 있다. 자신을 숨기지 못하니 비밀을 숨길 수 없고 감추었던 비밀이 드러난다.

어리다, 미숙하다는 의미도 있다. 사업에서 한번 실패를 겪고 새로이 시작하는 경향이 있다. 가출을 해도 이유 없이 대책 없이 가출하는 경우가 많다. 갑은 결국 을에게 기운을 전달하니 남 좋은 일에 힘을 소비하거나 남에게 이용당하거나 뺏기는 꼴이다.

갑이 손상되면 뇌졸중 등 생명근원 또는 근본의 문제가 발생한다. 甲이 힘들 때는 다른 십간에 비하여 고통이 2~3배 더 크게 느낀다.

● 독립성과 학문성

갑은 태동하는 기운이니 독립성, 학문성이 있다. 공부든 일이든 열심히 하는데, 만약 수화 기운이 조절되지 않으면 도리어 나태·나약하고 독립성과 학문성이 없어진다. 보험, 증권, 학문, 교육, 의약 등 사람을 키우거나 살리는 일에 종사하면 좋다.[8]

● 직(直)하는 성질

한 방향으로 곧게 솟아오르는 기운이다. 바른 길로 가야한다는 의무감이 있고, 융통성이 부족하고 고집스럽다. 고지식하고 자존심이 강하여 타협하는데 약하고, 뻣뻣하여 고개를 숙일 줄 모른다. 일관성은 있지만, 뻔히 손해 볼 줄 알면서도 밀어 붙이고 갈 때까지 간다. 명예욕, 성취욕이 강하고, 폼 나게 살려고 한다. 심하면 골통분자가 된다. 火가 없으면 더욱 심하다.

甲이 卯를 보면 양인[9]이다. 갑을 관계도 마찬가지이다. 甲卯 또는 甲乙은 끝까지 끝장을 보는 경향이 있기에 삶에 왜곡이 있다. 프리랜서, 전문특수직 또는 몸으로 하는 직업에 종사하면 좋다.

---

8) 癸와 甲이 함께 있는 사주는 교육업에 종사하면 성공한다.
9) 양인 = 압력, 직업적으로 印星 대용으로 사용한다.
　　천간 겁재 = 정신적 양인으로 본다.

● 水火 기운이 필요하다.

목(물상)은 水에서 길러지고, 火에서 성장한다. 갑은 임수에서 길러지니 수가 없으면 뿌리와 싹눈을 내지 못한다. 甲·寅은 살아 있는 생명체로 기운과 물상을 함축하고 있으니 水가 절대적으로 필요하다.

『적천수』에서 "갑은 하늘을 치솟는 목이니 화를 만나야 하고, 봄(인묘진)에는 金을 용납하지 않고, 가을(신유술)에는 토를 용납하지 않는다. 火가 치열하면 辰이 있어야 하고, 水가 많아도 寅이 있으면 납수할 수 있으니, 수기가 천지에서 충분하면(壬, 癸, 亥, 子, 申子辰 등) 뿌리가 튼튼하여 천년을 세운다"10)고 하였다.

만약 甲이 水火 조절이 되지 않으면 미성숙하거나 가만히 있지 못하고 뛰쳐나간다. 甲의 본질·성향이 없어지고, 乙의 모습·성향으로 살아간다. 융통성이 있고 고집을 내세우지 않지만, 남 좋은 일을 하거나 바지사장인 경향이 두드러진다.

甲壬으로 구성되면 수기를 채워 뿌리 내리기에 집중한다.

甲丙으로 구성되면 甲의 성질을 버리고 乙의 성향으로 살아간다. 밖으로 뛰쳐나가는 성향이 더욱 강해진다. 丙입장에서는 甲에서 乙을 내야 하니 모습을 갖추는데 오랜 시간이 걸린다. 만약 운에서 수기가 채워지면 오랫동안 열심히 공부한 성과를 보게 된다.

壬丙 관계에서 목금이 없으면 목표가 없다. 이 때 갑이 오면 발전하게 된다. 壬甲丙이 되면 수생목 목생화로 아름답게 만든다.

甲子 甲辰은 고향을 떠나야 성공할 수 있다.

● 甲 장생 의미

목 물상의 장생은 잉태한 상태를 말한다. 亥 중 甲은 마치 정자·난

---

10) "甲木叄天, 脫胎要火, 春不容金, 秋不容土, 火熾乘龍, 水宕騎虎, 地潤天和, 植立千古",『滴天髓』.

자가 수정한 단계와 같다. 해 중 갑은 완전한 수정체가 아니기에 안정을 취해야 하고 함부로 나다니지 못한다. 해에서 갑을 꺼내 사용하고자 한다면 오랜 시간이 소요되는 것이다.

亥가 甲을 기르니 공부하거나 내부 활동에 치중하게 된다. 만약 亥 환경이 좋지 않으면 갑은 뛰쳐나가려 속성이 발동하고, 밖으로 나가야 성취할 수 있다. 壬甲은 스스로 목을 길러야 하니 특별한 기술, 자격증 등 인성(印星)으로 승부해야 한다.

亥는 임신·잉태의 상으로 음란성을 의미하기도 한다. 해 중 갑을 취해야 하는 구조에서 음란성을 발휘하는 경우가 많다. 간지로는 壬寅 乙亥 등이다. 乙亥는 을이 해 중 갑을 취해야 하고, 乙·亥 자체가 도화 인자이기도 하다.

● 甲 물상의 입묘

甲은 未에서 입묘하고, 乙·癸는 입고한다. 목 물상의 입묘는 금 물상으로 변환되어 순환하는 순리에 따른다. 다만 목 물상이 입고되는 문제 즉 활동력이 조절당하거나 현실적 손상이 동반된다.

갑은 미가 입묘지이면서 천을귀인이기도 하다. 갑이 未를 보면 甲午가 己를 보는 것과 같으니 오히려 좋아하기도 한다. 한편 甲己합과 마찬가지로 甲이 자신의 모습을 완전히 잃어버린다. 미에 한 번 빠지면 헤어 나오지 못한다.

甲未에 辛이 있으면 丁·辛에 의해 다시 태어날 희망을 갖는다.

甲未에 壬이 오면 水관련, 접객업, 무역업 등에서 발달한다.

● 甲 궁위와 육친

갑이 년·월에 있으면 일찍 부모·형제를 떠나 살거나, 가족관계가 완만하지 못하다. 배다른 형제·부모·조상이 있다.

갑이 일·시에 있으면 배우자·자식과 떨어져 생활하거나, 밖으로 나다니는 직업을 갖는다. 특히 일간이면 뭐든 깨뜨리거나 다시 시작하려는 기운이 강하다. 時에 있으면 깨뜨리고 다시 시작하는 자식이 있거나, 자신의 노년 삶이 그러하다.

여자가 甲관성(寅일지)이면 애 같은 남편이거나, 자수성가한 남편이거나, 왔다갔다하는 남편을 둔다. 남자는 부인의 모양새가 그러하다.

● 甲己

갑이 기를 만나면 본토로 돌아가는 숙명이 발동한다. 갑은 태어날 땅을 얻은 것이니 터전을 잡고 뿌리를 내리려고 한다. 갑이 己에 들어가면 제 모습을 잃어버린다. 새롭게 시작하는 기질이 없어지고 이러지도 저러지도 못하는 상황에 봉착한다. 己도 甲을 만나면 새로운 생명체를 품어 자신의 존재가치를 실현하고자 한다. 갑기는 서로를 보면 무조건 끌어당기는 경향이 있다. 애정관계에서도 한번 빠지면 헤어 나오지 못하거나, 설령 싫더라도 쉽게 놓지 못한다.

甲己는 乙庚이 합하여 乙 속성이 없어지는 것과 다르다. 庚이 乙을 끌어들이는 것은 모양새가 변환되는 것이지만, 己가 甲을 끌어들이는 것은 품기 위함이니 모양새가 없어지는 꼴이다.

乙甲辛丁 乾　甲乙丙丁戊己庚3
亥午亥酉　　　辰巳午未申酉戌

木이 亥월에 앉았으니 바탕을 얻은 셈이고, 丁·辛이 투출하여 甲으로 발현되는 구성이다. 지지도 사유축-신자진으로 구성되니 丁壬이 발현되어 辛甲을 완성하는 흐름에 부합한다. 해월에 화가 필요하니 丁년간을 바라보고 丁酉로 금을 가공하니 군인출신이다. 다만 갑오일주가 인오술로 금을 담으려하고, 午亥로 酉金을 亥에 담으니 의지가 앞서게 되고, 辛이 강하니 亥에서 甲이 발현되는데 시간이 걸리게 된다. 또한 갑은 乙에게 자신의 기운을 빼앗기게 되는데, 乙이 시간에서 해묘미로 차지하는 형상이다. 장교로 임관하였지만 크게 발달하지 못하고 소령으로 예편하였다.

己酉대운은 丁酉를 강화하고 甲己로 바탕을 이루니 군인의 길을 선택하였다. 이 때 갑기는 합으로 기반되는 것이 아니라 바탕을 이루게 된다. 戊申대운부터 乙이 주도하기에 크게 발달하지 못하였다. 대운이 받쳐주지 못하니 사주그릇에 비하여 발달하지 못한 것이다. 이 사주가 대운의 영향을 많이 받는 것은 甲午일주에 乙亥시주가 동주하여 양 본위를 형성하기 때문이다.

【2】 乙

● 乙의 자구적 의미

십간의 둘째, 새, 드러내다, 굽다. 굴신(屈身), 봄에 초목이 싹을 틔워 성장하는 모양을 본뜬 상형문자이다.

갑이 직(直)이라면, 을은 굴신(屈身)하는 曲 모양새이다. 乙은 마치 넝쿨이 이리저리 분산하는 굽은 모양새이다. 자신을 드러내기 좋아하고 역마성이 있다. 자유자재로 움직이니 손재주·글재주가 있다.

● 乙은 갑에서 나온 목 물상

을의 뿌리·바탕은 갑이다. 乙은 甲을 이용하여 분산운동을 활발하게 전개한다. 타인의 희생(갑)으로 번영을 이루는 것이 을이다.

『적천수』에서, "을목은 유약하지만 丑未(소·양)을 다스릴 수 있고, 丙丁이 있으면 申酉(원숭이·봉황)도 괜찮고, 지지가 허습해도(亥子) 午가 있으면 넉넉하니, 甲(寅)이 있으면 봄·가을도 괜찮다"[11]고 하였다.

甲은 乙의 겁재이지만 甲·寅을 만나면 자신의 능력을 발휘하게 된

---

11) "乙木雖柔, 刲羊解牛, 懷丁抱丙, 跨鳳乘猴, 虛濕之地, 騎馬亦優, 藤蘿繫甲, 可春可秋", 『滴天髓』.

다. 乙의 활발한 모습 이면에는 갑의 희생이 있으니, 乙 입장에서 보면 보이지 않는 고통·아픔이다. 乙은 남모르는 아픔이 있거나 보이지 않는 희생이 뒤따른다는 의미도 있다.

● 새, 굴신, 분산 등 직업성
말·입과 관련된 직업, 자신을 드러내는 직업, 뽐내고 가꾸는 직업. 타인을 이용하거나 자신의 손재주를 특화한 직업, 활동적인 직업에 어울린다. 언론, 방송, 교육, 학원, 변호사, 의사, 간호사, 요리사, 영업, 프리랜서, 건축, 설계, 조각, 서예, 미술, 작가, 예술·예능, 아티스트, 미용, 제조 등 직업에서 성과를 얻는다.
乙 환경이 좋으면 몸을 이용한 의사 등 고급직종이다.
乙 환경이 부합하지 않으면 힘들게 몸(힘)을 사용하는 직업성이고, 성적 욕구가 강하게 발동한다. 火를 보지 못하면 더 심하다.
乙이 위치한 궁위의 육친 또는 직업성은 乙의 성향을 보인다.

● 실질적, 현실적
타인에게 굽힐 줄 알고 자신을 낮출 줄 안다. 실무형 스타일로 보스보다는 실질적 권력을 행사하는 2인자 위치가 적절하다. 사업을 하더라도 자신이 챙겨야 하는 실무형 대표자이다. 기발하고 참신한 아이디어가 있고 현실적인 재주·재능이 있다.

● 분산작용-불안정
을은 땅에 뿌리를 두지 않고 갑에 의지하여 펼치니 갑 모습에 따라 흔들리게 된다. 갑에 매달려 흔들리는 나뭇가지와 같이 불안정한 모양새이다. 을은 펼치고 성장을 추구하는데, 화가 없으면 성장하지 못하니 불안정성이 두드러진다.
왕성한 활동성을 발휘한다, 성장하다, 크게 키우려한다, 머물러 있지 않는다, 가만히 있지 못한다. 항상 움직인다, 터전을 떠나다, 혁신하다, 세우다, 아름답게 꾸미다, 포장하다 등 의미가 있다. 甲에서 벗어나 자유로움을 즐기니 '자유로운 영혼'이란 별칭이 어울린다.

식상으로 일의 전개·과정에 해당하지만, 응집하는 작용이 약하니 마무리·수습을 잘 못한다. 한 가지 일에 집중하지 못하거나, 2가지 일(직업)을 하는 경우가 많다. 성공여부와 관계없이 인기·도화·음란성을 동반한다. 만약 화가 없으면 육체적 음란성으로 변질되기 쉽다.

● 乙庚

乙의 목적은 火를 통하여 庚을 얻는데 있다. 乙→庚의 과정은 卯辰巳午未申에서 이루어지니 수보다 화가 더 필요하다.

만약 乙庚이 있고 丙이 없으면 丙운에서 서두르거나 빨리 당겨서 써먹으려한다. 좋은 것도 빨리 당겨 써먹고 나쁜 것에도 빨리 당한다.

甲은 乙의 수단이고, 乙은 庚의 수단이다. 乙은 결실을 얻기 위해 분산작용을 하지만 정작 결과를 내고 나면 자신은 없어지고 庚이 좋아진다. 甲에게 乙이 겁재이듯이, 을에게 경은 비겁이다. 갑을은 십신으로 비겁(목)이니 남 좋은 일에 자신을 희생하는 경향이 있다.

갑이 기를 만나는 것과 같이 을이 경을 만나면 乙 성향이 약화된다. 乙은 庚을 통해 가치를 얻지만, 庚은 양에서→음으로 즉 辛으로 전환되기 때문이다.

한편 辛甲과 乙庚은 목 입장에서 관성의 조합이다. 乙이 未에서 조절되어 庚으로, 辛이 丑에서 조절되어 甲으로 변환된다. 乙未와 辛丑은 목·금 물상이 입고하여 목↔금이 전환되는 자리이다. 새로운 물상을 내니 인기·도화성을 동반한다.

乙未는 보이는 인기(도화)라면, 辛丑은 감춰진 음란(도화)이라 할 수 있다. 모두 다른 이성을 찾거나 자칫 이성문제를 일으킬 여지가 있다.

丁乙癸壬 坤　丙丁戊己庚辛壬1
丑巳卯寅　　申酉戌亥子丑寅

乙일간이 卯월에 앉아 乙癸가 주도하는 환경이고, 계묘월주가 인묘진-해묘미를 구성한다. 卯월에 필요한 수기를 년·월에서 壬·癸가 채워준다. 癸는 壬에서 수기를 채워 乙에게 제공하는 사주흐름이 양호하다. 壬寅-癸卯-乙巳-丁丑 간지구성이 음양 본위에 부합하고, 사주구성이 목을 가공하여 금을 완성하는 흐름이다. 사주구성이 원만하면 대인관계가 원만하고 자신의 능력을 발휘한다는 의미한다. 다만 여명이 사주구성이 좋고 능력을 발휘한다는 것은 자신이 가장노릇을 한다는 의미로도 해석된다. 현대는 자신을 위주로 한 사회구조이니 좋을 수도 있고, 여성의 고유한 본성 관점에서 보면 좋지 않을 수도 있다. 좋고 나쁨은 개인의 사고관념, 가정형태, 상황에 따라 달라질 것이다.

乙이 성장하기 위해서는 丙이 필요한데 丁이 옆에서 응집하고, 庚이 없으니 작용력을 발휘하는데 제약이 있다. 乙일간은 巳일지를 통해 성장하고 巳 중 庚을 얻으면 좋은데, 사가 사유축으로 끌려가고 丁·巳가 바짝 붙어 乙을 돕는게 아니라 피곤하게 된다. 乙은 巳 중 庚을 얻기 어려우니 불만을 갖게 되고, 巳는 乙·卯와 丁丑 사이에서 정체성을 잃는다. 戊戌대운에 별거하였고 소송 끝에 丁酉대운 乙未년에 법정이혼하였다. 연이어 땅도 사고 승진도 하였다. 丁酉대운에 丁癸-卯酉로 기운을 돌리고 癸卯월주가 동한다. 정임-사유축으로 구성되어 임인으로 완성되니 본질적 문제를 해결하고 성과도 얻었음이다. 궁위 시간흐름에 따라 丁丑시주에서 壬寅년주로 금을 완성하여 목을 발현하는 방향성으로 돌린 것이다.

이 사주는 년월-일시의 방향성이 다르기에 삶에 왜곡이 있었다. 만약 이 사주가 남명이라면 巳 중 庚을 통해 더 크게 발달했을 수도 있다. 월·일이 子卯형 구조로 乙巳에서 금을 얻기 수월하고, 巳부인은 내조가 본질이기에 가정왜곡을 초래하는 경우가 적기 때문이다. 그러나 여명에게 己남편이 내조가 본질이 아니기에 가정왜곡이 뒤따르고 발전에 제약이 있게 된다. 이 여명은 壬寅-癸卯 모양새에 따라 어린아이를 가르치고 키우는 일에 종사하고 있다.

【3】 丙

● 丙의 자구적 의미

십간의 셋째, 사물의 세 번째, 남쪽, 밝음, 굳세다. 풍성, 묘막(墓幕), 크고 풍성한 제사상을 본뜬 상형문자이다.

병은 당당하고 굳세니 땅·뿌리 등 근본적 환경에 연연하지 않고, 乙을 통하여 庚 열매를 키우는 성향이다. 확산작용이 강화되니 자신이 필요하다고 생각하면 주위를 둘러보지 않는다.

● 확산작용

병은 펼치고 확산하는 기운으로 양을 완전히 드러내 모든 것을 밝게 비춘다. 밝음을 추구하고 명확한 것을 좋아하며 폼 나게 살려고 한다. 완전히 드러나기에 숨을 곳이 없고 숨겼던 것이 밝혀진다. 똑똑하고 화려한 만큼 최고가 되기를 원하고 띄워주면 좋아한다.

화무십일홍(花無十日紅)이라 하였다. 성질 급하고 일을 서두르지만 오래하지 못한다. 빠르게 속전속결을 좋아하여 성패가 다단하게 된다. 마음에 들지 않으면 불만이 많고 참지 못한다. 심하면 다혈질적이 되는데 뒤끝은 적은 편이다.

확산작용이 본질이니 가만히 있지 못한다. 신강·신약과 상관없이 질주본능이 있다. 못해먹겠다 때려치운다 하면서도 계속하게 된다. 집에 돈이 없고 가족이 굶어도 자신의 주머니에는 돈이 있어야 한다.

● 번영의 인자

화는 정신(精神)을 주관하는 기운이고, 성장·발전·번영의 인자이다. 묘막(墓幕)과 큰 제사상은 가문의 번창·영광을 상징하고, 한시적인 것을 의미하기도 한다. 번영의 인자이기에 한시적이지만 그만 둘 수 없다. 만물에 비유하면 꽃은 한시적이지만 열매를 품고 있으니 확산작용을 그만 둘 수 없는 것과 같다. 비록 번영의 인자이지만 브레이크를 잡지 못하면 크게 실패하게 된다. 일시적 번영이 되기 쉽다.

● 乙-庚의 전환과정

병은 인오술(火)로 乙을 성장시켜 庚으로 전환시킨다. 병은 乙 또는 庚이 있어야 자신의 능력을 발휘할 수 있다. 乙이 없으면 위법·편법을 동원하게 되고, 庚이 없으면 끝까지 가서도 미련을 버리지 못한다.

丙·庚 구조는 세력을 키우고 규모를 확장하려는 경향을 보인다. 庚을 보기 좋게 만들어야 하니 부풀리거나 과장·허풍이 있다.

만약 丙이 신자진을 만나면 경을 사용하기 어렵고, 도리어 소극적으로 변하여 암암리에 캐내려 하거나 의심이 많게 된다.

● 丙辛

丙이 辛을 만나면 庚을 완성해야 하는 자신의 본성을 잃어버린다. 巳가 酉를 만나도 巳의 본성이 상실된다. 다만 丙이 酉를 만나면 酉 자체가 재물이면서 귀인을 만난 격이니 나쁘지 않다.

『적천수』에서, "병화가 맹렬하면 눈·서리를 업신여기고, 능히 경금을 제련하니 신금을 만나는 것을 두려워하고, 토(戊)가 중하면 자애로움이 있으니 수가 창궐해도 충절이 있다. 인오술이 갖추어졌는데 갑목이 오면 반드시 태워 없애버린다"[12]고 하였다.

---

12) "丙火猛烈, 欺霜侮雪, 能煅庚金, 逢辛反怯, 土衆成慈, 水猖顯節. 虎馬犬鄕, 甲木若來, 必當焚滅", 『滴天髓』.

다시 말해서 丙은 乙→庚을 완성하는데, 辛을 만나면 자신의 가치를 실현하기 어렵다. 丙은 인오술이 형성되면 경을 키우니 甲이 손상될 수밖에 없다. 甲午가 술을 만나도 마찬가지이다. 인오술에서 갑이 손상되어야 乙이 작용력을 잃으니 경이 완성될 수 있다.

丁丙丙甲 乾 壬辛庚己戊丁9
酉戌寅辰　 申未午巳辰卯

丙일간이 寅월에 앉아 수기가 없는 상태에서 정유를 끌어들여 인오술로 금을 얻고자 한다. 인월에 갑진이 인묘진을 구성하기에 병인월주가 이롭게 작용하니 직업적 성취가 있다. 다만 丙寅월주가 인사형을 발동하고, 인오술로 향하니 甲·丁이 손상된다. 丙이 乙도 없고 庚도 없으니, 병인으로 甲을 키워야 하는데, 시간이 지나면서 정유를 통해 갑을 얻으려하게 된다. 암암리에 크게 먹으려는 것인데, 인오술에서 갑이 손상되고 진 중 乙이 발현되기 어렵다. 丙은 점차 丁모습 또는 비겁을 통한 寅午戌-丁酉-午酉-酉戌로 불법·편법적 성향을 갖는다.
己巳대운은 갑기합으로 묶이고 인사형이 발동하니 금을 찾아 헤매는 불법성이 강화된다. 그런데 戌일지에서 화를 조절하기에 결혼을 통해 안정되었다. 더불어 丁丙丙으로 혼잡하니 결혼이 불미한 구조인데, 戌일지가 화기를 조절하니 결혼 후 발복하거나 처의 도움이 있게 된다. 병술일주에서 丙이 丁으로 전환되어가고 辛이 투출하지 않은 까닭이기도 하다.
庚午대운은 경이 투출하여 인오술을 완성하니 크게 이루었다. 甲庚충으로 甲辰년주가 동하고 인오술로 갑을 입묘시키니 조상과 관련된 사업이고, 丙·丁이 동하니 동업으로 재물을 얻었다. 庚午대운 마지막 壬辰년부터 막히기 시작하여, 辛未대운 첫해인 癸巳년에 빚더미에 앉았고 51세 甲午년에 파산신청을 하고 신용불량자가 되었다. 丙이 丁酉를 끌어들여 위법·편법으로 쌓은 재물을 청산해야 하기 때문이다. 관상으로 보면 사애에 걸린 것이다. 辛未대운은 丙辛-戌未로 일주가 형·합하고

甲·寅 손상이 가중된다.
　이 사주는 丙의 확산기운은 성향이 강하고, 을경이 없는 상태에서 丁을 끌어들이니 위법·편법성향이 있고, 인사가 천간-지지로 동조하여 부추기니 질주본능에 브레이크를 잡지 못한 것이 실패의 원인이다. 빚진 돈은 갚지 않으면서 자기 하고 싶은 일은 하고 아직도 한방을 노리는 사업을 구상하고 있다. 寅월에 수기가 없고, 丙이 庚을 얻지 못한 경향성이다.

【4】 丁

● 丁의 자구적 의미

　십간의 넷째, 고무래13), 정, 옥소리, 장정(壯丁), 강성하다, 친절하다. 정·못 모양을 본뜬 상형문자이다.
　丁은 밭을 고르고, 아궁이의 재를 긁어모으고, 돌을 다듬는 등 정리하고 다듬는 작용이다. 장정(壯丁)과 같이 혈기가 왕성하면서도 한 곳으로 힘을 집중하여 자신만의 모습을 가공한다. 정과 같이 뾰족하면서도 친절하고 온화한 이미지가 있다.

● 화기(火氣)→열기(熱氣)로 전환(이중성)

　丁을 나무에 비유하면 활짝 핀 꽃(丙)을 떨어뜨리는 기운이다. 乙-丙에서 펼쳐놓은 것을 응집하여 가공한다. 庚을 형성하기 위해 丙을 억제하여 화기→열기로 집중력을 발휘하는 것이다.
　양→음으로의 전환점이니 집중력과 조절력이 요구된다. 화기가 지나치지도 약하지도 않아야 하니 午에 己가 들어 있다. 화는 펼치는 것이 본질인데 정은 응집작용을 해야 하기에 이중성이다. 화의 본질에 따라

---

13) 고무래 : 곡식을 펴고 끌어 모으거나, 밭에 흙을 펴거나, 아궁이에 재를 긁어모으는데 쓰는 丁자 모양의 도구를 말한다.

뭔가를 펼치다가 어느 순간 축소해버리고, 대인관계를 넓히다가 어느 순간에 차단하는 성향이 있다.

　분산을 응집한다는 것은 정신력은 집중될지언정 활동력은 상대적으로 약화된다. 현실적으로는 자금회전, 현금유통의 문제, 부도, 장애 등 乙(활동성)의 문제로 나타난다. 축소하고 정리하게 되는데, 만약 담보 대출 등으로 문제를 해결하면 묶이는 현상이 가중된다.

● 상관(독특), 집중력

　丁은 특유의 상관 기질을 발휘하여 자신만의 공간을 만든다. 흐트러지거나 벌려놓는 것을 싫어한다. 확장된 것을 조절·응집하여 한 곳으로 집중시킨다. 고치고 정리하고 줄여서 완벽함을 추구하는 성향이 있다. key point, 핵심을 원한다. 그만큼 이기적이고 자기중심적이다.

　차별화된 자기만의 독특한 색깔, 성향, 모습, 고집이 있다. 통제·억제하는 기질과 독특함이 있으니, 세무, 감찰, 법조계, 변호사, 교육, 학자, 의료 등에 어울린다.

● 乙 조절

　乙→庚으로 전환될 수 있는 것은 丁이 있기에 가능하다. 乙의 분산 작용을 조절할 수 있는 인자는 丁 밖에 없다. 乙-丁은 작용력이 다르고 음양 본위가 어울리지 않지만, 만물순환에 있어서는 반드시 조화를 이루어야 할 관계이다. 지지로 보면 卯午이다.

　乙丁 관계에서 乙활동이 통제되지만 이는 경을 얻기 위함이다. 乙丁에서는 水를 채우거나 木을 강화해야 한다. 만약 乙이 작용력이 완전히 상실하면 庚을 얻지 못하고, 반대로 乙이 지나치게 왕성하면 丁이 乙을 응집하지 못하니 庚을 내지 않는다. 乙丁은 애증(愛憎)의 관계라 할 수 있다. 辛癸도 마찬가지이다.

　乙·丁은 乙의 말·손재주, 丁의 고치고 다듬는 작용을 활용한 일에서 발달한다. 전기수리, 한전, 전력수리, 전기·전자, 도금, 석공, 학문·학자, 교육, 공직자, 조각, 글, 그림, 예술 등의 직업성이다.

● 戌 중 丁 의미

戌 중 丁은 열기를 응집하여 乙을 입묘시키고, 辛을 완전하게 하여 壬에 저장하는 것이 목적이다. 丁이 酉戌亥에서 가장 가치 있고 화려한 시절을 보내는 이유이다. 丁辛 丁酉가 壬을 만나도 그러하다.

丁은 金이 있어야 할 일이 명확해지는데, 금이 없으면 乙·卯라도 있어야 한다. 丁일간이 酉戌亥子丑寅월에 壬을 보면 좋다. 亥 중 甲을 얻는 것이 최종목적이니 壬이 없으면 답답해진다.

겨울의 丁은 金을 가공하지 못하니 甲을 만나야 존재가치가 있다.

● 丁壬

丁이 乙→丙→庚 과정에 개입하는 것은 庚에서→ 辛을 내어 壬에 저장하기 위함이다. 丁壬은 辛→甲의 시발점으로 丁이 乙庚을 조절한다. 丁은 庚에서 辛을 얻어야 하니 乙이 있어야 할 일이 생긴다. 丁은 甲 근원(비밀)을 파헤치고 다시 움켜쥐려는 작용이라 할 수 있다.

『적천수』에서, "정화는 부드럽고 내면의 속성은 밝게 화합한다. 乙을 품어 자애하고 壬을 합해 진실되면 왕하여도 조열하지 않고 쇠하여도 다함이 없다. 만약 친모(갑)가 있으면 가을·겨울(신유술해자축)이 좋다"[14]고 하였다.

丁은 甲乙을 불문하고 木이 있어야 하고, 특히 甲木과 壬水를 좋아한다. 丁이 甲을 얻으면 신유술해자축이 좋다는 말에서 丁·甲은 음 본위 방향성에 있고, 丁의 최종목적은 甲을 내는 것임을 알 수 있다.

---

14) "丁火柔中, 內性昭融, 抱乙而孝, 合壬而忠, 旺而不烈, 衰而不窮, 如有嫡母, 可秋可冬", 『滴天髓』.

```
戊丁戊戊   坤   壬癸甲乙丙丁 3
申巳午申        子丑寅卯辰巳
```

격국으로 보면 비견격이고, 정사일주에 戊午양인까지 있으니 성격이 과격하고 다혈질적인 성향으로 볼 수 있다. 화가 많지만 화생토-토생금으로 설기하니 대인관계가 왕성하고, 申 중 壬에 사신합으로 수기를 공급하여 발달했다고 할 수도 있다.

기상명리 관점으로 보면, 丁은 펼치는 기운이 약하고, 午월은 응집하는 기운이 강하다. 대인관계가 왕성하지 않고 자기중심적인 성향이다. 丁일간이 환경을 잃은 상태에서 오월에 申을 얻어야 하는데, 년시에서 戊申복음이니 방향성을 잡지 못한다. 여기에 巳일지가 巳申 양 형·합하니 더욱 그러하다. 남편이 능력이 없거나 남편에게 만족하지 못하는 꼴이다.

甲寅대운에 목을 보니 丁의 본질에 따라 의류매장에서 매니저로 종사하여 능력을 발휘하였다. 癸丑대운은 丁癸가 기운을 돌리니 丁일간이 사유축으로 뭔가 도모하려한다. 乙未년에 매니저 일을 그만 둔 것은 乙을 가공하여 자기만의 것을 이룰 수 있다고 생각하고, 사오미로 乙庚을 완성하기 좋은 조건이기도 하다. 계축대운에 자신이 직접 乙庚을 완성하려하니 마음대로 되지 않고, 도리어 子를 끌어들여 오축천이 발동하니 금을 가공하지 못한다. 허송세월을 보내다가 무술년에 뭔가 시작하려한다. 戊申이 동하고 인오술로 구성되기 때문이다.

戊戌년은 戊午월주가 동하고 丁일간이 금을 완성하는 조건이다. 조직생활보다 자기만의 특별한 일을 하려는 것은 丁·午의 특성이고, 어떤 일을 해야 할지 막연하고 결정을 못하는 것은 戊申 복음 탓이다. 丁·午가 환경조건이 좋으면 자신만의 색깔로 성공할 수 있지만, 환경이 미비하면 상관기질만 발휘될 뿐이다. 조직 속에서 독특함을 발현시키고 자신의 능력을 인정받는 것이 좋다. 국가조직을 이용한 인허가, 자격증을 통한 자기발현이기도 하다.

※ 丙·丁-庚·辛의 관계

 목은 실질적 생명체라면, 金은 완성된 현실적 물상이다. 갓난아이를 키우는 일이 조심스럽지만, 사춘기 자녀를 키우는 것은 더 신경이 쓰이고 힘겹다. 목 물상에 비하여 금 물상을 완성하는 과정이 더 예민하고 조건이 까다롭다. 비록 화가 금을 완성하지만 적절한 수기(水氣)가 필요하다. 火-金의 조합은 水-木의 조합에 비하여 적절한 간격과 수화조절이 필요하게 된다. 화가 많으면 금이 익기 전에 타버리고 수가 많으면 여물지 않는다.
 金은 삶의 실질적 수단인 재관에 해당한다. 金은 火에 의해 완성되고 水에 저장된다. 화-금-수는 시작-과정-결과로 얼굴에서 이마(丙·丁) - 눈·코(庚·辛) - 입·턱(壬)에 비유된다.

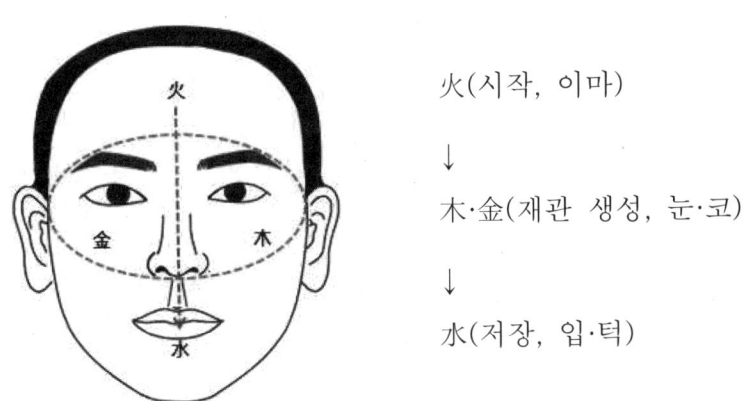

火(시작, 이마)
↓
木·金(재관 생성, 눈·코)
↓
水(저장, 입·턱)

 火·金 관계의 간지는 丙申, 丁酉, 庚午, 丙辛, 丙庚, 丁辛 등이다. 丙申, 丁酉, 丙庚, 丁辛 등은 같은 본위이지만 붙어 있으면 오히려 금이 손상될 수 있다. 丙辛은 본위가 다르고 기반(羈絆)되는데, 庚午는 간지로 분리되어 도리어 좋게 작용하기도 한다.
 특히 辛은 庚보다 더 예민하다. 辛은 수가 필요하지만 화 조절도 요구된다. 辛은 丁이 있어야 壬에서 안전하게 저장되기 때문이다. 辛은 壬에 의탁하여 안정을 취하거나, 癸에 의해 갑으로 재탄생한다. 辛金은 반드시 임수만을 원하는 것이 아니라, 경우에 따라서 계수가 좋을 수 있다. 경금이 병화만을 원하지 않는 것과 유사하다.

辛이 水를 만나지 못하면 水를 찾아 떠나거나 헤맨다. 종교·철학에 빠져들거나, 주색잡기, 방황, 우울증·조울증 등 정신적 이상을 겪거나, 음성적 활동에 몸을 담기도 한다.

만약 水가 많고 丁이 없으면 辛이 딱딱함을 유지하지 못하고 허물어지니 갑이 나오지 못한다. 위법·편법적 성향을 보이게 된다. 기술·자격 등으로 승화시킬 필요가 있다.

※ 丁·癸의 의미

癸가 암장된 곳은 子·丑·辰이다. 子에서 일양시생으로 丑에서 분산작용을 시작하여 辰에서 丙으로 전환한다. 그 흐름은 해묘미 방향성에 있으니 癸는 亥에서 장생하여 丑-辰을 지나 未에서 입묘한다.

丁이 암장된 곳은 午·未·戌이다. 午에서 일음시생으로 未에서 분산작용을 시작하여 戌에서 壬으로 전환한다. 그 흐름은 사유축 방향성에 있으니 午는 巳에서 장생하여 未-戌을 지나 丑에서 입묘한다.

癸가 辰에서 巳를 내면 午가 이어받고, 午가 戌에서 亥를 내면 子가 이어받는다. 丁·癸는 신자진-인오술에서 막혀 있던 기운을 뚫어주고, 기운을 전환시킴으로써 목↔금 물상의 변환을 주도한다.

丁이 열기를 집중하면 癸의 분산작용이 억제되고, 癸가 분산작용을 강화하면 丁의 응집작용이 억제된다. 丁(집중)-癸(분산)는 정반대의 작용이지만, 사주 흐름을 바꾸는 계기가 된다.

辛이 丁·癸를 동반하면 크게 발전하는 상이 된다. 丁·辛·癸는 午酉형-酉子파 구조로 금을 가공하여 폭발력을 가공하기 때문이다. 丁이 辛

을 가공하고, 癸가 辛을 풀어 甲을 내고 갑에서 乙이 발현된다. 조그맣고 보잘 것 없던 辛은 丁·癸에 의해 화려한 목으로 변신되는 것이다. 마치 쌀을 튀밥으로 뻥튀기되어 현실적 가치를 얻는 것과 같다.

辛丁癸壬 乾　庚己戊丁丙乙甲4
亥卯丑寅　　申未午巳辰卯寅

이 사주는 기상명리를 깊이 통찰하는데 좋은 본보기가 될 만하기에 연구하는 계기로 삼아보자. 격국으로 보면 편관격이고 시상편재격으로 부귀할 사주이다. 기상명리의 관점으로도 丁일간이 丑월 환경을 얻어 寅으로 발현되고, 壬寅, 癸丑, 辛亥 등으로 간지조화를 갖추었다. 丁·癸는 어느 환경이라도 음양 본위에 맞게 기운을 전환시켜 발전을 주도할 수 있는 조건이라는 점에서 나쁘지 않다. 丁·癸 구조에서 辛壬甲으로 이어지면 가장 이상적이다. 丁일간이 辛壬을 얻어 寅년지에 담고, 丁癸로 돌리니 크게 발달할 흐름으로 완벽에 가까운 사주구성이라 할 수 있다.

이러한 간지관계보다 중요한 것은 사주구성 흐름이다. 천간의 丁辛癸 기운흐름을 지지에서 사유축을 완성하는지도 관건이다. 丁癸 구조에 대운이 癸의 환경이니 癸가 해자축을 해묘미로 방향을 전환시킨다. 丁·癸의 기운전환을 丁이 사유축-신자진을 주도하지 못하고, 癸가 해묘미를 주도하는 것이다. 더불어 丁辛癸는 辛이 丁癸를 얻은 게 아니라 丁이 辛癸를 얻었으니 오유-유자의 폭발력을 자신의 것으로 삼지 못한다. 癸가 壬 기운을 탈취하여 丁辛에서 가공된 辛을 辛亥-해자축으로 담아 해묘미로 발현시키니 발현이 늦거나 가치가 낮아진다.

축월에 화가 필요하니 寅 중 丙을 이용하여 丑寅으로 목을 내는 것이 좋다. 그런데 丁卯일주가 묘오파로 인에서 乙을 급조하려하니 성과를 내기 어렵다. 丁일간이 丑월 환경을 얻고 천간흐름을 주도하니 부모음덕과 행운이 따랐지만, 가치가 떨어진(?) 농업에 종사한다. 壬寅년주에 자신의 가치가 있으니 부모음덕이 있고, 丁卯일주가 좋은 사주환경을 지배하지 못하니 종교·철학에 관심을 갖게 된다.

己未대운은 丁이 바탕을 이루는데, 해묘미를 완전하게 구성하여 癸가 주도한다. 丁일간은 딜레마에 빠지거나 엉뚱한 행동을 하게 된다. 戊戌년은 戊癸-丑戌 형·합으로 계축월주가 동하니 직업적 변화를 모색하게 된다. 인오술을 구성하니 성과를 내기 어려운 환경인데, 丁일간이 끌려들어가니 엉뚱한 짓을 하게 된다. 丁酉년에 사주공부를 하다가 戊戌년에 건축 일에 뛰어들었다. 癸가 발현되니 乙庚으로 辛을 완성하고자 함이다. 이 사주는 壬寅으로 목을 내거나, 辛亥로 甲을 내어 卯일지에 담는 것이 순리이다. 그런데 癸월간-卯일지에 파묻혀 있으면 자신의 가치를 찾지 못한다. 나무만 보고 숲을 보지 못하는 꼴이다. 이렇듯 좋은 간지구성이라도 환경이 부합하지 않으면 발달이 저해되거나 운에 따라 변화를 겪게 된다.

【5】 戊

● 戊의 자구적 의미

십간의 다섯째, 무성하다, 우거지다, 矛(자루가 긴 창 : 모)의 고자(古字)이다. 자루가 긴 창은 짧은 칼에 비하여 느리고 소극적이다.

● 삶(乙→庚)의 바탕

무는 양 본위(乙→庚)의 바탕이다. 을→경은 양 본위에서 戊의 거래·중개·교환 등을 바탕으로 물상이 변환된다. 무는 인생사에서 재관을 생성함에 있어 필요한 보이지 않는 기적 요소이자 바탕이다. 눈에 보이는 재관이 완성되는 인생 무대인 셈이다.15)

---

15) 戊戌壬戌　坤　甲乙丙丁戊己庚辛8 1938년
　　午戌戌寅　　　寅卯辰巳午未申酉

달리 말하면 누구에게나 주어지는 환경이고 누구의 소유도 아닌 공동의 터전이다. 戊를 편재에 비유한 이유이다. 편재는 온전히 내 것이 아닌 공공의 재물이다. 공개적으로 펼쳐진 무주공산(無主空山)이니 누구나 차지할 수 있는 재물이다. 寅巳申亥로 구성되어도 유사하다.

● 분산작용의 중재·조절

戊는 음 본위에서 분산·확산작용을 조절한다. 戊의 중재·조절은 응집이 아니라 펼쳐진 것이 흩어지지 않도록 다독거리는 작용이다. 己와 달리 저장기능이 없고 己에 비하여 집중력이 요구되지 않는다. 가정·직업·재관 등 현실적 집착이나 소유욕이 상대적으로 약하다.

戊는 개방적으로 보이지만 보수적, 피동적, 소극적인 면이 있다. 분산되고 흩어진 것을 조절해야 하니 생각이 많고 어떻게 할 지 심사숙고하게 된다. 영역범위가 넓으니 자신이 주도할 상황이 아니면 무시하거나 피동적이 되는 것이다. 그렇다고 물러서거나 양보하지는 않는다.

● 丁-戊-己

무기의 조절작용은 丁-戊-己로 이어진다. 戊는 잠시 누리고 머무는 환경으로 결국 己에게 넘겨줘야 하는 바탕이다. 戊의 경험축적 덕분에 己가 자신만의 영역을 구축할 수 있다. 戊는 인생 경험이 많은 인자이고 현실적 삶의 조절자이다. 중매인, 중간상인, 중개업, 무역업, 매매업, 유통업, 임대업, 판매업 등의 직업성이고, 골동품, 오래된 것, 묵은 것 등 자신이 경험했던 것을 다른 사람에게 넘겨주는 역할이다.

자기 것을 모두 드러내 보이니 남에게 잘 속고, 투정부리지만 이내 수긍하는 편이다. 순간적으로 확 하기도 하지만 완전한 내 것이 아니니 참는 편이다. 애늙은이에 비유되기도 하는데, 時에 戊가 있으면 애늙은이 같은 자식을 둔다.

● 가(稼, 심고 기른다)

토는 목금 물상을 기르고 완성하는 바탕이다. 심고 기르는 과정은 복잡하고 변수가 많다. 많은 경험이 필요하고, 정보를 얻기 위해 남의 말에 솔깃하게 된다. 익숙하고 검정되고 오래된 것을 선호하고 거기서 안정감을 얻는다. 노인과 같이 느긋하고 못 쓰는 물건이라도 버리지 못한다.

『적천수』에서, "무토는 견고하고 후중하니 중앙에 바르게 자리한다. 고요하면 화합하고 동하면 열어서 만물을 다스린다. 수가 윤택하면 만물을 살리고, 화가 조열하면 만물이 병든다. 만약 간곤(丑寅·未申)이 있어 충을 기피하니 마땅히 고요해야 한다"16)고 하였다. 즉 戊는 己(丑·未) 본위에서 기운이 상실하고 역량을 발휘하지 못한다.

또한 화가 조열하면 만물이 병든다고 하였다. 戊가 丙을 만나면 화려함이 최고조가 되니 폼생폼사 기질이 있고 자신을 부풀리고 가공하게 된다. 남에게 고개 숙일 줄 모르고 없어도 아쉬운 말을 못하니 발전을 저해하게 되는 것이다. 간지로 丙辰 丙戌 戊辰 戊戌 辰巳 巳戌 등이 해당된다. 寅巳申亥로 구성되어도 그러하다.

● 戊癸

戊癸는 합화가 아니라 癸 작용의 바탕을 얻었다는 의미이다. 戊가 癸를, 癸가 戊를 보지 못하면 재관의 바탕을 얻지 못한 꼴이다. 戊·癸 일간은 남녀 모두 재성·관성이 없어도 연애를 잘하거나 결혼이 빠르다. 癸가 戊를, 戊가 癸를 만나면 더욱 그러하다.

癸가 戊를 만나면 재관형성의 바탕을 이루니 작용력을 발휘한다.

戊가 癸를 만나면 자신의 존재가치를 실현하고자 직접 재물을 취하려거나 재물을 쫓는다. 戊가 癸를 보는 것에 비하여 癸가 戊를 보는

---

16) "戊土固重, 旣中且正, 靜翕動闢, 萬物司命, 水潤物生, 火燥物病, 若在艮坤, 怕沖宜靜", 『滴天髓』.

것이 더 안정감이 있다.

만약 무계가 붙어있으면 을경의 바탕을 갖추었음에도 을경을 형성하려는 의지가 약해진다. 癸는 丙을 얻어야 완전해지기에, 기상명리에서 癸丙을 천간합의 방향성으로 보는 것이다.

戊戊壬丙 坤 丙丁戊己庚辛4
午戌辰辰　　戌亥子丑寅卯
戊일간이 辰월에 환경을 얻었으나, 진월에 가공할 인자가 없다. 戊일간이 양 본위를 펼치고자 하지만 乙·庚이 없고, 운에서도 목금 물상을 얻지 못한다. 丙壬戊戊 등으로 구성되어 펼치는 기운만 강하니 물상에 대한 욕구가 강해지고 품생품사 기질이 있다. 戊戊에 戊辰辰으로 펼치는 조절토가 많으니, 생각은 많은데 실행력이 떨어지고 펼치는 성향은 강하지만 적극적이지 못하다. 다만 戊午시에서 끌어들이는 힘은 있다.
무일간이 양 본위 환경에서 木 또는 金을 동반하거나, 인오술(해묘미)을 완성해야 한다. 그렇지 않으면 삶이 왜곡된다. 한편 戊戊일주가 일·시에서 戊戊로 투출되니 이성관계가 많고 부부애정이 돈독하지 않다. 戊는 펼쳐놓은 환경이고 누구나 차지할 수 있는 공간이니 내 것이 아니다. 丁亥대운에 壬이 무력해지고 戊 중 辛이 丙辛壬으로 천작용이 발동하니 돌파구를 찾게 되고 부부인연을 깨뜨릴 수 있다.
진월에 수가 필요하니 壬辰월주에 기댈 수밖에 없다. 戊가 壬을 극하고 丙壬충으로 壬에서 癸를 내고 진술충으로 辰 중 乙을 내야 한다. 辰 중 乙을 壬乙로 발현시켜야 하니 위법·편법에 가담할 여지가 많다. 진술충으로 辰 중 乙을 꺼내려하면 戊 중 辛이 나오고, 戊 중 辛을 꺼내려하면 辰 중 乙이 나온다. 진술로 물상을 뻥튀기해야 하기에 스스로 발달하기는 어렵다. 타인을 이용하거나 위법·편법을 이용하게 된다. 발현될 물상이 없으니 임진의 수집-분석력을 잘 활용하지 못하고 술집을 운영하고 있다. 일이 뜻대로 되지 않으니 지인들만 보면 동업하자고 붙드는 타입이다. 욕심만큼 성과가 없으니 다른 사람을 끌어들여 채우려는 것이다. 한 가지 일을 오래하지 못하고 대박을 꿈꾸는 타입이다. 戌 중 辛을 가공하여 辰 중 乙을 내야하니 인내가 필요하다.

※ 戊己 = 가색(稼穡)

戊己 토는 물상을 직접 취하는 것이 아니라 물상 형성을 돕는 위치에 있다. 재물 성취는 약한 반면에, 자신이 물상을 전환·변환시키니 자존심이 강하고 생존능력은 강하다. 특히 戊는 양 본위(봄·여름)가 펼쳐진 상태이니 번영성은 있지만 己에 비하여 재관 쟁취력은 약하다.

계절	봄		여름		가을		겨울	
土 기능	戊(稼), 분산·확산의 중재				己(穡), 응집·저장의 조절			
방향성	癸 → 乙		丙 → 庚		丁 → 辛		壬 → 甲	
지지운행	卯	辰	巳	午	未	申	酉	戌	亥	子	丑	寅

〈戊己 土의 조절기능과 영역〉

戊는 심고 기르고, 己는 거두고 저장한다. 戊가 확산된 기운을 모아 두면 己가 응집하여 자신만의 영역을 구축하게 된다. 戊는 아무나 받아주지만, 己는 자신의 영역에 함부로 들어오는 것을 꺼린다.

12운성에서 戊己는 丙丁과 함께 운행되니 오행의 육친 성향이 뚜렷하지 않다. 그래서 토 육친은 애정이 돈독하지 않고, 戊己운에 판단력이 흐려지기 쉽다.

丙丁이 土를 보면, 식상(火)-재성(土)가 극왕해지니 비겁(木) 즉 타인의 능력을 이용하여 일을 벌이고 펼치려는 성향이 있다.

甲乙이 土를 보면, 비겁(木)이 식상(丙丁)-재성(土)을 갖춘 형상이니 자신의 능력(고집)으로 재물을 성취하고자 한다.

庚辛이 土를 보면, 관성(金)의 바탕인 재성(土)을 얻은 꼴이니 벼슬(직업적 성취) 성취를 이루고자 한다.

壬癸가 土를 보면, 인성(水)으로 재성(土)을 다스리는 격이니 재물 성취가 곧 자신(자존심)을 지키는 일이라 여긴다.

【6】 己

● 己의 자구적 의미

십간의 여섯째, 자신(몸), 사욕, 다스리다, 꼬불꼬불한 모양, 구불거리는 긴 끈 모양을 본 뜬 상형문자이다.

● 굽은 모양새

구불하게 굽은 모양은 乙·己가 대표적이다. 乙은 상하좌우로 분산하는 모양새라면, 己는 한 방향으로 꼬불꼬불 들어가는 모양새이다. 감추고 숨기는 기질이 있고 속내를 내비치지 않으니 속을 알 수 없다.

己는 평소에 기분 나쁜 일이 있어도 꾹 참고 있다가 한 번에 모든 것 쏟아낸다. 화나면 모든 걸 확 뒤집는데 뒤끝이 있고 오래간다.

마치 소방호스는 평상시에 꼬불꼬불하게 감겨 있지만, 불이 나서 호스에 물을 채우면 순식간에 폭발하듯 튀어 오르는 모양새와 유사하다.

● 양→음의 전환(이중성)

양→음으로의 전환은 丁에서 시작하는데, 그 바탕을 제공하는 곳이 己이다. 丁은 응집하는 기운이라면 己는 응집한 기운을 저장하려는 속성이 있다. 己는 戊와 달리 자신만의 것을 조절·응집하기에 생각이 분산되지 않는다. 특별한 개성이 없고 단순해보여도 자기고집이 강하다. 다른 사람의 의견을 존중하는 건지, 귀가 얇은 건지 분간이 안 된다.

　토의 본질은 조절이니 다른 사람에게 잘 해줘야 하는 숙명을 타고 났는데, 자기 것을 고집해야 하니 이중성을 띠게 된다. 후덕하게 보이지만 자신밖에 모르고, 융통성이 있게 보이지만 고집과 뒤끝이 있다.

　己에서 물상이 탄생하니 폭발성을 내재하고 있다. 사주환경이 맞지 않으면 방향성이 모호하여 어디로 튈지 모른다. 이럴 경우에 우울증, 조울증 등 정신질환에 노출되기 쉽다.

● 자기중심적이다.

　己는 자신만의 영역을 구축하고 자신의 영역을 방해하는 것을 싫어한다. 큰 욕심은 없지만 자기 것에 대한 애착과 소유욕이 강하고 생명력이 강하다. 일단 수중에 들어오면 잘 내보지 않는 구두쇠 기질이 있다. 자칫 애착은 집착으로 변질되기 쉽고, 소유욕은 의심으로 변하기 쉽다. 조용한 편이지만 보수적이고 답답해 보이기도 한다. 활동적이지 않지만 자기 몫을 챙길 줄 아는 실리실속파이다.

● 색(穡, 거두고 저장하다)

　戊가 조절한 양기를 己가 응집하여 음으로 전환한다. 戊가 심고 기른 것을 己가 수렴하여 저장하는 것이다. 戊가 庚을 형성하면 己가 庚을 辛으로 완성하는 바탕이다.

　『적천수』에서, "기토는 비습하고 치우치지 않게 축장되었으니, 목이 왕성해도 근심하지 않고, 수가 넘쳐도 두렵지 않다. 화가 적으면 화를 가려지고 금이 많으면 금을 빛낸다. 만약 사물이 왕성하길 원하면 마땅히 도와야 한다"[17]고 하였다. 己는 목을 내는 음 본위의 토이

---

17) "己土卑濕, 中正蓄藏, 不愁木盛, 不畏水狂, 火少火晦, 金多金光, 若要物旺, 宜助宜幇", 『滴天髓』.

니 壬·辛·甲이 있어야 함이다.

己는 丁이 필요하지만 火가 많으면 己가 조열하기에 도리어 응집작용력을 상실한다. 감추고 숨기는 己의 본성은 없어지고 오히려 드러내 보이려는 성향을 보인다.

● 갑기

己의 본질은 丁壬으로 辛에서 甲 생명체를 기르는 바탕이다. 己가 甲을 보면 품으려는(응집·저장) 기질이 발동한다. 己가 모체라면 甲은 막 출산한 신생아인데, 己가 甲을 보면 辛(태아)으로 착각하게 된다. 막 뚫고 나온 甲을 끌어당겨 응집하니 갑이 발현되기 어렵다.

戊己丙辛 乾　庚辛壬癸甲乙8
辰丑申亥　　寅卯辰巳午未

己는 토의 속성에 따라 조절력이 있지만 戊와 달리 생각이 분산되지 않는다. 너그럽고 이해하는 타입으로 보이지만, 실제로는 이기심이 많고 자기 것에 대한 욕구가 강한 편이다. 부유한 가정에 차남으로 태어났지만, 아버지가 장남만 편애하여 부모 음덕을 누리지 못하고 자수성가로 살아간다. 己일간이 비겁토가 많고 기축일주이기 때문이다. 己는 자신만의 공간을 스스로 만들고 물상을 내는 근본 터전이기에 스스로의 삶을 개척할 수 있었다. 또 환경조건이 미비하기에 부모에게 의존하지 않고 열심히 살아갈 수 있는 조건이 되었다.

己일간이 申월에 앉았고 대운이 양 본위에 있지만, 申월에 병이 투출하였으니 직업적 성취가 있고 戊己로 구성되어 무난하다. 己丑일주가 주관하는 것은 辛亥이다. 亥가 辛을 품어 甲을 내야 하니 건축업을 운영하고 있다. 자신이 직접 주도할 환경이 아니지만 申亥천-丙辛합으로 기운을 돌리니 행운이 따른다. 申월에 丙이 庚을 완성하고, 丙辛으로 가공하여 亥가 품어 己丑일주에 담아야 한다. 일시에서 축진파가 발동하여 사유축-신자진으로 향하니 목을 낼 수 있다. 처의 내조가 있고 처자식을 얻고 발복하는 구조이다.

이 사주는 직업궁이 완성되었으니 직업적 성취를 이루게 되었는데, 만약 여명이라면 박복한 삶이 될 수도 있다. 남녀에 따라 사주간명을 달리해야 하는 이유이다. 한편 남녀를 불문하고 사주구성이 지나치게 좋으면 현대사회에서 발달하기 어렵다는 점도 간과해서는 안 된다. 관상으로 보면 지나치게 넓은 이마에 해당한다. 자신의 모습을 드러내는데 유리하지만 게으른 성향이 있기 때문이다. 반면에 이마가 좁고 미릉골이 솟으면 곤궁한 상이라 하지만 현실에서는 오히려 자수성가한 사람이 많다. 현대적 관점에서의 사주간명이 필요하고, 이것이 기상명리의 관점이기도 하다.

【7】 庚

● 庚의 자구적 의미

십간의 일곱째, 별, 나이, 길·도로, 다시금, 배상하다, 바뀌다, 변화하다, 이어가다. '午(오)'→ '杵(저)': 절굿공이와 양손의 합자(合字), 절굿공이를 양 손으로 잡고 곡식을 찧는 것을 나타낸다.

● 庚午

庚은 목→금으로 바뀐 물상이고, 양→음으로 변화하여 이어간다는 의미이다. 庚이 午에서 비롯되었다는 점에서 庚午는 음양본위가 다르지만 금 물상을 형성하는 이상적인 간지라는 기상명리의 관점에 부합한다. 庚午는 午가 庚을 辛으로 완성하겠다는 의도이다.

庚이 완성되기 위해서는 응집(수)이 필요함이다. 이중성이 많은 간지이고, 庚의 화려함을 午가 조절하여 완숙함을 더한다. 을경-인오술로 구성되면 발달한다.

● 지표면 위에서 완성된 물상

庚은 결실을 이룬 상태로 금 물상을 완성한 모양새이다. 모양새는 완성되었지만 아직 속이 여물지 않은 상태이다. 나무에 달린 탐스런 사과인데 아직 맛이 들지 않은 상태라 할 수 있다. 깔끔하고 화려한 것을 좋아하고 폼생폼사 기질이 있다.

庚은 능력에 비하여 현실적 성취가 높다는 장점이 있지만, 乙에 매달려 있으니 확실한 자리를 확보하기 어렵다는 한계가 있다. 조직·단체를 벗어나서 뜻을 이룰 수 없는 환경에 놓여 있다. 단체, 국가, 군·검·경찰, 법무, 의료, 세무·금융, 무기·금속, 조선, 항공, 가공된 식품(통조림), 의료, 제약 등 모습으로 가공된 직업성이다.

● 금 본기(本氣)

乙을 가공하여 庚 기틀 안에 넣어 庚을 형성한다. 목을 통제해야 하니 목과 좌충우돌하면서 수고스럽고 고통·아픔을 감수해야 한다. 그 과정은 자연의 순리에 따르는 것이다. 고통·아픔을 감수하더라도 바른 길로 가야 한다는 자각과 의무감이 생기게 된다.

庚의 노고와 고통은 辛의 결과와 업적으로 돌아간다. 곡식을 찧는다는 뜻에서 庚의 숙살지기, 결실·수렴, 견강(堅剛), 뭉친 상태, 정제된 모양 등 의미를 찾을 수 있다. 庚이 완강하면 辛으로 전환되지 않으니 찧는다는 의미는 庚의 완강함을 억제한다는 의미로 해석된다.

목의 완성은 乙에 있듯이, 금의 완성은 辛에 있다. 만물순환에서 최종 결과물은 辛이다. 辛으로 가야하니 남에게 이용당하는 경향이 있다. 庚은 辛이 관여하기 전에 실속을 챙겨야 하니 실리를 추구하지만, 결국에는 남에게 이용당하는 경우가 많다.

이는 甲·丙·戊·庚·壬 양간의 속성인데, 庚이 두드러진 이유는 실질적 금 물상을 빼앗기는 꼴이기 때문이다.

● 숙살지기 - 음으로의 전환

경이 금의 진정한 모습을 갖추기 위해서는 음으로 돌아갈 수밖에 없다. 庚은 辛을 보호하고 완성해야 한다는 숙명이 있다. 그래서 庚을 辛과 더불어 윤회 인자로 보기도 하고, 적절한 수기가 필요하다.

庚이 완벽한 辛을 내기 위해서는 의지가 필요하다. 庚은 의리가 있고 끝까지 포기하지 않는 성향이 있다. 주위를 장악하여 내 것으로 채우려는 속성이 있다. 밀어붙이려는 성향은 있지만, 완벽한 상태가 아니기에 주관이 뚜렷하지는 않다.

경은 음으로 전환해야 하기에 자신을 내려놓아야 한다. 겉보기와 속이 다르다는 의미도 있다. 겉으로는 행복하고 풍족해 보이지만 남모르는 애환이 있는 경우가 많다. 자신에게는 엄격하지만 남에게 관대한 편인데, 반대로 남에게 엄격하고 자신에게는 관대한 경향도 있다. 화려함 뒤에 아픔·고통이 있고, 겉보기에 비하여 가진 것이 많지 않다. 그만큼 이중성을 띠게 되고, 안팎으로 잘하는 타입이다.

● 乙庚

乙의 최종목적지는 庚이다. 乙은 庚을 보면서 이상을 꿈꾸기에 庚이 자신의 기틀(조직)을 마련하지 못하면 乙을 통제할 수 없다.

『적천수』에서, "경금은 살기를 대동하고 가장 강건하다. 수를 얻으면 맑고, 화를 얻으면 예리하다. 토가 윤택해야(戊) 살아나고, 토가 건조하면(己) 무르게 된다. 능히 甲을 들뜨게 하는데, 乙은 싣고 나른다"[18]고 하였다. 庚은 乙이 필요하고, 여름의 무토가 필요하며, 수화조절이 요구되는데 특히 火를 만나야 함을 말하고 있다.

---

18) "庚金帶煞, 剛健爲最, 得水而淸, 得火而銳, 土潤則生, 土乾則脆, 能嬴甲兄, 輸于乙妹", 『滴天髓』.

戊庚乙乙　乾　戊己庚辛壬癸甲2
寅午酉巳　　　寅卯辰巳午未申

庚은 지표면 위에서 완성된 현실적 물상으로 재관에 비유된다. 乙·丙을 얻으면 재관형성이 수월하고, 戊를 얻으면 재관성취의 바탕이 된다. 경오일주에 乙戊를 동반하고 寅午로 구성되니 경을 완성하는 이상적인 간지조합이다. 다만 유월에 주도할 인자가 없고, 酉가 乙巳와 더불어 사유축으로 향하면서 午酉형이 발동한다. 을경-인오술 구조임에도 년·월환경이 좋지 않으니 제약이 있음을 의미한다. 유월에 수가 없으니 더욱 그러하고, 닭살 피부이다. 戊寅시주를 끌어들여 인오술로 완성하려하니 허풍이 있거나 헛꿈을 꾸게 된다.

庚일간이 乙乙로 양합하고 년주에서 乙巳로 동주하니 부부가 별거한지 오래되었다. 이성에게 잘하고 연애경험이 많은 양다리를 걸치는 타입이다. 과장이 많고 폼생폼사 기질이 있다. 乙戊庚-오유-사유축 구성으로 대박-쪽박을 넘나드는 구조이고, 대박의 꿈은 午酉에 있다. 가진 것이 많다고 하는데 50대 중년이 형님 댁에서 지내는 걸 보면 그렇지도 않은 것 같다. 부부관계가 좋지 않지만 깨뜨리고 않으면서 형님에게 의지하는 것은 인오술-사유축의 연결고리는 午酉에 있기 때문이다.

辛巳대운에 辛이 투출하여 乙酉월주가 동하고, 오유-사유축으로 구성되어 사업으로 돈을 많이 벌었다. 庚辰대운부터 서서히 일이 풀리지 않다가, 己卯대운부터 실내골프연습장에서 일하고 있다. 형님과 동업으로 운영한다지만 형님 사업장에 코치 일을 하는 것으로 보인다. 己卯대운은 己가 乙·庚을 조절하고, 乙 년·월이 기반되면서 卯酉충으로 乙을 동요하니 마음만 동할 뿐이고 현실적으로 이루기 어렵다.

이 사주는 유월에 을경이 양합하니 안정하지 못한다. 큰 사업을 구상한다지만 구체적으로 밝히지 않는다. 형님·동료 등에 의지한 사업일 가능성이 높다.

※ 甲·庚-乙·辛

목은 수에서 길러지고 화에 의해 성장하여 금으로 변환되고, 금은 화에서 완성되어 수에 의해 길러져서 목으로 변환된다. 甲은 己土를 뚫고 수직·상승하는 목 본기(本氣)이고, 乙은 戊土 위에서 펼쳐지는 목 본질(本質)이다. 乙이 戊土 위에서 丙火에 의해 형성된 금 본기가 庚이고, 己土 위에서 庚을 단단하게 완성한 금 본질이 辛이다.

흔히 乙은 동(動)하고 辛은 정(靜)하는 인자로 보는데, 이는 인간의 인식에서 비롯된 것이다. 지표면 위의 乙→庚 과정과 달리 지표면 아래의 辛→甲 과정은 인간의 눈으로 확인할 수 없기 때문이다.

〈辛물상=甲씨앗〉

〈辛→甲으로 변환〉

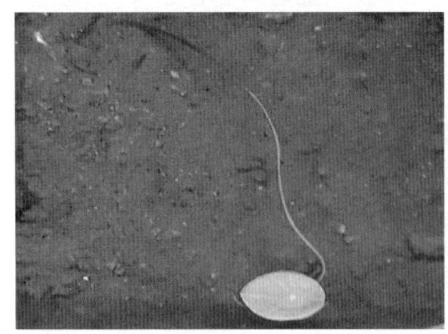
〈甲에서 나온 乙의 모습〉

〈乙의 분산작용〉

辛이 壬에 품어졌다가 癸에 의해 辛 껍질을 깨고 甲(새순과 뿌리)이 나오기까지 과정은 인간이 인지하지 못하기에 응집되고 축소된 모습으로 볼 뿐이다. 실제로 辛 껍질을 깨고 甲이 나오는 역동성은 乙에서 庚이 형성되는 것보다 훨씬 강하다.

목금 물상의 전환을 인간에 비유하면, 辛→甲은 산모가 태아를 출산하는 과정이고, 乙→庚은 아이가 천방지축으로 성장하는 모습이다. 아이의 성장은 눈으로 보이기에 역동성을 알지만, 뱃속에 태아는 보이지 않기에 역동성을 알지 못할 뿐이다. 아이가 성장하는 역동성에 비하여 출산·탄생 당시에 분출하는 역동성은 엄청난 폭발력을 갖는다.

木·金 물상을 대변하는 乙·辛의 뿌리(근원)은 甲·庚이다. 나무에 비유하면, 甲은 己土 땅에 뿌리를 박고 있고, 庚은 乙木 나무에 매달려 있다. 乙은 甲에서 나와 木 생명체를 대변하고, 辛은 庚에서 나와 실질적 金 물상을 대변한다.

甲에게 乙은 겁재이지만 乙에게 甲은 겁재일 수만은 없고, 庚에게 辛은 겁재지만 辛은 庚의 도움을 얻기도 한다. 甲·庚은 乙·辛에게 이용당하면서도 乙·辛이 잘 되도록 인도하는 것이 숙명이다. 甲·庚은 다른 사람에게 이용당하는 경향이 있고 맏이로써의 성향을 가진다.

丙·壬도 마찬가지이다. 壬이 癸를, 丙이 丁을 만나면 겁재이고, 癸가 壬을, 丁이 丙을 만나면 비견인 셈이다.

재관	재 성취(庚)	재관완성(庚→辛)	관 성취(辛)
십신	식신생재	재생관	관인상생
오행	화생금	토(화)생금	금생수

〈금 물상(재관)의 방향성〉

甲은 터전을 함부로 벗어나지 못하고, 乙은 자신만의 색깔을 내면서 자유분방하고 개방적이다.

庚은 조직·단체에서 열심히 결실을 도모하고, 辛은 조직·단체에서 벗어나 자신만의 분야를 구축하거나 자기 고집으로 살기도 한다.

삶의 수단은 재관이고, 실질적 물상은 금이다. 庚이 財라면, 辛은 官이라 할 수 있다. 식신생재로 재를 형성하고, 관인상생으로 관은 성취하는 것이 재생관이다. 오행 십신으로 화생금-금생수-토생금이다.

금 물상을 재관성취의 관점에서 보면 庚은 화가 필요하고, 辛은 수가 필요하다. 庚을 키우는 화는 丙이고, 辛을 품는 수는 壬이다. 이것이 양 본위에서 丙庚, 음 본위에서 辛壬 관계이다.

乙은 庚을 형성하는 시작점이고, 辛은 甲을 발현시키는 시작점이다. 사주구성이 乙→庚 환경이면 乙의 분산작용이 중요하고, 辛→甲 환경이면 辛의 안정이 중요하다. 乙의 분산을 돕는 것이 丙이고, 辛의 안정을 도모하는 것이 壬이다.

다만 庚→辛의 전환은 양→음으로의 전환이기에 庚·丁의 관계는 적정하다고 하였다. 또한 庚은 적절한 수기가 필요하고, 辛은 적절한 화기가 필요하다. 庚·辛의 관계는 드러난 치아와 잇몸 속에 숨겨진 치아의 관계라 할 수 있다. 치아는 水·火가 적절해야 건강한 치아가 되듯이 庚·辛은 수화가 적절해야 금(재관)이 완성되는 것이다.

【8】 辛

● 辛의 자구적 의미

십간의 여덟째, 맵다, 독하다, 고생하다, 슬프다, 살생, 큰 죄, 새 것 등을 의미한다. 종(鐘)의 이마에 먹실을 넣은 바늘모양을 본뜬 상형문자이다. 끝이 뾰족하다는 뜻으로 쓰인다. 그래서 辛은 숙살지기를 의미하고, 죽어서 다시 태어나는 정신·윤회의 인자로 본다.

● 완전한 결정체

辛은 만물의 생장쇠멸 과정에서 최종결실의 마지막 단계이다. 완벽한 현실적 물상으로 재물, 현물, 보석, 곡식, 과일 등 인간에게 가치 있는 물건을 의미한다. 현실세계에서 재관성취를 뜻하기도 한다. 辛·酉가 있으면 재관이 완성된 것이니 재관을 담으려는 속성이 있다.

경은 무조건 채우고 보자는 속성이 있는 반면에, 辛은 자신만의 것을 담으려는 속성이 있고 일단 수중에 들어오면 잘 내놓지 않는다. 辛은 내 것과 남의 것을 구분하고 자신만의 차별화를 추구한다. 명확해야 하기에 정리정돈이 안되면 못 견딘다. 깨끗하고 완벽하다고 자부하는 만큼 자신의 틀을 깨뜨리지 못한다.

자존심이 강하여 쌀쌀맞고 잘난 척하는 왕자병 공주병 타입이다. 심하면 남들과 어울리지 못하고 외톨이가 되거나 왕따를 당할 수 있다.

● 마무리, 정산

결실·수확은 庚의 기쁨이고, 마무리·정산은 辛의 부담이다. 결실을 완전하게 쟁취하려는 욕구가 있고, 지난 세월을 모두 정리해야 하는 의무도 있다. 과실이 있다면 그에 걸 맞는 처벌을 내려야 하고, 자신이 바로 잡아야 한다는 의무감이 있기에 엄격하고 명확하며 정의감을 앞세운다. 성격이 날카롭고 시시비비를 가리려하고 타인의 잘못을 지적하는 습성이 있다.

● 숙살지기(肅殺之氣)

진정한 금은 辛이다. 숙살지기, 결실·수렴, 정제된 모양 등 금에 대한 표현들은 엄밀히 말하면 辛을 두고 한 말들이다. 辛은 庚에서 떨어져 나오는 아픔·고통, 엄정하게 말리고 죽여야 하는 슬픔이 있다. 추상

(秋霜)같지 않으면 엄정할 수 없다. 살성·단절·절교·절단·이별 등을 감내하고 고생스럽고 독하게 된다.

모든 것을 죽이고 丁壬에 의탁하여 땅(己)에 들어가 자신을 갈가리 찢어 甲을 내야 한다. 수술·가공, 종교·철학·윤회의 인자이다. 법조계, 군인·경찰, 의사·간호사, 장의사, 교육, 종교·철학 등에 어울린다.

● 辛→甲(윤회, 종자)

辛은 인간세상의 마지막 단계이고, 만물의 조상이자 甲의 씨앗이다. 신(神)이 주관하는 윤회 과정으로 향한다. 모든 걸 버려야 하니 자신의 존재가치를 찾고자 한다. 윤회는 水가 주관하는데, 辛을 풀어 목을 내는 과정이다. 辛은 丁壬을 만나 자신을 서서히 풀어야 안정되고, 水를 만나야 윤회를 완성할 수 있다.

만약 水가 없으면 금이 부석해지고, 수가 지나치게 많으면 금이 흐물흐물해진다. 辛이 손상되는 것이니 자신의 존재가치를 찾지 못한다. 정신적으로는 정신세계에 집착하거나 엉뚱한 짓을 하게 된다. 물상적으로는 잉태·보관·생산의 문제가 일어나거나, 수술·가공해야 하는 일이 발생한다. 관절염, 요통, 신경통, 치아 손상 등 뼈·치아 부실로 인한 수술이나 임플란트 시술을 하게 된다.

● 강한 응집력과 폭발성

辛은 딱딱해질 대로 딱딱하고 마를 대로 마른 상태이다. 辛의 본질은 응집·응축작용이고, 저장되어야 안전해진다. 극히 손상을 꺼리고 외부로부터 자신을 지켜야 하니 보수적이고 집착이 강하고 냉정하다. 특히 가족, 배우자, 자식 등 내 것에 대한 집착이 강하다.

간지로 辛酉, 辛丑, 癸丑, 癸酉, 己丑 등이 경향성이 높다. 특히 辛丑, 己丑은 자기 자리에서 辛을 저장하기에 더욱 심하다.

辛은 잘 내보내지 않은 만큼 잘 받아들이지도 못한다. 안으로 기운을 응집하기에 폭발을 내재하고 있다. 잘못 건드리면 폭발하고, 성질 나면 한 순간에 다 때려치운다. 내적 역동성과 집념이 대단한데, 그 가치는 水 조절에 달려 있다.

辛이 수가 채워진 상태에서 합·충·형·파·해 등을 만나면 대박이 될 것이고, 수가 부족한데 합·충·형·파·해 등을 만나면 쪽박·부도·횡액이 될 소지가 많다.

● 丙辛

丙은 가장 왕성한 양 기운이고, 辛은 가을서리이다. 찬 서리가 햇빛을 만나면 비가 된다. 辛이 水를 얻기 위해서는 火가 필요하다는 의미이다. 여자 辛일간이 자식을 갖기 위해 결혼하는 것과 같다.

辛은 丁壬에 의탁하여 甲을 내는 것이 목적이니, 임수가 절실하기에 丙을 만나 水를 취하려는 의도가 丙辛관계이다. 그래서 丙辛이 만나면 기반되는 경향이 있다.

『적천수』에서, "신금은 연약하니 따뜻하고(火) 윤택하면(水) 맑아진다. 토가 중첩되는 것을 두려워하고, 수가 많은 것을 좋아한다. 능히 사직(壬水)을 붙들어 생령(甲木)을 구하니, 더우면 인수(戊土)가 좋고, 추우면 정화가 좋다"19)고 하였다.

여기서 더우면 인수가 좋다함은 양 본위 환경이면 무토(병화)가 좋다는 의미이고, 추우면 정화가 좋다함은 음 본위 환경이면 丁이 있어야 한다는 의미이다. 양 본위에서 병신은 좋다는 것이니, 병신합의 방향성과도 부합된다.

또한 辛은 수가 요구되지만 화도 필요하다. 수·화가 적절하면 판검사, 기술자의 상이고, 그렇지 않으면 칼잡이거나 위법·편법의 상이다.

辛卯, 辛巳, 辛未 등은 당연히 수가 필요하고, 辛酉는 금이 왕하니

---

19) "辛金軟弱, 溫潤而淸, 畏土之疊, 樂水之盈, 能扶社稷, 能救生靈, 熱則喜母, 寒則喜丁", 『滴天髓』.

水가 절대적으로 필요하다.

辛亥는 정화가 필요하고, 辛丑은 추운 계절이니 丙丁을 가리지 않고 화가 필요하다. 그래서 辛丑은 병이 와도 기반되지 않는다.

辛이 子를 만나면 子 중 임계와 함께 辛-壬-癸로 연결되는 구조가 된다. 辛子는 酉子파 구조인데, 壬(亥)이 파를 조절하니 대박을 터뜨리기도 한다. 辛丑, 癸丑이 壬 또는 亥를 동반할 경우이다.

다만 辛·壬·癸는 윤회인자이기에, 갑이 없거나 화가 없으면 종교·철학에 빠져들기 쉽다.20)

辛이 丁·癸(수화)를 만나 조화로우면 쌀·옥수수 등을 뻥튀기로 갑자기 부풀어진 모양새로 만든다. 대박의 상으로 법조인·고위직 또는 거부의 상이 되기도 한다.

```
丁辛癸壬 乾    己戊丁丙乙甲9
酉亥丑寅       未午巳辰卯寅
```
辛일간이 丑월에 임하여, 酉亥丑寅으로 발현된다. 辛일간이 丁癸의 발동으로 壬寅으로 완성한다. 癸丑월주가 기운을 돌리고 유를 가공하여 갑을 내니 직업적 성취이다. 계축은 유자파 관계로 수술·가공의 형상이다. 丑월에 화가 필요하니 寅 중 丙을 취하고 시간 丁火를 찾는다. 丁酉도 수술·가공의 인자이고 임인은 생명체를 내는 모습이다. 정유-신해-계축-임인으로 완성하는 흐름이다. 성취를 크게 한다는 의미가 있는데, 원하는 바가 시주에서 시작하니 발현이 늦거나 자신이 하고 싶은 일이 아니면 만족도가 떨어진다. 예술·예능 등 취미성 또는 이중성 직업에서 발달이 크고 안정감을 얻는다는 의미도 된다. 개업하지 않은 치과의사이다.

丙辰대운은 辛일간이 기반되고 해가 입묘되니 갑이 발현되기 어렵다. 丁巳대운은 사유축을 완성하지만 丁壬-寅巳형·합 등

---

20) 辛·壬·癸 = 윤회의 과정, 영혼의 인자. 甲 = 영혼·윤회로부터 새로운 정신과 육체를 품부 받은 생명체.

으로 인으로 발현되기 어렵다. 丙辰·丁巳대운에 개업하지 못한 이유이기도 하다. 戊午대운은 丁酉가 동하고, 癸丑월주가 동한다. 午酉형-酉子파로 금을 가공하고 午丑천으로 寅이 튀어나오고 戊가 癸의 분산작용을 돕는다. 壬년간과 亥일지가 형·파를 조절하니 사유축이 폭발성을 갖게 되었다. 戊午대운 乙未년에 연봉 2억원+α 조건으로 스카웃 되었다.

정유시주에서 발현되고 대운이 부합하지 않으니 성취가 늦은 감은 있지만, 사주원국이 운보다 우선된다는 증험이다. 사주구성이 갖추어지면 운에서 약간 정체되더라도 그 값은 나중에 한꺼번에 돌려받고 삶의 안정성과 재관성취를 취할 수 있다. 반면에 사주구성이 좋지 않은데 운에서 발달하면 나중에 전부 돌려주어야 함이다.

이러한 간지의 기운과 작용·흐름 등은 기상명리 관점에서 살필 수 있지만, 격국·용신·조후 등으로 답을 구하기는 쉽지 않다. 또한 이 남명의 부인이 오랫동안 저학년을 대상으로 한 학원을 운영했는데, 남편의 수입이 극대화되면서 乙未년에 학업을 처분하였다. 이러한 배우자의 모습과 관계성도 기상명리에서 담론한다. 간지의 기상흐름과 사주궁위 등 만물의 생장쇠멸 작용관계를 체득하는 것이 선결되어야 한다.

【9】 壬

● 壬의 자구적 의미

십간의 아홉째, 북방, 간사하다, 크다, 성대하다, 짊어지다, 임신(생명수), 막대기(工)에 실을 감은 모양으로 임신을 뜻한다.

● 잉태

태아를 잉태한 산모의 모습은 조심스럽고 움직임이 적지만, 새 생명을 품었으니 당당하고 자신감이 생기고 겁날 것이 없다. 방구석에 처

박혀 있든지, 자신을 뽐내려고 뒷짐 지고 돌아다니게 된다. 까다롭고 자기중심적이다. 애기 짓을 하거나 공주마냥 요구사항이 많다. 먹고도 안 먹은 척하기도 하고, 없어도 있는 척하기도 한다.

사주궁위에 임이 있으면 해당 육친의 성향이 그러하다.

임신은 생식기를 의미하고 음란성을 품고 있다. 생명의 잉태를 목적으로 하지 않는 생식기는 음란성으로 전개된다. 壬의 문제는 임신·출산 등 잉태 뿐 아니라 생식기 질환, 부부애정 문제 등으로 일어난다.

● 윤회

북쪽은 예로부터 귀신(영혼)이 머무는 자리이고 윤회를 의미한다. 壬·癸는 辛 씨앗을 품어 새로운 생명을 부활시켜야 한다는 사명과 책임을 짊어지게 된다. 인간 삶에서 경험한 지혜와 사상을 바탕으로 다시 윤회를 거쳐 새롭게 정립하게 된다.

확실하지 않은 상태에서 드러내야 하니 생각이 많고 만감이 교차한다. 壬癸-亥子丑으로 구성되면 생각이 많고 근심·걱정을 안고 산다. 뒤 늦게 공부하는 경향이 있고, 산 중 기도에 내몰리는 경우도 있다. 대표적인 도문(道門)인자라 할 수 있다.

● 저장 기운

庚·辛은 재물을 장악하는 능력이라면, 壬은 재물을 담은 창고이다. 壬은 숙살지기를 거친 만물의 기운을 창고에 암장(暗藏)한 상태라 할 수 있다. 창고에 재물이 가득하고 성대(盛大)하다는 의미가 있다. 다만 스스로 창고 문을 열지 못하니 의심이 많고 주저함이 있다.

저장은 어둠(밤)을 의미하니 숨김이 있거나 속마음을 잘 드러내지 않는다. 갑을 키운다는 목적이 뚜렷하기에 이것저것 벌이지 않는 유일성이 있지만, 확실한 단계가 아니니 유일성 속에서 유동성이 있다.

● 만물의 생명수

『적천수』에서, "임수는 강과 통하니, 금기를 설기할 수 있고, 강하면서 덕이 있으니, 두루 흘러 정체하지 않는다. 癸가 투출하여 통근하면 천지가 분주하게 되니, 化하면(정임으로 목을 내면) 유정하고, 순리에 따르면 상생한다"21)고 하였다.

임은 갑(생명체)을 기르는 만물의 생명수(어머니)이다. 壬 일간이 맏이 노릇을 하는 경우가 많은 이유이다. 임은 木·金이 모두 있으면 가장 좋다. 甲이 아니면 乙이 있어야 하고, 목이 없으면 금이라도 있어야 안정된다.

● 水 기운(자유로운 영혼)

크고 간사하다는 의미에서 담대한 壬의 성향을 엿볼 수 있다. 수는 유유히 흐르는 것이 본질이지만, 멈추면 水의 가치를 얻는다. 물은 고이면 썩게 마련이니, 흐르고 멈추고 다시 흘러야 자신의 본질을 얻게 된다. 행운적 요소가 많음을 의미하기도 한다.

자유롭다, 떠돌다, 방황하다, 자유로운 영혼 등 의미가 있고, 해외로 나가다, 물 건너가다 등 해외 또는 물과 관련성으로 보기도 한다. 자유로운 만큼 폭발성, 폭력성, 매정함, 도화음란성을 내재하고 있다.

만약 辛 또는 甲이 없으면 경향성이 뚜렷하다. 壬이 木·金 모두 없거나 木을 키울 환경이 아니면 할 일이 없는 것과 같다. 방황, 떠돌이, 폭력성, 음란성 등으로 드러난다. 마치 집시가 자유로이 떠돌다가 임신하면 잠시 머물러 목을 내고는 다시 집시로 돌아가는 것과 같다.

● 丁壬

丁은 가공한 辛을 보관하기 위해 壬을 찾고, 壬은 갑 씨앗인 辛을

---

21) "壬水潤河, 能洩金氣, 剛中之德, 周流不滯, 通根透癸, 沖天奔地, 化則有情, 從則相濟", 『滴天髓』.

품기 위해 丁을 받아들인다. 결국 壬은 甲을 내는 것이 목적이니 임일간이 행하는 일에는 목적이 숨어있는 경우가 많다.

壬은 타인의 도움이 있고, 타인을 이용하여 자신의 것으로 만드는 능력이 있다. 이성을 끌어들이는 힘이 강하고, 이성으로 인한 혜택이 있다. 여자는 자식(甲)을 잉태하는 환경이니 더욱 그러하다.

壬壬甲丁　坤　辛庚己戊丁丙乙6
寅子辰未　　亥戌酉申未午巳

壬일간이 壬壬甲丁 음 본위로 구성되니 삶에 행운적 요소가 있다. 壬일간이 환경을 주도하지 못하지만, 辰월에 필요한 수기를 채워주고 목이 발현되기 좋다. 수목이 왕성하고 신자진을 구성하니 목을 키우는 구조이다. 임갑-신자진 구조는 발달이 크지 않은 특징이 있는데, 甲·寅이 모두 투출되니 쓰임이 있다. 월지·대운 환경이 미비한 여명이니 남편 복록을 누리고 壬寅시주를 취하니 자식을 얻고 발복하는 구조이다. 갑진보다 壬寅이 사용가치가 크고, 목을 키우는 유일성을 있다. 임인은 남편의 모습이니 도서도매업을 경영한다. 본인은 직업을 갖지 않고 남편 덕으로 여가활동을 하면서 삶을 즐기고 있다.

壬은 자유로운 영혼이니 가만히 있지 못하고, 윤회인자이니 종교·철학에 관심이 많다. 壬子일주에 壬壬으로 복음이고, 丁壬 양합에 子辰으로 癸를 끌어들인다. 丁未·辰未로 乙을 조절하니 도화·음란성으로 발현될 여지가 많다. 이럴 경우에는 일반적으로 사회활동으로 기운을 설기하는 것이 좋다. 그런데 남편이 壬寅 모습이니 남편을 키워 혜택을 입는 유일성을 선택하고, 자신은 壬子-丁壬-辰未 도화성으로 발현된다. 부부애정을 깨뜨릴 수 있는 폭발성을 내재하고 있다.

戊申대운에 신자진으로 금→목 발현의 발판을 이루고, 己酉대운은 戊申에서 펼쳐놓은 금을 응집하여 酉辰에 담아 酉子로 甲을 발현시킨다. 子辰-酉辰-酉子로 파가 발동하니 壬寅남편의 사업이 번창하였고, 본인의 모양새가 더욱 화려해진다. 남편을 잘 다루고 자기는 하고 싶은 것을 하고 살고 있지만, 언제까지 도화음란성과 남편의 복록, 두 마리 토끼를 온전히 누릴 수 있을지 미지수이다.

※ 壬과 亥의 차이

壬·亥는 물상을 품는다는 점에서 고정성(유일성)-유동성을 내포하기에 복잡하다는 특징이 있다. 고정성은 품어 내놓지 않는 것이라면, 유동성은 품었던 것을 내놓는 것이다. 壬은 드러내고 밝히는 성향이라면, 亥는 숨기고 감추는 성향이라는 점에서 차이가 있다. 잉태·저장, 움직임이 적다는 의미는 실제로 亥의 속성에 가깝다.

'저장'의 의미에서 壬은 유동성(밖), 亥는 고정성(안)이 강하다. 임은 외부적 움직임이 많은 가운데 유일성이 있고, 해는 외부적 움직임은 적지만 내부적 움직임은 강하다. 壬은 이것저것 부산한 것처럼 보이지만 한 가지에 몰두하고, 亥는 한 가지 일에 몰두하는 것처럼 보이지만 여러 가지 일을 하는 경우가 많다. 임은 여러 경험들을 통해 하나를 얻고, 亥는 하나의 일에서 여러 가지를 실행한다. 임은 유동(밖) 중 유일성(안), 해는 고정(밖) 중 유동성(안)이다.

壬·亥의 유동성-유일성, 도화성-윤회성 등 본질적으로 복합성을 안고 있다. 壬乙과 亥卯 구조는 복잡성을 가중시킨다. 壬의 유동성을 乙이 부추기고, 亥의 잠재된 유동성을 卯가 분산시킨다. 간지로 乙亥, 壬辰 등이다. 壬乙, 亥卯, 乙亥, 壬辰 등은 자칫 음란·도화, 위법·편법으로 변질되기 쉽다.

壬·亥의 복잡성을 조절하기 위해서는 목·금 물상의 적절한 조화와 戊己의 조절력이 필요하다. 壬甲己, 壬乙己, 壬甲戊, 壬乙己 등으로 구성되면 현실적 발전성으로 발현시킬 수 있다. 그래서 壬辰은 상대적으로 안정되고 조절력을 갖는다. 지지에서는 해묘미로 완성되면 안정감을 얻는다.

【10】 癸

● 癸의 자구적 의미

십간의 아홉째, 북방, 겨울, 경도(經度, 좌표), 월경(月經, 생리), 헤아리다, 무기 등을 의미한다. 癶(등질·걷다·가다:발)와 矢(화살:시)의 합성어로 걸음걸이로 길이를 잰다는 뜻이다. 화살(=자)로 곡직(曲直)을 잰다는 의미의 상형문자이다.

● 지혜, 윤회의 인자

壬·癸는 윤회·영혼의 인자이고, 만물의 생명수로 생명의 근원이다. 특히 癸는 천간 마지막 글자로 모든 것을 최종적으로 정리·마무리하고, 그동안 경험했던 노하우를 총동원하여 윤회를 통해 새 생명체를 내야 한다. 정신에서 물상, 모방에서 창조, 새로운 생명·업적을 내놓고자 한다. 그것이 숙명이자 의미이다.

辛癸, 癸酉, 癸丑 辛丑 등 구조는 윤회·정신을 추구하는 성향이 강하게 발동하거나 폭발력을 갖는다. 酉子파 구조이다.

● 水 본질(생명수-활명수)

水의 근본목적과 방향성은 금에서 목을 생성하여 키우는데 있다. 金-水-木으로 순차하면 좋은 배합이다. 이는 壬·癸·亥·子 모두 같다. 다만 壬은 목을 기르는 생명수라면, 癸는 목을 키우는 활명수이다.

금이 있고 목이 없으면 금을 가공하여 목을 내야하고, 목이 있고 금이 없으면 목을 키워 금을 내야 한다. 만약 水일간이 木·金 모두 없으면 이곳저곳 흘러 다닌다.
　壬이 임신이면, 癸는 출산이다. 癸는 생명을 다루고 음란성으로 변질되기 쉽다는 점에서 壬과 같다. 癸의 분산작용력이 막히면 임신·출산 뿐 아니라 생식기 질환, 부부애정 문제 등으로 일어난다.

● 응집(음)→분산(양)
　壬이 저장이라면 癸는 보관이다. 저장은 담는 것을 전제로 하지만, 보관은 쓰는 것을 전제로 한다. 癸는 개구리가 멀리 뛰기 위해 움츠리고 있는 형상이다. 조건이 맞으면 밖으로 분산작용을 하고, 조건이 맞지 않으면 응집된 상태에서 폭발력을 내재한다.
　癸는 음 끝에서 양 시작을 알리는 경계선상에 있다. 음 속에서 양 투명성을 밝히니 이중성향이 있다. 비밀스러우면서도 명확한 것을 좋아하고, 감추는 게 많으면서도 은근히 자신을 드러낸다. 융통성은 있지만 대인관계가 왕성하지 않다. 욕심이 많고 알뜰하지만 쓸쓸이가 있고, 자신에게는 엄격하지만 타인에게는 관대하다.

● 조절기능
　만물의 영속성 관점에서 음양을 조절하는 인자는 癸이다. '헤아리다'는 의미에서 조절, 공평, 저울 등 癸의 조절기능을 알 수 있다. 계는 스스로 조절력과 통제력을 발휘하는 인자이다.
　癸는 천간기운을 마무리하고 조절하여 다시 펼쳐야 한다. 자신의 업적·성과를 자기 것으로 차지하기 어렵다. 辛·壬에서 甲을 내는 것은 癸인데, 辛·甲는 자신들의 발현처가 壬이라 생각하기 때문이다.
　다만 癸는 壬기운을 탈취하여 甲을 낸 것이고, 甲을 통하여 乙-丙을 냄으로써 목적을 달성하고 가치를 얻는다. 辛→甲 흐름에서는 희생자가 되고, 乙→庚 흐름에서는 탈취자가 되는 것이다.

● 계산, 측정

'경도'과 '곡직을 재다'는 의미에서 정확, 지혜, 계산 등 현실적·실질적인 것을 추구함을 알 수 있다. 계산능력과 분석능력이 뛰어난 장점이 있고, 이기적이고 계산적인 성향이 있다.

학자, 교육, 설계, 은행원, 분석가, 평론가, 심리상담, 조언자, 지도자, 공무원 등에서 발전적 기상이 있다. 철학, 종교, 성직자 등 정신적인 것을 추구하거나, 도화성 직업으로 변질되기도 한다.

곡직(曲直)을 잰다는 것은 甲·乙 모두 키운다는 의도이다. 癸가 木을 동반하면 목을 펼치니 교육계통에서 발달한다. 간지로 癸甲 癸乙, 癸亥 癸卯 甲子 甲辰 등이다. 癸甲 구조는 성공하더라도 만족도가 떨어지고, 癸乙 구조는 성취가 작더라도 만족도가 있다.

● 戊癸

癸가 戊와 합함은 戊를 기반으로 丙을 내려는 의지이다. 壬이 己를 터전으로 辛을 품어 甲을 키운다면, 癸는 戊를 바탕으로 乙을 품어 庚을 형성한다. 癸가 戊를 얻음은 자신의 희생인 동시에 꿈을 펼치는 기회이다.22)

『적천수』에서 "계수는 가벼워야(목화를 만나야) 하늘 끝에 도달할 수 있고, 용(辰, 乙·卯)을 얻어 운행되면 神의 공력을 얻으니, 화토를 두렵지 않고 경신의 도움을 논하지 않는다. 무토와 합하여 화하면(丙을 얻으면) 진실한 모습이다"23)라고 하였다.

癸는 辰(乙癸戊)을 얻어야 한다는 말에서 癸의 목적은 戊를 바탕으

---

22) 癸일간이 丙·戊(巳)을 보면 재(여자)가 찾아 들어오고, 戊일간이 癸(子)를 보면 재(여자)를 쫓아 다닌다. 특히 남자 癸일간이 丙을 보면 戊가 스스로 따르니 재관을 모두 취하는 형상이다. 재물과 여자가 동시에 따르는 경향이 있다.
23) "癸水至弱, 達于天津, 得龍而運, 功化斯神, 不愁火土, 不論庚辛, 合戊見火, 化象斯眞",『滴天髓』「十干論」.

로 乙을 키워 병을 내는 것임을 알 수 있다. 달리 말하면 癸가 양 본위에 있으면 水가 많이 필요가 없다는 의미도 된다. 계는 목이 필요한데, 목이 없으면 辛·酉라도 있어야 한다.

癸가 丙을 얻는 것은 巳 중 庚을 얻기 위함이다. 癸가 병을 만나지 못하면 답답해진다. 여름의 癸는 乙→庚으로 가공해야 하니 庚을 만나는 것이 좋다. 만약 戊癸가 붙어있으면 癸는 乙·丙을 탐하여 경을 내지 않는다. 癸는 戊보다 丙을 보는 것이 더 가치가 있으니, 이것이 癸丙의 방향성이다.

이처럼 癸는 차가운 물이 아니라 乙-庚을 운행하는 양 본위 기운을 주관한다. 성장과 발전을 주도하고 화려함과 아름다움을 추구한다. 밖으로 나가려는 속성이 있고 갇혀 있는 것을 싫어한다. 癸가 묘진사에서 화려한 시절을 보내는 이유이다. 癸乙 癸丙 癸卯 癸巳 등은 발전의 상이 된다.

辛癸辛癸　乾　甲乙丙丁戊己庚7
酉未酉巳　　　寅卯辰巳午未申

癸일간이 酉월 환경이 적합하지 않지만 대운이 받쳐준다. 酉월은 辛이 활동하는 시기이고 사유축으로 구성된다. 癸일간이 목을 키우는 환경이 아니고 목이 없으니 오로지 辛酉를 가공해야 한다. 辛酉월주를 계사가 담당하고, 辛酉시주를 계미가 담당하면 된다. 계사는 사 중 경을, 계미는 미에서 경을 내어 유자파로 발현시키는 구조이다. 癸巳년주는 癸丙庚 구조로 庚을 쉽게 얻을 수 있고, 酉子파로 庚-辛의 전환을 도모할 수 있다. 계미일주는 입묘지에 있으니 자신을 낮추고 임으로 전환될 의도가 있으며 경을 내기 수월하다.

癸일간이 수기를 담당하니 자수성가의 상이고, 癸巳년주가 사유축을 이끌어 辛을 완성해야 하니 국가조직 또는 큰 단체에서 발달하는 구조이다. 공무원 국장 출신이다. 辛酉월주는 직업적 성취, 辛酉시주는 노년에도 왕성한 활동력을 의미한다.
56세 丙辰대운까지 목이 투출하지 않고 화운이 이어지니 경거망동하지 않고 한 우물을 파고 안정성을 구하는데 도움이 된다. 戊午대운은 무계-사오미 본위를 이루고, 丁巳대운은 丁辛-사유축으로 이끈다. 丙辰대운은 癸丙 방향성에서 丙辛-酉辰으로 금을 辰에 담는다. 辛을 辰에 담아 癸일간이 분산작용을 강화하니 乙이 발현되니 성취가 크다.
사주원국에서 辛酉-辛酉로 월·시 복음이고, 계 복음에 未일지가 수기를 말리니 부부애정 문제, 사건·사고 등에 주의해야 한다. 乙卯대운은 癸가 바라던 癸-乙작용이 발동한다. 辛酉 월·시가 동시에 발동하고 酉子파를 강화시키니 폭발력을 갖는다. 경거망동하거나 엉뚱한 행위를 하게 된다. 未 중 乙이 투출되니 가정·부부애정·건강 등에 문제가 발생할 수 있다. 乙卯대운 말미와 甲寅대운 초입에 발생할 가능성이 높다.
이 남명이 삶에 안정을 갖출 수 있었던 것은 계사년주로 공무원을 직업으로 삼았기 때문이다. 그래도 부족한 수화기운을 취해야 하니 종교·철학에 관심을 두게 된다. 불교에 심취하여 단기 출가 프로그램에 참가한 경험이 있고 사주공부에도 관심이 많다. 노년대운에 목이 투출하였으니 자신을 되돌아보는 지혜가 필요하고 베푸는 심성이 필요하다. 특히 甲寅대운은 신갑-유인이 발동하니 경거망동으로 묶이는 문제가 발생한다. 노년기에 활동력이 강화되거나 묶이면 좋을 것이 없다.

※ 윤회·정신의 인자

사주구성에서 일간의 환경조건이 극히 미비하거나, 수화가 태왕하거나, 수화가 태부족하거나, 수화 조절을 일간이 담당하는 등 수화(기운)가 부조화될 경우에 윤회·정신, 종교·철학을 추구하게 된다. 그렇지 않으면 정신적 방황을 겪거나 음란·도화성으로 발현되기도 한다.

종교·철학적 성향이 강하고, 직업적으로는 사주상담, 심리상담, 종교인, 교육자, 학자, 연구·개발, 선생·강사, 작가, 평론가, 의사, 간호사, 법조인, 정치인, 예술·예능인, 음성적 직업 등 방면으로 발현된다.

참고로, 사주 환경조건과 水火 조절여부 등과 상관없이 간지의 구성 관계만으로 종교·윤회 성향의 간지를 알아보자.

첫째, 辛·壬·癸 윤회인자의 복합
辛丑 辛酉 辛亥 癸丑 癸酉 癸亥 壬子 壬辰 壬戌
辛·壬·癸는 윤회·정신을 추구하는 경향이 강한 인자이다. 癸亥는 60갑자의 마지막 간지이고 영혼의 水를 간지로 함축하고 있다.

둘째, 자좌 입묘(입고)
丙戌 戊戌 丁丑 己丑 壬辰 癸未 甲戌 庚辰 辛丑 乙未
자좌입묘 간지는 가족에 대한 헌신 강하고, 안정적 성장을 추구하는 경향이 있다. 정신을 추구하면서 현실적 성취를 원한다. 甲·乙·庚·辛 물상이 입묘하는 甲未, 乙戌, 庚丑, 辛辰 등의 간지는 없다. 그래서 물상의 입고간지는 수화의 입묘간지보다 사회적 성취감이 약하거나 현실적으로 답답함은 정신세계를 추구하게 된다.

셋째, 육해살 인자 동주 간지
甲申 甲子 甲辰 庚寅 庚午 庚戌 丁亥 丁卯 丁未 癸巳 癸酉 癸丑
육해살 인자가 동주하는 간지 중 진미술축이 작용력이 강하고, 축미는 응집하는 기토를 안고 있기에 더 강하고, 축은 생명을 내는 자리이니 더욱 경향성이 높다. 甲申, 甲子, 甲辰에 己를 동반하면 작용력이 강해진다. 특히 甲子는 60갑자의 첫 번째 간지이고 子水를 깔고 있기에 甲己합에 축이 함께하는 것과 같다.

셋째, 水火 부조화 간지
甲辰 甲戌 乙未 丁未 己未 乙酉 丁酉 己酉 丙午 丁巳 丁卯 己卯 戊申 戊午 戊辰 庚戌 癸亥 壬子 辛丑 辛酉 辛亥 癸丑 癸酉 壬辰 등

수가 필요한데 수가 없거나 화가 필요한데 화가 없으면 부족한 수화를 얻기 위한 몸부림으로 정신세계를 추구하게 된다.

위 간지들이 사주원국에 3개 이상 혼재하면 현실적 경향성이 뚜렷해진다. 辛丑, 癸丑, 癸酉, 壬辰 등 위 구성간지에서 중복되는 간지가 포함되거나, 수화가 부조화한 간지가 포함되면 더욱 경향성이 짙어진다. 다만 사주원국에 윤회인자가 중복되더라도 현대에서는 직업으로 사용하는 경우가 많다.

甲庚壬丁　坤　己戊丁丙乙甲癸4
申戌寅巳　　　酉申未午巳辰卯

庚일간이 寅월 환경을 잃었고, 寅월에 丁壬甲이 주관한다. 庚일간이 주재할 환경이 아니지만, 인오술 구성되고 대운도 받쳐주니 자기고집을 내려놓지 못한다. 寅월에 丁壬으로 갑을 발현코자 하는데, 庚은 甲申시주에서 乙을 내고 寅巳형을 가동하여 인오술로 경을 완성하려한다. 壬寅월주를 취해야 하는데 경은 정사로 인오술을 원한다. 정임-인사로 형·합하니 갈피를 잡지 못하는 형국이다. 庚일간이 丁巳년주를 통해 인오술을 취하고자 함은 본의를 잃고 하늘기운을 돌려 윤회로 들어가는 꼴이니 무속인이 되었다.

乙巳대운에 甲庚乙로 천이 발동하는데, 巳가 동하여 인오술을 가동한다. 丁을 끌어들이니 庚이 辛으로 빨려 들어가게 된다. 庚일간이 辛모습으로 바꾸어야 하는데, 정사-인사로 인오술을 부추기니 딜레마에 빠지게 된다. 일반인으로도 무속인으로도 온전히 자신을 맡기지 못하니 신명(神命)이 발달하지 않는다. 삶이 고달프고 경제적 문제를 고민하고 있다. 44세 丁未대운은 丁이 庚을 다듬고 술미형-인사형을 가동하니 자신을 버리고 내려놓을 수 있다. 수행정진을 통해 辛모습을 갖춘다면 甲을 얻을 수 있는 환경이다.

종교인의 사주가 별도로 있는 것은 아니다. 종교인도 직업적 성취를 얻기 위해서는 사주구조가 받쳐줘야 한다. 종교·철학은 현실 삶의 도피처가 아니라, 현실적 직업성취에 제약을 탈피하는 방편이다. 예전에는 직업구성이 단순했기에 사주팔자의 경향성에 부합하는 직업선택에 애로가 있었지만, 현대의 직업군은 다양하기에 사주그릇에 맞는 직업선택이 용이하다.

이런 사주구성은 타인을 위주로 하는 삶에서 성과를 얻을 수 있다. 寅巳형을 이용한 丁巳 모습으로 살아가면 현실직업이든 종교인으로든 성취감을 얻을 수 있다. 현실세계에서는 관·조직·단체 속에서의 발현, 사업이라면 프랜차이즈 또는 OM방식의 형태, 전기, 전자, 통신, 인터넷 등 빠른 전파를 위주로 하는 분야, 의사, 간호사, 군·검·경찰, 학자, 심리상담, 연애·연극, 예체능, 조경, 미용, 설계 등 얼마든지 구할 수 있다.

天符經 八十一字

一始無始一析三極無盡本
天一一地一二人一三一積十鉅无匱化三
天二三地二三人二三大三合六生七八九運三四成環
五七
一妙衍萬往萬來用變不動本
本心本太陽昻明人中天地一
一終無終一

제 3 장
지지론

12지지의 기본속성과 의미
12지지의 발현과 전환

寅巳申亥
子卯午酉
辰未戌丑

지지론地支論

지지 12글자는 子-丑-寅-卯-辰-巳-午-未-申-酉-戌-亥…, 하루를 12단위 시간으로 구분하고, 4계절로는 봄-여름-가을-겨울…로 영속하는 시간흐름의 개념이다. 시간개념을 계절흐름에 대비하면 子丑寅-卯辰巳-午未申-酉戌亥…이 된다. 지지의 4계절 분별은 『기상명리』에서 음양 본위의 영역으로 살펴본 개념이다.

지지를 만물의 생성과정으로 보면, 子에서 일양시생으로 수생목-목생화-화생금-금생수… 순차하여 亥에서 육음이 극에 달하면 다시 子에서 일양이 시생하여 순환한다. 만물의 태동은 丑에서 寅이, 辰에서 巳가, 未에서 申이, 戌에서 亥가 발현된다. 즉 寅·申 목금물상은 己土에서 나오고, 巳·亥 수화기운은 戊土에서 조절되어 펼쳐진다.

丑·辰·未·戌에서 寅·巳·申·亥가 나올 수 있는 것은 子·卯·午·酉가 있기 때문이다. 子·卯·午·酉는 癸·乙·丁·辛의 기운이 발현된 모양새이다. 따라서 지지물상은 천간기운에 의해 발현되고, 12지지의 상호작용도 기상(氣相) 흐름에 의해 영속한다.

1. 12지지의 기본 속성

【1】 亥

○ 亥의 자구적 의미
열둘째 지지, 해시(21:30~23:30), 단단하다(不動), 간직하다, 豕(돼지:시)를 본 뜬 상형문자로 돼지를 상징한다.

○ 돼지

돼지는 아무거나 잘 먹고 있는 대로 먹어치운다. 욕심은 많고 움직임은 적다. 인간과 함께 생활하는 동물이지만, 말처럼 교통수단이 되지 못하고, 소처럼 밭을 갈지도 않고, 닭처럼 아침을 알리지도 않고, 개처럼 집·가족을 지키지도 않는다. 인간에게 식용가치는 있는데 먹는 양에 비하면 그다지 경제적 가치가 높지 않다.

亥가 있으면 경제적 가치가 높지 않거나 성공·발전이 크지 않다. 흔히 말하는 가성비가 낮다는 의미로 해석된다. 성공여부와 관계없이 안정감이 떨어지거나 부족함을 느낀다. 항상 노력하는 장점은 있지만, 자신감이 결여되고 소극적인 면도 있다. 아무거나 잘 먹고 대중음식을 선호한다. 곰탕·설렁탕·보신탕·국밥 등 잡탕을 좋아한다.

○ 육음(六陰)

한 줄기 빛도 없는 암흑천지이다. 새 생명을 잉태하여 윤회를 시작하는 시점이다. 흔히 子는 한밤(겨울)으로 어둡고 춥게 여기고, 상대적으로 亥는 甲이 장생하니 밝고 포근하게 여긴다. 실제로는 亥가 子보다 더 응축되고 웅크린 형상이다. 인간의 관점이 아닌 만물의 생장쇠멸 과정으로 지지를 살펴야 함이다.

고대의 인간은 천지자연과 더불어 살았기에, 사주간지에는 자연인으로서의 인간 본래의 모습이 담겨 있다. 戌亥子丑 8시간을 자고, 寅시에 일어나, 卯시에 아침을 먹고, 午시에 점심을 먹고, 酉시에 저녁을 먹고, 戌시 이전에 잠자리에 들었으니 亥시는 깜깜한 밤이다. 해는 인간이 활동하는 시간이 아니라 영혼(혼귀)의 시간이다.

亥는 승부를 내는 일에는 불리하다. 음은 충만한데 양이 없는 상태이다. 정신은 충만한데 물상이 부족하다. 움직임은 약해도 정신은 움직인다. 유동성이 부족하니 응축된 기운으로 내 안에서 뭔가를 해결하고자 한다. 삶에서도 축소하고 작게 완성하려는 경향이 있다. 절약정신이 뛰어나고 알뜰한 편이다.

○ 부동(不動) 중 유동성

해는 부동성과 불확실성이 특징이다. 부동성(고정성) 중 불확실성은 현실에서 변화가 많은 유동성으로 나타난다. 불확실성에서 오는 유동성은 복잡성을 낳는다. 이것저것 손대거나, 2~3가지 일을 하거나, 직업·직장·주거 등을 자주 바꾸는 경향이 있다. 불확실한 복합성은 은밀하고 우유부단함으로 드러나고 인간관계도 불안·복잡하게 된다. 사주 궁위의 육친성향, 직업, 애정관계 등에 영향을 미친다.

운에서 亥를 만나면 결과 없이 흘러가는 세월이 되기 쉽고, 실익보다 번거로움을 겪는 경우가 많다. 넓지 않은 대인관계 속에서 인간관계가 복잡해지고, 본인 의사와 상관없이 이성관계도 복잡해진다.

다만 未月이면 亥를 만나야 수기를 채우고 乙이 생기를 얻는다.

○ 戊甲壬, 새 생명의 잉태

해 중 임수가 갑목을 품는다는 의미이다. 戊에 있던 酉를 亥가 품어져서 甲으로 키워지는 것이다. 쇠멸(衰滅)24)은 삶이 끝나는 것이 아니라 다음 생을 위한 준비이다. 기존의 것들을 버리고 새로운 창조를 위해 준비해야 하는 곳이 亥이다.

잉태했으니 미래에 대한 희망과 원대한 꿈이 있다. 불확실한 상태이니 이것저것 생각이 많고, 그저 품고 있을 수밖에 없으니 웅크려지고 불안하다. 甲 모습을 모르니 이것저것 손대거나 공부하는 경향이 있다. 재주와 능력은 갖추지만 확실하게 잡히는 건 없다. 해에서 갑을 얻는 구조는 노력파지만 불확실하고 시간이 걸리게 된다.

생명체를 품었으니 주위사람에게 인기가 좋고 주위의 도움이 있다.

---

24) 지지를 생장쇠멸 과정으로 보면, 인묘진은 생(生)에 해당하고, 사오미는 장(長)에 해당하고, 신유술은 쇠(衰)에 해당하고, 해자축은 멸(滅)에 해당한다.

성과가 없더라도 인덕이 있고 먹을 복은 있다. 열매를 없어도 잎 따먹고 뿌리 캐먹고 꽃 따먹고 수액도 뽑으니 실속은 챙긴다. 관상에서 지고(地庫)가 발달한 사람에 비유된다.

○ 품고 간직하는 속성

亥·子는 정신을 추구하는 인자이다. 子에는 물상이 없고 亥는 甲 물상을 품고 있다. 해는 시간이 지나면서 물질에 대한 욕구가 생기게 된다.25) 다만 亥 중 甲은 子·辰 등이 있어야 가치를 얻고, 寅·卯·巳·午 등을 만나야 현실화된다. 만약 해 중 갑이 나올 수 없는 환경이면 국가를 위해 봉사하는 일이나, 해외 등 먼 곳으로 나가야 한다.26)

亥월지이면 중년 이후에 재물 욕구가 일어나고, 일지에 있으면 노년에 탐욕을 부리고, 시지에 있으면 건강·수명에 대한 욕구가 많아진다.

亥가 일·시에 있으면 노년까지 활동력을 발휘하거나, 뒤늦게 수확의 기쁨을 얻는 경향이 있다. 그렇지 않으면 노년에 정신적인 것을 추구하거나, 움직임이 적은 형태의 삶을 살아간다.

○ 申子辰 水 운동의 본기(本氣), 亥卯未 목 운동의 시발점27)

亥는 水의 본기이니 신자진 운동의 본기이다. 亥는 辛씨앗을 품어

---

25) 삶의 수단은 재관에 있으니 인간은 재물성취를 우선으로 삼는다. 12지지를 오행의 속성으로 재물 형상을 분별하면 다음과 같다.
   인묘진 - 유동성 자산, 유가증권, 주식, 증권, 동산
   사오미 - 사업성 자산, 투자, 투기
   신유술 - 현물 자산, 보석
   해자축 - 고정성 자산, 부동산
26) 일반적으로 時에 酉·戌·亥·子·丑 등이 있으면, 말년에 활동력 위축된 형태의 삶, 정신적인 면을 추구, 움직임이 적거나 드러나지 않는 형태의 직업, 임대업, 앉아서 하는 일, 종교적인 모습 등으로 살아가는 경향이 있다. 그렇지 않으면 해외 또는 먼 곳을 기반으로 하거나 출입하는 형태의 삶이다.
27) 인사신해는 삼합의 시작인자로 대체로 유능의 인자로 본다. 역마성이 있고 프로기질이 있다. 시작을 해야 하니 라이센스를 갖추어야 하고, 고치고 바꾸고 왔다갔다 하는 과정을 거치면서 자신의 목적을 달성하게 된다.

金-水-木으로 목 생명체를 기르는 윤회과정을 주도한다. 마치 아기를 품은 모체의 양수(羊水)와 같은 생명수이다.

亥가 품은 甲의 존재는 子가 해묘미 운동을 해야 알 수 있다.

해묘미 과정을 나무에 비유하면, 뿌리·싹을 틔우고 성장하여 꽃을 피워 열매를 맺는 과정이다. 열심히 나무를 키웠는데 정작 결실(열매)을 얻지 못한 상태이다. 목을 완성했다는 가치만 얻을 뿐이다. 성과는 있는데 손에 쥐는 것이 적거나, 능력을 인정받고 명성은 얻었지만 경제적 실익이 적다. 소문난 잔치에 먹을 게 없는 꼴이다.

만약 亥 중 甲을 얻고자 하는 구조에서 未가 오면 음란지합이 된다.

【2】 子

○ 子의 자구적 의미

첫째 지지, 子時(23:30~01:30), 쥐, 자식(子息), 자궁(子宮), 이자(利子), 번식하다, 어리다, 아주 작은 것, 사랑하다, 사람, 스승. 어린아이가 두 팔을 벌리고 있는 모양을 본뜬 상형문자이다. 자식 특히 아들을 의미한다.

자는 자식을 상징하는바 생식기를 의미한다. 애정사와 생식기 건강에 영향을 미치는 인자이다. 子가 손상되면 길흉을 떠나서 건강, 생식기, 애정사, 재물 등에 문제가 일어날 수 있다. 자축, 자오, 자묘, 유자, 자미 등은 子 손상을 초래하는 관계들이다.

○ 쥐

쥐는 일양이 시생하는 자시(子時)에 가장 먼저 움직이는 동물이기에 12지지 첫째에 자를 두었을 것이다. 쥐는 야행성으로 야밤에 아무도 모르게 부산하게 움직인다. 인간이 낮에 보는 쥐는 웅크리고 눈치 살피는 간사한 놈이고, 인간이 자는 틈을 이용해서 집적거리고 훔쳐 먹는 도둑놈이다. 현실에서 인간과 같이 할 수 없는 동물 중 하나이다.

子는 어둡고 비좁은 장소를 좋아하고, 자신의 활동성을 숨기거나 드러내지 않는 성향이 있다. 음성적 소득, 위법·편법, 고부가가치, 밤에 하는 일, 숙박, 정신을 추구하는 일, 철학·종교, 문학·학문, 교육, 인성을 이용하거나 비현실적인 일 등을 꼽는다.

○ 일양오음(一陽五陰)

亥에서 음이 극에 달하니 子에서 양이 생겨난다. 세상이 처음 열리는 순간으로 혼동의 상태이다. 어떻게 해야 할지 막막하고, 아무것도 없는 상태에서 자신의 기운을 내놓아야 한다. 윤회(壬·癸)를 주도하여 영혼에서 새로운 생명을 내는 실질적 시작점이다.28)

辛씨앗에 감춰진 亥 중 甲이 껍질을 건드리고 태동을 준비하고 있다. 뱃속에 태아가 발길질을 왕성하게 하지만, 여전히 조심스럽고 안정을 요구한다. 보이지는 않지만 새로운 희망이 있고 정신적 위안이 된다. 새로운 전환점, 새로운 시작의 출발점, 성장과 발전의 기회가 주어진다. 정신적 지도자이자 창조자이니 자수성가해야 한다.

○ 子時, 子月

자시는 한 밤중이고, 자월은 한 겨울이다. 그러나 땅 속에서는 온기가 올라오고, 하늘에서는 새벽 여명의 빛줄기가 모아지고 있다. 어둡고 춥지만, 그 속에 열기가 있고 분산작용을 함축하고 있다.

『자평진전』에서, "여름의 수와 겨울의 화는 통근 유무를 불문하고 약해도 괜찮다"29)고 하였다. 丙이 子월에, 壬이 午월에, 통근하지 않아도 상관없다는 말이다. 子에는 일양이 있고, 午에는 일음이 있기 때

---

28) 子는 새로운 생명의 시작점이고, 午는 실질적 결실의 시작점이다.
29) "今人不知命理, 見夏水冬火, 不問有無通根, 便爲之弱", 『子平眞詮』.

문이다. 이에 子는 분산작용을 하고, 午는 응집작용을 하는 것이다.

○ 체양용음(體陽用陰), 분산작용

일양시생으로 양의 체상이지만, 현실적으로 추운 겨울(밤)이니 음으로 사용한다. 도교수련에서 子가 음 중 양(진양眞陽)으로 水의 상승을 주도하는 인자로 삼는 이유이기도 하다. 子의 본질은 양 기운을 분산하는 작용임을 알 수 있다. 子의 분산작용은 子의 특성에 따라 변화 없거나 보이지 않는 공간에서 강화하는 경향이 있다.

子는 음 성향에 양 행세를 하는 꼴이다. 밝고 명랑하게 보이지만 소심하고 혼자 있기를 좋아한다. 보수적 성향이지만 사려가 깊고 진보적 성향으로 보인다. 차분한 듯 보이지만 성격이 급하고 과격한 면이 있다. 酉子, 子卯 등 亥에 비하여 폭발력이 있다. 한 가지 일에 몰두하면서도 생각이 많거나 복잡하게 살아가는 경향이 있다.

子 해당 궁위의 육친에 대한 말 못할 고민 있다.

○ 壬癸

子에는 壬癸가 있다. 자에서 임-계가 전환되는 것은 辛을 甲으로 변환시키기 위함이다. 금→수→목의 변환은 과거와의 단절·마감, 새로운 출발이라는 숙명이 있다. 음 중 진양(眞陽)을 품었으니 사유(思惟)능력은 뛰어나다. 물상이 없으니 결정력은 떨어지지만, 때를 만나면 폭발력을 가진다.

임(해) = 목 씨앗(辛)을 품는다. 수집하고 저장하다. 해묘미 시작.

계(자) = 분산작용으로 목 생명체를 내고 기른다. 해묘미 발현.

子는 壬癸, 亥辰 구조와 유사한 성향이다. 壬의 정보수집과 활동력 + 癸의 분석능력과 잠재력 등 시너지 효과를 낼 수 있다. 壬의 경험·노하우를 바탕으로 癸가 모방에서 창조하는 능력을 발휘한다.

직업으로는 亥辰과 유사한 감찰·감사, 세무·회계, 은행원, 정보원, 분석가, 평론가, 생명공학, 생물, 물리학, 현미경 등 관찰하고 정보를 분석하는 일, 보석감정사, 제품검사, 품질관리, 음식·커피 판별가 등 미세한 것을 다루는 일들이다. 밖으로 드러나지 않거나, 비밀스럽거나, 조심스러운 일과 연관이 있다.

○ 해자축에서 子水의 본질, 해묘미 방향성

해자축 水는 만물의 생명수로 윤회·정신과 숙명적 인연이 있다. 그 중심에 子가 있다. 해는 수의 본기(本氣)라면, 子는 수의 본질(本質)이다. 亥는 금 중 목을 품는다면, 子는 금에서 목을 발현시킨다. 이자(利子), 번식하다는 의미와 상통하다. 그래서 子는 해묘미 운동을 하려는 속성이 있다.

다만 水는 목을 기르지만 목 물상을 얻는 것은 아니다. 물질적 속성이 약하고 정신을 추구하게 된다. 특히 子(壬癸)는 亥(戊甲壬)와 달리 물상이 없다. 해와 마찬가지로 종교·철학적 성향이 강하지만, 亥에 비하여 재관에 대한 욕구는 강하지 않다.

○ 신자진 水운동에서 子水의 본질

子는 오직 자신의 기운으로 응집된 金을 풀어서 木을 내야 한다. 子가 申酉戌亥를 거친 금을 子丑에서 가공하여 목을 내고 나면 곧바로 진에서 조절된다. 금→수→목으로 새로운 물상을 내는 의무만 있을 뿐 열심히 일했지만 신자진 수 운동을 마감하니 자신의 영화를 누리지 못한다.30) 도리어 실질적 辛金 물상의 손실을 의미한다.

같은 논리로 午도 寅午戌로 목→화→금으로 새로운 물상을 내지만, 午는 현실세계에서 목금 물상을 다룬다는 점에서 지표면 아래에서 목금을 주재하는 子와 다르다.

---

30) 辰월은 바쁘기만 할 뿐 수확이 없고 먹을 게 없는 시기이다. 亥卯未와 마찬가지로 승부를 내기에 부족한 지지 중 하나다.

※ 얼굴에서 亥子丑의 윤회 관점

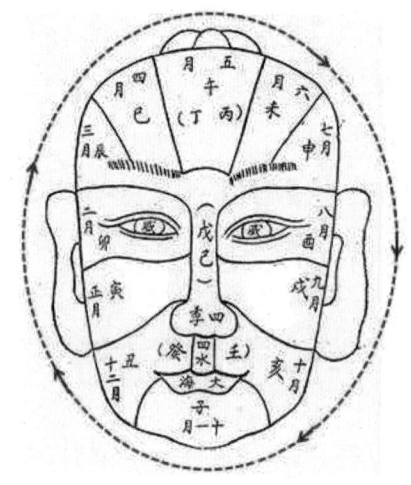

얼굴에서 壬·癸는 입·턱을 주관한다. 해자축은 턱 아래에서 음→양으로 돌리는 곳이다. 76세를 기점으로 亥에서 시작하여 시계방향으로 돌아 회귀·윤회를 주관하는 자리가 亥子丑이다.
亥는 술 중 辛金을 품고 돌아가니 辛·壬·癸와 亥·子·丑은 윤회의 인자이다.

〈얼굴에서 亥子丑의 윤회 관점〉

【3】 丑

○ 丑의 자구적 의미

12지의 둘째, 축시(01:30~03:30), 소, 수갑. 醜(추할:추) 간자체 모양에서 손을 뻗어 손가락 끝을 굽혀서 물건을 쥐는 모양을 딴 상형문자이다. 손으로 사물을 거머쥐다 또는 묶인다는 의미가 있다.

○ 소

소는 인간에게 유용한 동물 중 하나이다. 밭갈이 등 인간이 해야 할 힘든 일을 묵묵히 해내고 충직하고 온순하다. 심성이 착하고 맡은 일을 충실하게 해낸다. 다만 화나면 뿔을 드러내고 들이박는다.

소는 이동수단이니 현대적 의미로 운전수, 운수업, 대리운전, 대한통운, 택배, 자동차·트럭 등 차와 관련된 직업과 관련이 있다. 辛, 酉도 그러하다.

○ 이양사음(二陽四陰)
 음·양이 현실적으로 드러나는 시기는 삼음·삼양 즉 寅·申에서다. 축에서 이양이 드러나지만 마지막으로 음을 지키기 위해 안간힘을 쓴다. 축 중 辛은 자신의 모습을 잃지 않으려하고, 癸는 분산작용을 하게 된다. 뚫고 나가려는 작용(癸)과 지키려는 작용(辛)이 막판 힘을 과시하는데, 축에서 丁(己)이 입묘하니 결국 양으로 풀려나오게 된다.
 축월은 화를 봐야 하는데, 정화보다 병화가 좋다.
 다만 辛丑에 丙 또는 巳이 오면 辛이 묶이게 된다.

○ 癸辛己
 축에는 癸辛己가 들어 있고, 癸辛己 모두 정신·윤회 인자이다.31)
 癸가 씨앗(辛) 껍질을 깨뜨려 갑 생명체의 태동을 준비한다. 만삭으로 출산 직전의 모습이다. 뱃속에 있으면 辛이요, 자궁을 벗어나면 甲이 된다. 축은 겉으로 둔해 보이지만 내부에서 엄청난 역동성을 갖고 있고, 복잡한 상황에서 뚫고 나오는 辛의 폭발성이 내재되어 있다.
 辛이 癸에 의해 갑으로 변환되어야 하니 단절·분리·이별·수술·아픔·고통이 동반된다. 辛은 수가 없으면 갑으로 재탄생하지 못하니 丑에 癸를 암장하고 있고 이는 폭발력을 갖게 된다.

○ 巳酉丑, 금 물상의 창고
 축에 금이 입묘하는 자리이지만, 금 물상은 사유축의 결과물을 담고 재관성취라는 의미가 있다. 금은 틀·조직·단체이고 재관을 응집·저장한

---

31) 辛은 갑(만물)의 씨앗(조상), 딱딱한 물질, 가장 완벽한 물상이기 때문에 존재가치에 집착한다. 癸는 새로운 기운의 근원이자 새 생명을 내기 위해 분산작용을 한다. 丑(己)은 辛癸(환생·영혼)의 공존, 조상·신·죽음·제사와 관련, 조상 잘 모시고 봉사하고 덕행을 쌓아야 잘 산다.

다는 의미도 있다. 사유축으로 金이 庚-辛으로 전환되고 庚-辛은 분산-응집으로 펼치고 거두기를 반복한다. 펼친 것을 거두어들이는 저장 작용이다. 손으로 사물을 거머쥔다는 의미와 함께 자칫 몸이 묶이는 형상이 되기도 한다. 크게 얻기도 크게 잃기도 한다.

남자는 음을 얻으니 긍정적으로 사용하지만, 여자는 양이 부족해지니 희생당하거나 애정 굴곡이 있을 수 있다.

○ 묶이다

축은 辛이 己 본토에서 벗어나 윤회를 마감해야 하는 숙명이 있다. 새로운 시작의 발판·터전·밑거름이 되는 곳이 축이다. 다만 인간의 입장에서 甲이 丑에 묶여서 나오지 못하니 수갑에 비유된다. 잡혀 있거나 붙들려 있거나 갇히게 되는 형상을 의미한다.

축에서 만물이 태동하니 생명체를 지킴으로써 자신의 존재를 찾으려는 경향이 있다. 가족, 물상, 근원에 대한 집착이 강하다. 갑 입장에서는 묶이고 움직이지 못하니 가치가 상실된다. 코 끼었다, 단체를 위한 봉사·희생의 의미가 있고, 맏이·효자 노릇을 한다.

축 궁위의 육친은 끌어당기는 기운이 강하다. 축 궁위육친과 인연은 약하지만 쉽게 벗어나지도 못한다.

축 일지이면, 배우자·가족에 대한 애정집착이 강한 반면에 배우자 인연은 약하다. 배우자는 묶여 있으니 답답하고, 자신은 새로운 생명을 내기 위해서는 터전(땅)을 벗어나야 하기 때문이다.

년·월에 있으면 부모에게 벗어나 자수성가해야 한다.

시에 있으면 해외 또는 움직임이 적은 삶의 형태를 추구하게 된다.

축이 어떤 글자를 만나느냐에 따라 상황이 달라진다. 환경구조가 좋으면 해당 육친의 음덕이 있거나, 부모·터전을 벗어나 발달한다. 만약 환경조건이 좋지 않으면 가족에 묶여 희생당하기도 한다.

亥子丑, 辰酉丑 구성은 묶여 벗어나지 못하니 답답하거나 집착한다.

丑寅 구조는 축 육친의 희생 또는 도움(유산)이 있다.

丑未로 구성되면 해당 육친에게 집착하지 않는다.

丑未, 子丑寅 구성은 해외, 장기출장 등 먼 곳으로 떠난다는 의미가 있다. 일찍 부모를 떠나 자수성가하는 경우이다.[32]

【4】 寅

○ 寅의 자구적 의미

12지의 셋째, 인시(03:30~05:30), 범, 삼가다, 크다, 동료, 나아가다, 당기다, 臼(절구질·허물 : 구). 양손으로 화살을 바로 펴고 있는 모양을 본 뜬 상형문자이다.

○ 범(호랑이)

호랑이는 동물의 왕으로 칭하고 독립생활을 한다. 통제·간섭을 받기 싫어하고 상대방과 타협·조절하는데 미숙하다. 자존심, 독립성, 투쟁성이 강하고 혼자 잘 난체 하는 이기적 성향이 있다. 남에게 아쉬운 말을 못하니 대인관계를 깨뜨리기도 하고, 부부인연이 약한 편이다.

寅은 '독립의 별' '학문의 별'이라고도 한다. 선구자적 위치에 있고 보스기질, 지도자 성향이 있다. 학문 또는 자기성취를 통한 지도자·교육자·선구자·관리자의 지위에 있지 않으면 발달하기 어렵다.

○ 삼음삼양(三陰三陽), 입춘

삼양으로 비로소 양 기운이 펼쳐지고, 음력 1월로 봄을 알린다. 숨기고 있던 양 기운이 드러나고, 목 물상이 모습이 드러낸다. 새싹이

---

[32] 丑→寅으로, 未→申으로 향하면 나가려는 속성이 있다. 丑 중 辛(酉)이 甲(寅)으로 전환되고, 未 중 乙(卯)이 庚(申)으로 전환되기 때문이다. 丑이 寅을 만나야 甲을 낼 수 있고, 未는 申을 만나야 庚을 형성할 수 있다.

땅을 뚫고 나오고, 아기가 엄마 자궁에서 모습을 드러내지만, 아직 물상으로서 체계를 갖추지 못한 불안한 상태이다.

寅은 큰 나무가 아니라 연약하고 유약한 새싹의 기운이다. 활동성을 갖지만 다시 땅 속으로 들어가고 싶고, 엄마 뱃속으로 들어가고 싶을 것이다. '삼가다' '당기다' '나아가다' 등 의미에서 寅의 성향을 알 수 있다. 비록 寅은 드러난 물상이지만 목의 본기(本氣)로 나가려는 속성과 당겨서 삼가는 수축되는 속성이 함께 있다.

○ 실질적 생명체

寅은 살아 있는 실질적인 목 생명체이다. 辛이 계수의 분산작용에 의해 축에서 태동한 甲 물상이다. 땅을 뚫고 나오니 수직·상승하는 성질이 있고 단체·바탕(丑)에서 벗어나려는 속성이 있다. 터전(부모)을 벗어나야 성공할 수 있다. 새롭게 독립하여 자수성가해야 하는데, 땅에 뿌리를 두고 있으니 쉽게 벗어나지 못하는 딜레마가 있다.

辛-癸-甲, 丑-寅으로 전생에서 윤회를 거쳐 태어난 산물이다. 특별한 아이디어, 독창적인 일, 기획·설계, 장기적 안목, 자격증 등 라이센스를 활용한 직업, 학문·교육 등 木을 키우는 직업[33], 예능·체육 등 몸을 이용한 직업에서 성공한다.

다만 비겁 성향이 있기에 영업직이나 사업에서 발달하기 어렵다. 펼치려는 속성은 있지만, 결정적인 순간에 삼가고 몸을 사리거나 남에게 빼앗기는 경향이 있다. 절구질이나 화살을 펴는 모양새에서 나아가고자 하는 역동성을 보이지만 혼자서는 활시위를 당기지는 못한다. 寅 기운은 卯에서 발현되기 때문이다.

寅월생이 사오미 운에서 장사·사업에 뛰어들지만 오래하지 못하거나 실패하는 경우가 많다. 寅은 막 태어났기 때문에 장기적인 안목에서 세상을 바라보는 지혜가 필요하다.

---

33) 子와 寅이 같이 있는 사주는 교육업에 종사하면 성공한다. 癸甲.

○ 해묘미 과정, 寅午戌 방향

인오술은 지표면 위에서 활동을 시작하는 성장의 발판이고, 금 물상을 완성하는 과정의 시작점이다. 확실하게 쟁취할 여건·기회가 주어진 상태이지만, 갓 태어난 어린아이가 첫발을 떼듯 아장아장 걸어야 한다. 경거망동하면 넘어지고 다치기 십상이다.

인사신해는 대체로 역마성이 있고 프로기질이 있다. 스스로 개척해야 하니 라이센스를 갖추어야 하고, 부수고 고치고 바꾸고 설치고 헤매는 과정을 거치면서 목적을 달성하게 된다. '계획·시작 – 전개·과정 – 결과·결실' 과정에서 계획·기획하는 시작단계이다.

인은 해묘미 음 본위에서 양 본위를 개척하니 인사신해 중 시작 기운이 가장 강하다. 해묘미를 통하여 목 생명체가 잉태-생성-성장하게 되니 변화 가능성이 많다.

인의 왕성한 에너지와 역마성은 흥망(興亡)의 극단성이 있다. 시작은 잘 하지만 실천력이 떨어지고, 과정-결과를 생각하지 않는다.

寅午戌로 무리를 지으면 한번 시작하면 실천력이 뛰어나고 끝을 본다. 乙庚 방향성이면 크게 발달한다. 전기, 전자, 항공, 의료, 건축, 외교, 경영, 무역 등 역마성 직업을 갖기도 한다.

○ 戊丙甲

인 중 戊丙甲은 인에서 갑이 드러나면 무토 위에서 병화가 모습을 드러내기 시작한다. 갑은 金-水의 결과물이고, 병화가 드러나면서 木-火로 목을 키워 금 물상을 만들어가게 된다. 갑은 丙·戊에 의해 수기를 빼앗기니 갑 기운이 상실되면서 寅에서 乙이 발현된다.

寅월이면 반드시 수기(壬·亥)가 필요하다.

水가 부족하면 수술·가공 등 건강이상 또는 재물손상 등으로 나타날 수 있다. 寅巳형, 寅申형·충 등이 그것이다.

※ 甲과 寅의 차이

甲은 드러나고자 하는 목 본기(本氣)이고, 寅은 모양새(물상)를 갖춘 현실의 목 물상이다. 甲·寅은 밖으로 드러난다는 속성에서 같지만, 寅은 지지 물상이기에 갑에 비하여 드러나는데 시간·조건 등이 요구되고 드러나는 속성이 약하다.

寅은 실질적으로 나오는 물상이니 고통·아픔이 있다. 독립하여 새로운 출발을 꿈꾸지만 축토(터전)에 잡히고, 혼자서는 힘을 발휘하기에 역부족이다. 화의 도움이 필요하지만 丙·戊에 둘러싸여 화가 수기를 빼앗는다. 인오술 과정에서 목→금으로 변환되니 번뇌가 많고 변화 가능성이 많다. 목 물상의 모습을 갖추어야 하는데, 밖의 환경은 녹록치 않고 고통이 따른다.

인은 중심을 잡아야 하고 스스로 의지가 중요하다. 단체-개인, 터전-독립, 과거-현재, 영혼-현실, 안-밖, 속-겉, 응집-분산, 너-나 사이에서 적절한 조화를 이루어야 한다.

이것이 수-목-화의 구조적 조건이다. 수화가 조화로우면 기획력, 중심·공평[34], 국가, 법무, 의료 계통에서 발달한다.

【5】 卯

○ 卯의 자구적 의미

12지의 넷째, 묘시(05:30~07:30), 일을 시작할 시간, 토끼, 무성하다, 왕성하다, 기한, 양쪽 문짝을 밀어 여는 모양을 본뜬 상형문자이

---

34) 寅은 숫자로 3에 해당하고, 木 형상처럼 삼각대와 같이 안정성이 요구된다. 삼각대는 법률 또는 의사 등이 추구하는 규율이다. 국가와 관련된 일에 해당하기도 한다. 또 인이 있는 사람은 3과 연관된 삶의 형태를 구하는 경우가 많다.

다. 강제로 쳐들어간다는 뜻으로도 사용된다.

○ 토끼

토끼는 한시도 가만히 있지 못하고 요리조리 어디로 갈지 종잡을 수 없다. 남 눈치를 살피고 친구 따라 강남 가는 성향이 있다.

토끼는 12지신 중 교미(交尾) 시간이 가장 짧은 동물이다. 생식기가 약하고 조루증세가 있는 경우가 많다. 부족함을 채우려는 속성에 따라 색(色)을 밝히는 경향을 보인다. 이성관계로 인한 애정굴곡 문제를 안고 있고, 생식기 질환이나 신장기능이 약하거나 민감하다.

○ 사양이음(四陽二陰), 분산작용

卯는 사양으로 양 기운이 가장 왕성하고, 乙의 분산작용이 극에 달하여 아름다움을 뽐낸다. 음력 2월은 목(잎·줄기) 물상이 성장을 주도하고 사방으로 가지를 펼치느라 정신이 없다. 잎과 줄기를 마음껏 펼쳐 꽃망울을 내게 하니 卯는 庚 열매를 얻는 시초이다.

卯는 한 방향으로 일관되게 펼치지 않고 자유자재로 분산한다. 대인관계가 안정되지 못하거나 문어발 형이다. 이것저것 손대거나, 직업·직장을 자주 바꾸거나, 이중 직업을 갖는 등 이중성향이 있다. 애정적으로도 안팎으로 자상하고 잘 한다.

묘가 분산작용을 하기 위해서는 水火가 필요하다. 乙이 발현되기 위해서 화의 도움이 필요하지만, 卯가 분산작용을 하기 위해서는 水가 필요하다. 寅卯辰으로 구성되면 절대적으로 수기가 필요하다.

만약 水가 없으면 집중력이 떨어지고 산만해진다. 대외활동이 왕성하게 보이지만, 실제로는 주변사람들을 정리하지 못해서 인간관계가 복잡해진다. 애정관계가 혼잡해지고, 배우자와 이별·사별하기도 한다. 다른 사람에게는 포용력이 있고 자기주장이 강하지 않은데, 가까운 사람에게는 신경질적이고 고집을 부린다.

○ 甲乙

卯에서 甲-乙이 전환된다. 甲 목기로 乙 본질을 내는 관계이다. 직(直)하고 곡(曲)하는 모양이 상존한다. 卯는 寅에서 나오니 乙의 발현처는 甲이다. 寅은 새로움의 창조라면, 卯는 寅을 통한 재창출이다.

인에서 창조·기획한 것을 자기 것으로 만들어내는 것이 卯이다. 모방을 통한 창조가 묘의 특성이다. 타인을 모방하여 나만의 특별함을 창출해내는 능력이 있다. 똑똑하고 독특하고 특이한 것을 좋아한다. 실용·응용능력이 뛰어나고 능력에 비해 현실적으로 잘 써먹는다.

卯는 혼자서 성과를 내기 어렵고 불안정한 단점이 있다. 寅에 뿌리를 두기에 다른 사람의 도움이 필요하고, 독립적이기는 하지만 땅에 근원을 두지 않으니 불안하고 위태로운 상태이다. 유산·유업을 지키기 어렵고, 재관을 온전히 하기 어렵고, 가정·부부애정에 불안을 안고 있다.35)

땅(부동산)과 인연이 약하지만 땅에 투자해야 지킬 수 있고, 한 가지 일을 오래하지 못하지만 변화 속에서 한 우물을 파야 성공할 수 있다.

독립심은 강하지만 보스자질은 약하다. 자신을 굽힐 줄 알고 일처리가 능숙하니 2인자로써 실질적 권력을 얻는 타입이다.

해외, 대외, 바깥일, 공적·공무, 국가와 관련된 일에서 능력을 발휘한다. 내부, 사업, 사적, 집안 일 등에서 성과를 내는데 한계가 있다.

○ 해묘미

묘는 해묘미의 중심에 있고, 인오술 운동을 주도한다. 시작은 늦을지라도 과정에 충실하고 행동·실행력이 강하다. 왕성한 활동력으로 바

---

35) 卯는 재물을 모으기 위해서 부동산에 투자해야 한다. 건물에 투자하거나, 부동산임대업도 좋다. 묘는 땅과 인연이 약하고 불안정하니, 땅에 뿌리를 두거나 땅을 기반으로 한 인(건물)을 이용해야 한다.

쁘게 움직이고 부지런하다. 끊임없이 뭔가를 추구하고 열심히 한다. 설령 사주에 식상이 없더라도 묘가 있으면 식상 작용을 한다.

다만 卯는 庚의 시초이지만 정작 庚(열매)을 얻지 못하고 未에서 마무리된다. 결과가 좋지 않거나 마무리가 약하거나 성과를 크게 하지 못하는 단점이 있다.

묘미 해묘 등은 기본적으로 해묘미의 특성에 따라 과정에 비하여 결과물이 좋지 않다. 卯未에서 卯는 미에서 활동력이 조절되어 庚으로 바꿔야 하는 갈등·번거로움이 있다. 亥卯는 시작-과정만 있고 결과물이 없는 형국이다. 다만 해묘미로 구성되면 목 결실을 얻는다.

卯가 寅(인오술)을 만나거나, 乙이 甲(해묘미)를 만나면 을·묘가 뿌리를 얻은 것과 같다. 해묘미-인오술을 완성하지 못하면 종교·철학으로 빠져드는 경우가 있다. 기운·물상이 매몰되니 능력에 비해 성과가 적은 것에 대한 회의와 불안감이 작용하는 까닭이다.

○ 인오술 방향

卯는 인오술 운동의 시작점이다. 목-화-금으로 금을 완성하는 乙→庚 방향성에 있다. 丙·戊의 도움으로 庚으로 가기 위해 자신을 보기 좋게 가공한다. 예쁘고 보기 좋게 치장하고 깔끔하고 세련된 형상으로 왕자병·공주병 기질이 있다.

남에게 잘 보여야 하니 타인에게는 잘하지만 배우자에게는 무관심한 경향이 있다. 결벽성향이 내재되어 있는데, 수화조절이 되지 않으면 신경과민, 우울증 등 정신질환에 노출될 수 있다.

사회성·인기성·도화성, 역마성, 木, 손(몸) 등을 이용한 직업에 어울린다. 방송, 신문, 인터넷, 주택·건축·건설·토목, 디자인, 설계, 기획, 교육, 무역, 영업, 미용, 서예, 그림, 조각, 프리랜서, 의료, 특수행정, 외교, 연애, 예능 등 직업성이다.

【6】 辰

○ 辰의 자구적 의미

다섯째 지지, 진시(07:30~09:30), 용(龍), 별(수성), 북극성, 때(시각), 택일, 아름답고 선하다. 조개껍데기에서 발을 내밀고 있는 모양을 본뜬 상형문자이다.

○ 별(수성), 용

별은 화려하고 하늘에 떠 있으니 이상적이고 비현실적이다. 수성(水星)과 북극성(北極星)은 북쪽을 상징하는데, 진(辰) 방향은 동남쪽이다. 辰의 화려함과 이중성(복합성)을 짐작할 수 있고, 이상주의 인자로 현실적 성취가 제한적이다.

또한 용은 상상의 동물이다. 날개가 없지만 여의주를 물고 날아올라 세상에 빛을 내고 번쩍거린다. 모양이 화려하고 독특한 것을 좋아하고 다른 사람들과 차별화한다. 고상하고 자존심이 강하여 타인에게 고개를 숙일 줄 모르고 지배받는 것을 싫어한다.

날아올라 승천하면 용이요, 승천하지 못하면 이무기다. 한 순간에 확 뒤 바뀐다. 크게 흥하기도 하고 크게 망하기도 한다.

○ 음력 3월(淸明, 穀雨)

음력 3월은 봄이 완연하고, 내일을 위해 준비하는 시기이다. 밭갈이를 하는 등 할 일은 많고 수고스럽지만 결실은 없고 노력만 있을 뿐이다. 진월에 밭갈이를 하지 않으면 가을에 추수를 할 수 없다. 지출은 많고 수입은 없다는 점에서 낭비가 많다는 의미로도 해석된다.

진월은 곡우(穀雨)에 해당하니 水가 절대적으로 필요하다. 진에서 양 본위(癸-乙-丙)를 펼쳐야 하니 戊土가 관장한다. 원대한 꿈을 안고 최선을 다하여 능력을 발휘한다. 환경은 복잡하고 노동력이 많이 필요한 시기이니 인간관계가 복잡하다. 주변사람들을 잘 정리하지 못하고 맺고 끊음이 확실하지 못하다. 癸·乙의 특성이기도 하다.

辰에서 水가 입묘하기에 수기를 필요한 자리이다. 만약 辰월에 수기가 부족하면 벗어나려는 속성이 강하게 작용한다. 분산작용이 폭발력으로 발동하게 된다. 水가 채워지면 인사형도 나쁘지 않다.

○ 오양일음(五陽一陰)

양(陽)이 극왕한 상태이지만 현실적 체감은 음기가 남아 있고, 일음이니 음 속성을 띠게 된다. 낮에는 따뜻하고 아침·저녁으로 춥다. 이중성을 의미하기도 한다.

대인관계가 좋은 것 같지만, 쉽게 접근하기 어렵고 다루기 힘든 사람이다. 인간관계를 깊게 맺지 않지만, 맺은 인연은 오래 유지하는 편이다. 고집이 센 듯하지만, 처세술이 뛰어나다. 생각은 이상주의이지만, 실제로는 현실적이다. 비현실적 학문(종교·철학)을 통하여 현실적으로 사용하는 격이다.

○ 乙癸戊

辰은 조개껍데기에서 발을 내밀고 있는 모양이라 하였다. 조개껍데기는 甲이라면, 조개껍데기(甲)에서 발은 내밀고 있는 것은 乙이다. 乙과 함께 나오는 조개의 물은 癸이고, 조개껍데기(甲)에서 乙·癸를 조절하는 바탕은 戊이다. 진에 乙癸戊가 있음이다.

癸乙는 子卯의 관계이다. 癸·乙의 분산작용을 조절하여 계수→병화로의 전환을 준비하는 곳이 진이다. 진에서 癸-乙 즉 수생목이 불미해지는 것처럼, 자묘도 수생목이 불미해진다. 이것이 癸乙형 子卯형이고, 辰의 속성이다. 달리 말하면 乙은 癸水가 필요함을 의미한다.

진에서 바쁘고 분주한데 癸·乙 작용이 조절되니 답답하고 마음이 조급해진다. 수생목이 불미하니 분별력·판단력이 떨어진다. 욱하는 성질이 있고 즉흥적인 결정으로 실수하기 쉽다.

辰은 癸·乙의 분산·활동이 붙들린 모양새이니 유랑·방랑을 끝내고 일하는 모습이다. 많은 사람을 통솔하는 위치에 있지만 癸·乙이 조절되니 보스자질은 부족하다. 중간관리자, 연결자, 중개인 등 많은 사람과의 연결·연락·조절하는 위치가 어울린다.

○ 申子辰

신유술해자축인묘진은 양 본위에서 완성한 금을 음 본위에서 가공하여 목으로 변환되는 흐름이다. 辰에서 壬水가 마감하고 辛金이 저장된다. 금→목으로 물상이 변환되는 환경이니 변화가 많고, 수→목을 내는 흐름이니 윤회의 과정이다.

신자진에서 열심히 금을 가공하여 목을 키워내지만 남들이 알아주지 않고 보상을 얻는 결실이 아니다. 마치 산모가 자식을 품어 생산했지만 그 노고를 당연하게 생각하고 자식이라는 결실을 완성했을 뿐 보상을 기대할 수 없는 것과 같다.

申子辰은 亥卯未로 이어지니 丙을 얻어야 木이 성장할 수 있다. 만약 신자진에 병이 없으면 생장(생산)→성장(가공)으로 전환되지 못한다. 丁壬-申子辰 구조가 본위에 부합하지만 발달하지 못하는 이유이고, 도리어 병경-신자진에서 폭발력을 발휘하기도 한다.

【7】 巳

○ 巳의 자구적 의미

여섯째 지지, 사시(09:30~11:30), 뱀, 삼짇날(4월 18일)[36], 자식,

---

36) 삼짇날은 음력 3월3일로 살월삼질 또는 답청절(踏靑節)이라 한다. 들판에 나가 꽃놀이를 하고 새 풀을 밟으며 봄을 즐기고 여러 가지 음식을 만들어 먹는 고려시대 9대 명절 중 하나이다.

태아, 복록, 계승하다, 지키다, 뱀이 몸을 감고 꼬리를 드리우고 있는 모양을 본뜬 상형문자이다.

○ 뱀

뱀은 혀를 잘 놀리고 발이 없는데도 빠르고 날렵하다. 날아다니기도 하니 쾌속성이 있고 오지랖 넓게 설치는 경향이 있다. 방탕·방황의 상이다. 정상적이고 안정된 직업에서 만족도가 떨어진다. 해외·이민 등 터전을 벗어나 새로운 삶에서 성공을 이루기도 한다.
움직임이 빠르고 널리 전파하는 직업에서 발달한다.

○ 꽃의 계절, 입하(立夏)·소만(小滿)

뭇 벌과 나비들이 만발한 꽃을 찾아 정신이 없다. 벌·나비들의 향연은 암술·수술이 수정하여 열매의 씨앗이 된다. 짝짓기이고 이성을 찾아나서는 형국이다. 인간에게도 巳월(입하·소만)은 활동력이 왕성해지는 시기로 본격적인 농번기가 시작된다. 일손이 필요하고 몸놀림이 가볍고 바쁘게 움직인다. 水가 필요하고 대인관계가 많은 시기이다.
결혼이 빠른 경향이 있는데, 조혼은 독수공방, 고독, 별거, 이혼·사별 등 부부인연을 약하게 만들기도 한다. 밖에는 이성이 많은데, 정작 내 집안을 지켜줄 배우자가 없는 꼴이 되기 쉽다.

○ 육양(六陽)

육양은 가장 화려하고 분산·확산이 최고조에 이른 단계이다. 음기가 전혀 없고 모든 것이 확연히 드러나 숨을 곳도 숨길 곳도 없다. 명명백백하게 밝혀지고 누구에게나 보여진다. 용모가 아름답고 피부가 깨끗한 편이다. 화려함을 주관하니 자신을 보기 좋게 꾸미거나 과장·거품이 있다. 이성에게 인기가 많고 亥와 같은 도화 성향이 있다.[37]

---

37) 巳亥는 子卯午酉의 비하여 생성의 활동이 강하기 때문에 밖으로 드러내는

상승하고 빠른 속성은 무대포 성향에 인내·끈기를 약하게 만든다. 앉아서 공부하는 것을 답답해하니 학문과 인연이 약하다. 머리(지식)보다 몸(행동)을 이용하거나 인간관계를 이용한 사업이 유리하다. 다만 학문 성취정도에 따라 직업의 호불호가 결정되기도 한다.

전파속도가 빠른 영화·영상, 컴퓨터, 광고·홍보, 전기·전자, 홈쇼핑, 인터넷, 컴퓨터 게임, 유튜브·동영상, 카메라·사진, 아티스트, 기자, 브로커, 프로듀서, 관광, 항공, 무역, 항만·해운, 스튜디어스, 이용·미용 등의 직업성이다. 뱀이 똬리를 튼 모습과 분산작용이 합쳐진 무역호텔, 관광호텔, 고급펜션, 게스트하우스, 콘도 등과도 관련이 있다.

○ 戊庚丙

巳는 병화의 확산기운을 통해 庚열매를 완성하려는 속성이 있다. 준비가 덜 된 상태에서 분산·교합을 강화하려하니 시비구설이 따르기고 한다. 정신적 미성숙한 상태에서 육체적 성숙을 발산하는 것과 같다.

경금 물상을 품었으니 현실적·실질적이다. 丙-庚의 의도를 戊가 완연하게 펼치니 자기고집이 강하면서 대인관계도 왕성하다.

○ 사유축 시작, 인오술 과정

사유축 금 물상의 시작점으로 계획·기획·설계의 단계이다.38) 양 기운의 마지막으로 무한정 펼치고 음(금)을 내는 통로이다.

도화 성향이 강하다. 巳는 꽃을 피우고 열매를 맺기 위해 음양교합을 끊임없이 하고, 亥는 甲을 잉태하여 子에서 품어 寅月에 내기 위해 음양교합을 맺는다. 한편 합이 많거나 자화간합이 많으면 도화 성향이 더욱 강하다.
壬丁壬丁　乙癸己甲　辛乙丁甲　甲己乙戊　壬丁己乙　丁辛庚丙
寅亥子卯　卯巳巳戌　巳巳卯寅　戊亥卯子　寅亥卯亥　酉巳子寅
한편 亥는 가치가 떨어지는 반면에 巳는 가치가 상승하고 유능의 인자이다. 그래서 巳년에 집을 팔면 높은 가격에 팔고, 亥년에 집을 팔면 제값 못 받는 경우가 많다.
38) 인사신해는 삼합운동의 시작점으로 계획·기획·설계의 속성이다.

인오술의 과정으로 庚 열매를 맺어야 하는 의무가 있다. 꾸준히 하면 결실을 보게 되고, 나중에 실리를 얻게 된다. 巳는 수기가 필요하지만 巳의 방향성은 申에 있으니 庚을 얻어야 발달한다.

【8】 午

○ 午의 자구적 의미

일곱째 지지, 오시(11:30~13:30), 낮(정오), 말, 다섯(5)39), 거스르다, 어기다, 어수선하다, 엇갈리다, 교착되다, 꿰뚫다. 똑바로 세운 절굿공이(杵) 모양을 본뜬 상형문자로 한낮임을 안다는 뜻이다.

午는 杵(절굿공이:저)에서 비롯되었다는 점에서 庚과 午는 유착성이 있다. 천간에서 일곱째 자리는 庚이고, 지지에서 일곱째 자리는 午라는 점에서도 작용적 유사성이 있다. 간지로 보면 庚午이다.

얼굴에서 천창(天倉)에 해당하는 부위로 하늘복록의 창고이다.

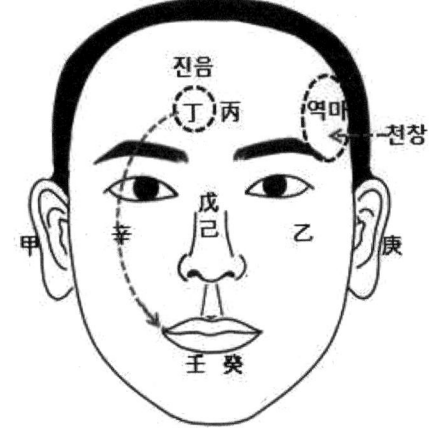

丁은 이마에 해당하는데, 午(말)는 역마라 하여 천창에 배속된다. 수승화강에서 화의 하강을 주도하는 인자는 午이다. 오는 화(양)이지만 응집하는 기운이 있으니 음 속성이 강하다. 午는 양 중 진음(일음)으로 응집하고 축소하는 성향이 강하다.

〈얼굴에서 午의 기능과 성향〉

---

39) 午는 숫자 5와 관련이 많다.

○ 말, 역마(役馬)

예로부터 말은 관록과 승진을 의미하고 부(富)의 상징이었고, 역마는 말을 부린다는 뜻이다. 말은 사람과 함께 생활하고 이동수단이다. 빠르고 힘이 좋고 정력이 왕성하다. 온순하지만 성격이 급하다. 가만히 한 곳에 오래 머물기도 하지만, 상관(丁) 기질이 강하고 정력이 왕성하여 뛰쳐나가기도 한다.

해당 궁위의 육친은 정력가로 쉼 없이 달리는 육친이다.

午 일지는 배우자가 집에 가만히 있지 못하고 나돌아 다니는 형상이다. 애정관계가 복잡하고 배우자 인연이 순탄하지 않다.

남자 午일주는 부인이 천방지축일 수 있다. 부인이 바지를 즐겨 입는 스타일이면 집에 가만히 붙어 있지 못한다.

여자 午일주는 남편이 천방지축이거나 자신이 남자기질이 있다. 도화음란성을 내포하고 가정을 책임진다는 의미도 된다. 자기조절이 필요하고 사회생활과 남편내조를 적절히 해야 안정을 구할 수 있다.40)

○ 일음오양(一陰五陽)

午에서 양 중 일음이 시생하니 진음(眞陰)을 얻은 격이다. 수승화강에서 수화의 승강은 진양(眞陽)·진음(眞陰)을 취하니 午는 음 성향을 가지게 된다. 밝은 가운데 어두움이 찾아드니 밝은 모습 뒤에는 하나의 어두운 면이 있다. 명랑하게 보이지만 말 못할 고민이 있거나, 해당 궁위의 육친에 대한 고민이 있다.

○ 오월(芒種·夏至), 대낮

---

40) ○酉午○인 여자는 午가 酉(관성)를 키우니 남편이 발달할 수 있다.
　　남자 壬午일주 또는 壬일간이 午월을 만나면 처가 천방지축일 수 있다. 부인이 치마를 입어야 집안에 있을 수 있다.

오월에 양이 극성을 부리지만 땅 속에서는 시원한 기운이 싹트고 있다. 망종(芒種)·하지(夏至)에 해당하는 계절로 보리는 거두고 모를 심는 시기이다. 물이 있어야 모내기를 하고, 화가 있어야 곡식·과일이 익는다. 오월은 수기가 필요하지만, 수가 많으면 화가 손상되고 金열매를 완성하는데 장애가 된다. 그래서 『자평진전』에서 "여름의 수와 겨울의 화는 통근 유무를 불문하고 약한 것이 편안하다"41)고 하였다. 즉 壬午월에 壬이 통근하지 않고, 丙子월에 丙이 통근하지 않아도 쓰임이 있다는 것이다.

오월은 꽃을 떨어뜨려 열매가 익어가고, 대낮(午)은 활동량이 많고 겉으로 보이는 활동이다. 숨을 수 없으니 솔직담백하고 현실·실질적이다. 숨길 수 없으니 들킬까봐 불안하고 수그러든다.

○ 丙己丁

화는 금을 형성하여 완성하는 것이 목적이다. 丙이 분산작용으로 꽃을 피우고, 丁이 응집작용으로 열매를 단단하게 만든다. 즉 丙은 庚 몸집을 키우고, 丁은 庚 겉과 속을 단단하게 뭉친다.

午 중 己는 丙분산과 丁응집을 조절하는 작용이다. 확산된 양 기운을 갑자기 조절하면 폭발하기에 서서히 확산→응집으로 전환시키는 작용이 午 중 己이다. 午에서 사계의 대양-대음을 전환하고 음양 기운을 바꾸어야 하니 변화가 크고 부지런하고 열정적이다. 반면에 己의 조절로 인해 午는 子·卯·酉에 비하여 폭발력이 크지 않다.

오는 구상능력(丙)-실행력(丁)-마무리(己) 모두 갖춘 형상이다. 자신의 완벽성을 추구하고, 대인관계 또한 완벽을 원하고 축소하기에 발전성이 저해된다. 파의 작용에서도 유자파보다 묘오파가 폭발력·성공이 크지 않다. 다만 능력·실력을 갖추었으니 자기 몫은 챙길 수 있다.

丁은 밭을 고르고, 아궁이의 재를 긁어모으고, 돌을 다듬는 등 정리

---

41) "今人不知命理, 見夏水冬火, 不問有無通根, 便爲之弱", 『子平眞詮』.

하고 모양을 다듬는 작용이다. 완전한 결실을 얻기 위해서는 펼쳐진 양 기운(丙)을 끌어 모아 한 곳으로 집중해야 한다.

 午는 확산기운을 응집하는 조절력이 필요하고 집중력을 발휘해야 한다. 午는 분산된 것을 하나로 집중하여 완성하려는 속성이 있고, 밤낮(분산-응집)으로 일하고 쉼 없이 노력하는 경향이 있다.

○ 인오술

 인오술 운동으로 午에서 병-정이 전환되면서 금(庚-辛)이 완성된다. 오는 庚이 있어야 자신의 가치를 실현되고, 수가 있어야 庚·辛을 완전하게 할 수 있다. 특히 午월지는 金·水의 조화가 요구된다.

 午 작용을 己가 조절하니 寅午만 동반되어도 기획·실행력을 갖춘 실력자이다. 사업보다 단체에서 자신의 능력을 펼치는 것이 좋다. 단체·직장에서 능력을 인정받고, 자유직업성에서도 성과를 얻을 수 있다.

 해외·국가 등 큰 단체, 영업·외근·관광·여행 등 활동영역이 큰 역마성 직업, 사채·부동산 등 사람들을 조절하는 직업성인데, 자신만의 라이센스를 가져야 발달한다. 안테나, 철탑, 광고, 조명, 의료, 침술 등 오의 속성을 가진 직업에도 어울린다.

※ 巳와 午의 차이

 巳와 午는 금 물상을 형성한다는 점에서 같다.

 巳는 庚을 내는 것이 목적이고, 午는 庚을 키워 辛을 완성하는 방향성이다. 사는 경 외형에 치중한다면, 오는 경 내실을 중요시한다.

 午는 실질적 결실을 얻으려는 의지가 강하기에 巳보다 훨씬 실질적이고 현실적이다.

 巳 = 상품의 광고·홍보, 사업규모의 확대, 외형의 실질화.

 午 = 상품의 개발·판매, 사업규모의 축소. 내실의 실질화.

【9】 未

○ 未의 자구적 의미

여덟째 지지, 미시(13:30~15:30), 양(羊), 아직, 아니다, 못하다, 미래에, 장차. 나무 끝의 가느다란 작은 가지 모양을 본뜬 상형문자이다. 희미한 모양, 분명하지 않다, 아직 ~하지 않다는 뜻으로 쓰인다.

○ 양(羊)

양은 성질 급하고 행동이 제멋대로라 다루기 어렵다. 고대에는 하늘에 제물로 받쳐지는 희생양이었으니 하늘 기운과 연결된 동물이다. 영혼(靈魂, 귀신)을 천도하는 土로 현실세계에서 행복감을 충족하지 못하는 경향이 있다. 불안·초조 등 정신적 방황을 겪기도 하고, 심하면 빙의가 올 수 있다.

○ 미정(未定)

未는 분명하지 않은 희미하고 분명하지 않은 모양(상태)이다. 미정의 인자로 현실세계에서 재관 성취가 분명하지 않다. 노력한 만큼 성과를 얻지 못하거나, 성공여부와 상관없이 부족함을 느낀다는 의미이다. 부족함을 채우기 위해 노력하는 성향이 있고, 종교·철학 등 학문적 성향을 보인다.

'미래·장차'라는 의미에서 현재의 불확실성을 내포하고, 현재의 노력은 미래에 결실을 거두고 누린다는 뜻이 담겨있다. 未는 장기적 안목에서 사물을 바라보는 지혜가 필요하다. 이는 해묘미가 갖는 경향성이기도 하다.

얼굴에서 未는 천창(天倉)에 해당한다. 천창은 부모 품에서 벗어나 스스로 삶을 개척할 시기이고, 배우자의 근원이다. 자신이 세상 밖으로 능력을 발휘하고, 일가(一家)를 이루기 위해 준비하는 단계인 셈이다. 그러나 아직 부모에게서 완전히 벗어나지 못한 시기이고, 배우자를 만나 일가를 이루지 못한 미정의 상태이다.

관상	이마 가장자리 천창(天倉)	자신을 드러내는 시작단계 일가(一家)를 이루기 위한 준비단계
사주	木의 묘고지 金의 생성지	목금 물상의 전환단계 목은 상실되고, 금은 나오지 않은 상태

〈未에 대한 관상과 사주의 관점 비교〉

未에서 목 기운이 상실되고 금 기운은 생성되기 직전 단계이다. 乙 모양새는 상실되고, 庚은 형성되지 않은 모호한 상태이다. 금 결실이라는 미래는 있지만 아직 확신할 수 없는 단계이다.

천창은 부모 품을 벗어나야 자신의 삶을 개척할 수 있듯이, 未는 목을 버리고 금을 향해 나아가야 결실을 얻게 된다. 未에서는 자신의 능력을 배양하는데 투자하고 공부하는 것이 좋다.

○ 이음사양(二陰四陽), 대양-대음 전환

미는 양에서 음으로 전환되는 토이다. 목화 양 기운을 마감하고, 금수 음 기운으로 전환하는 시기이다. 현실적으로는 여전히 양이 주도하니 음을 펼치지 못하는 어중간한 상태이다.

사음이양인 丑과 유사한 상황으로 어찌할 바 모른다. 그래서 미와 축은 변화가 많은 곳이고, 현실에서 활동장애를 겪기 쉽다.

○ 丁乙己

未 중 丁은 乙을 조절하고 己는 정의 응집을 돕는다. 乙은 성장이 조절당하니 마지막 발버둥을 치게 되고, 장차 庚이 나오니 고충 속에서 결실에 대한 기대감이 있다.

未(丁乙己)는 자체로 午未합, 卯午파 구조이다. 丁이 乙을 다듬고 성숙시키는 분야(도화·기술)에 적합하다. 고치고 다듬거나, 맛을 내거나, 예술적 재능을 발휘하는 직업에 어울린다. 화장, 미용, 연애, 예술, 예능, 조각, 글, 그림, 식품가공, 음식연구가, 디자인, 설계, 교육, 동물, 원예, 교사, 유치원 등이다.

미는 木을 품었으니 개인적 성향이 강하고, 乙 모양새를 丁이 가공하니 다듬어서 다시 내놓는 능력이 있다. 가공-완성하는 특별한 재능은 있으나, 그 분야의 전문가로 두각을 나타내는데 한계가 있다. 폼(모양새)은 프로 뺨치는데 실력이 미치지 못하거나, 실력은 있는데 펼치지 못하는 경우도 있다. 프로 수준의 아마 또는 전문가 수준의 취미성에 해당한다 하겠다.

○ 亥卯未

미에서 해묘미 木물상이 마감되고, 金물상이 형성되어 간다. 을이 경을 내기 위해 달려와 미에서 마감되는데 정작 금 결실을 보지 못한다. 乙은 작용력을 잃고 불확실한 금 결실을 기다려야 하니 답답하고 지루하다.

미에서 乙 생명체(물상)가 입고되니 활동력에 제동이 걸리고 자금흐름이 막히게 된다. 부동산 담보를 통한 자금융통, 축소·조정해야 하는 상황이 벌어진다. 많은 인연과 인간관계 속에서 고독·단절, 질병, 부도·파산, 성과부실 등 희생하거나 발이 묶이게 된다. 여자보다 남자가 더 갑갑해진다.

해묘미로 구성되면 목 물상과 겁재·식상들이 무리지어 조직을 형성한다. 인기가 있고 사람들을 불러들인다. 잡화, 음식점, 접객업종 등 불특정 다수를 상대로 하는 분야에서 손님들이 무리지어 몰려오고 떼를 지어 들어온다. 능력이 발휘되고 가시적 성과를 이루는데, 결과적으로 손에 쥐는 게 크지 않거나 만족도가 떨어지는 단점이 있다.

○ 목 생명체의 묘고지

未에서 甲기운이 없어지고 乙물상이 묶이니 활동력의 상실이다.42) 장애·사망을 의미하기도 한다. 未는 메마른 땅으로 木이 정착하기 부적합하다.

未는 사주구조에 따라 2가지 흐름에 부합해야 한다.

① 목의 생기를 보충하거나,

② 금수로 열매를 수확해야 한다.

수(壬·癸)를 말리니 수기를 채워야 하고, 목이 조절되니 목기를 강화하든지 금을 형성하거나 未→申으로 금을 내는 방향성이면 좋다.

수기를 채우지 못하거나 방향성이 없으면 을이 미성숙한 상태에서 성숙된 이미지를 표출한다. 활동장애 또는 신체장애를 의미하고, 도화로 발현되기도 한다. 복록을 온전하게 누리지 못하거나 공허함을 느끼게 된다. 내부·내실을 강화하고 학문·공부 등 내일을 위해 준비하는 것이 좋고, 목 물상(재관)을 땅에 묻거나 건물에 투자하는 것이 좋다.

未년지이면 육친·재관 성취 등이 안정되지 못함을 암시한다.

未월지이면 부모 인연이 약하거나 부모와 일찍 헤어져 생활한다.

未일지이면 부부 인연 약하다. 배우자 아닌 다른 이성을 찾거나, 이별·사별 또는 주말부부·각방 등 형태의 부부인연이다.

【10】 申

○ 申의 자구적 의미

아홉째 지지, 申時(15:30~17:30), 원숭이, 되풀이, 거듭되다, 연장시키다, 베풀다, 옳다, 타이르다, 풀다, 이르다, 명확하다, 사용하다, 묶

---

42) 木은 유일한 생명체이고, 乙은 완성된 생명체이다.

다, 믿다. 번갯불에 줄을 그은 모양을 형상화한 상형문자이다.
 '뻗다→펴다→아뢰다'의 뜻으로 사용되어 왔고, 인(引, 끌어당기다)과 유사한 뜻으로 사용된다. 종(從)의 의미와도 부합한다.

○ 원숭이
 원숭이는 정신없이 뛰어다니고 조급·산만하여 끈기가 부족하다. 욕심이 많고 한 가지 일을 오래하지 못하거나 이중성·복합성을 갖는다. 불교와 관련 있는 동물이니 조상·윤회의 인자로 본다.
 관상에서 원숭이는 원구(猿口)·후구(猴口), 원안(猿眼)·후안(猴眼) 등으로 구분하여 같은 원숭이임에도 호·불호가 극명하게 엇갈린다.
 申은 확실하게 자신의 영역을 구축하지 않으면 활동성이 제한된다. 성공-실패가 교차하거나, 성공 또는 실패의 기회가 되는 자리이다. 베푸는 것에 인색하면 실패를 초래하게 된다.

○ 따르고(從) 베풀다(巳申)
 申은 巳에서 형성되고 申의 '베풀다'라는 의미에서 巳申의 경향이 있다. 申은 새로운 물상의 발현이고, 받았던 음덕을 덕행으로 돌리기 위해 스스로 절제하고 통제하여 마무리해야 한다. 생을 거듭하기 위해 베풀고 이어가야 하는 숙명이 申에 있다.
 申에는 庚열매가 주렁주렁 열려 있으니 돌봐야 할 식구가 많다는 의미도 있다. 申월지이면 경향성이 뚜렷하고, 庚申월주이면 더욱 그러하다. 庚이 투출되어도 마찬가지이다.

○ 삼음삼양(三陰三陽), 입추(立秋)
 삼음이 드러나고 음력 7월(입추)로 가을을 알린다. 숨기고 있던 음기운이 드러나기 시작하고, 금 물상이 모습을 보인다. 금 모양새는 갖추었지만 금 물상이 완벽하지 않은 상태이다.

삼양 기운이 남아 있으니 庚은 나무에서 떨어지기를 원하지 않는다. '끌어당기다'는 의미에서 분리되지 않으려는 응집력이 있고, 乙이 남아 있으니 분산하려는 속성도 있다. 음양이 조화를 이루고 분산-응집이 균형을 이루니 辛에 비하여 유동성이 있고 발전의 인자이다.

申월은 양→음으로의 전환은 여름→겨울로의 전환점이다. 결실에 대한 기대감이 현실화되고 마음은 풍족해진다. 庚열매가 익기를 기다리고 딱히 할 일이 없어 보이지만, 결실을 준비해야 하니 내부적으로는 바쁘다. 酉월에 결실을 거두기 위해서는 申월을 잘 견뎌야 한다. 만약 申에서 백수건달과 같이 다니거나, 할 일 없이 오지랖을 부리면 酉에서 수확할 게 없다.

○ 숙살지기(肅殺之氣), 申子辰

申酉戌 가을은 숙살지기의 계절이다. 申은 申 중 壬에서 수기를 채우고, 乙을 숙살시켜 경을 완성한다. 화를 집중하여 庚의 겉과 속을 단단하게 하니 필요 없는 것은 버려야 한다.

申은 신자진 수 운동의 시작점이니, 음으로 전환하는 통로이다. 양 본위를 마무리하고 주변을 정리하여 결실을 완성해야 한다. 펼쳐진 양 기운을 축소·억제함으로써 내실을 강화하게 된다. 확실하게 정리하는 경향이 있고 자신의 영역을 확실히 구축해나간다.

乙이 없어지니 생명·활동성의 제약을 의미하기도 한다. 치료, 수술, 가공 등 현상이 동반된다. 절제를 미덕으로 삼으니 육친 인연이나 해당 궁위의 인덕이 약하다. 이는 申酉戌의 공통적 성향으로 만약 申·酉·戌이 시지에 있으면 자식궁을 숙살하는 꼴이 된다. 자식과 인연이 약하거나 말년에 자식으로 인해 고생한다는 의미도 있다.

○ 인오술의 금 본기(本氣), 사유축의 금 본질(本質)

목은 살아 움직이는 물상이라면, 금은 완벽하게 정제된 물상이다.

인오술에서 목생화-화생금으로 庚이 형성되고, 사유축에서 화생금-금생수로 辛이 완성된다. 재관(금)에 대한 성취욕구가 강하고, 현실적인 성공이 주어진다. 재물·명예 등 복록을 자기 것으로 만들어가는 기질이 있다. 申을 인생의 승부처, 성공의 기회로 보는 이유이다.

申은 을목에 매달려 있으니 단체·조직에서 권력을 유지하는 모양새이다. 현실적인 물상이니 명확하고 확실해야 한다. 庚 속에 수기를 채우고 화기에 의해 표리(表裏)가 단단한지에 따라 성패가 결정된다. 경쟁요소의 직업, 기술을 통한 고부가가치, 기호식품, 단체(조직)를 이용한 직업 등에서 발달한다.

경 모양새는 곧 辛 모양새이다. 금의 최종가치는 辛에 있으니, 庚·辛은 연장선상에 있다. 庚은 결국 辛으로 분리되어야 하니, 손실을 감내해야 할 상황이 벌어진다. 치료·질병·활동장애 등 분리로 인한 아픔이 동반된다. 그래서 申에는 수화 조절이 요구되고 민감하다.

申·酉·戌은 모두 치료행위와 관련이 있고, 申·酉·戌에서 몸이 아프거나 다쳐서 치료하는 행위가 발생하기도 한다. 사업적으로는 고치고 다듬는 행위에서 발달한다.

○ 戊壬庚
申에서 壬이 장생하니 丁이 응집작용을 강화하기 시작한다. 壬은 丁을 끌어들여 庚을 조절하기에, 申에서 필요 없는 것들은 버리고 사업(규모)을 축소해야 한다. 申에서 생지로서의 역동성(역마성)은 응집 속에서의 역동성이라 할 수 있다.

申에서 壬(水=입)의 장생은 인성(印星) 장생의 의미가 있다. 복지사업, 양로사업, 교육·교사, 보육·유치원, 학원, 문방구, 의사, 간호사, 약사, 사회복지사, 간병인 등 노약자를 상대하는 직업, 아랫사람을 보살피는 직업, 말(입)과 관련된 직업, 덕을 베푸는 직업성 등이 이에 해당한다. 이는 巳申(水) 의미와도 같다.

【11】 酉

○ 酉의 자구적 의미

열째 지지, 酉時(17:30~19:30), 닭, 술, 술 담는 그릇, 연못, 물을 대다. 술을 빚는 술 단지 모양을 본뜬 상형문자로 술 또는 술 단지라는 뜻으로 사용된다.

○ 닭

닭은 부리가 뾰족하고 날카롭다. 먹이를 쪼아 먹고 찍어내는 습성이 있다. 두발에 날개가 있는 새 모양을 하고 있지만 잘 날지 못한다. 평소에는 온순하지만 화나면 쪼아댄다. 때로는 파닥거리고 시끄럽게 울어 제치며 인간에게는 새벽을 알리는 존재이다. 酉의 오지랖과 예리·예민함은 닭의 성향과 유사하다.

예로부터 사위가 오면 씨암탉을 잡고 보양식으로 삼았으니 인간에게 유용한 존재였고, 닭의 피를 뿌려 귀신을 쫓았으니 영혼과 관련이 있는 동물이다.

○ 술, 술 단지

술은 수확한 과실이나 딱딱한 물질을 풀어 숙성시키는 수단에서 비롯된 또 다른 결과물이다. 술 단지는 확실한 결실·결과물을 작은 공간에 담아 저장·보관하는 용기이다. 곡식을 창고에 저장하는 것과 같으니 현실에서 모든 재관을 구체적으로 완성한 형상이다.

술은 제사에서 빠질 수 없는 물상이기에 酉는 정신·윤회와 관련이 있다. 술을 저장·숙성시켜야 하니 酉는 수기가 필요하다.

저장·보관했다가 꺼내는 직업성이 적합하다. 창고업, 보관업, 임대업,

저장식품, 숙성식품, 술·젓갈, 장의사, 종교·철학, 인생 상담, 과일·야채 장사, 야간업소 등이다. 고정에서 이탈·분리된 직업성, 정신·윤회와 관련된 직업성, 작은 공간에서 일하는 직업성에도 어울린다.

○ 사음이양(四陰二陽)

삼양삼음의 균형을 깨고 음이 본격화되는 시기이다. 현실세계 즉 지표면 위 활동으로 보면 가장 변화 많은 시기이다. 양 본위에서 화생금으로 실질적 庚결실을 이루고, 경에서 분리된 완벽한 辛물상이 지표면 아래 음 본위 운동으로 들어간다.

○ 숙살지기(肅殺之氣)

申酉戌 가을은 숙살지기의 계절인데, 酉는 庚에서 辛을 분리하니 숙살 기운이 가장 강하다. 신강·신약에 불문하고 酉월에는 낙엽이 지고, 과일이 익어 떨어지고, 해가 진다. 사회활동을 마감하고 가정으로 돌아가 가족과 함께 하는 시간이다. 인간관계를 단순하게 하거나 단절·분리하는 경향이 있는데, 내 것에 대한 애착은 강하다.

酉는 乙庚으로부터 분리되니 자신의 위치를 확실하게 정하고 남의 통제나 간섭을 싫어한다. 조직·단체에서 분리되어 스스로 완벽함을 갖추려한다. 단절·고독의 상이다.

만약 水가 없으면 활동성이 약하고 갇히는 형상이 되고, 성격이 날카롭고 예민하여 주위사람들에게 따돌림을 당할 수 있다.

○ 庚辛

酉에는 庚·辛이 들어있다. 酉에서 庚→辛으로의 전환은 단순히 금 기운이 금 물상으로 전환되는 것이 아니다. 辛은 庚 중에서 옥석을 가려낸 완벽한 금 물상의 완성이고 완전한 독립체이다. 수확의 기쁨에 앞서 庚에서 분리·이탈되는 아픔·고통이 있다.

시청·군청, 지점장, 지역센터장, 프랜차이즈업 등 국가·조직·단체에서 분리된 형태의 직업. 보석감정사, 세공, 설계, 인사과, 소믈리에, 평론가, 음식연구가, 제품선별, 품질검사, 검색·세관, 경비원·경호원, 경찰·검찰, 세무 등 분별하여 골라내는 일. 의사, 간호사, 약사, 한의사, 가공업, 디자이너 등 수술·가공·치료를 위주로 하는 일. 세무사, 은행원, 금융, 철물점 등 금전 및 정확성·계산능력을 중시하는 일 등이다.

숙살지기이니 의사라면 마취, 방사선과 등의 물상으로 볼 수 있다. 또한 酉는 丑에 보관되니 차와 관련된 직업성을 갖기도 한다.

○ 완벽한 金물상이자, 木물상의 씨앗

庚은 木에 의지한 금 물상이라면, 辛은 木에서 분리된 완벽한 금 물상이다. 辛은 목의 씨앗이라는 점에서 庚과 본질적 의미가 다르다.

辛·酉가 완벽하지 않으면 甲으로 변환되기 전에 풀어헤쳐진다. 酉는 자신을 견고하게 만들어 작은 공간에 생명력을 담아 양기를 끌어 모으는 동시에, 수에 저장되어 딱딱함이 서서히 풀어져야 甲 뿌리·새싹을 낼 수 있다. 辛은 丁이 조절하고, 壬이 품어주기를 원한다. 丁壬의 작용이 중요하고, 水가 요구되는 것이다.

辛·酉는 완벽하게 정제된 물상이니 흐트러진 것을 못 본다. 잘못된 것을 보지 못하고 남의 잘못을 지적하거나 시시비비를 가린다. 계산이 철저하고 정확하여 더 주고받는 것을 싫어한다. 깔끔하지만 다른 사람을 피곤하게 한다. 그래서 辛은 丑 중 癸에 의해 손상되는 것을 싫어하고, 酉는 卯를 만나는 것을 싫어한다. 卯酉충과 酉子파는 辛이 손상되는 경우가 많다.

酉는 금 물상이니 재물, 돈, 현금, 보석, 금융, 씨앗(종자돈) 등의 의미가 있다. 지지에 申酉를 깔고 있으면 현금부자인 경우가 많다. 申이 끌어당기고 酉가 저장하기 때문이다.

○ 巳酉丑

사유축은 화생금-금생수로 금을 완성-결실-수렴하여 수에 저장하는 과정이다. 금 속에 있는 목 생명체를 보존하기 위해 火로 겉을 딱딱하게 하고, 水에 의해 부드럽게 풀어지길 원한다.

辛은 양 본위에서 인간에게 가장 가치 있는 물상이고, 음 본위에서 정신·윤회의 씨앗이 되는 소중한 보물이다. 이승-저승, 현실-윤회, 물상-기운, 물질-정신의 경계선상에 놓여있다. 인생무상을 경험하고 참다운 인생가치를 돌이키게 된다.

※ 酉의 손상

酉는 완벽한 물상이기에 다른 글자가 와서 간섭하거나 조절당하는 것을 싫어한다. 酉의 손상은 수술·가공의 형상으로 드러난다.

유술이면 유의 모양새가 변하는 것이고, 유축이면 유가 갑으로 몸을 바꾸어야 하는 번거로움이 있고, 유진이면 유의 작용력이 완전히 상실된다. 辛·酉가 戌·辰·丑을 만나면 보석(辛)의 가치를 상실된다. 묶이거나 변질되니 물질에 대한 욕구가 강해지거나 엉뚱한 짓을 하게 된다.

辛·酉의 손상은 잉태-생산, 저장-보관의 문제로 나타난다. 사건·사고, 사업실패(부도), 재산손실, 이별, 애정문제, 건강·생명 등 문제가 발생한다. 응집하는 기운이 발동하여 집착이 강하고 냉정하다.

辛丑, 癸丑, 癸酉, 子酉, 酉戌, 子丑, 酉丑, 辰丑, 丑未, 酉未 등은 酉가 손상되기 쉬운 구성이다. 종교, 기도, 감옥, 정신병원 등 묶이고 갇히는 형상이다. 그렇지 않으면 남을 속이는 위법·편법의 상이고, 대박-쪽박의 경계선이다. 酉辰丑, 子丑辰 등이 상존하면 더욱 그러하다.

위 구조에서 酉가 강하면 목의 손상(비겁, 중풍, 간담 등) 또는 화의 손상(식상, 혈관, 심장, 뇌졸중 등)이 있다. 이 때는 辛·酉가 戌·辰·丑 등을 만나 변질되면 오히려 안정될 수 있다.

만약 酉가 水를 만나지 못하거나 수가 지나치게 많으면 염세적으로 변하기 쉽다. 목으로 변환되지 못함은 정신·윤회에서 벗어나지 못함을 의미한다. 金이 흐물흐물해지니 관절염, 요통, 신경통, 치통, 임플란트 등 뼈·치아 등의 부실·손상으로 인한 수술·가공해야 하는 상황이 벌어진다. 火가 강화되어도 그러하다.

酉의 손상을 해결하는 것은 亥이다. 申은 巳申으로 사를 끌어들이니 火가 필요하지만, 酉는 丁을 통하여 壬을 끌어들이니 水가 있어야 한다. 庚·申은 丙·巳가 좋고, 辛酉는 壬·亥가 좋은 것이다.

이처럼 酉는 변색·조절·통제 등을 싫어하고 손상되기 쉽다. 그래서 辛·酉를 예리·예민하고 고초의 상이라 하여 신음지상이라 하는 것이다. 그만큼 酉가 발동할 때는 子·卯·午에 비하여 폭발력이 크다.

【12】 戌

○ 戌의 자구적 의미

열한째 지지, 戌時(19:30~21:30), 개, 온기, 정성, 마름질하다, 정연하여 아름답다, 가엽게 여기다, 사물을 형용화한 것, 戉(도끼:월)의 고어이다. 무(戊)와 일(一)을 합한 글자로 초목이 무성함을 의미한다.

○ 개

개는 인간과 가장 친숙한 동물이다. 가족을 지켜주고 주인을 잘 따르고 기다릴 줄 아는 인내심이 있다. 눈치가 빠르고 자신을 낮추는 처세술이 좋다. 평소에는 온순하지만 성질 건드리면 물어뜯고, 한번 물면 잘 놓지 않는다. 괴강·백호 인자에 분류된다.

앉아서 하는 일이나 지키고 경계하는 일에 적합하다. 목욕탕, 임대업, pc방, 숙박업, 경비·경호원, 경찰·군인, 보디가드, 경비시스템 등이다. 공무원, 공직자 등 나라를 지키는 일에도 종사한다.

○ 오음일양(五陰一陽)

술에서 음이 완성되지만 일양이 마지막 발버둥을 친다. 한 점의 양기를 응집하여 모아야 한다. 얼음이 녹는 것은 빠르고 힘을 요하지 않지만, 물을 얼음으로 전환하는 데는 시간이 오래 걸리고 조심스럽다. 술에서는 천천히 인내심을 가지고 정성을 신중해야 함이다.

일양이 있으니 양으로 돌아가고 싶은 충동이 있다. 운에 따라서 변색이 잘 되고, 이중성·복합성이 있다. 다양한 직업군을 형성하는 장점은 있지만, 일률적이지 않다는 단점도 있다.[43]

○ 戌月 戌時

화려했던 지표면 위의 활동을 접고 땅 밑으로 들어가야 한다. 일을 끝내고 유흥을 즐기고 싶지만 내일을 위해 잠자리에 들어야 한다. 낙엽은 지고 쓸쓸한 늦가을에 고독감을 느낀다. 辛의 화려함을 숨겨야 하니 이중성의 고통이 동반된다.

직업으로 중심에서 벗어난 자리이고, 사방에 어둠으로 변한 시간이다. 직위로 보면 별정직이거나 한직이다. 다른 나라, 다른 지역, 다른 문화, 다른 직업, 다른 생각이라는 의미가 있다. 남다른 생각(아이템), 남다른 직업, 비정상적 직업, 멀고 다른 곳에서 발전한다.

조용하고 움직임이 적으며 소극적이고 수구적이다. 한 마디로 표리부동(表裏不同)한 모양새가 戌이다. 생각은 많은데 의사표현이 서툴고, 하고 싶어도 참고 견디는 편이다. 정신적인 것을 추구하거나 어두운 일에 종사하는 경향이 있다. 변화가 적은 직업 또는 丁·辛을 품었으니 수술, 가공, 치료행위에 가담하기도 하다.

작가, 만화가, 컴퓨터 프로그래머, 유흥·향락, 야간업소, 연극·연애, 밤 문화, 오락, 화개(예술), 대리운전, 운전·운수업, 학문·교육, 종교·철

---

[43] 술은 진술축미 중에서 가장 이중성이 강하다.

학, 수술·가공, 의료, 병원계통 등에 어울린다. 음식점이라면 여러 가지를 파는 다중음식·분식점, 보신탕, 냉장·냉동식품 등이다.

○ 인오술 마무리, 정신·윤회의 길목

양 본위에서 완성한 모든 가치를 술에 집어넣는다. 싹을 틔우고 꽃 피우고 열매 맺고 수확하여 할 일을 다 끝냈으니, 인생이 무상하고 허망하게 된다. 인오술에서 완성된 금은 사유축을 거쳐 申子辰에서 목으로 변환된다. 화를 마감한다는 것은 화를 끌어들인다는 의미도 있고, 火·金의 마무리는 윤회로의 회귀이다.

정신·윤회의 인자는 辛·壬·癸이다. 辛이 壬·癸으로 이어주는 길목이 戌이다. 술은 이승-저승을 이어주는 곳이니 신통력을 발휘하기도 한다. 술은 귀신을 본다거나 귀신을 막는다고 회자되는 이유이다.

○ 火의 묘고(墓庫)

술에는 火가 없어지고 어둠이 찾아드니 생기를 모두 잃은 상태이다. 생명이 자라지도 잉태하지도 않은 생명력이 상실한 땅이다.44) 戌 중 辛이 생명을 유지하기 위해서는 반드시 火가 필요하다.

火의 부재는 갇히거나 움직이지 못하는 형상이 된다. 활동력 상실, 부도, 파산, 이별·이혼·사별, 질병, 횡액 등을 의미하고, 재물 손실, 애정 문제, 육체적 손상 등이 따른다. 다른 돌파구를 찾게 되는데, 도화성으로 발현되기도 한다. 남자는 제구실을 못하는 경우가 많고, 여자는 잉태 기회가 있으니 희망을 갖는다.

○ 辛丁戌

火로 단련된 辛의 날카로움을 숨기고 있다. 완벽하게 제련된 정관의

---

44) 대개 時에 申酉戌이 있으면 자식을 갖는데 어려움을 겪거나, 자식 인연을 길게 가져가지 못하는 경향이 있다.

모양새이고, 단도를 숨긴 편관격이다. 관은 잘 다루면 충견이 되고, 잘못 다루면 개망나니가 된다. 과감성, 추진성, 결단성이 있다.

戌에서 丁·辛을 조절하는 것은 亥에서 壬이 丁을 끌어들여 辛을 품기 위함이다. 戌은 亥에서 수기를 얻어 辛씨앗을 저장하는 것이 목적이니 화기가 꺼지면 안 된다. 그래서 술은 화기만 보면 끌어당겨 채우려는 속성이 있다.

○ 지고(地庫)

술은 해를 만나면 천문성이 되고, 술해는 얼굴에서 지고(地庫)에 해당한다. 술은 금 결실을 수확하여 저장하는 시기이고, 금(재관)을 저장하는 저장고이다. 얼굴에서 지고는 일생의 재관성취를 담는 창고이자, 받았던 음덕을 베풀어야 하는 숙명이 주어진 자리이다.

술은 사물(물상)을 형상화한 것이니 실질적 물상의 완성이다. 초목이 무성한 음력 9월은 모든 결실을 거두고 저장하는 시기이고, 결실물을 창고에 보관하게 된다.

만약 금을 저장만 한다면 만물은 영원성을 갖지 못한다. 저장이 아닌 보관의 의미는 덕행에 있다. 술을 가진 사람이 덕을 베푸는데 인색하면 천라에 걸려들게 된다.

2. 12지지의 발현과 전환

【1】 寅巳申亥

1) 寅巳申亥 생지의 태동

寅巳申亥는 삼합의 출발지이자, 장생지라는 기본적 의미가 있다.

첫째, 寅·巳·申·亥는 木·火·金·水의 장생지로 기운(양간)을 발현시키는 출발점이고, 춘하추동 사계절을 알리는 시작지이다.

둘째, 寅·巳·申·亥는 木·火·金·水 삼합의 출발지이자 장생지이다. 寅·申은 火·水의 기운을, 巳·亥는 金·木의 물상을 만들어낸다.

셋째, 寅·巳·申·亥는 木·火·金·水 방국의 출발지이자 건록지이다. 목은→화로 향하고, 화는→금으로 향하고, 금은→수로 향하고, 수는→목으로 향한다. 봄→여름→가을→겨울이 순환하는 것과 같다. 목이 성장함은 곧 화를 내니, 방국의 장생지는 삼합의 장생지를 돕게 된다.

넷째, 장생지를 인간에 비유하면, 정자와 난자가 합하여 생명력을 얻은 상태이다. 10개월 후에 생명체로 모습을 드러내겠지만 모습을 갖춘 상태도 생명력이 완전한 상태도 아니다. 언제든 생명력을 잃을 수 있고 없었던 일이 될 수 있다.

그래서 甲이 亥에서, 丙이 寅에서, 庚이 巳에서, 壬이 申에서 장생지이지만, 뿌리(根)를 얻었을 뿐 힘이 있다고 할 수 없다.

인사신해 지장간의 구성을 보면,

여기 = 새로운 기운의 시작, 출발, 태동을 알리는 신호이다.

중기 = 목·화·금·수 다음 기운의 태동이자 삼합의 출발지이다.

정기 = 본래의 기운 즉 목·화·금·수의 건록지이다.

즉 여기에서 새로운 출발을 알리고, 중기에서 삼합의 출발점으로 다음 기운을 장생시키면서, 정기에서 오행 본기(本氣)를 세운다.

地支	寅	卯	辰	巳	午	未	申	酉	戌	亥	子	丑	寅
餘氣	戊	甲	乙	戊	丙	丁	戊	庚	辛	戊	壬	癸	戊
中氣	(丙)		癸	(庚)	(己)	乙	(壬)		丁	(甲)		辛	丙
正氣	甲	乙	戊	丙	丁	己	庚	辛	戊	壬	癸	己	甲

〈지장간에서 寅巳申亥의 전환〉

甲·丙·庚·壬은 전 단계 생지의 지장간 중기에서 태동한다. 갑목은 亥(무갑임) 중 중기에서 태동하고, 병화는 寅(무병갑) 중 중기에서, 경금은 巳(무경병) 중 중기에서, 임수는 申(무임경) 중 중기에서 태동한다. 甲·丙·庚·壬은 각각 寅·巳·申·亥에서 발현되어, 다음 단계인 卯·午·酉·子에서 기운이 물상으로 전환하게 된다.

이를 나무의 생장쇠멸 과정으로 비유해보자.

나무의 싹(甲)은 해에서 잉태되어, 자축에서 뿌리를 내리고, 날이 풀리는 寅에서 모습을 드러낸다. 나무의 성장(乙)으로 꽃(丙)이 피게 되는데, 꽃(丙)은 寅에서 몽우리를 맺어, 卯辰에서 숨고르기를 하다가, 巳에서 자태를 뽐낸다. 꽃(丙)에서 열매(庚)가 맺히는데, 열매(庚)는 巳火 꽃 봉우리 안에서 자리를 잡고, 오미에서 키워지다가, 申에서 모습을 드러낸다. 열매씨앗(辛)은 수기(壬)에 의해 싹(甲)을 틔우게 된다. 壬은 申에서 수기를 모으기 시작하고, 씨앗(辛)은 유술에서 경화작용으로 모습을 정제하면, 亥에서 임수가 씨앗(辛)을 품는다.

2) 寅巳申亥 기운의 발현(우합)

만물을 조절·마감하여 새로운 기운을 내는 곳은 진미술축이다. 축에서 겨울을 마무리하여 寅(봄)으로 넘기고, 진에서 봄을 마무리하여 巳(여름)를 내고, 미에서 여름을 마무리하여 申(가을)에게 전달하고, 술에서 가을을 마감하여 亥(겨울)를 낸다.

인사신해에서 계절이 전환되지만, 실질적인 계절 전환은 자묘오유에서 현실화된다. 亥에서 겨울이 시작되지만 子에서 겨울이 현실화되고, 寅에서 입춘을 알리지만 卯에서 봄을 느끼게 되며, 巳에서 여름이 시작되지만 午에서 여름이 현실화되고, 申에서 가을을 알리지만 酉에서 찬 기운을 체감하게 된다. 인사신해에서 갑병경임의 기운이 전달되고,

천간기운에 의해 지지물상이 변화하는 곳은 자묘오유이기 때문이다.
　寅·巳·申·亥 생지기운은 각각 丑·辰·未·戌에서 발현된다. 축→인, 진→사, 미→신, 술→해가 나온다. 甲은 亥에서 장생하여 자축을 지나 寅에서, 丙은 寅에서 장생하여 묘진을 지나 巳에서, 庚은 巳에서 장생하여 오미를 지나 申에서, 壬은 申에서 장생하여 유술을 지나 亥에서 모습을 드러낸다.

　○ 미신·축인에서 목금 물상의 변환
　미신과 축인에서 목↔금 물상이 변환된다. 미신에서 을목→경금으로 변환되고, 축인에서 신금→갑목으로 변환된다. 미신은 申-酉-戌-亥-子-丑으로 이어지고, 축인은 寅-卯-辰-巳-午-未로 이어준다.
　○ 진사·술해에서 수화 기운의 전환
　진사와 술해에서 水↔火 기운이 전환된다. 진사에서 계수→병화로 전환되고, 술해에서 정화→임수로 전환된다. 진사에서 巳-午-未-申-酉-戌로 이어지고, 술해에서 亥-子-丑-寅-卯-辰으로 이어준다.

【2】　子卯午酉

1) 子卯午酉의 기상(氣相) 전환

　子卯午酉는 각 오행의 왕지이다. 甲은 寅에서 록을 세우고 卯에서 왕지에 이르고, 丙은 巳에서 록을 세우고 午에서 왕지에 이르며, 庚은 申에서 록을 세우고 酉에서 왕지에 이르고, 壬은 亥에서 록을 세우고 子에서 왕지에 이른다.
　록지에서→왕지로의 전환은 양간이 음간으로 전환됨을 말한다. 양간은 기운이고 음간은 물상이니 각 오행의 기운이 물상으로 전환되는 곳이 子卯午酉이다. 子·卯·午·酉 지장간을 보면, 오행의 양간이 음간으로 바뀐다는 것을 알 수 있다.

여기 = 오행의 본기(기운)이다.
중기 = 오행의 본기→본질로 전환되니 조절기능이 없다.
정기 = 오행의 본질(물상)이다.

地支	寅	卯	辰	巳	午	未	申	酉	戌	亥	子	丑	寅
餘氣	戊	甲	乙	戊	丙	丁	戊	庚	辛	戊	壬	癸	戊
中氣	丙	↓	癸	庚	(己)	乙	壬	↓	丁	甲	↓	辛	丙
正氣	甲	乙	戊	丙	丁	己	庚	辛	戊	壬	癸	己	甲

〈子卯午酉의 氣相 전환〉

壬에서→癸가 나오고, 甲에서→乙이 나오고, 丙에서→丁이 나오고, 庚에서→辛이 나온다. 이를 지지로 보면 亥에서→子가 나오고, 寅에서→卯가 나오고, 巳에서→午가 나오고, 申에서→酉가 나온다.

子·卯·午·酉에서 오행의 본기→본질로 전환되니, 子·卯·午·酉의 생지는 각각 亥·寅·巳·申인 셈이다.

▷ 卯에서 갑→을로 전환되니, 묘월에 갑이 힘을 잃어가고 을이 왕성해진다. 乙이 丙으로 향하니 甲을 더욱 말리고, 甲을 생하던 임수가 작용력을 잃게 된다.

▷ 午에서 丙→丁으로 전환되니, 오월에 병이 힘을 잃어가고 정이 왕성해진다. 정이 경을 익히기 위해 열기를 집중하니 병의 분산작용이 상실되고, 병을 생하던 을목이 작용력을 잃게 된다.

▷ 酉에서 庚→辛으로 전환되니, 유월에 경금이 힘을 잃어가고 辛이 왕성해진다. 신이 임수로 향해 가니 경의 분산작용이 저지되고, 경을

생하던 병화가 작용력을 잃게 된다.

▷ 子에서 壬→癸로 전환되니, 壬水가 힘을 잃어가고 癸水가 왕성해진다. 癸가 乙을 향해 가니 壬의 저장작용이 상실되고, 壬을 생하던 辛金의 응집작용이 힘을 잃게 된다.

2) 子卯午酉 오행 본질의 특성

乙은 卯에서, 丁은 午에서, 辛은 酉에서, 癸는 子에서 각 오행의 물상이 완성된다. 子·卯·午·酉는 각 오행의 물상을 대변하는 그 모양새를 유지하려는 기본적 속성이 있다. 다음 단계 기운을 내려는 의지가 없고 스스로 生작용을 하지 않는 특성이 있다.

자묘오유의 지장간을 보자.

지장간	子	卯	午	酉	子卯午酉 지장간의 의미
여기	壬	甲	丙	庚	인사신해에서 이어받은 본기
중기			(己)		대 음양의 조절(午 중 己)
본기	癸	乙	丁	辛	오행의 본질

〈子卯午酉 지장간의 의미〉

자묘오유는 중기에서 조절되지 않고 곧바로 기운→물상으로 전환되는 흐름이다. 봄·여름·가을·겨울의 사계순환을 진미술축이 조절하는데, 간절기 없이 곧바로 사계절이 전환되는 형국이라 할 수 있다.

자묘오유 지장간에 중기가 없다는 점에서도 조절기능이 약함을 알 수 있다. 조절력이 약하다는 것은 변화에 대한 충격을 완충할 수 있는 장치가 미약하다는 의미이다. 그만큼 자묘오유에서 인생사가 다단해질 수밖에 없다. 子卯午酉는 그 자체로 형·파 작용을 내포하고, 진미술축

토의 조절에 의해 발현된다.

子·卯·午·酉는 亥·寅·巳·申 장생지에서 떨어져 나오고, 기운이 물상으로 전환되는 과정이 급박하게 진행되기에 불안·고충·고난·손실 등이 동반하게 된다. 한 곳에 머물지 못하고 이리저리 부산하게 움직이는 불안정한 모양새이다. 천간으로 보면 癸·乙·丁·辛이다.

子卯午酉의 불안정성은 도화작용으로 발현되어 인기성·사회성·역동성을 갖는다. 기적 변화를 통하여 물상을 급박하게 완성하려는 속성이 있다. 새로운 능력 터득할 수 있는 기회가 부여되고 폭발력을 잠재하고 있다.

예컨대 卯에서 甲-乙로 전환되지만 甲기운이 없어진 것은 아니다. 甲기운은 여전히 왕성한데 乙물상이 모양새를 드러내면서 분산작용을 강화함으로써 목기가 화기로 전환되는 문제가 발생한다. 甲은 무력해지지만 乙은 날개를 다는 형국이다. 쪽박 아니면 대박의 모양새가 되는 것이다.

한편 子卯午酉는 열심히 일하고도 성과를 보지 못하는 경향이 있다. 丙은 癸 도움으로 나오지만 癸를 고맙게 생각하지 않고, 庚은 乙의 노고를, 壬은 丁의 노고를, 甲은 辛의 노고를 알아주지 않는다.

사주 원국에 자묘오유가 혼재하면 활동력은 왕성하지만 쓸데없는 일에 참여하여 심신을 고달프게 한다. 오지랖이 있고 대인관계가 넓지만 도와주고 욕먹는 경우가 많다. 능력이 뛰어나도 하는 일마다 실패하는 경향이 있고, 능력 없이 시간만 소비하는 인생이 되기도 한다.

이러한 子卯午酉의 경향성은 12신살에서 육해살-장성살-년살-재살에 해당한다. 대체로 재관 성취가 크지 않은 구간이다.

3) 자묘오유의 발현과 방향성

子·卯·午·酉에서 양간(기운)→음간(물상)으로 전환되어 오행의 본질이 발현된다. 子·卯·午·酉의 오행 본질은 극을 통하여 자신의 모습을 드러내고자 하는 방향성이 있다.

子·卯·午·酉를 천간 방향성으로 보면, 癸→丙으로, 丙→庚으로, 丁→壬으로, 辛→甲으로의 전화·변환이 그것이다.

● 子의 발현과 방향성

子에서 壬-癸가 전환된다. 임수는 응집작용을 하고, 계수는 분산작용을 한다. 子에서 癸가 분산작용을 하기에 축에서 갑이 나올 수 있다. 만약 자에서 임수의 응집력을 계수의 분산력으로 전환하지 못하면 축에서 갑이 나오지 못하니 辛甲합을 완성하지 못한다.

만약 癸의 분산작용이 지나치면 丑 중 辛이 갑자기 터뜨려져 甲으로 변환되는 꼴이다. 癸에 의한 辛의 폭발은 갑작스런 변환이니 불법·위법·편법 등에 가담하거나 심신을 상하게 한다. 계수의 우울증·조울증 등 정신 이상이 오거나, 장애의 상이 된다.

子의 방향성은 丙으로 향한다. 子는 수의 왕지로 신자진 운동을 하면 자신이 원하는 丙을 보지 못하기에, 해묘미 운동으로 목을 키워 화를 보려한다. 癸는 壬에서 나온 수의 본질이니 수기를 통해 해묘미 운동을 하는 이유이다.

● 卯의 발현과 방향성

卯에서 甲-乙이 전환된다. 갑목은 수직·상승작용을 하고, 을목은 성장하기 위해 분산작용을 한다. 수기를 얻은 乙이 분산작용을 하기에 辰에서 丙이 나올 수 있다. 만약 묘에서 甲의 발생기운을 乙의 분산운동으로 전환하지 않으면 진에서 병화가 나오지 못하니 癸丙합을 완성하지 못한다.

만약 乙의 분산작용이 지나치면 진 중 丙이 급작스럽게 발현되어 경금으로 변환되는 형국이 된다. 乙의 상관기질은 사업적 확장이나 무리한 일의 추진 등으로 나타나고, 乙→庚의 갑작스런 변환은 불법·위법·편법의 상이 된다. 결과적으로 乙 손상이 가중되거나 무력해진다. 활동력이 묶이거나 실패하는 경우가 많다. 乙은 살아 움직이는 생명체이니 정신은 물론 신체를 손상시키기도 한다.

卯의 방향성은 庚으로 향한다. 卯는 목의 왕지로 해묘미 운동을 하면 자신이 원하는 庚을 보지 못하기에, 인오술 운동으로 목생화-화생금으로 금을 완성하려한다. 乙은 甲에서 나온 본질이니 목기를 통해 인오술 운동을 하는 이유이다.

● 午의 발현과 방향성

午에서 丙-丁이 전환된다. 丙은 확산작용을 하고, 丁은 집중·응집작용을 한다. 丁이 화기를 응집하여 집중하기에 未에서 庚이 나올 수 있다. 만약 午에서 丙의 확산을 丁이 집중력으로 전환하지 못하면 미에서 경금 열매를 익히지 못하니 乙庚합을 완성하지 못한다.

오 중 기토가 있는 것은 丙의 강한 확산력을 저지하여 庚 결실을 얻기 위함이다. 午에서 조절력을 잃으면 무리한 확장 등으로 인한 실패·낭패가 되거나, 결실·결과물 없는 허망한 현실이 된다.

午의 방향성은 壬으로 향한다. 午는 화의 왕지로 인오술 운동을 하면 자신이 원하는 壬을 보지 못하기에, 사유축 운동으로 금을 완성하여 壬에 저장하려한다. 午는 丙에서 나온 화의 본질이니 화기를 통해 사유축 운동을 하는 이유이다.

● 酉의 발현과 방향성

酉에서 庚-辛이 전환된다. 경금은 화의 분산작용으로 몸집을 부풀리고, 신금은 화를 응집하여 자신을 단단하게 만든다. 신금의 응집력이 없으면 경금은 실질적 열매로 거듭나지 못하고, 술에서 신금이 분리되지 못한다. 辛이 분리되지 못하면 壬이 辛을 품지 못하니 丁壬합을 완성하지 못한다.

酉에서 조절력이 상실되면 庚의 분산작용을 제지하지 못한다. 辛의 가치가 상실되고 자기성취를 얻지 못하게 된다. 마치 보기는 좋은데 맛없는 과실이거나, 과실이 나무에 달린 채 썩어버리는 꼴이다.

酉의 발현을 사업으로 보면 동업하다가 독자사업으로 전환하거나, 단체(본청)에서 분리되어 자신의 영역을 구축하거나, 직장생활에서 개인사업으로 전환하는 등이다. 만약 酉에서 조절력이 상실되면 庚은 단체·조직 등을 동원하는 무리수를 두게 되고, 辛은 절제와 고지식함으로 조직을 살리지 못한다.

酉의 방향성은 甲으로 향한다. 酉는 금의 왕지로 사유축 운동을 하면 자신이 원하는 甲을 보지 못하기에, 신자진 운동으로 금을 목으로 전환하려한다. 辛은 庚에서 나온 금의 본질이니 금기를 통해 신자진 운동을 하는 이유이다.

【3】 辰未戌丑

1) 진미술축의 작용적 의미

첫째, 계절적 의미

진미술축은 사계절의 순환을 돕고, 기운과 물상을 펼치고 거두는 작용이다. 木·火·金·水의 조절, 변환, 중재, 터닝 구간이다.

辰은 봄을 조절하여 여름을 내는 곳이고, 未는 여름을 마감하여 가을을 여는 자리이며, 戌은 가을을 갈무리하여 겨울을 대비하는 곳이고, 丑은 겨울을 끝내고 봄을 준비하는 자리이다.

이는 축에서→寅(甲)이, 진에서→巳(丙)가, 미에서→申(庚)이, 술에서→亥(壬)가 발현되는 자리이다. 앞에서 인사신해 생지의 발현처이고,

이 관계를 우합이라 하였다.

지지 土	辰	未	戌	丑
계절	봄	여름	가을	겨울
삼합	申子辰	亥卯未	寅午戌	巳酉丑

〈진미술축의 작용적 의미〉

둘째, 만물 생성적 의미

진미술축의 작용은 삼합을 완성하는 자리이고, 새로운 기운을 태동하게 하는 전환점이다. 기존의 기능을 마무리하고 또 다른 기운·물상을 만들어내는 연결고리이다.

양 본위에서 辰은 水를 마감하고 木을 조절하여 화 삼합을 펼침으로써 금 삼합을 준비하는 전환점이고, 未는 목을 마감하고 화를 조절하여 금 삼합을 펼침으로써 수 삼합을 준비하는 전환점이다.

음 본위에서 戌은 화를 마감하고 금을 조절하여 수 삼합을 펼침으로써 목 삼합을 준비하는 전환점이고, 丑은 금 마감하고 수를 조절하여 목 삼합을 펼침으로써 화 삼합을 준비하는 전환점이다.

이처럼 기운 또는 물상은 진미술축에서 전화·변환되기에 만물은 진미술축 토에서 태동한다. 진미술축은 기존의 기운·물상을 완성·마무리해야 하고, 한편 새로운 기운·물상을 내야 하니 이중성이 강하다.

2) 辰未戌丑의 戊己 의미

천간 戊己는 목화-금수, 대양-음양을 조절하고, 만물의 생장-쇠멸 즉 양·음의 단계를 조절·중재·전환을 주재한다. 분산·확산하는 목·화의 기운을 주관하는 戊土와 수렴·응집하는 금·수 기운을 주관하는 己土가

중앙에서 대양-음양을 조절하는 것이다.

대 음양	양				양/음		음		
생장쇠멸	생장				중재	전환	쇠멸		
오행	목		화		토		금		수
천간	갑	을	병	정	무	기	경	신	임	계
기운	시작	발산	확산	성장	중재	조절	결실	수렴	저장	보관

〈천간 戊己 土의 작용〉

양 본위에서 진 중 무토가 펼치고, 미 중 기토가 마무리한다. 음 본위에서는 술 중 무토가 펼치고, 축 중 기토가 마무리한다.

戊는 양 본위에서 乙木을 庚金으로 완성하기 위한 중재토라면, 己는 음 본위에서 辛金을 甲木을 내기 위한 조절토이다.

한편 진미술축 지장간을 보면, 戊는 기운을 조절하고 펼치는 자리이고, 己는 물상을 조절하여 펼치는 자리이다.

지지 土	辰	未	戌	丑
지장간	乙癸戊	丁乙己	辛丁戊	癸辛己
방향성	乙→庚 癸→丙	丁→壬 乙→庚	辛→甲 丁→壬	癸→丙 辛→甲

〈진미술축의 지장간〉

辰에는 을계무, 未에는 정을기, 戌에는 신정무, 丑에는 계신기가 있다. 여기서 戊·己는 토의 본기이자, 水·火·木·金을 마감하여 전화·변환을 주재하는 기적(氣的) 요소이다.

무토는 지장간에 암장된 乙·癸 또는 辛·丁을 다음 단계로 넘겨주고,

· 기토는 무토에서 인계받은 乙·癸·辛·丁을 조절하여 새로운 기운·물상을 탄생시킨다.

辰 중 戊는 乙癸를 사오미에서 펼치도록 넘겨주고, 술 중 무는 辛丁을 해자축에서 펼치도록 넘겨준다.

未 중 己는 辰에서 넘겨받은 乙癸를 조절하여 신유술로 넘기고, 丑 중 己는 戌에서 넘겨받은 辛丁을 조절하여 인묘진으로 넘긴다.

● 辰·戌에서의 戊

진미술축 중 무토는 진·술에 있다. 진은 분산작용을 강화하기 위해 조절하는 곳이고, 술은 응집작용을 강화하기 위해 조절하는 곳이다. 진은 양을 펼치고자 하고, 술은 음을 펼치고자 하는 것이다.

진·술 중 戊는 水·火 기운을 마무리하고 전환하는 土이다. 진 중 戊는 신자진 水 운동을 마감하여 癸→丙으로 전환을 주재하고, 술 중 戊는 인오술 화 운동을 마감하여 丁→壬으로 전환을 주재한다.

辰 중 戊는 乙→庚으로 변환하는 과정에서 癸→丙으로 전환되고, 戌 중 戊는 辛→甲으로 변환하는 과정에서 丁→壬으로 전환되는 것이다.

진·술 중 戊는 기운을 전환하는 작용을 하니 저장기능이 없고, 물상을 완성한다는 개념이 없다. 辰巳와 戌亥를 천라지망이라 하는 이유이기도 하다.

● 丑·未에서의 己

진미술축 중 己土는 축·미에 있다. 축은 응집된 기운을 분산으로 전환해야 하고, 미는 분산된 기운을 응집으로 전환해야 한다. 축 중 기는 음에서 → 양으로 전환시키고, 미 중 기는 양에서 → 음으로 전환시키는 작용을 하는 것이다.

축·미 중 己는 木·金 물상을 마무리하고 전환하는 土이다. 축 중 己는 사유축 金 운동을 마감하여 辛→甲으로 전환을 주재하고, 미 중 己

는 해묘미 木 운동을 마감하여 乙→庚으로 전환을 주재한다.

未 중 己는 癸→丙 전환과정에서 생성된 乙을 조절하여 乙→庚으로 변환시키고, 축 중 己는 丁→壬 전환과정에서 생성된 辛을 조절하여 辛→甲으로 변환시키는 것이다.

축·미의 己는 물상을 변환시키는 곳으로 만물은 己土에서 생성된다. 축에서 金을 저장·완성하고, 미에서 木을 저장·완성한다. 진술의 무토와 달리 물상을 저장하고 완성한다는 의미가 있고, 새로운 물상을 탄생시키는 발현처이다.

※ 인사신해 중 戊 의미

인사신해는 진술축미에 암장된 기운 또는 물상이 발현되는 곳이다. 丑 중 癸·辛을 寅에서 丙·甲으로 전환되고, 辰 중 乙·癸를 巳에서 庚·丙으로 전환되고, 未 중 丁·乙을 申에서 壬·庚으로 전환되고, 戌 중 辛·丁을 亥에서 甲·壬으로 전환된다.

지지	寅	卯	辰	巳	午	未	申	酉	戌	亥	子	丑
여기	戊	甲	乙	戊	丙	丁	戊	庚	辛	戊	壬	癸
중기	丙		癸	庚	(己)	乙	壬		丁	甲		辛
본기	甲	乙	戊	丙	丁	己	庚	辛	戊	壬	癸	己

〈지장간의 구성요소〉

寅 중 戊는 丙장생의 바탕이고, 巳 중 戊는 庚장생의 바탕이고, 申 중 戊는 壬장생의 바탕이고, 亥 중 戊는 甲장생의 바탕이다.

인·사·신·해 여기의 戊土는 본래(木·火·金·水) 기운의 발현도 아니요, 土가 지배하는 기간을 의미하는 것도 아니다.

인사신해 중 무는 기운(水火) 또는 물상(木金)을 펼친다는 의도의 표현이다. 寅에서 목·화 본기(甲·丙)을, 巳에서 화·금 본기(丙·庚)을, 申에서 금·수 본기(庚·壬)을, 亥에서 수·목 본기(壬·甲)을 펼친다는 의미가 인사신해에서 戊의 작용이다.

※ 午 중 己 의미

자·묘·오·유 중 유일하게 午 중에 己土가 있다. 己는 물상을 완성하고 새 생명을 내는 土라 하였다. 未에서 木을 마감하여 申에서 금 물상을 내기 위해서는 분산된 기운을 끌어 모아야 한다. 未申의 작용은 일음이 시생하는 午에서부터 응집작용을 시작하게 된다.

오 중 기는 분산된 火를 응집하여 열기를 집중한다. 꽃(화)을 떨어뜨려야 열매(금)를 맺을 수 있는데, 무한정 확산하고자 하는 꽃을 떨어뜨리는 것이 오 중 기이다. 오 중에 기를 두는 것은 양 본위에서 목 물상을 금 물상으로 전환하기 위해서이다.

午는 경을 내는 발현점이고, 子는 갑을 내는 발현점이다. 분산된 기운을 응집하기 위해 오에서 己가 필요하다면, 반대로 응집된 기운을 분산하기 위해 子에서 戊가 필요하지 않겠는가, 생각할 수 있다.

午에서 분산된 기운을 응집하기 위해서는 토가 필요하지만, 子에서는 응집된 기운을 분산하는데 굳이 토 조절이 요구되지 않는다.

비유컨대 午는 물을 얼음으로 바꾸는 작용이라면, 子는 얼음을 물로 바꾸는 작용이라 할 수 있다. 물을 얼음으로 전환하기 위해서는 응집·가공이 필요하지만, 얼음에서 물로의 전환은 특별한 기능이 없어도 상온에서 저절로 녹아 물로 변하니 子에 특별히 土를 두지 않음이다.

3) 진미술축 지장간의 흐름

진-미-술-축의 흐름은 수화기운과 목금물상이 다음 단계로 전환되는 과정이다. 진·술 중 戊와 축·미 중 己는 작용면에서 차이가 있지만, 수화기운을 조절하여 목금물상의 변환을 주도하는 바탕이라는 점에서 같다.

辰·未·戌·丑 지장간을 보면 乙·丁·辛·癸이 서로 전환하면서 움직인다. 여기에서 기운 또는 물상을 조절하여 다음 단계로 전환시키고, 중기에서 기운 또는 물상을 완성하여 다음 단계에서 새로운 기운·물상으로 변환시킨다.

지장간	辰	未	戌	丑	지장간 의미
여기	乙	丁	辛	癸	기운 또는 물상의 조절, 전환
중기	癸	乙	丁	辛	기운 또는 물상의 완성, 변환
본기	戊	己	戊	己	기운 또는 물상 전환의 바탕

〈진미술축의 지장간과 의미〉

辰·未·戌·丑에서 乙·丁·辛·癸의 작용으로 보면,

乙은 辰에서 조절되어 未에서 입고(완성·보관)하고, 丁은 未에서 조절되어 戌에서 입고하고, 辛은 戌에서 조절되어 丑에서 입고하고, 癸는 丑에서 조절되어 辰에서 입고한다.

辰·未·戌·丑 지장간의 인자를 보면 입묘는 없고 입고가 있다. 기운은 물상을 낳고, 물상은 또 다른 기운을 낳는 식으로 전환되어 간다. 생장하여 쇠멸하면서 다음 생을 위해 준비하고 윤회를 주관하여 만물이 영속성을 갖게 한다. 만물의 생장쇠멸은 어느 하나의 기운·물상이 영원히 생하거나 멸하는 게 아니라는 뜻이다.

첫째, 진미술축 여기(餘氣)의 흐름

지장간	辰	未	戌	丑	辰
여기	乙 ↘	丁 ↘	辛 ↘	癸 ↘	乙
중기	癸	乙	丁	辛	癸
본기	戊	己	戊	己	戊

진미술축 여기(餘氣)는 목금물상 또는 수화기운을 조절하여 다음 단계로 가기 위해 준비하는 곳이다. 여기에서 진술은 목금 물상을 조절하고, 축미는 수화 기운을 조절한다.

진미술축 여기 乙·丁·辛·癸는 각각 조절되어 다음 단계 중기로 넘어간다. 辰 중 乙은→ 未 중 乙로, 未 중 丁은→ 戌 중 丁으로, 戌 중 辛은→ 丑 중 辛으로, 丑 중 癸는→ 辰 중 癸 중기로 이어진다.

둘째, 진미술축 중기(中氣)의 흐름

지장간	辰	未	戌	丑	辰
여기	乙	丁 ↗	辛 ↗	癸 ↗	乙
중기	癸 ↗	乙 ↗	丁	辛	癸
본기	戊	己	戊	己	戊

진미술축 중기는 목금 물상 또는 수화 기운을 마감하여 다른 기운 또는 물상을 내기 위해 준비하는 곳이다. 중기에서 진술은 수화 기운을 조절하고, 축미는 목금 물상을 조절한다.

진미술축 중기 乙丁辛癸는 각각 조절되어 다음 단계 여기에서 모습이 바뀐다. 辰 중 癸는→ 未 중 丁으로, 未 중 乙은→ 戌 중 辛으로, 戌 중 丁은→ 丑 중 癸로, 丑 중 辛은→ 辰 중 乙로 변환된다.

셋째, 진미술축 본기(本氣)의 흐름

지장간	辰	未	戌	丑	辰
여기	乙	丁	辛	癸	乙
중기	(癸)	乙	丁	辛	(癸)
본기	戊 → 丙	己 → 庚	戊 → 壬	己 → 甲	戊 → 丙

　진미술축 戊己는 기운 또는 물상의 마감-전환을 조절하는 토의 본질이자 만물의 바탕이다. 戊는 癸·丁 즉 수화기운을 마감하여 전환하고, 己는 乙·辛 즉 목금물상을 마감하여 전환한다. 진미술축 중 무기는 기운 또는 물상을 펼치거나 응집하는 바탕이 되는 것이다.

　진술 중 戊는 수화기운을 조절-전환하여 목금물상의 변환을 시도한다. 辰에서 癸가 乙을 생하여 丙을 내놓고, 戌에서 丁이 辛을 품어줄 壬을 내놓는다. 진술에서 수화기운을 마감하여 전환시키는 것은 목금물상을 내기 위함이다. 이에 辰→巳에서 巳 중 庚이 장생하고, 戌→亥에서 亥 중 甲이 장생하게 된다.

　축미 중 己는 목금물상이 변환되는 과정에서 수화기운이 변환을 시도한다. 未에서 丁이 乙을 응집하여 庚으로 바꾸고, 丑에서 癸가 辛을 가공하여 甲으로 바꾼다. 丑未에서 목금물상을 전환시키는 것은 수화기운을 얻기 위함이다. 이에 未→申에서 乙木이 전혀 다른 모습인 庚金으로 발현되면서 申 중 壬이 장생하고, 丑→寅에서 辛金은 전혀 다른 모습인 甲木으로 발현되면서 寅 중 丙이 장생하게 된다.

　이상에서 살펴본 진·미·술·축 지장간의 흐름을 다시 정리해보자.

辰 중 乙·癸는 未로 향하는데, 未에서 癸는 완전히 작용력을 잃고 丁으로 바뀌고, 乙은 庚으로 변환된다. 辰에서 水가 마감·저장됨으로써 巳에서 병화가 드러나고, 午에서 丙이 丁으로 바뀌면서 未에서 丁에 의해 乙→庚으로 변환될 수 있다.

未 중 丁·乙은 戌로 향하는데, 戌에서 乙은 완전히 작용력을 잃고 辛으로 바뀌고, 丁은 壬으로 변환된다. 未에서 木을 통제함으로써 申에서 庚金이 드러나고, 酉에서 庚이 辛으로 바뀌면서 戌에서 辛에 의해 丁→壬으로 변환될 수 있다.

戌 중 辛·丁은 丑으로 향하는데, 丑에서 丁은 완전히 작용력을 잃고 癸로 바뀌고, 辛은 甲으로 변환된다. 戌에서 火가 마감·저장됨으로써 亥에서 壬水가 드러나고, 子에서 壬이 癸로 바뀌면서 丑에서 癸에 의해 辛→甲으로 변환될 수 있다.

丑 중 癸·辛은 辰으로 향하는데, 辰에서 辛은 완전히 작용력을 잃고 乙로 바뀌고, 癸는 丙으로 변환된다. 丑에서 金을 통제함으로써 寅에서 갑목이 드러나고, 卯에서 갑이 乙로 바뀌면서 辰에서 乙에 의해 癸→丙으로 변환될 수 있다.

4) 진미술축에서 水火-木金의 흐름

진·미·술·축의 지장간에서 戊己 본기를 제외하면 癸·乙·丁·辛 즉 음간만 존재한다. 癸乙丁辛은 수목화금의 본질이고, 수화기운과 목금물상을 대변하는 인자이다.

진·미·술·축 지장간의 전체 흐름은 乙-辛(목금)과 癸-丁(수화)이 상호 전환·변환하면서 생장쇠멸을 거듭하는 모습이다. 즉,

癸·丁은 癸→丁→癸→丁으로, 乙·辛은 乙→辛→乙→辛으로 순환한다.

여기서 癸는 분산작용으로 乙을 키우고, 丁은 응집작용으로 辛을 키우는 관계임을 알 수 있다.

또한 수화와 목금의 흐름으로 보면 乙은 辛에서 나오고 辛은 乙에서 나온다. 이것이 진·미·술·축 지장간의 기상적 흐름이다.

○ 乙·辛 물상의 흐름

지장간	辰	未	戌	丑	辰
여기	乙	丁	辛	癸	乙
중기	癸	乙	丁	辛	癸
본기	戊	己	戊	己	戊

辰 중 여기 乙은 未에서 조절되었다가, 戌에서 입묘하여 辛으로 바뀌고, 丑에서 태동하여 寅卯辰을 거쳐 乙로 드러난다.

戌 중 여기 辛은 丑에서 조절되었다가, 辰에서 입묘하여 乙로 바뀌고, 未에서 태동하여 申酉戌을 거쳐 辛으로 드러난다.

진술에서 乙→辛으로 변환되는 과정에서 癸-丁이 변환된다. 즉 辰에 저장되었던 癸는 未에서 丁으로 변하고, 戌에 저장되었던 丁은 축에서 계로 변환된다.

○ 癸·丁 기운의 흐름

지장간	辰	未	戌	丑	辰
여기	乙	丁	辛	癸	乙
중기	癸	乙	丁	辛	癸
본기	戊	己	戊	己	戊

丑 중 여기 癸는 辰에서 보관되었다가, 未에서 입묘하여 丁으로 바

꾸고, 戌에서 태동하여 亥子丑을 거쳐 癸로 드러난다.

未 중 여기 丁은 戌에서 보관되었다가, 丑에서 입묘하여 癸로 바뀌고, 辰에서 태동하여 巳午未를 거쳐 丁으로 드러난다.

축미에서 癸→丁으로 변환되는 과정에서 辛-乙이 변환된다. 즉 축에 저장되었던 辛은 辰에서 乙로 변하고, 未에 저장되었던 乙은 戌에서 辛으로 변환된다.

○ 진·미·술·축의 乙·辛·癸·丁 전환과정

地支	子	丑	寅	卯	辰	巳	午	未	申	酉	戌	亥	子
餘氣	壬	癸	戊	甲	乙	戊	丙	丁	戊	庚	辛	戊	壬
中氣		辛	丙		癸	庚	(己)	乙	壬		丁	甲	
正氣	癸	己	甲	乙	戊	丙	丁	己	庚	辛	戊	壬	癸

위와 같이 진미술축은 癸丁 기운과 乙辛 물상의 전화·변환을 주관한다. 진미술축 지장간의 흐름은 천간기운의 생장쇠멸 과정을 설명한 것이고, 이는 천간합의 방향성이다.

▷ 축에서 癸를 조절하여 丙으로의 전환을 시도하는 것은 辰에서 癸丙(戊)합을 완성하기 위함이고, 辛을 가공하여 甲으로 변환시키는 것은 辰에서 乙庚을 형성하기 위함이다.

이에 축에서 甲이 발현되면 乙로 전환됨으로써 양으로 전환된다.

▷ 진에서 乙을 조절하여 庚으로 전환을 시도하는 것은 미에서 乙庚합을 완성하기 위함이고, 癸를 조절하여 丙으로 변환시키는 것은 미에서 丁壬을 형성하기 위함이다.

이에 진에서 巳가 나옴으로써 병이 경을 키우게 된다.

▷ 미에서 丁을 조절하여 壬으로 전환을 시도하는 것은 술에서 丁壬합을 완성하기 위함이고, 乙을 가공하여 경으로 변환시키는 것은 술에서 辛甲을 형성하기 위함이다.

이에 미에서 庚이 발현되면 辛으로 전환됨으로써 음으로 전환된다.

▷ 술에서 辛을 조절하여 甲으로 전환을 시도하는 것은 축에서 辛甲합을 완성하기 위함이고, 丁을 조절하여 壬으로 변환시키는 것은 축에서 癸丙을 형성하기 위함이다.

이에 술에서 해가 나옴으로써 壬이 甲을 기르게 된다.

제 4 장
간지 기상론

간지의 기상흐름
사계의 기상운행
음양분위의 간지운동성
천간합-삼합-형파 관계

기상흐름의 운행분석

간지기상론干支氣相論

 사주에서 사계절은 만물의 생장쇠멸 과정이고, 이는 곧 물상의 영속성을 의미한다. 천지만물은 전화-변환하되 없어지지 않는다는 것이 대원칙이다. 사계의 영속성은 천간기운과 지지물상의 조화에서 성립된다. 사주체계에서 천간기운에 의한 지지물상의 변화를 살피는 논리가 삼합이론이다. 삼합을 논하지 않고는 사주를 논할 수 없다.
 지지에서 삼합운동은 천간기운이 있기에 가능하다. 氣(기운)는 분산하는 속성이 있고, 相(물상)은 응집하는 속성이 있다. 기운에 의한 물상의 발현은 봄-여름-가을-겨울 하늘기운에 의해 땅에서 물상이 변화하는 것과 같다. 간지로 보면 천간은 동(動)하는 기운(양)이고, 지지는 정(靜)하는 물상(음)이다. 오행으로 보면 수화는 기운(양)이고, 목금은 물상(음)이다.
 그래서 『기상명리』에서 만물은 氣(기운)에 의해 相(물상)이 형성되어 생장쇠멸한다는 사실을 살펴보았다. 이는 곧 음양 원리이고 천지만물의 운행과정이다. 다만 음양은 고정된 것이 아니기에 간지의 음양 속성을 분별하기란 쉽지 않다. 음양을 기상(氣相) 즉 천간합-지지삼합의 흐름으로 살피는 이유이다.
 마땅히 천간기운을 먼저 살피고 지지변화를 살펴야 한다. 12지지는 글자의 고유 속성, 시간적·계절적 의미, 지장간의 요소, 삼합의 방향성 등 氣-相의 관점에서 살필 필요가 있다. 간지의 기상운행은 '천간합-지지삼합-형·파'의 관계에서 방향성이 제시된다.

1. 간지의 기상(氣相) 흐름

1) 水火-木金의 음양본위 운동

간지의 기상흐름을 파악하기 위해서는 水·火(기운)에 의해 木·金(물상)이 형성되는 원리를 이해해야 한다. 水火-木金의 운동성과 작용은 『기상명리』에서 자세히 살펴보았으니, 여기서는 수화기운에 의한 목금물상의 형성관계를 음양본위 운동으로 살펴보자.

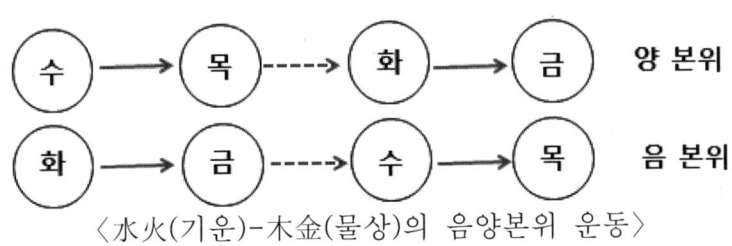

〈水火(기운)-木金(물상)의 음양본위 운동〉

水·火 기운의 흐름을 보면, 水가 木을 기르고 火가 金을 형성하는 것이 순리이다. 木·金 물상의 입장에서 보면 목은 수에 의해 길러지만 火에 의해 성장하고, 金은 火에 의지하여 완성되지만 水에 의해 보관·저장된다.

木은 음양 본위에서 水가 필요하지만 만약 水가 없으면 火라도 있어야 하고, 金은 음양 본위에서 火에 의해 완성되는데 만약 火가 없으면 水라도 있어야 가치를 실현하게 된다. 이를 천간인자로 보면,

▷ 양 본위에서 癸水가 乙木을 기르고, 丙火가 庚金을 형성하는데, 乙木은 丙火에 의해 성장한다.

▷ 음 본위에서 丁火가 辛金을 완성하고, 壬水가 甲木을 내는데, 辛金은 壬水에 의해 저장·보호된다.

이처럼 음양 본위에서 수-목-화-금으로 전환을 거듭하니 水·火는 각각 木 또는 金이 있어야 가치를 실현되는 것이다. 물상의 생성은 수→목→화→금…으로 순환되는 것이다. 이를 삼합으로 보면, 신자진(수)→해묘미→인오술(화)→사유축(금)… 흐름이다.

지지삼합의 흐름을 얼굴에서 음양본위로 보자.

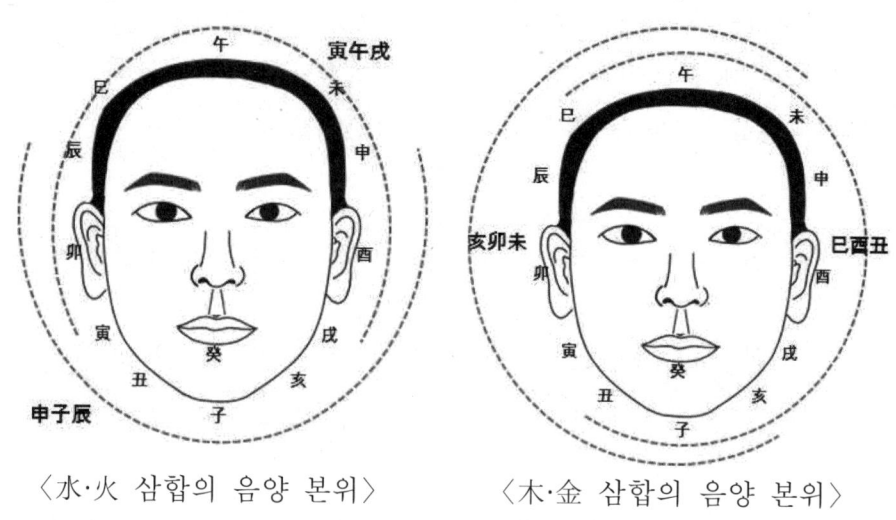

〈水·火 삼합의 음양 본위〉   〈木·金 삼합의 음양 본위〉

　삼합흐름을 얼굴에 대비해보면, 水·火 삼합과 木·金 삼합이 서로 음양 본위를 전화(轉化)하면서 운행한다는 것을 알 수 있다. 삼합의 전화는 辰·未·戌·丑이 돌리고 子·卯·午·酉가 주재한다.

　진·미·술·축이 자·묘·오·유의 계절을 조절하기에, 卯辰, 午未, 酉戌, 子丑 등 合·穿 관계를 만들어낸다. 또 진·미·술·축에서 다음 단계의 기운이 발현되기에, 辰巳, 未申, 戌亥, 丑寅 등 우합 관계를 만들어낸다.

　진·미·술·축이 합·천 관계를 만들어내기 때문에 만물이 전화-변환을 통해 순행할 수 있다. 천간에서 戊己가 천간 흐름을 돕기에 천간 기운이 순환할 수 있는 것과 같다. 乙癸戊, 戊丙庚, 丁辛己, 己壬甲 등 관계들이 그것이다.

　따라서 사주에서 삼합의 흐름은 월지를 중심으로 辰·未·戌·丑과 子·卯·午·酉를 중심으로 방향성을 살펴야 한다. 실질적 계절의 발현은 자·묘·오·유에서 현실화되고, 진·미·술·축에서 조절함으로써 인·사·신·해가 드러나기 때문이다.

한편 위 그림에서 수화기운은 인오술(火)이 양 본위에서, 신자진(水)이 음 본위에서 확실한 운동성을 가진다.

이에 비하여 목금물상 흐름을 보면 해묘미(木)는 음 본위에서 활동을 시작하여 양 본위에서 마감하고, 사유축(金)은 양 본위에서 시작하여 음 본위에서 마감한다. 물상은 입묘하여 없어지지 않는다는 이치와도 부합한다.

2) 간지의 기상(氣相) 흐름

양 간지는 본기(本氣)이고, 음 간지는 본질(本質)이다. 천간기운은 甲·丙·戊·庚·壬 양간에서 태동하여 乙·丁·己·辛·癸 음간에서 발현된다. 지지에서도 寅·巳·申·亥에서 춘하추동 사계절을 알리지만, 子·卯·午·酉에서 그 계절을 실감하게 된다.

가령 癸가 봄기운을 펼치니 子에서 일양이 시생하지만 지표면 위에서는 卯월(사양)이 되어야 봄을 느끼고, 丁이 가을기운을 응집하니 午에서 일음이 시생하지만 酉월(사음)이 되어서야 가을을 체감한다.

만물순환은 기운이 선행하고 물상이 뒤따르는 것이 순차이고 순리이다. 하늘기운에 따라 지상에서 만물이 서서히 변화해야 함이다.

땅을 기반으로 살아가는 인간은 하늘의 기운(햇빛·빗물·공기)에 의지할 수밖에 없는 것처럼 사주팔자에서도 천간기운에 의해 지지물상이 움직이게 된다. 기상명리에서 천간-지지를 기운-물상으로 분별하는 이유이다. 천간 흐름을 무시하고 지지 변화에서 답을 얻고자 한다면 겨울에 호미 들고 논밭에 일하러가는 꼴이다.

『기상명리』에서 살펴본 간지의 기상흐름을 다시 요약해보자.

▷ 양간은 기운이고, 음간은 물상이다.
▷ 수화(壬·癸·丙·丁)는 기운이고, 목금(甲·乙·庚·辛)은 물상이다.

▷ 壬·丙은 기운의 본기이고 癸·丁은 기운의 본질이며, 甲·庚은 물상의 본기이고 乙·辛은 물상의 본질이다. 그래서 만물의 기운을 돌리는 주체는 癸·丁이고, 실질적인 물상을 대변하는 인자는 乙·辛이다.

▷ 양 본위는 癸-乙-丙-庚의 흐름에 있고, 음 본위는 丁-辛-壬-甲의 흐름이다. 이에 양 본위에서 癸-丙(수화)이 乙→庚을 완성하고, 음 본위에서 丁-壬(수화)이 辛→甲을 완성하는 것이 천간합 방향성이다.

▷ 양 본위의 癸-乙-丙-庚 활동은 戊가 조절하고, 음 본위의 丁-辛-壬-甲 활동은 己가 돕는다.

구분	기운(양)		물상(음)	
오행 기상	壬·丙(양)	癸·丁(음)	甲·庚(양)	乙·辛(음)
양간-음간	甲·丙·戊·庚·壬		乙·丁·己·辛·癸	
수화-목금	壬·癸·丙·丁		甲·乙·庚·辛	
운동방향성	癸·乙·丙·庚		丁·辛·壬·甲	
조절·통제	戊		己	

〈천간의 氣(기운)-相(물상) 분별〉

천간기운의 주재자 癸·丁을 지지로 보면 子·午이고, 천간물상의 표상인 乙·辛을 지지로 보면 卯·酉이다. 지지에서 물상을 만들어내는 기운은 子·午이고, 子·午에 의해 완성되는 물상은 卯·酉이다.

사계절 운행을 지지 물상의 형성과정으로 보면, 봄에 싹을 내기 위해 겨울을 숨 죽여 견뎌내고, 가을에 결실을 내기 위해 여름에 열심히 일한다. 봄 결실은 乙이고, 가을 결실은 辛이다.

양 기운이 상승하는 분기점은 卯(사양)이고, 음 기운이 하강하는 분기점은 酉(사음)이다.

대 음양	대양(大陽)					대음(大陰)				
사계	봄			여름		가을			겨울	
天干	甲	乙	(戊) 丙	丁	(己)	庚	辛	(戊)	壬	癸 (己)
地支	寅	卯	辰 巳	午	未	申	酉	戌	亥	子 丑

〈사계절 간지배열〉

그래서 癸-乙-丙-庚 양 본위활동은 卯辰巳午未申에서 전개되고, 丁-辛-壬-甲 음 본위활동은 酉戌亥子丑寅에서 전개된다. 사계절 간지배열을 『기상명리』에서의 음양본위 관점에서 기상흐름으로 다시 배열하면 다음과 같다.

사계	봄			여름		가을			겨울	
天干	癸	(戊)	乙 丙	(己)	庚	丁	(戊)	辛	壬	(己) 甲
地支	卯	辰	巳 午	未	申	酉	戌	亥	子	丑 寅

〈지지의 기상(氣相) 운행〉

여기서 의문이 있을 수 있다. 양 본위운동의 바탕은 戊인데 未에 己가 있고, 음 본위운동의 바탕은 己인데 戌에 戊가 있으니 말이다.

戊는 분산작용을 돕고, 己는 응집작용을 돕는 바탕이다. 다시 말하면 戊는 펼친다는 의미가 있고, 己는 응집한다는 의미가 있다. 未 중에 己가 있는 것은 분산작용을 응집하여 庚을 완성한다는 의미이고, 戌 중에 戊가 있는 것은 응집작용을 펼치고 강화한다는 의미이다.

한편 진미술축의 작용을 기상흐름으로 보자.
천간은 기운흐름의 방향성이라면, 지지는 물상이 변화하는 과정이다. 지지물상의 변화는 계절적 요인에 의해 현실화되고, 춘하추동 사계절의 순환을 돕는 조절인자는 辰·未·戌·丑이다.

진미술축에 자묘오유만 존재한다는 것은 자·묘·오·유를 조절하고자 함이다. 자묘오유는 사계절을 주관하고 목화금수 본질을 대변하는 인자이기에 조절되어야 다음 단계로 전환될 수 있기 때문이다.

지지에서 목금물상이 발현되는 근원처는 未·丑이다. 미에서 庚물상이 나오고, 축에서 甲물상이 나온다. 木·金 물상이 발현되는 전 단계인 未·丑에 己가 들어 있는 이유이다. 그래서 己는 만물의 바탕으로 만물은 己에서 나온다고 한 것이다.

3) 천간-지지의 기상(氣相) 관계

하늘기운에 의해 땅에서 만물이 생장쇠멸한다고 하였다. 사주팔자에서 천간구성에 따라 지지변화를 살피고자 하는 것이 간지 기상론이다.

간지의 기상(氣相) 개념은 60갑자의 구성에서도 알 수 있다. 60갑자의 간지구성을 보면 갑·병·무·경·임 양간은 인오술-신자진과 짝을 이루고, 을·정·기·신·계 음간은 해묘미-사유축과 짝을 이룬다.

순(旬)	60갑자									
甲子	甲子	乙丑	丙寅	丁卯	戊辰	己巳	庚午	辛未	壬申	癸酉
甲戌	甲戌	乙亥	丙子	丁丑	戊寅	己卯	庚辰	辛巳	壬午	癸未
甲申	甲申	乙酉	丙戌	丁亥	戊子	己丑	庚寅	辛卯	壬辰	癸巳
甲午	甲午	乙未	丙申	丁酉	戊戌	己亥	庚子	辛丑	壬寅	癸卯
甲辰	甲辰	乙巳	丙午	丁未	戊申	己酉	庚戌	辛亥	壬子	癸丑
甲寅	甲寅	乙卯	丙辰	丁巳	戊午	己未	庚申	辛酉	壬戌	癸亥

〈육십갑자 旬〉

○ 양간의 지지배열은 신자진(수)·인오술(화) 삼합으로 구성된다.
갑신-갑자-갑진, 갑인-갑오-갑술
병신-병자-병술, 병인-병오-병술
무신-무자-무술, 무인-무오-무술
경신-경자-경진, 경인-경오-경술
임신-임자-임진, 임인-임오-임술
○ 음간의 지지배열은 해묘미(목)·사유축(금) 삼합으로 구성된다.
을해-을묘-을미, 을사-을유-을축
정해-정묘-정미, 정사-정유-정축
기해-기묘-기미, 기사-기유-기축
신해-신묘-신미, 신사-신유-신축
계해-계묘-계미, 계사-계유-계축

甲·丙·戊·庚·壬은 양(기운)이기에 신자진(수)·인오술(화) 등 수화(기운) 삼합과 짝을 이루고, 乙·丁·己·辛·癸는 음(물상)이기에 해묘미(목)·사유축(금) 등 목금(물상) 삼합과 짝을 이룬다. 기상명리에서 水火를 기운으로, 木金을 물상으로 논하는 근거이기도 하다.

갑·병·무·경·임이 신자진인오술을 만나고, 을·정·기·신·계가 해묘미사유축을 만나면 기상(氣相)이 조화를 이루는 관계이다. 다만 이는 기운과 물상의 조합을 의미하는바, 사주간지의 운행 즉 만물의 생장쇠멸을 말하는 것은 아니다. 사주 체계에서 양-음, 천간-지지, 기운-물상 등 상응원리를 말하고자 함이다.

『기상명리』에서 말하는 음양 본위구성과 별개로, 갑·병·무·경·임 일간이 신자진 또는 인오술 등으로 구성되고, 을·정·기·신·계 일간이 해묘미 또는 사유축 등으로 구성이면 기상(氣相)이 조화로우니 삶의 방향성이 갖추어졌다고 볼 수 있다.

일간	갑·병·무·경·임	을·정·기·신·계
지지 삼합	신자진인오술	해묘미사유축

〈일간과 월지삼합의 氣-相 조합〉

천간-지지의 음양 본위는 사주의 격(그릇·부귀·방향성)을 판단하는 근원적 방법론이고, 여기서 말하는 양간·음간의 기상본위는 음양 본위에 의한 격(格)을 바탕으로 삶의 안정성을 살피는 수단이 된다. 일간을 위주로 월지삼합을 기준으로 삼는다.

戊壬壬乙 坤　戊丁丙乙甲癸4
申寅午卯　　　子亥戌酉申未

壬일간이 午월을 만나 본위를 잃었다. 다만 대운이 유술해자축으로 壬일간의 활동을 좋게 하고, 午월에 壬이 투출하여 수기를 채우고 壬乙로 목을 기르니 할 일이 있다. 壬일간이 午월 환경임에도 불구하고 공직계통에서 일하면서 부모, 배우자, 자식 복록이 좋은 것은 壬일간이 인오술을 얻음으로써 癸 모양새로 살아가기 때문이다. 午월을 주재하는 천간인자는 乙·戊이고, 丁은 壬으로 향한다. 오가 壬으로 향하니 壬이 乙을 키우고, 午가 乙卯를 성장시킨다. 午가 乙을 가공하여 戊申(庚)을 얻는 乙→庚 구성이고, 인오술로 삶의 방향성과 안정성을 갖춘 구성이다. 이러한 상황에서 壬寅일주가 동조할 수 있는 것은 인오술 즉 火기운 삼합으로 구성되기 때문이다.

일간이 월지 환경을 얻으면 삶에 등락이 있을지라도 큰 횡액을 피해가고, 자신이 하고자 하는 일에 주위도움이 있거나 행운이 따르게 된다. 다만 대운에서 환경을 잃으면 크게 발달하는데 장애요인이 된다. 반대로 일간이 월지 환경을 잃으면 자신이 주도하는 삶보다 타인을 통한 자기실현이 좋다. 월지환경을 잃은 일간이 대운에서 환경을 얻으면 발달할 수 있는데, 이 때는 인생 굴곡·등락을 동반할 수 있다. 대체로 월지 또는 대운 환경을 잃은 구조는 자신이 삶을 주도하면 성공확률이 낮거나 노력에 비하여 성과가 적다. 재보다 관 중심, 사업보다 직장, 사장보다 2인자(비서격) 위치에서 성취를 얻어야 한다. 이럴 경우에 일간과 월지삼합과의 氣-相 조합이 완비되면 다른 모습으로 전환하여 발달할 것이고, 기상조합이 어긋나면 제 모습을 고집하여 곤궁하게 될 수 있음이다.

이 여명은 일간-월지삼합의 氣-相 관계에서 壬-寅午戌로 기상조합이 상응하기에 癸모양새 즉 인오술에 편승하여 乙卯-戊申의 모습으로 살아갈 수 있고 안정성을 얻을 수 있었다. 다만 그 모습이 완벽하지 않으니 준공무원이다. 이처럼 일간(양간·음간)과 월지삼합(水火·木金)과의 氣相관계는 음양본위와 더불어 삶의 안정성을 살피는 중요한 열쇠가 된다.

※ 간지를 살필 때 주요관점

사주팔자를 음양으로 분별하여 음-양 본위 흐름을 파악한다. 음양의 분별은 음간-양간, 음지-양지, 수화-목금, 천간합 방향성, 지지삼합 운동성 등 종합적으로 간지의 기상(氣相) 관계로 만물의 생장쇠멸 흐름을 살피는 것이 중요하다. 간지 기상을 살피는 중심이론이 천간합에 의한 삼합이고, 그 수단이 지장간, 12운성, 12신살 등이다.

첫째, 천간의 음양본위 구성관계

천간구성이 양 본위에 있는지 음 본위에 있는지를 살피고, 일간과 천간 환경이 부합하는지를 본다. 천간이 모두 음양 본위에 부합하면 조건이 완성된 것이다.

만약 일간이 다른 천간글자와 음양 본위가 맞지 않으면, 일간과 월지 환경이 음양 본위에 부합하는지 살핀다.

　둘째, 일간과 월지와의 氣相관계

　일간과 월지의 음양본위 부합여부에 따라 사주그릇의 형태와 삶의 방향성이 결정된다.

　만약 일간-월지의 음양본위가 맞지 않으면 대운 흐름이 일간과 부합하는지 살피고, 월지의 삼합흐름이 부합하는지 살핀다.

　셋째, 천간합-지지삼합의 흐름

　일간-월지의 음양 본위 부합여부에 불문하고 천간합의 방향성과 지지삼합의 방향성이 부합하면 인생행로가 정해진다.

　이 환경에 일간이 부합하면 자신이 삶을 주도하여 성취를 크게 할 것이고, 일간이 부합하지 않으면 타인을 통한 성취를 크게 이룬다는 점에서 차이가 있다.

　넷째, 월지의 계절적 환경

　월지의 계절 환경에서 요구되는 인자가 삶의 방향성이다. 사주팔자에서 그 인자를 찾아 어떤 모양새인지를 분석한다. 이는 곧 직업성과 연관되고, 직업적 선택은 삶의 안정성을 도모한다.

　다섯째, 궁위의 간지조화

　궁위 육친의 간지 모양새, 궁위별 간지의 음양(기상)조화, 궁위별 인생흐름(나이) 등 이해가 필요하다.

　여섯째, 합·충·형·파·해

　사주원국에서 합·충·형·파·해 등은 현실적 삶의 모양새가 된다. 사주원국에서 합·충·형·파·해가 성립조건을 갖추고 발동되면 그 형태와 유사한 삶의 형태를 갖추는 것이 좋다.

　대운·세운에서 합·충·형·파·해가 발동하면 길흉에 영향을 미친다. 그에 해당하는 행위를 함으로써 피흉추길하는 지혜가 필요하다.

　일곱째, 대운·세운

　대운은 제5궁위로 월지와 더불어 환경조건이 되고, 세운은 한 해의 사주흐름을 주관한다.

대운·세운은 사주원국의 흐름을 바꾸는 환경이 되니, 대운-세운간의 관계성도 살펴야 한다. 가령 대운-세운이 합·충·형·파·해 작용관계가 사주원국의 인자의 향방을 살펴야 함이다.

위 관점에서 정해진 삶의 형태는 간지의 고유한 속성과 간지 상호간의 작용관계에 따라 인생방향이 달라지거나, 일생의 희노애락 등락성쇠를 달라진다. 격국·용신, 비식재관인, 오행의 유무·과다·통근, 조후 등에 우선됨이 마땅하다.

2. 사계의 기상운행

『기상명리』에서 살펴본 간지의 기상운행을 음양 본위로 분별하면, 양 본위에서 癸-乙-戊-丙-庚은 卯辰巳午未申 구간이 활동영역이고, 음 본위에서 丁-辛-己-壬-甲은 酉戌亥子丑寅 구간이 활동영역이다.

계절	水·火	木·金	천간방향성	활동영역
봄	癸	乙	癸→丙	卯辰巳
여름	丙	庚	丙→庚	午未申
가을	丁	辛	丁→壬	酉戌亥
겨울	壬	甲	辛→甲	子丑寅

〈간지의 음양본위 활동영역〉

이를 사계절로 구분하여 천간방향성으로 세분하면,
癸戊乙는 癸→丙 방향성에서 卯辰巳(봄)에서 작용력이 왕성하다.
丙戊庚은 丙→庚 방향성에서 午未申(여름)에서 작용력이 왕성하다.

丁己辛는 丁→壬 방향성에서 酉戌亥(가을)에서 작용력이 왕성하다.

壬己甲은 辛→甲 방향성에서 子丑寅(겨울)에서 작용력이 왕성하다.

이러한 계절본위를 주도하는 인자의 흐름이 순차하면 성취가 크다. 가령 壬→己→甲 방향성이 일→월→년으로 순차하면, 壬일간→사회·직업궁→국가·근본궁으로 펼치고 담는 흐름이다. 자신의 목적을 크게 성취한다는 의미가 있다. 국가 또는 큰 조직에서 직업적 성취와 사회적 명예를 얻거나, 해외 또는 먼 곳에서 발달할 수 있다.

반대로 壬→己→甲 방향성이 년→월→일로 순차하면, 음덕·행운 등 주위의 도움으로 자신의 목적을 달성하여 자기만의 공간에 담는다는 의미가 있다. 년으로 향하는 것보다 성취정도는 낮을지라도 노력에 비하여 성과가 있고 질적 정도는 높은 편이다.

이러한 궁위의 방향성은 癸戊乙(봄), 丙戊庚(여름), 丁己辛(가을) 등 관계에서도 같다.

1) 겨울의 기상운행

겨울은 (辛→己)→壬→甲 방향성에 있고, 壬甲은 子丑寅에서 작용력이 가장 활발하다. 壬의 목적은 辛을 품어 甲을 양생하는데 있고, 그 활동은 己에서 이루어진다. 壬은 목 또는 금이 있어야 가치를 실현할 수 있음이다. 辛壬은 간지로 辛亥이고, 壬甲은 간지로 壬寅이다.

壬己甲은 壬이 己를 바탕으로 甲을 키워내는 이상적인 관계이다. 壬은 丁열기를 담은 己에 의존하고, 己는 壬수기를 머금어 甲의 바탕을 이룬다. 한편 壬己甲은 甲己합 구조로 甲이 己를 차지하려는 욕망은 庚이 戊를 향한 욕망보다 강하다. 반대로 己는 甲이 있어야 존재가치를 얻지만 甲에게 자신의 터전을 내줘야 하니 모성(母性)의 숙명이라 할 수 있다.

甲己에 壬이 없으면 甲己합으로 묶이거나, 수기를 채우지 못한 甲이

己에 박혀서 빠져나오지 못한다. 흔히 말하는 음란지합이 되거나 기반(羈絆)된다. 甲己는 壬을 만나야 합으로 기반되지 않는다.

壬甲에 己가 없으면 甲의 바탕이 없는 것과 같다. 물병에서 뿌리내린 화초와 같으니 갑이 온전히 발현되지 못한다. 사회활동에 적극적이지 못하고 학문·공부·교육·종교·철학 등에 인연을 맺는 경향이 있다. 운에서 己가 오면 甲은 터전을 얻으니 작용력을 발휘한다.

己壬에 甲이 없으면 壬은 목적 없이 희생만 할 뿐 결과를 얻기 어렵다. 능력을 제대로 발휘하지 못하거나, 노력한 만큼 대가를 얻지 못한다. 乙이라도 있어야 하니 운에서 甲 또는 乙이 오면 발달하게 된다.

己壬乙으로 구성되면 乙은 己를 극하여 자신의 바탕을 만들려하고, 壬은 어쩔 수 없이 乙을 생하게 된다. 그로 인해 삶에 왜곡·굴곡이 있거나 불법·위법·편법 등에 가담하기도 한다.

한편 목은 땅이 필요하니 戊·己를 불문하고 자신의 바탕을 만들려고 한다. 甲이 戊를 보거나 乙이 己를 보면 목극토 하는데, 甲은 乙에 비해 터전이 요구되니 戊를 극하는 정도가 심하다. 그만큼 갑이 기토를 그리워하기에 갑기합하는 것이다. 만약 壬甲戊 또는 癸乙己로 구성되면 甲·乙 木이 수기를 채우니 목극토가 완화된다.

壬甲戊 관계이면 戊의 분산기운으로 인해 壬甲의 양생관계가 불안정해진다. 甲이 戊를 극하여 자신의 바탕으로 만들려고 하니 戊가 손상된다. 癸甲戊 관계보다 戊의 손상이 심하다. 다만 甲 물상을 동반하고 있으니 운에서 받쳐주면 발달하게 된다.

壬乙己 관계는 乙의 분산작용이 저지당한다. 壬은 木을 내는 것이 숙명이니 수생목으로 乙을 키워야 하고, 乙은 己를 극하여 기운을 펼쳐야 하는 불편한 관계이다. 壬乙己는 亥卯未로 전환되는 관계가 된다. 壬은 운에서 조건이 부합되면 성공을 이룰 수 있고, 乙은 편법적 성향이 발동하여 불법·위법·비리 등에 가담하기 쉽다. 己는 壬이 있으니 乙의 극을 이겨낼 수 있다.

壬乙戌로 구성되면 壬이 甲 뿌리를 내릴 근원을 잃어버리고 乙 환경에 처한 꼴이다. 戌가 壬을 극하니 壬은 甲을 찾아 방황하게 되지만, 결국 壬은 乙을 키울 수밖에 없으니 癸 모양새로 바꾸게 된다. 환경에 적응하지 못하고 엉뚱한 짓을 하거나, 불법·비리에 가담하여 등락을 겪기도 한다.

壬甲丁이 되면 壬甲丙과 달리 甲이 제 모습을 갖추고 안정되기에 적극적이거나 활동적이지 않다.

辛丙庚辛　坤　丁丙乙甲癸壬辛6
卯戌子丑　　　未午巳辰卯寅丑

丙일간이 庚을 형성하여 辛丑으로 금을 완성하는 흐름인데, 子월은 辛을 가공하여 甲을 내는 환경이다. 丙일간이 子월에 경을 완성할 수 없는데, 丙戌일주이니 丁·辛으로 금을 가공할 수 있다. 子에서 병경이 활동력을 상실하지만 일양이 시생하여 子丑으로 인을 내고자 한다. 子월에 壬甲이 투출하지 않았으니 辛丑을 子가 풀어 목을 내야 하니, 丙일간이 卯시지를 탐하게 된다. 子월에 辛→乙을 얻어 해묘미로 전환해야 하니, 위법·편법의 상으로 욕심이 많게 된다.

子월에 필요한 화기를 丙戌일주가 담당하기에 고달픔이 있거나 자수성가의 상이다. 일·시가 병신-묘술 구조로 어느 환경이 와도 역량을 발휘할 수 있다. 丙·子가 원하는 卯는 卯酉-卯戌로 열고 닫고를 잘하고, 30여년 학생을 대상으로 한 학원을 운영하고 있다. 한편 戌 중 辛이 년·시에 투출하고 丙辛양합으로 부부인연이 좋지 못한 구조이다. 여기에 卯戌합이 가세하니 믿을 수 없는 음란지합이다. 남편이 세무공무원이었고, 자신은 학원을 운영하기에 부부인연을 유지하고 있다. 卯戌은 어린애 같은 성향이거나 그런 남편의 모습이기도 하다.

계묘-갑진-을사대운에 학원사업으로 경제적 성취가 있었다. 癸卯대운은 癸乙丙庚으로 구성되고, 甲辰대운은 庚子월주가 동하고 子丑辰으로 갑이 내고 신자진-진술충으로 갑이 발현된다. 乙巳대운은 乙丙庚로 庚을 완성하는 흐름이지만, 지지에서 子巳로 암합하고 경자월주가 동하고 사유축으로 辛이 완성하는 흐름이다. 근본적으로 해결해야 할 문제가 있고, 卯를 사용하기 어렵다. 56세 丙午대운에는 辛丑년주-辛卯시주에서 丙辛양합하고 丙戌입묘가 현실화되니 묶이고 정체하게 된다. 午丑천-卯午파가 발동하니 하니 유혹이 많고 딜레마에 빠진다. 학원을 정리할까 말까 마음이 오락가락하니 학원생들은 빠져나가고, 신규수용이 되지 않으니 운영이 어렵게 되었다. 뒤늦게 학원을 정리하려고 하지만 팔리지 않고, 투자한 것이 마음대로 되지 않는 답답한 상황이 벌어진다. 무술년에 인을 끌어들이니 辛甲으로 재도약 기회가 있다. 子월은 甲을 원하기 때문이다.

2) 봄의 기상운행

봄은 癸→乙→(戊→丙)의 방향성에 있고, 癸·乙은 卯辰巳에서 작용력이 가장 왕성하다. 癸의 목적은 乙을 통하여 丙으로 향하는데, 그 활동은 戊에서 이루어진다. 癸乙은 간지로 癸卯이고, 乙丙은 간지로 乙巳이다.

癸乙戊(丙) 구조는 癸의 분산작용으로 乙을 펼치는 이상적인 관계이다. 癸乙에 戊가 오면 발달하거나 안정감을 얻게 된다.

癸乙에 戊가 없으면 활동 터전이 없는 것과 같다. 능력을 크게 발현시키지 못하거나 癸乙의 가치를 실현하는데 제약이 있다.[45]

壬乙 관계에서 乙작용력이 강화되지 않지만 수기를 채우니 역량을 발휘한다. 폭발력을 갖기도 하는데, 壬乙戊가 되면 타인을 이용한 성

---

[45] 癸乙은 저장된 기운을 분산작용으로 전환시킨다. 水에 저장된 것을 풀어내는 능력이 있다. 대개 사상, 언어, 철학, 기술 등 자신만의 것을 만들어가고, 독창성이 있는데 특히 모방을 통한 독창성이 뛰어나다.

취 또는 편법의 상이고, 壬乙己가 되면 불법·위법의 상이 된다.

癸乙己 관계는 癸乙의 환경에 甲의 땅이 있는 꼴이다. 己의 응집으로 癸乙이 분산작용이 억제된다. 乙은 己를 극하여 자신의 터전으로 삼을 수밖에 없다. 乙은 답답하고, 己는 손상된다.

癸甲 구조는 壬乙 관계와 다르다. 壬은 목을 기르는 水의 숙명이 있기에 甲이 없으면 乙을 키우지만, 癸는 乙을 도와 丙으로 가는 것이 목적이기에 乙을 내기 위해 甲을 이용하는 관계이다. 癸甲은 壬乙에 비하여 발현이 늦은 경향이 있다. 간지의 특성과 성향을 잘 파악해야 함이다.

癸甲戊 관계는 癸가 甲에서 乙을 얻는데 시간이 걸리고, 甲은 戊에서 발현되기 어렵다. 癸는 목적을 이루는데 희생이 많거나 방황하게 된다. 甲은 자신의 바탕을 얻고 乙을 내기 위해 戊를 극하게 된다. 戊는 癸·甲 사이에서 癸의 재촉과 甲의 극으로 손상당하게 된다.

癸甲己 관계는 갑의 땅에 癸가 있는 꼴이다. 甲己가 합으로 묶이니 癸가 甲에서 乙을 내기 어렵다. 癸는 乙을 찾아 방황하거나 다른 곳에서 엉뚱한 짓을 하게 된다.

壬甲戊는 甲이 乙로 변하여 분산작용을 하게 된다. 갑이 밖으로 기세를 발현시키니 과장·허풍이 심하거나 엉뚱한 짓을 하게 된다. 壬甲이 丙을 만나도 마찬가지이다.

壬甲丙이 되면 壬에서 길러진 甲이 乙-丙 양 본위로 전환되는 흐름이다. 甲은 乙모양새를 띠게 되니 적극적이고 활동적인 모습이 된다. 음 본위에서 壬甲은 丁辛에 비하여 상승작용이고, 壬은 목을 키우는 것이 목적이니 乙을 키우는데도 적극적이기 때문이다.

戊癸에 乙이 없으면 癸는 목적 없이 희생만 있을 뿐이다. 戊일간이면 癸재성만 탐하게 되고, 癸일간이면 戊관성에 묶이게 된다. 하는 일이 정체되고 답답함이 있다.

戊壬甲戊　坤　丁戊己庚辛壬癸2
申子寅申　　　未申酉戌亥子丑

壬일간이 寅월을 얻어 壬甲으로 구성조합이 양호하다. 인월에 임자로 수기가 충분하고 대운환경이 받쳐주니 발현되기 좋은 구성이다. 辛씨앗이 없지만 인신충으로 돌리니 신자진으로 목을 얻을 수 있는 조건이다. 그런데 戊壬甲戊으로 壬이 甲을 낼 터전이 구비되지 않았다. 갑이 戊를 극하여 己로 만들려고 하지만 戊申년주-戊申시주가 복음이니 여의치 않다. 도리어 戊가 반발하여 壬을 극하게 된다. 寅월은 인신충으로 해묘미-인오술로 향하니 壬→甲이 발현되기 어렵다.

壬일간은 환경조건이 양호하고 간지구성이 본위에 부합하고 대운이 받쳐준다. 특히 壬子일주가 甲寅월주로 구성되었으니 직업적 성취 또는 부모음덕 등 행운적 요소가 부여되었다. 가장노릇을 하거나 공주병 성향을 갖게 된다. 월주복음은 음덕·행운 또는 직업성취의 표상이기에, 음덕·성취에 불문하고 적극·능동적이지 못한 경향이 있다.

이 여명은 자신이 능력을 발휘하는 것을 버리고 평생 직업다운 직업을 가진 바 없이 공주성향으로 살아왔다. 다만 壬子일주에 년·시 복음이니 육친인연이 좋지 않은 구조이다. 첫 결혼은 실패했지만, 좋은 남자와 재혼하여 행복하게 지내는 것은 사주원국의 구성이 좋기 때문이다. 한편 年·時 복음도 게으른 성향이 있고 종교·철학에 관심이 많다.

辛亥대운은 壬甲이 발현되기 좋은 환경인데, 申亥형·천이 발동하여 금생수가 원활하지 못하거나 대박이 상이다. 庚戌대운은 강한 금이 인오술로 강화되고, 子가 동요하고 목이 손상되니 이혼하였다. 己酉대운은 壬甲己에 酉를 얻으니 성취를 이루는 운세이다. 酉寅-酉子가 발동하지만 申子辰으로 향하니 좋은 재혼이었다. 사주구성이 양호하고 자신이 직접 재관을 형성하지 않으니 재관손실보다 변화를 통한 재도약의 기회이다. 특히 己酉대운에 보이지 않는 辰이 酉寅-酉子를 申子辰

으로 돌리고 酉辰으로 금을 마감·완성하니 좋아진다. 이럴 경우에는 辰생과 인연을 맺거나 辰년의 변화에서 좋은 선택을 하거나 안정되는 경우도 있다.

3) 여름의 기상운행

여름은 (乙→戊)→丙→庚 방향성에 있고, 丙·庚은 午未申에서 작용력이 가장 왕성하다. 丙의 목적은 庚을 형성하는 것이고 그 활동은 무토를 기반으로 이루어진다. 乙丙은 간지로 乙巳이고, 丙庚은 간지로 丙申이다.

수화기운은 목금물상을 동반해야 자신의 존재가치를 실현한다. 水는 목 또는 금이 있어야 하고, 火는 금 또는 목이 있어야 함이다. 화가 금을 완성하는 과정은 다른 관계에 비해 민감하고 조건이 까다롭다. 화→금의 형성은 지표면 위에서 일어나는 현상이기에 상대적으로 주위 환경에 영향을 많이 받기 때문이다.

丙庚에 戊가 없으면 庚을 키울 터전이 구비되지 않은 것과 같다. 병의 확산작용을 戊가 조절하지 못하면 경이 손상되기 쉽다. 마치 사과가 강력한 자외선에 익지 않고 말라비틀어지는 꼴이니 결실을 완성하기 어렵다. 경은 직접 자신의 터전을 마련하기 위해 조급하게 무리수를 두게 되고 실수·실패하는 경우가 많다. 건강상으로는 대장·소화기 계통이 약하다.

특히 丙일간이 월에 庚이 있으면 직접 庚 물상을 취하려는 속성이 발동한다. 무리하게 사업에 뛰어들지만 실패하는 것이다. 時에 庚이 있으면 개인적인 욕심을 채우기 위해 다른 사람(돈)을 끌어 들여 사업을 벌이고 피해를 주는 경향이 있다.

이처럼 丙庚은 이상적인 관계이지만, 丙庚이 직접 만나면 경 물상이 손상되기 쉽다. 특히 일·시에 丙庚이 있거나, 丙이 강하고 庚이 약하면 더욱 심하다. 이럴 경우에는 辛 또는 己·丑 등을 만나면 丙의 확산기운을 조절해주니 흉함이 해소된다. 丙申도 마찬가지이다.

戊丙에 庚이 없으면 丙은 목적 없이 희생만 할 뿐 결실을 얻지 못하는 꼴이다. 능력을 충분히 발휘하지 못하거나, 노력한 만큼 대가를 얻지 못한다. 오지랖은 넓은데 실속이 없는 사람에 비유된다.

丙庚己 관계는 丙이 庚을 형성하는 터전이 미비하다. 庚의 분산작용을 己가 응집하니 庚 모양새를 크게 하지 못한다. 화생토-토생금이 순조롭지 않은 것이다.

丙辛戊 관계는 庚을 뛰어 넘어 곧바로 辛을 완성하려는 흐름이다. 丙이 확산작용으로 辛씨앗의 가치가 상실되고 병신합으로 기반된다. 익지도 않는 과실을 따먹는 꼴이니, 일을 조급하게 진행하여 도리어 손해를 보거나 성과를 내지 못한다. 간지로 보면 辛巳이고, 丙戌도 이에 해당한다.

丙辛己는 丙이 辛에 기반되어 작용력을 상실한다. 丙戌이면 자신을 낮추고 타인을 위주로 한 일에서 성취를 얻을 수 있지만, 午未申에서는 丙이 丁으로의 전환을 거부하니 삶이 왜곡된다.

丁庚戊 관계는 丁이 경 물상을 무토에서 만들어낸다. 庚은 丙의 확산작용에 의해 열매를 맺고 성장하지만 응집작용에 의해 단단하게 여물어 완성된다. 庚은 확산-응집을 통해 완성되기에, 庚이 강하지 않다면 丙보다 丁이 좋다. 丁戊庚 또는 戊丁庚 등 庚이 년에 투출되면 성취가 더 크다.

乙乙癸庚　乾　庚己戊丁丙乙甲8
酉未未戌　　　寅丑子亥戌酉申
이 사주를 격국으로 보면 비견격이고, 목금이 왕한데 수기가
약하니 삶이 황폐하다 할 수 있겠는가.
기상명리 관점에서 보면 乙일간이 未월에 乙庚을 완성하는 구

조이고 해묘미-인오술의 환경에 있다. 삶의 방향성과 목적이 분명하고 삶을 주체적으로 운영하는 흐름이다. 천간이 乙乙癸庚 양 본위로 구성되면서 未월은 을→경 흐름을 庚년간에서 결실을 맺는다. 未월에 필요한 수기를 癸월간이 채우니 직업적 성취가 있고, 乙未·癸未로 구성되어 子卯형-卯午파-子未천 등으로 구성되어 폭발력을 잠재한 구조이다. 乙庚에 丙·戊 바탕이 없어 아쉬운데, 대운이 乙丙丁戊己庚…흐름으로 乙-庚을 완성하는데 미비한 丙·丁·戊 바탕을 제공한다. 未戌형은 이롭지 않지만 癸乙-戊未 구성이고 未戌형이 발동하지 않으니 형과 관련된 직업에서 성취를 이루게 된다.

癸乙-亥卯未로 완성한 목을 庚戌년주가 인오술로 금을 완성한다. 국가에 비견되는 큰 조직에서 성취이고, 재물·명예를 크게 이루고자 함이다. 未월에 乙庚 구조에서 乙이 강하면 이롭지 않은데, 子卯-卯午-子未로 乙을 가공하고 乙未·乙酉로 乙이 강하지 않으니 乙일간이 자신을 낮추어 庚 성취를 이룰 수 있다. 한편 을미일주에 乙乙로 투출되니 부부인연을 좋지 않은 구성이다. 달리 말하면 자신을 모두 드러내 보여주는 모양새이기도 하니, 직업적으로 사용하면 흉이 해소되거나 발달하는 동기가 된다. 유명한 연애인의 사주이다.

丁亥대운은 천간에서 丁-庚으로 금을 가공하고, 亥가 未와 더불어 해묘미를 구성하여 발전적 형상이다. 그런데 丁·癸가 기운을 돌리니 신자진 방향성으로 되돌리려하고, 乙이 매몰된다. 辛卯년에 乙이 동요하고, 辛이 투출하여 신자진을 재촉한다. 乙이 들뜨게 되니 구설수에 휘말리고 재물·명예 손상이 있었다. 癸巳년에 복귀하여 예전의 인기를 회복하지 못했지만 여전히 인기성은 있다.

戊子대운은 癸乙庚의 바탕을 이루고 자미천으로 계미월주가 동하고 酉子파로 을유시주가 동한다. 58세 己丑대운은 己를 극하여 바탕을 삼고 축술미로 구성되고 인오술을 형성하니 역동성을 갖고 자신의 자리를 구축하게 된다. 己丑환경임에도 나쁘지 않은 것은 乙未·癸未·庚戌 등으로 乙·癸·庚이 본위를 고집하지 않기 때문이다.

4) 가을의 기상운행

가을은 丁→辛→(己→壬)의 방향성에 있고, 丁·辛은 酉戌亥에서 작용력이 가장 왕성하다. 丁의 목적은 辛을 완벽하게 완성하는 것이고 그 활동은 己에서 작용한다. 丁辛은 간지로 丁酉이고, 辛壬은 간지로 辛亥이다.

辛은 庚 열매에서 분리된 씨앗(종자)이다. 丁이 辛을 가을에 수렴하고 겨울에 저장하여 甲으로 발현되기까지의 터전이 己이다. 丁이 己에 화기를 담아 가을에 숙살지기하고 겨울에 己가 辛씨앗을 壬에 담는다. 화생토-토생금-(금생수)의 의지이다.

丁辛도 丙庚과 마찬가지로 직접 만나면 辛 물상이 손상될 우려가 있다. 丁은 辛만 보면 열기를 집중하여 辛을 응집하려든다. 자칫 辛이 말라비틀어질 수 있고, 예리하게 변하여 살성을 띠기도 한다. 午酉, 丁酉도 그러하다.

丁辛보다 丁庚 관계도 좋을 수 있는데, 丁庚이 만나면 庚이 辛을 내지 않는다. 辛을 내야 하는 구조에서 辛이 발목 잡히는 꼴이 된다. 庚에서 辛을 내기 위해 열심히 노력하는 경향이 있다. 일이 막히거나 답답하게 진행되니 일의 성과가 적거나 늦다. 그렇지 않으면 丁이 辛을 찾아 다른 곳을 기웃거리거나 엉뚱한 짓을 하기도 한다. 간지로 庚午이고, 庚戌도 해당한다.

丁己辛 관계는 화생토-토생금으로 辛을 완성하여 己에 보관하니 재물을 창고에 넣는 것과 같다. 辛이 년에 있으면 가치가 크다.

丁己에 辛이 없으면 丁은 목적이 없고 희생만 강요당한다. 가공할 인자가 없으니 능력이 있어도 성과가 적다. 하는 일이 정체되거나 발달하기 어려우니 집착이 강하다. 丁未가 이에 해당한다. 운에서 庚·辛을 만나면 인내한 대가를 얻을 수 있다.

丁辛에 己가 없으면 활동할 터전이 없는 것과 같다. 丁辛의 가치를 견고하게 하지 못하는데 己운을 만나면 확실하게 자리매김한다. 丙庚과 마찬가지로 丁辛이 일·시에서 직접 만나면 辛이 손상되기 쉽다. 이때 庚 또는 戊를 만나면 丁의 응집작용이 완화되니 흉이 해소된다.

丁己庚으로 순차하면 丁庚의 불편한 관계를 己가 중간에서 해소해주고, 운에서 조건이 부합되면 성공을 이룰 수 있다. 丁戊辛도 마찬가지이다.

丁辛戊 관계이면 丁이 辛을 가공하였는데 보관할 장소가 마땅치 않다. 戊의 펼치는 기운으로 인해 辛이 갑자기 터져 나오게 되는데, 이것이 午酉형이다. 사주 구성에 따라 대박-쪽박의 형상이다. 남의 바탕에서 내 것을 만들어야 하니 열심히 노력하는 성향이다. 펼치고 거두는 작용을 잘하는 장점이 있다. 戊午와 유사하다.

丁庚己는 丁이 庚을 다듬어서 辛을 내어 己에 담는 환경이다. 丁이 辛을 얻기 위해 庚을 극하게 되는데 이것이 화극금이다. 庚일간이 아니면 발달은 늦더라도 성공을 이룰 수 있지만, 庚일간이면 辛으로 변해야하니 자신을 낮추고 겸허해야 한다. 庚申이면 본의를 잃지 않으려는 속성이 있고, 도리어 丁에 의해 자신을 부풀리는 작용이 발동한다. 丁일간이면 조급하고 서두르다가 일을 망치는 경우가 있고, 능력에 불문하고 발달이 늦고 때를 만나야 뜻을 이루게 된다. 위법·편법을 이용한 성취를 꿈꾸기도 한다.

　　庚壬乙庚 乾　壬辛庚己戊丁丙2
　　子戌酉子　　　辰卯寅丑子亥戌
　　壬일간이 酉월을 얻었으나 유자-유술로 환경을 깨뜨리고 있다. 酉월에는 丁이 辛을 다듬거나 辛을 가공하여 壬에 저장해야 하는데, 주재할 인자가 없다. 壬일간이 乙庚 환경에서 작용력을 발휘하지 못한다. 酉月에 신자진 구성되었지만 주재할 천간기운이 없는 것이다. 壬일간이 辛·甲을 얻지 못했으니 乙酉월주에 기댈 수밖에 없다. 酉를 가공하여 壬乙로의 발현이다. 천간은 乙庚을 포기할 수 없고, 지지는 신자진을 포기할 수 없다. 壬일간이 癸로 바꾸려하지 않으니 환경에 순응하지 못한다. 사회를 등지거나 불법·위법에 편승되기 쉽다.

乙庚을 庚子년주에서 신자진으로 돌려야 금을 목으로 탄생시킬 수 있고, 그래야 임이 가치를 얻게 된다. 특히 년·시가 庚子복음이고, 年-時에서 신자진으로 방향성을 돌린다. 허상(虛像)의 하늘 기운을 돌리고 윤회궁에서 작동하니 현실 삶에서 만족을 얻기에 쉽지 않다. 컴퓨터게임, 만화, 작가, 선물거래, 종교·철학 등 가상(假想)을 통한 자기성취에서 발달할 수 있다. 그렇지 않으면 도박, 사기 등 위법·편법성 또는 음란성이다. 이 남명은 종교인의 삶을 택하였다.

丁亥·戊子대운은 천간에서 금을 키우려하는데 지지에서는 목을 내려한다. 己丑대운은 천간에서 癸乙(亥卯未)-지지에서 巳酉丑으로 구성되고, 庚寅대운은 을경-신자진(酉寅)으로 구성된다. 천간-지지의 운행이 다르니 壬일간이 방향성을 찾지 못하고 삶이 왜곡된다. 辛卯대운도 乙酉월주가 동하여 乙·辛-卯·酉로 물상을 돌리지만 방향성을 잡지 못하는 구성이다. 丙申년에 인간관계를 등지고 현실세계에서 도피하였는데, 이 또한 불법·편법의 모양새라 할 수 있다.

3. 간지의 음양본위 운동

기상명리는 기본적으로 천간(氣)-지지(相)의 흐름으로 살피는 방법론이고, 간지의 흐름은 천간합-지지삼합의 작용관계로 설명된다.

봄·여름(양 본위)은 전체적으로 乙→庚의 활동영역이고, 乙-庚 흐름을 돕는 기운은 癸-丙이다. 卯辰巳午未申에서 작용력을 발휘하는데, 삼합으로 해묘미-인오술 과정이다.

가을·겨울(음 본위)은 전체적으로 辛→甲의 활동영역이고, 辛-甲 흐름을 돕는 기운은 丁-壬이다. 酉戌亥子丑寅에서 작용력을 발휘하는데, 삼합으로 사유축-신자진 과정이다.

이것이 기운-물상의 조화이고, 음양 본위에 의한 기상명리(氣相命理)의 기본관법이다. 『기상명리』에서 제시했던 음양 본위에 의한 간지 흐름을 총괄하여 표로 정리해보자.

	양 본위(지표면 위)		음 본위(지표면 아래)	
계절	봄(목)	여름(화)	가을(금)	겨울(수)
천간운행	癸乙(戊)	(戊)丙庚	丁辛(己)	(己)壬甲
생성흐름	癸-丙(氣) → 乙-庚(相)		丁-壬(氣) → 辛-甲(相)	
방향성	癸→乙→(戊)→丙→庚		丁→辛→(己)→壬→甲	
土 운동	戊(稼-심다, 분산·확산)		己(穡-거두다, 응집·수축)	
지지운행	卯　辰　巳　午　未　申		酉　戌　亥　子　丑　寅	
음양생성	4+　5+　6+　1-　2-　3-		4-　5-　6-　1+　2+　3+	
삼합운동	亥卯未 → 寅午戌 →		巳酉丑 → 申子辰 →	

〈간지의 음양 본위에 의한 기상 운행〉

1) 양 본위의 癸丙-乙庚

양 본위에서 癸-丙이 화합하여 乙→庚을 완성한다. 봄에 癸→丙은 지지에서 子→巳의 방향성으로 亥卯未 과정에 있고, 여름에 乙→庚은 卯→申의 방향으로 寅午戌 과정에 있다.

癸는 亥에서 장생하여 亥卯未 운동으로 丙을 내어 수생목-목생화로 乙을 키우고, 乙은 寅에서 장생하여 寅午戌 운동에 의해 목생화-화생금으로 乙이 庚으로 변환된다.

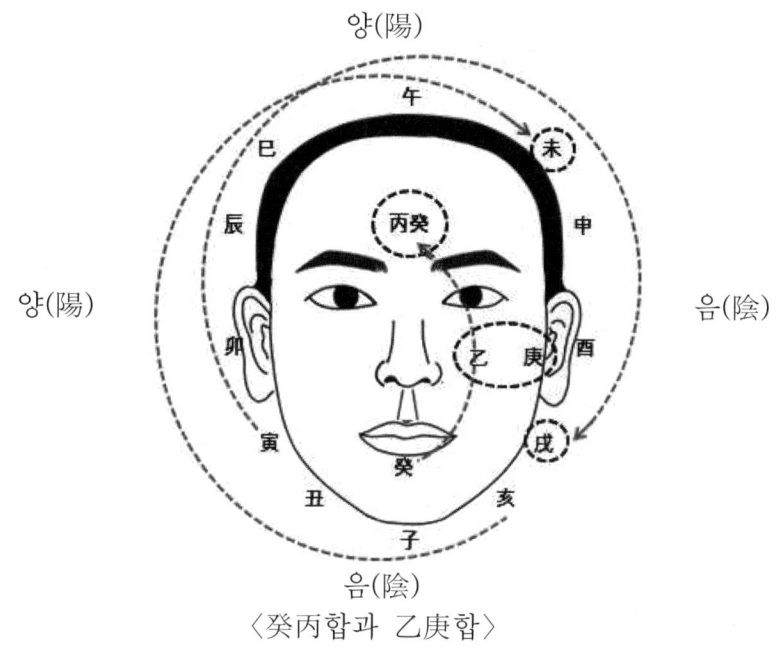

〈癸丙합과 乙庚합〉

【 癸丙(戊) - 亥卯未 】

癸水가 乙木을 통하여 丙火로 전환되는 방향성이 癸丙합이다. 癸→乙→丙으로 癸丙에 의해 乙이 성장한다. 이를 지지로 보면 子-卯-巳이다. 子는 亥에서 나와 일양이 시생하여 亥子丑寅卯辰巳午未로 水→火기운으로 전환된다.

癸丙합은 乙→庚으로의 변환을 주재하는 기운으로 새로운 생명(庚)을 잉태하는 시발점이다. 癸의 분산작용을 巳까지 이어가야 庚을 잉태할 수 있다. 癸가 辰에 입묘하지 않고 未에서 입묘하는 이유이다.

癸丙 관계는 수생목-목생화 과정에 있으니 癸의 희생이 요구된다. 癸는 乙을 펼치기 위해 戊에게 자신을 희생하고, 乙은 戊를 바탕으로 분산작용을 한다. 癸→丙으로 전환하기 위해서는 乙이 분산작용을 강화해야 하니 癸는 戊를 따를 수밖에 없다.

癸는 乙이 있어야 丙을 낼 수 있고, 癸-乙이 丙을 내는 최종목적은 庚을 얻기 위함이다. 癸丙 구조에 乙·卯가 없으면 근원이 없는 합이니 음란지합이 될 뿐이다. 乙·卯가 없으면 庚이라도 있어야 한다.

癸丙의 활동영역은 卯辰巳午未申 구간이지만, 卯辰巳에서 분산작용을 강화하여 화려함을 뽐낸다. 癸·乙·丙은 午未에서 조절(입묘·입고)되고 申에서 壬이 장생하니, 酉戌亥子丑寅에서는 분산작용력을 완전히 상실한다. 丁壬에 의해 응집작용이 시작된다.

癸戊癸癸 乾 丙丁戊己庚辛壬4
亥午亥丑   辰巳午未申酉戌

亥월은 己를 바탕으로 丁·辛이 주재하고 丁壬 방향성에 있는 환경이다. 戊일간이 해월에 앉았고 해월에 주재할 천간인자가 없으니 타인의 삶 속에서 순리에 따르는 것이 마땅하다. 다만 해가 午를 만나 해묘미로 구성되어 癸丙(戊)-亥卯未 구조가 되고 대운이 이를 받쳐준다. 타인을 위주로 한 삶에서 성취를 이루고 삶의 안정성을 도모할 수 있다는 의미이다. 亥월에 화가 필요한데 午가 일지에 있으니, 배우자를 얻고 지킨다면 발달할 수 있을 것이다. 또한 戊午일주를 중심으로 戊癸-午亥 양합으로 기운만 충족되고 물상이 없으니 축 중 辛 또는 해 중 甲을 내야 한다. 공직계통에서 일하면서 안정된 직장생활을 하고 있다.

천간-지지의 방향성이 다르고 목금물상이 없으니 작용력을 발휘하지 못하거나 노력에 비해 성과가 없는 형국이다. 癸丑년 주를 이용하여 酉子파로 丑 중 辛을 틔워 亥 중 갑을 내야 한다. 癸亥월주에서 갑을 발현시키니 직업적 성취는 있다. 무엇보다 癸丙(戊)-亥卯未 방향성에 부합하고, 戊午일주가 조후 역할을 하면서 사주흐름을 바로 잡는다. 비록 물상은 없지만 戊癸가 펼치고 午亥가 거둬들인다. 戊午의 작용이기도 하다. 이처럼 일간이 월지환경을 잃었어도 천간-지지흐름이 부합하면 성취를 이루는데 지장이 없다. 월·시 癸亥복음에 午亥암합하니 부부인연에 문제를 안고 있으나, 부부애정이 살갑지 않지만 무난하다. 천간이 양 본위로 구성되고 午일지가 기둥이 되어 해묘미로 지지환경을 다스리기 때문이다.

한편 기운만 있고 물상이 없는 구조는 성격이 화통하고 오지랖이 넓거나, 조용하고 차분한 타입이다. 이 남명은 계축-계해의 성향에 따라 내성적이고 조용한 성격으로 현실적 욕구가 크지 않다. 어머니가 종교에 관심이 많고 신도회장을 한 것은 癸亥월주의 형상이기도 하다. 癸亥의 모양새는 공직·사무, 교육·학자·선생, 임대업, 모텔·사우나 등 직업성이다. 癸亥시이면 종교·철학, 산 중 기도 모양새로 살아가기도 한다.

【 乙庚 - 寅午戌 】

乙木이 丙火에 의해 성장하여 庚金으로 전환되는 방향성이 乙庚합이다. 乙→丙→庚으로 병경에 의해 경이 형성되는데, 이를 지지로 보면 卯→巳→申이다. 卯는 寅에서 나와 사양으로 분산작용을 강화하여 寅卯辰巳午未申酉戌로 金물상을 완성한다.

乙庚 관계는 목생화-화생금 과정에 있으니 乙의 희생이 요구된다. 乙은 1차적으로 자신의 몸을 키워야 하기에 丙을 따를 수밖에 없고, 인오술 환경에서 乙을 庚으로 바꾸어 金물상을 완성해야 한다. 乙이 未에 입묘하지 않고 戌에서 입묘하는 이유이다.

乙庚에 丙이 없으면 乙이 성장하지 못하고 그로 인해 庚결실이 적어진다. 직장 또는 사업에서 큰 성과를 얻지 못함이다.

丙庚만 있고 乙이 없으면 庚의 근원(씨앗·뿌리)이 없는 꼴이다. 남에게 씨앗을 빌려 농사를 지어야 하고, 제대로 된 씨앗을 구할 수 없으니 자신이 원하는 庚을 얻기 어렵다. 완전하지 않은 씨앗은 결실을 맺더라도 쭉정이 벼와 같으니 가치가 적게 된다.

乙丙만 있고 庚이 없으면 큰 나무에 열매가 없는 형상이다. 乙을 아름답게 키우느라 고생했지만 결실이 없는 꼴이다.

乙庚의 활동영역은 卯辰巳午未申 구간이고, 午未申에서 작용력이 가장 왕성하다. 乙이 未申에서 모습을 잃고 庚은 酉에서 辛으로 바뀌니, 乙庚합은 酉戌亥子丑寅에서 분산작용력 상실한다.

봄에 을경합은 을목이 활발하게 분산작용을 하는 시기이니, 경금은 을목의 모양새를 잡아주는 역할을 한다.

여름에 을경합은 경금이 모양새를 갖추는 시기이니, 을목의 분산작용이 조절 당한다. 이 때 乙이 왕하면 庚 결실을 얻기 어렵다.

乙庚庚丙　坤　癸甲乙丙丁戊己5
酉戌寅午　　未申酉戌亥子丑

庚일간이 寅월에 앉았으니 환경을 잃었다고 볼 수 있다. 하지만 을경-인오술 구조로 완벽한 본위를 얻었다. 여기에 병이 가세하여 을경을 돕고, 庚寅월주가 寅申충에 酉까지 있으니 인오술이 강화된다. 이처럼 천간-지지의 음양본위가 완벽하면 조후를 논할 필요가 없고, 월지환경과 대운흐름 등에 크게 영향을 받지 않는다. 丙庚이 붙어있으나 戌일지가 화기를 조절하고 庚庚으로 구성되어 庚이 丙火에 의해 손상되지 않는다. 또 인오술에 유술천으로 구성되어 완성된 庚을 辛으로 가공하는 관계이다. 사유축으로 향하면 午酉형-酉戌천으로 폭발력을 갖게 된다. 출판업계에서 나름대로 성공한 것은 寅을 근거로 펼치는 庚寅의 모습인 까닭이다.

乙酉대운은 시주와 복음이고, 53세 丁酉년은 시지-대운-년이 복음이다. 복음이 중복으로 충동질하니 丁酉년에 戊戌년 사업을 계획하고 있다. 丁酉가 乙酉를 동요하니 식품제조·소방제조업 등 사업성이다. 인오술 구조에서 戌년에 시작하는 것은 마지막 물타기라 할 수 있다. 丁酉년에 시작하면 오유형·유술천 등으로 대박 아니면 쪽박이다. 대박이든 쪽박이든 戊戌년에 정리하고 마무리해야 하는 것이 이 사주의 맥이다.

이 여명은 丙申년부터 마음이 동했을 것이고, 丁酉년에 주춤하면서 戊戌년으로 미루고 있을 것이다. 무술년에도 시작하지 않을 가능성이 많다. 사주구성이 좋으면 좋지 않은 일에 발을 담그지 않기 때문인데 이것이 사주원국의 힘이다. 시작한다면 甲申대운 庚子년에 시작하지 않을까싶다.

2) 음 본위의 丁壬-辛甲

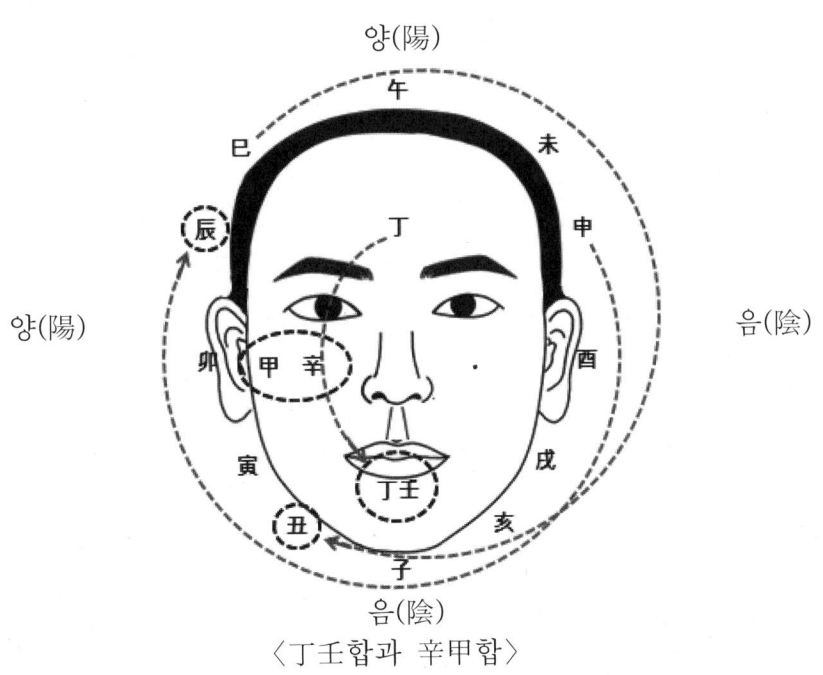

〈丁壬합과 辛甲합〉

음 본위에서 丁壬이 화합하여 辛→甲을 완성한다. 가을에 丁→壬은 지지에서 午→亥 방향성으로 巳酉丑 과정에 있고, 겨울에 辛→甲은 酉→寅 방향성으로 申子辰 과정에 있다.

丁은 巳에서 장생하여 巳酉丑 운동으로 辛을 완성하여 壬에 저장하고, 辛은 申에서 장생하여 申子辰 운동으로 금생수-수생목으로 가공되어 갑으로 변환된다.

【 丁壬 - 巳酉丑 】

丁火가 辛金을 가공하여 壬水에 저장하는 방향성이 丁壬합이다. 丁→辛→壬으로 丁辛의 응집작용을 임에서 완성되는데, 이를 지지로 보면 午→酉→亥이다. 午는 巳에서 나와 일음이 시생하여 巳午未申酉戌亥子丑으로 金물상을 완성하여 저장한다.

丁壬합은 辛→甲으로 변환되는 시발점으로 새로운 생명을 잉태하는 기운이다. 丁의 집중·응집력을 亥까지 이어가야 甲을 잉태할 수 있다. 丁이 戌에 입묘하지 않고 丑에서 입묘하는 이유이다.

丁壬 관계는 화생금-금생수 과정에 있으니 丁의 희생이 요구된다. 丁은 辛을 완성하기 위해 己를 쫓고, 辛은 己를 바탕으로 모양새를 견고하게 하여, 壬에 저장된다. 丁壬은 1차적으로 辛을 다듬는 것이 목적이니 丁은 己를 따를 수밖에 없다.

丁은 열기를 집중해야 辛을 완성할 수 있고, 丁-辛이 壬으로 향하는 이유는 甲을 발현시키기 위함이다. 丁壬 구조에 辛·酉가 없으면 甲의 씨앗이 없는 것과 같다. 근원이 없는 합으로 기반되거나 음란지합이 된다. 辛·酉가 없으면 甲이라도 있어야 한다.

丁壬의 활동영역은 酉戌亥子丑寅 구간이고, 酉戌亥에서 작용력을 강화한다. 자신만의 기질을 형성하여 완벽함과 절제미를 추구한다. 丁·辛·壬은 子丑에서 조절(입묘·입고)되고, 寅에서 병이 장생하니 작용력을 잃기 시작한다. 卯辰巳午未申에서 응집작용을 완전히 상실하고, 癸·丙에 의해 분산작용이 시작된다.

辛壬壬甲 乾　己戊丁丙乙甲癸4
亥子申午　　卯寅丑子亥戌酉

壬일간이 申월에 환경을 잃었지만, 辛壬甲에 巳酉丑-申子辰 구성으로 대운이 이를 받쳐준다. 辛壬甲-申子辰 구조로 크게 발달하는 사주로 착각하기 쉽다. 그런데 申월에 주도할 천간 인자가 없고 월지가 동하지 않는다. 辛-壬-甲으로 甲년간에서 발현되고, 申월에 화가 필요하고, 壬도 丁이 필요하다. 午년지에 의지하는데, 申월에 甲午년주는 인오술로 금을 완성하려한다. 정임-신자진 방향과 역행하는 형국이다. 또한 수가 강하고 申이 약하니 申亥천으로 壬申월주가 손상된다. 신이 손상되니 辛이 완성되지 못하고, 辛이 완성되더라도 많은 수에 풀어지니 壬→甲은 수생목 불미의 申亥형·천으로 갑이 발현되기 어렵다. 많은 수에 의해 목금물상이 손상되는 것이다.

壬子일주에 壬壬으로 투출되고 亥가 동반하니 부부인연에 문제를 안고 있다. 또 이 남명입장에서 辛壬甲-申子辰 구성을 갖추었는데 子일지가 신자진을 완벽하게 구성하지 못해서 성공하지 못한다고 생각하게 된다. 부인에게 불만이 많고 구박하는 가부장적 스타일이다. 申子辰의 꿈을 버릴 수 없기에 子부인을 버릴 수도 없으니 옆에 두고 괴롭히는 것이다.

丙子대운에 회사에서 일하다 허리를 다쳤는데, 자신이 申亥천으로 당한 모양새이니 부부인연을 이어간다고 볼 수도 있다. 丙子대운은 丙壬-丙辛으로 辛→壬 흐름이 방해받고, 午申이 동하여 인오술을 강화한다. 辛이 움직이지 못하니 뼈 손상 또는 활동장애이고, 甲午년주와 申월지가 동하니 근원적 문제가 발생하였다. 그나마 사주환경이 무난하니 산재보상금을 받고 있다. 丁丑대운에 조그만 상가주택을 구입하여 부인과 함께 슈퍼마켓을 운영하면서 큰 어려움 없이 지내왔다.

戊寅대운 甲午년에 폐업하고 임대로 돌렸다. 甲년간 동하니 뭔가 새로운 돌파구를 찾게 되고, 甲午복음이니 답답함을 느끼게 되고, 寅申형·충이 발동하는데 자신이 주도하지 못하니 엉뚱한 짓을 하게 된다. 戊戌년에 상가주택을 팔았는데 대출과 임대보증금을 돌려주고 정산하니 남는 게 별로 없다. 임대아파트를 구입해 입주하였다. 그동안은 크게 발달하지 않았지만 궁색하지는 않았는데, 戊寅대운에 갑오년주가 발동하여 역행하니 마음이 불안해지고 엉뚱한 짓을 하게 되는 것이다. 이 남명이 발달하지 못한 가장 큰 요인은 甲午년주가 천간흐름과 역행하는 까닭이다.

【 辛甲 - 申子辰 】

辛金이 壬水에 저장되었다가 甲木으로 변환되는 방향성이 辛甲합이다. 辛→壬→甲으로 辛이 甲으로 변환되는데, 이를 지지로 보면 酉→子→寅이다. 酉는 申에서 나와 사음으로 응집작용을 강화하여 申酉戌亥子丑寅卯辰으로 木물상을 완성한다.

辛甲 관계는 금생수-수생목 과정에 있으니 辛의 희생이 요구된다. 辛은 1차적으로 자신을 보호해야 하니 壬을 따를 수밖에 없고, 신자진 환경에서 辛을 甲으로 바꾸어야 한다. 辛이 丑에 입묘하지 않고 辰에서 입묘하는 이유이기도 하다.

辛甲에 壬이 없으면 辛이 저장·보관되지 못하고 갑 생명을 낼 수 없다. 자신의 이름을 높이거나 큰 성공을 기대하기 어렵다.

壬甲만 있고 辛이 없으면 갑의 씨앗이 없는 꼴이다. 자신의 근본이 없으니 남의 씨앗에서 곁다리로 난 싹과 같다. 불안한 형국이니 소용가치가 적거나 결실이 완전하지 못하다.

辛壬만 있고 甲이 없으면 씨앗은 튼실한데 싹이 나오지 못하는 형상이다. 자신을 드러내지 못하니 능력발현이 잘 되지 않는다.

辛甲의 활동영역은 유술해자축인 구간이고, 子丑寅에서 작용력이 가장 왕성하다. 辛이 丑寅에서 모습을 잃고 甲은 卯에서 乙로 바뀌니, 辛甲은 묘진사오미신에서 분산작용을 완전히 상실한다.

가을에 辛甲합은 辛金이 응집작용을 강화하는 시기이니, 甲木은 辛金의 틀을 잡아 자신의 모습을 만들어간다.

겨울에 辛甲합은 甲木이 모양새를 갖추는 시기이니, 辛金의 응집작용이 조절 당한다. 이 때는 辛이 왕하면 甲이 나올 수 없다.

己辛癸癸 乾　丙丁戊己庚辛壬7
丑卯亥未　　辰巳午未申酉戌

辛일간이 亥월에 甲을 품고 있으니 辛壬甲으로 발전적 환경을 얻었다. 일간이 월지환경을 얻었다는 것은 격이 갖추어졌다는 의미이다. 격이 갖추어지면 노력에 비하여 좋은 결과를 얻을 수 있고, 사건·사고를 당하더라도 쉽게 해결되는 등 삶에 행운적인 요소가 있다. 삶을 살아가는 방향성, 부귀빈천, 길흉화복 등에 영향은 미치지만 엄밀히 말하면 별개의 문제이다. 해월에 己바탕은 이루었으나 丁이 辛을 응집해야 하는데 丁이 없으니 辛을 가공·저장하지 못하고, 도리어 많은 계수에 의해 풀어지는 형국이다. 亥에서 甲을 내는데 시간이 걸린다는 제약도 있다. 亥월에 辛일간이 주재하지만, 계계-해묘미로 형성된다. 癸癸가 분산작용을 강화하고 대운도 癸乙을 도우니 辛일간이 할 일이 없게 되었다. 辛이 저장되지 못하고 뻥튀기되는 모습이다. 辛일간은 월지환경을 얻었음에도 자신의 모습을 갖추지 못하니 갑갑함을 느끼고 염세적으로 빠질 수 있다. 신묘일주이니 신이 을로 변환할 수 있는데, 辛→癸→乙로 발현되더라도 해묘미는 미정의 인자이고 미완성이다. 유명사찰 주지스님을 지내신 고승이다.

년·시에서 癸未·己丑으로 입묘지에 임하니 선천-후천을 이어주는 윤회가 작용력을 상실한 형상이다. 사주전체 흐름을 보면, 己-辛-癸-癸로 구성되어 酉子파로 辛을 풀어내는 흐름이고 시→일→월→년에서 완성된다. 酉子파를 亥월지가 완화하고 해 중 甲에서 卯를 발현시킨다. 丑→卯로 일지에 모여드니 자신이 복록을 취하는 흐름이다. 또한 辛일간이 환경을 얻었기에 스님으로 이름을 얻고 직위를 얻을 수 있었다. 종교인이라도 사주구성이 좋아야 발달할 수 있음이다. 흔히 사주가 좋지 않으면 중팔자라고 하는데, 이는 케케묵은 사고방식이고 잘못된 사주간법이다.

3) 본위가 불분명한 천간합

『기상명리』에서 천간합은 합화가 아니라 천간기운의 방향성임을 밝혔다. 일반적인 천간합의 합화개념과 기상명리에서 천간합의 방향성 개념에는 약간 차이가 있다. 대표적으로 甲己합과 丙辛합이고, 癸戊합과 己壬합을 들 수 있다.

첫째, 戊癸, 己壬
癸가 乙-丙으로 상승하여 분산작용을 하기 위해서는 무가 필요하고, 丁이 辛-壬으로 하강하여 응집작용을 하는데 기가 반드시 필요하지는 않다. 그래서 戊癸는 癸丙 방향성으로 보지만, 己壬은 丁壬 방향성으로 보지는 않는다.

둘째, 甲己, 丙辛
甲己합과 丙辛합은 방향성이 불분명하고 모호하다. 그래서 기상명리에서는 천간합의 방향성으로 보지 않고, 유정(有情) 또는 기반(羈絆)의 합으로 본다.

이들 합 의미와 방향성에 대해서는 『기상명리』에서 살펴보았으니, 여기서는 甲己과 丙辛의 작용관계에 대해 알아봄으로써 천간합은 기운의 방향성이라는 개념을 이해해보자.46)

● 甲己

자연의 순리는 甲이 己에 들어가는 것이 아니라 己에서 甲이 나오는 관계이다. 갑기가 합하여 토가 된다는 것은 이치에 맞지 않다. 甲己합 토의 개념은 甲木이 己土에 뿌리를 내리고 己土가 甲木을 품는다는 의미일 것이다.

갑의 발현은 丁-辛-己-壬-甲 과정에 있다. 酉戌에서 乙이 입묘되고 辛이 완성되어 亥子丑을 지나서 寅에서 甲이 모습을 드러낸다. 己는 未에서 甲기운을 끌어들이고(입묘), 丑에서 甲기운을 내놓아야 한다. 그런데 己가 甲을 품어 내놓지 않으려하고, 甲은 己품에서 나오지 않으려한다. 甲己 관계는 갑 자식을 품은 己 엄마의 모습이라 할 수 있다. 甲己가 만나면 서로 끌어당기지만 새로운 기운 또는 물상을 내려는 의지가 약하다.

甲己가 酉戌亥子丑寅을 만나면, 甲은 자신의 터전을 얻고, 己는 辛·壬을 품어 甲의 바탕이 된다. 甲己에 辛 또는 壬이 있으면 甲이 근원을 얻어 발현될 수 있다. 辛이 강하면 甲이 辛을 뚫지 못하고, 壬이 강하면 수생목이 되지 않는다. 특히 酉戌亥子丑寅에서 壬을 동반되어야 갑기를 풀고 갑이 나올 수 있다.

甲己가 卯辰巳午未申을 만나면, 己가 未에서 甲을 입묘시키고 금이 발현되니 甲이 드러날 환경이 아니다. 己가 甲을 품고 있을 수밖에 없으니 甲己는 합으로 기반(羈絆)된다. 양 본위에서 갑기합은 도리어 좋을 수 있다. 또한 甲午로 형성되면 己에서 벗어나 庚으로 전환되려하니 성공여부와 상관없이 묶이지는 않는다.

한편 甲己는 기운을 되돌려 새 생명(甲)을 내야 하니 윤회의 합이자 음란의 합이다. 갑기가 환경을 만나지 못하면 종교·철학에 심취하거나

---

46) 『기상명리』, "기상론"편-'천간기운의 방향성'과 "지장간"편-'지장간의 천간 방향성' 등을 참조하시기 바란다.

학문·연구·개발 등 정신을 추구하는 경향이 있는 이유이다.

己乙己甲 乾　丙乙甲癸壬辛庚10
卯卯巳辰　　子亥戌酉申未午

乙일간이 巳월 환경을 얻고 지지가 양 본위에 있으니 좋아 보이지만, 甲己己에 乙일간이 巳월 환경을 득했을 뿐이다. 巳월에 乙일간이 주재하지만, 천간에서 乙이 작용력을 발휘하지 못한다. 무엇보다 많은 목을 키울 수기가 없고, 巳火가 많은 목을 키우기에 역부족이다. 乙이 발현되기 어려운 환경조건이다. 다만 己가 乙卯를 다스리고 甲己합으로 甲을 묶으니, 乙일간 입장에서 巳월에 갑기합으로 기반되는 것은 도리어 좋게 작용할 수 있다.

己巳월주가 사주환경을 바로잡으니 고충 속에 자수성가의 상이다. 乙이 巳를 재촉하여 巳 중 庚을 내야하는데 己가 동주하니 발현되기 어렵다. 어머니는 어린 시절에, 아버지는 고등학교 때 간경화로 돌아가셨다. 목이 많으니 공부보다 운동을 좋아했지만, 수기 없으니 특출하지 못했다. 이 사주는 목이 많고 수화기운이 부족하니 몸을 이용한 일에 가담하였고, 이중·복합·동업의 상이다. 甲己로 묶이는 것은 해롭지 않으나, 甲辰을 취해야 하니 甲이 발현되어야 乙이 제 모습을 갖출 수 있다. 딜레가가 아닐 수 없다.

巳월에 수가 없으니 辰 중 癸에 의지하는데 甲겁재가 버티고 있다. 필요한 수기를 찾아가니 그 곳에 겁재가 버티고 있는 형국이다. 빼앗기는 상이니 고집·욕심의 상이 되는데, 己가 甲겁재를 잡아주니 좀 낫다. 辰 중 癸水를 취하니 수산대학를 졸업하여 원양선을 타기도 했지만 오래하지 못했다. 갑진에서 辰 중 癸를 취하기 어려운 까닭이다. 그래도 甲辰년주를 취할 수밖에 없으니, 국가직을 버리고 20여년을 친구와 동업하였다. 갑기합으로 묶으면 좋은데 乙 터전이 없는 꼴이고, 乙이 己를 극하여 자신의 땅으로 만들면 甲겁재가 풀려나 발동한다. 甲辰에서 갑이 발현되지 않으면 乙도 발현되지 않는다. 친구와 동업하면서 자신은 따로 이중직업을 한 것은 乙卯의 이중성이다.

수화기운이 부족하면 종교·철학에 관심이 많고, 직업·가정이 불안정하게 된다. 이런 사주구성은 음양본위를 떠나 수가 채워져야 함을 인지해야 한다. 사주간지에서 기운-물상의 순환에 필요한 조건(환경)이 음양본위개념에 우선한다. 壬申대운은 壬이 甲을 발현시키고 壬에 의해 巳申辰으로 수기를 채우고 庚으로 향하니 평탄하였다. 癸酉대운도 수기를 채우니 경제적으로 괜찮았지만, 일·시 卯가 동하니 외지생활로 수년간 주말부부로 부부인연을 유지하였다. 50세 甲戌대운은 甲이 동하여 甲己합이 발동하고 乙을 말린다. 甲戌대운 들어서자마자 사업·주식 등에서 손해를 보고 동업관계를 청산했는데 결국 빈손이었다. 묘술-진술로 년·시가 동하니 丙申년부터 트럭운전으로 전국을 헤매고 있다.

● 丙辛

火·金의 만물생성은 丙(丁)→庚-辛으로 완성하는 과정이다. 병신이 합하여 수가 되는 게 아니라 금을 완성하는 것이다. 丙辛합水의 개념은 丙이 庚에서 辛을 완성하여 壬水에 저장한다는 의미이고, 이는 甲을 내고자하는 의도이다.

丙辛은 丙→庚 완성단계에서 辛이 丙을 억제하여 금물상을 완성하는 관계이다. 화생금으로 丙이 손상되는 흐름이다. 다만 丁·壬·己·辛·甲 음본위에서는 丙이 손상되고, 癸·丙·戊·乙·庚 양 본위에서는 辛이 손상된다. 酉戌亥子丑寅에서는 丙이 확산작용을 하지 못하고, 卯辰巳午未申에서는 庚에서 분리되지 못하니 辛이 완성하지 못한다.

丙辛은 천간합 중에서 음양이 가장 조화로운 합이다. 합은 둘이 하나가 되어 또 다른 기상을 창조하는 것인데, 양 본위의 丙과 음 본위의 辛이 화합하여 조화를 이룬 듯하다. 그런데 丙은 분산작용을 하기에 辛을 완성할 수 없고, 辛은 응집작용을 하기에 丙이 庚을 형성하지 못한다. 丙辛은 물상을 완성하는 방향성이 모호해질 수밖에 없다.

丙은 庚이 辛으로 전환되는 것을 원하지 않지만, 庚은 辛으로 전환되어야 완전해진다. 가고자 하는 방향성이 일치하지 않으니 음란지합이자 윤회의 합이 된다. 丙辛은 합반(合絆)된다는 점에서 갑기와 유사하지만, 자신의 목적을 달성하기 위해 상대를 끌어들인다는 점에서 갑기와 다르다.

丙辛은 끌어들여 합하고는 반목하는 경향이 있다. 믿을 수 없는 관계인 셈이다. 丙이 강하면 甲이 나올 수 없으니 辛이 떠나가고, 辛이 강하면 乙이 가치를 잃으니 丙이 떠나간다. 달리 말하면 직면한 환경조건에 따라 어느 하나는 상실되고 어느 하나는 발현된다. 다만 庚이 투출되면 조화를 이룰 수 있다.

甲癸辛己 坤　戊丁丙乙甲癸壬1
寅丑未酉　　寅丑子亥戌酉申
癸일간이 未월을 얻었지만 천간기운은 辛·甲의 환경이 주도한다. 미월에 癸·甲이 입묘하니 辛을 가공할 수밖에 없고, 미월은 申이 없으면 丙-庚이 있어야 가치를 얻는다. 전체적으로 신갑-사유축 환경에 놓여 있지만, 丑未로 동요하니 방향성이 왜곡된다. 癸일간이 주도하지 못하고, 未월에 필요한 수기를 채워야하는 고충만 있다. 未월 축미충으로 庚을 내고 경에서 辛을 완성하여 丑일지에 담아 酉子파로 甲寅을 내려고 한다. 이상이 높고 대박을 노리게 되는데 未월에 경이 없고 酉子파가 발동하기 어렵다. 丑일지를 통해 酉子파를 발동시켜야 하는데 丑寅으로 발현되니 다른 이성을 통해 대박을 꿈꾼다.

31세~50세에 乙·丙이 투출하니 자신이 삶을 주도하려 한다. 특히 丙子대운은 子가 癸일간을 동요하고, 丙이 오니 날개를 얻은 격이다. 庚寅년에 庚까지 투출하니 꿈이 부풀게 된다. 사회생활(프리랜서)을 시작하여 능력을 인정받고 자신을 밝히는 계기가 되었다. 甲午년에 부동산컨설팅 프리랜서로 나름대로 성취를 이루었다. 대박의 꿈에 부풀어 있으니 丙申년에 남자와 동업으로 자신이 대표이사로 하여 아파트·상가 분양대행업에 본격적으로 뛰어들어 곤욕을 치루고 있다. 믿었던 丙子대운이 癸일간을 들뜨게 하고 丙辛-巳酉丑으로 휩쓸려서 묶이면서 子丑·子未 합·천으로 손상된 탓이다.

子에 의해 丙이 확산작용을 강화하니 丙辛은 辛→甲의 발현을 막는다. 辛이 묶이고 子丑으로 묶여 寅이 나오지 못한다. 마음만 부풀어질 뿐 마음대로 되지 않는 꼴이다. 무엇보다 계축일주가 미월에 환경본위를 얻었으니, 丑未충으로 酉子파를 가동하여 대박을 노리는 것이 문제이다. 대운에서 지지환경이 갖춰지지 않은 상태에서 癸일간이 원하는 천간 丙기운이 투출되니 경거망동하게 되고 도리어 발목이 잡히는 것이다. 丁丑대운은 丁·癸로 기운을 돌리니 癸일간이 정신을 차리고 돌파구를 찾으려하지만 벌려놓은 것들을 수습하고 마무리하기란 쉽지 않다. 일간이 월지환경을 득하였는데, 사주환경조건이 미비할 경우의 폐해라 할 수 있다.

4. 천간합-삼합-형·파 관계

삼합운동은 木-火-金-水… 상호작용을 하기에 자신의 운동만을 고집할 수 없다. 가령 인은 해묘미 운동으로 목을 완성하려 하지만, 午를 만나면 인오술 운동으로 전환되기도 한다.

삼합운동은 사주원국 또는 운에 의해 전화·변화되는데, 그 과정에서 빚어지는 작용이 형·파이다. 형·파는 지지삼합운동에서 일어나고, 지지삼합은 천간합의 방향성에 따라 움직이니, 형·파 작용은 자묘오유가 주도한다.

먼저 자묘오유 형·파 관계와 천간합-지지삼합과의 관계를 정리해보면 다음 표와 같다.

구분	지표면 위(양 본위)		지표면 아래(음 본위)	
계절	봄	여름	가을	겨울
천간합	癸丙	乙庚	丁壬	辛甲
삼합	해묘미	인오술	사유축	신자진
형·파	子卯형	卯午파	午酉형	酉子파

〈음양 본위에서 천간합-삼합의 형·파 관계〉

봄에 癸가 해묘미를 주도하니 자묘형이 성립되고, 여름에 乙이 인오술을 주도하니 묘오파가 성립되고, 가을에 丁이 사유축을 주도하니 오유형이 성립되고, 겨울에 辛이 신자진을 주도하니 유자파가 발동한다.

해묘미-사유축에서 목-금 물상이 완성되니 형이 되고, 인오술-신자진에서는 목↔금 물상이 변환되니 파가 된다.

해묘미 사유축 삼합과정은 수→목, 화→금으로 木·金 물상이 완성되는 과정에 있으니 형이다. 이를 삼합과정으로 보면, 癸(子)가 병으로 가기 위해 해묘미 운동을 주도하는데 정작 乙(卯)가 주인행세를 하니 刑이 되고, 丁(午)이 壬으로 가기 위해 사유축 운동을 주도하는데 정작 辛(酉)이 주인행세를 하니 형이 된다.

인오술 신자진 삼합과정은 木→金으로, 금→목으로 변환되는 과정으로 木↔金 물상이 변환되니 파이다. 이를 삼합과정으로 보면, 乙(卯)이 경을 얻기 위해 인오술 운동을 주도하는데 정작 丁(午)이 주인행세를 하고, 辛(酉)이 갑을 내기 위해 신자진 운동을 주도하는데 정작 癸(子)가 주인행세를 하니 破가 된다.

즉 형은 수화기운으로 목금물상을 완성하는 관계이고, 파는 수화기운에 의해 목↔금 물상이 변환되는 관계이다. 그 과정에서 번거로움이 발생하고 때로는 폭발력을 갖는 것이 형·파 작용이다. 파는 물상이 변환되니 형보다 폭발력(대박-쪽박)이 더 크다.

지금까지 살펴본 바를 음양 본위에서 간지 작용으로 총괄해서 정리해보면 다음과 같다.

	양 본위		음 본위	
四象	소음(봄)	태양(여름)	소양(가을)	태음(겨울)
천간인자	癸乙(戊)	(戊)丙庚	丁辛(己)	(己)壬甲
천간합	癸丙	乙庚	丁壬	辛甲
삼합	亥卯未	寅午戌	巳酉丑	申子辰
활동영역	卯辰巳	午未申	酉戌亥	子丑寅
형·파	子卯 형	卯午 파	午酉 형	酉子 파
지지관계	子巳	卯申	午亥	酉寅
간지관계	癸卯 癸巳 丙子 丙寅 丙辰 乙巳 癸未 乙卯	丙申 乙巳 丁卯 庚申 巳申 卯申 庚午 乙未	丁酉 丁亥 壬午 午亥 壬申 壬戌 辛亥 丁丑	壬寅 辛亥 甲子 癸酉 亥寅 酉寅 癸丑 辛丑

〈음양 본위의 간지작용〉

위 천간합-지지삼합의 형·파 관계를 조합해보자.
▷ 묘진사 - 癸乙 - 癸丙 - 해묘미 - 子卯형 - (신자진-인오술)
▷ 오미신 - 丙庚 - 乙庚 - 인오술 - 卯午파 - (해묘미-사유축)
▶ 유술해 - 丁辛 - 丁壬 - 사유축 - 午酉형 - (인오술-신자진)
▶ 자축인 - 壬甲 - 辛甲 - 신자진 - 酉子파 - (사유축-해묘미)

【 癸丙(癸乙)-亥卯未-子卯 】

봄에는 癸·乙이 癸→丙의 방향성으로 卯辰巳에서 해묘미 운동을 주관한다. 癸乙은 지지로 子卯이고, 간지로는 癸卯이다. 癸丙은 지지로 子巳이고, 간지로는 癸巳 丙子 등이다.

癸乙-癸丙의 흐름은 子가 분산작용으로 卯를 펼치는 과정이다. 子卯가 만나면 해묘미로 급박하게 木을 펼치니 子水가 손상되기 쉽다. 子는 본의를 잃지 않으려고 수생목을 조절하게 되니 상생작용이 불미해지는데, 이를 자묘형이라 한다.

달리 말하면 자묘형은 해묘미에서 甲에서 乙이 발현되어 가치를 실현하려는 작용이다. 子의 손상과 卯의 조절이 동시에 일어난다. 癸 또는 甲·寅이 있으면 자묘형이 해소된다.47)

癸丙(癸乙)-해묘미로 구성되면 성장과 발전을 주도하고, 子卯형이 발동하면 움직임을 강화되거나 발달하기도 한다.

다만 해묘미는 사유축과 마찬가지로 물상을 완성하지만 결실을 완성하지 못한다. 목을 완성하지만 金결실을 보지 못하기에 그러하다. 癸丙(癸乙)-해묘미 구조는 다른 구성조합에 비하여 노력에 비하여 성취가 크지 않다는 특성이 있다. 정임-사유축 구조도 유사하다.

申子辰에 卯가 오면 자묘형이 발동하여 갑자기 양 본위 운동으로 전환되니 폭발력을 갖게 된다. 다만 신자진 구성에서 丙·巳를 보지 못하면 성장이 정체되기도 한다. 내실을 강화하는데 치중하는 것이 좋다.

癸丙(癸乙)-寅午戌 또는 癸丙(癸乙)-卯午파 등으로 구성되면 갑자기 乙 작용력이 강화되어 폭발력이 더욱 커진다. 대박 아니면 쪽박이거나, 등락·굴곡이 있는 가운데 성장하게 된다.

---

47) "합충형파해-자묘"편 참조.

癸丙(癸乙) 구조에 정임-신갑, 사유축-신자진, 오유형-유자파 등 음본위가 발동하면 순리에 어긋난다. 사주 구성에 따라 신갑-신자진-유자 등에서는 발전하기도 하지만, 정임-사유축-오유형 등으로 구성되면 실패의 결과를 낳는 경우가 많다.

한편 해묘미는 亥에서 번창하기 시작하여 未에서 작용력을 상실하는 흐름이다. 亥에서 일어난 일들이 未에서 마무리 된다는 의미가 있다.

만약 午酉-酉子, 巳酉丑-申子辰 등을 만나 좋지 않았다면 未에서 해결되거나 마무리·결과를 얻을 수 있다. 반대로 좋았다면 미에서 정산을 해야 하거나 그로 인한 손실 또는 고충을 겪게 된다.

丁戊癸丁　坤　己戊丁丙乙甲2
巳戌丑未　　　未午巳辰卯寅

戊일간이 丑월에 앉았으나 대운이 받쳐주고 있다. 축월에 辛-壬-甲으로 발현되어야 하는데 주재할 인자가 없다. 정을 취할 수밖에 없고 축월에 화가 필요하니 정미-정사에 의지하게 된다. 丁未·丁巳가 복음이니 잘 활용하지는 못한다. 이중직업이거나, 국가·단체를 이용해서 능력을 발휘하거나, 몸 또는 취미성 직업에 어울린다. 20년 넘게 미용실을 운영하였다. 국가로부터 자격증을 취득하여 몸으로 하는 일이고, 합·충·형·천(戊癸丁-丑戌未)이 복잡하니 기술을 이용한 일로 사주원국에 부합하는 직업성이다. 또 이혼하고 자식(아들1·딸1)과 살고 있는 것 또한 丁巳를 취하기 때문이다.

戊 중 丁이 년·시에 투출되고, 년·시 복음이고, 무계-술축형·합하고, 투출한 丁이 천을 발동시키니 부부인연이 순탄하지 않는 구조이다. 丁巳대운에 丁이 투출되니 丁남편이 날아가는 꼴이고 사유축으로 구성되니 戊일간은 이혼을 선택하였다. 丑월에 화가 필요한데 戌이 화를 조절하고 통제하니 반갑지 않다. 배우자가 있으면 갑갑하게 느끼게 되고, 배우자를 두지 않으면 많은 화를 조절할 수 없는 상황이다. 힘들더라도 부부인

연을 유지하는 것이 좋겠지만 견디지 못하고 결혼생활을 정리하였다.

戊癸丁 구조에 목금물상이 없으니 방향성을 잡지 못한다. 마음이 조급해지고 불안하니 욕심이 많아진다. 펼치고자하는 속성이 있고 다혈질적인 성향을 보이게 된다. 이 사주는 계병(무)-사유축 구조로 가장 좋지 않은 구성이다. 축월에 丁이 丁癸-戌丑未를 돌려 辛을 가공하고자 한다. 酉子파가 발동하니 가능하다고 생각하지만, 무계의 대운을 맞았으니 戊癸丁 천작용은 도리어 戊일간이 고집을 부리게 된다.

丁巳대운은 시주복음이고 丁巳로 戊癸丁을 동요하니 풍파가 많았다. 戊午대운은 戊癸가 합작하여 발동이 강화되는데, 지지에서는 사유축을 더욱 완고하게 만든다. 乙未년에 이사하고 미용실도 확장하였고, 丙申년에 丙·庚이 출몰하니 아들을 결혼시키고 이사로 당선되는 등 모양새가 좋았다. 50세 丁酉년에 다시 丁이 투출되고 사유축을 강화하니 戊일간이 견디지 못하고 戊申월에 사망하였다. 사주원국의 무계-사유축의 좋지 않은 구성이 운에서 충동질했기 때문이다.

천간-지지의 기상(氣相) 환경을 보지 않고 단순히 일간을 위주로 금이 투출하여 좋다고 한다면 어리석은 일이다. 좋지 않은 운에 좋을 수 있고, 좋은 운에 나빠질 수 있다. 그 가치는 현재상황으로 판단하는 것이 아니라, 인생 전체에 미치는 영향으로 판단해야 한다. 그래서 길흉화복(吉凶禍福)이라 하는 것이다. 그럼에도 현재의 길흉에 일희일비(一喜一悲)하는 것이 인생사이다.

【 乙庚(丙庚)-寅午戌-卯午 】

여름에는 丙·庚이 乙→庚의 방향성으로 午未申에서 인오술 운동을 주관한다. 丙庚은 지지로 巳申이고, 간지로는 丙申이다. 乙·丁을 지지로 보면 卯午이고 간지로는 丁卯이다.

午未申에서는 실제로 乙→庚으로 완성되는 곳이다. 庚은 乙에서 비롯되고 庚을 실제로 완성시키는 인자는 丁이다.

丙庚-乙庚의 흐름은 卯를 가공하여 庚을 완성하는 과정이다. 卯午가 만나면 인오술로 卯를 가공하여 庚을 완성하려 한다. 午의 목적은 辛에 있으니 목→금의 전환이 급박해지는데, 이를 卯午파라 한다.

달리 말하면 卯午파는 인오술에서 乙이 庚으로 모양새를 바꾸어 가치를 실현하려는 작용이다.

乙庚(丙庚)-인오술로 구성되면 성장과 발전을 주도하고, 卯午파가 발동하면 움직임을 강화한다. 일반적으로 卯午파는 인오술-해묘미 양 본위에서 번거롭더라도 가치가 실현되거나 발달하게 된다.

해묘미에 午가 오면 卯午파가 발동하여 乙→庚으로 갑자기 전환되기에 폭발력이 크게 된다. 다만 해묘미 구성에서 庚·申을 보지 못하면 성장이 정체되기도 하는데 내실을 강화해야 한다.

乙庚(丙庚) 구조에 사유축 또는 午酉형 등이 발동하면 丁 작용력이 갑자기 강화되어 폭발력이 더욱 커진다. 대박 아니면 쪽박이거나, 등락·굴곡이 있는 가운데 성장하게 된다.

乙庚(丙庚)-인오술-묘오 구조에 정임-신갑, 사유축-신자진, 오유형-유자파 등 음 본위가 발동하면 순리에 어긋난다. 사주 구성에 따라 정임-사유축-오유 등에서는 발전하기도 하지만, 乙庚(丙庚) 구조에 신갑-신자진-유자파 등이 발동하면 실패의 결과를 낳는 경우가 많다.

한편 인오술은 寅에서 번창하기 시작하여 戌에서 작용력을 상실하는 흐름이다. 寅에서 일어난 일들이 戌에서 마무리 된다는 의미가 있다.

만약 酉子-子卯, 申子辰-亥卯未 등을 만나 좋지 않았다면 戌에서 해결되거나 마무리·결과를 얻을 수 있다. 반대로 좋았다면 戌에서 정산을 해야 하거나 그로 인한 손실 또는 고충을 겪게 된다.

丙戌乙庚 乾　辛庚己戊丁丙1
辰午酉戌　　卯寅丑子亥戌

戊일간이 酉월 환경에 부합하지 않고 대운도 받쳐주지 않는다. 일간이 음양본위가 부합하지 않으면 삶이 황폐한 것이 아니라, 사업적인 일보다 직장·조직·단체를 통한 자기발현이 이롭다고 보아야 한다. 비록 일간-월지 본위가 부합하지 않지만, 천간이 乙戊丙庚으로 완성되어 있고, 지지는 전체적으로 인오술로 구성되었다. 을경-인오술로 구조가 완비된 것이다. 여기에 년·월·일에서 午酉형-酉戌천이 성립되니 기운을 돌리고 폭발력을 갖게 된다. 또 을경을 년에서 완성하고, 지지흐름이 辰-午-酉-戌로 년에서 금을 완성하니 성취가 크게 된다. 이런 구조는 굳이 조후를 따질 필요는 없지만, 酉월에 부족한 수기를 대운에서 보충해주고 있다.

이 사주에서 酉월은 수기가 크게 필요하지 않다. 酉가 수기를 원하는 것은 壬에 저장되기 위함인데, 이 사주는 을경-인오술로 금을 완성하는 환경이니 경을 완성할 수기만 있으면 충분하다. 辛을 壬에 담는 환경이 아니라, 庚을 형성하여 午酉-酉戌로 辛을 완성하는 것이다. 자신이 주도하여 크게 사업을 벌이지 않는다면 아무 문제가 없다. 乙酉월주이니 乙을 통해 庚을 형성하기 좋고, 형성된 庚은 酉戌로 가공하여 완성하기 수월하다. 증권거래소에서 억대 연봉을 받는 사람이다. 庚戌-乙酉의 모습이다. 오 중 병이 투출되었는데, 부인은 우체국에서 근무한다. 丙辰의 모습을 취함이다.

별다른 재테크를 하지 않았지만 젊은 나이에 부동산 재산이 많고, 丙辰자녀들은 해외유학을 보냈다. 庚寅대운은 寅이 동반되어 인오술을 강화하고, 辛卯대운은 辛이 투출했지만 乙酉월주가 발동하고 인오술로 끌어들이니 발전이 촉진된다. 卯辰-卯午-卯酉-卯戌로 목을 금으로 전환하는 흐름이 폭발력을 더하는 것이다. 丁酉년에 도심에 땅을 사서 주택을 짓고 입주하였다. 丁酉년에 午일지-酉월지가 동하여 午酉형을 발동하니 집을 짓고 옮기는 행위가 있었다.

사주구성이 좋으면 충·형·파·천에 어울리는 행위 또는 덕행으로 흉을 해소하거나 길함을 불러들이고, 사주구성이 좋지 않으면 충·형·파·천에 어울리지 않는 일에 가담하거나 놓지 않으려는 욕심으로 도리어 흉함을 초래하는 경우가 많다. 취할 때 취하고 버릴 때 버릴 줄 아는 지혜가 필요하다.

【 丁壬(丁辛)-巳酉丑-午酉 】

가을은 丁·辛이 丁→壬의 방향성으로 酉戌亥에서 사유축 운동을 주관한다. 丁辛은 지지로 午酉이고, 간지로는 丁酉이다. 丁壬은 지지로 오해이고, 간지로는 丁亥 壬午 등이다.

丁辛-丁壬의 흐름은 午가 응집작용으로 酉를 완성하는 과정이다. 午酉가 만나면 사유축으로 급박하게 金을 완성하니 丁火가 손상되기 쉽다. 午는 본의를 잃지 않으려고 화생금을 조절하게 되니 상생작용이 불미해지는데, 이를 午酉형이라 한다.

달리 말하면 午酉형은 사유축에서 庚이 辛 모양새로 가치를 실현하려는 작용이다. 午의 손상과 酉의 조절이 동시에 일어난다. 丁 또는 庚·申이 있으면 午酉형이 해소된다.[48]

丁壬(丁辛)에 사유축으로 구성되면 성장과 발전을 주도하고, 午酉형이 발동하면 움직임을 강화한다. 사유축은 해묘미와 마찬가지로 물상의 완성을 보지 못한다. 금을 가공하여 완성하였지만 정작 목 발현을 보지 못하는 것이다. 번거로움이 동반되는 만큼 성과가 크지 않다는 특성이 있다. 다만 사유축은 금 물상을 완성하였으니 다른 삼합에 비하여 결실을 완성했다는 의미는 있다.

인오술에 酉가 오면 午酉형이 발동하여 갑자기 음 본위 운동으로 전

---

48) "합충형파해-오유"편 참조.

환되니 폭발력을 갖게 된다. 다만 인오술 구성에서 壬·亥을 보지 못하면 성장이 정체되기도 하는데 내실을 강화해야 한다.

丁壬(丁辛)-申子辰 또는 丁壬(丁辛)-酉子파 등으로 구성되면 酉 작용력이 갑자기 강화되어 폭발력이 더욱 커진다. 대박 아니면 쪽박이거나, 등락·굴곡이 있는 가운데 성장하게 된다.

丁壬(丁辛) 구조에 계병-을경, 해묘미-인오술, 자묘형-묘오파 등 양본위가 발동하면 순리에 어긋난다. 사주 구성에 따라 을경-인오술-묘오 등에서는 발전하기도 하지만, 계병-해묘미-자묘형 등이 발동하면 실패의 결과를 낳는 경우가 많다.

한편 사유축은 巳에서 번창하기 시작하여 丑에서 작용력을 상실하는 흐름이다. 巳에서 일어난 일들이 丑에서 마무리 된다는 의미가 있다.

만약 子卯-卯午, 해묘미-인오술 등을 만나 좋지 않았다면 丑에서 해결되거나 마무리·결과를 얻을 수 있다. 반대로 좋았다면 丑에서 정산을 해야 하거나 그로 인한 손실 또는 고충을 겪게 된다.

```
己丁壬壬  坤  丙丁戊己庚辛5
酉酉子寅     午未申酉戌亥
```

丁일간이 子월을 얻어 丁壬합으로 년지 寅에 들고, 지지에서도 酉子파로 년지에서 寅을 내는 흐름이다. 정임-신자진-유자 관계가 성립되었다. 정임-사유축-오유의 조합은 아니지만 음본위의 구성조합이다. 폭발력이 더 크게 작용하는데, 이를 대박-쪽박으로 표현하였다. 크게 성공하기도 크게 실패하기도 한다. 이럴 경우에는 사주구성을 보다 잘 관찰해야 한다. 천간은 丁·壬 기운으로만 구성되어 물상의 펼치는 조건이 미비하고, 지지에서 전체적으로 신자진으로 구성되지만 子가 홀로 신자진을 완성하기란 쉽지 않다. 子는 분산작용으로 해묘미 방향성에 있기 때문이다. 그래서 음양본위 구성조합 중에서 정임-신자진 구성은 발달하기 어려운 구조이다.

지지구성만 보고 신자진-酉子파로 대박사주라고 보면 안 된다. 또 단순히 酉子파가 되어 좋지 않다고 하면 기상명리의 관점이 아니다. 정임-신자진-유자 구성은 음 본위구조임에도 윤회인자가 몰려 있어 크게 발달하는데 한계가 있다는 단점이 있다. 특히 이 사주는 丁酉-酉子-壬寅으로 발현되는 흐름인데, 수가 왕하니 수생목이 불미하여 갑이 발현되지 못하는 亥寅형·파가 발동한다.

酉酉 일·시 복음이니 부부·자식 인연이 고르지 않음을 예고한다. 많은 수에 丁酉-酉子로 酉일지가 손상되니 남편이 사고를 당하여 장애는 아니지만 활동성이 원활하지 못하다. 酉일지 형상이 남편의 손상으로 드러났고, 이 여명도 성격이 까탈스럽고 허리가 좋지 않아 무시로 병원출입을 하고 있다. 酉金이 허물어지고 그로 인해 寅木이 손상되기 때문이다.

戊申대운까지 신자진 방향성에 있으니 조그마한 소매점을 운영하면서 살아왔다. 丁未대운부터는 子가 변색하여 도리어 해묘미로 향하니 정임-신자진-유자 구조가 대박이 아니라 쪽박으로 일어날 가능성이 있다. 남편은 몸이 좋지 않으니 별 다른 직장 없이 일용직업성이고, 가게운영이 어려워지면서 담보대출을 내기 시작하였다. 급기야 직접 운영하던 소매점을 다른 사람에게 넘기고 임대료를 받고 있다. 丙午대운 戊戌년에 丁일간이 동요하고 인오술로 구성되니, 담보대출금·임대보증금 등을 상환하면 손에 쥘 게 없는데도 가게와 집을 팔았다. 엉뚱한 짓을 하는 것이다. 한 치의 차이가 천양지차라는 말을 실감하는 사주구조이다.

【 辛甲(壬甲)-申子辰-酉子 】

여름은 壬·甲이 辛→甲의 방향성으로 子丑寅에서 신자진 운동을 주관한다. 壬甲은 지지로 亥寅이고 간지로는 壬寅이다. 辛·癸를 지지로 보면 酉子이고, 간지로는 癸酉이다.

子丑寅에서는 실제로 辛→甲으로 완성되는 곳이다. 壬甲-辛甲의 흐름은 酉를 가공하여 甲을 내는 과정이다. 甲의 씨앗은 辛이고, 甲을 실제로 발현시키는 인자는 癸이다.

酉子가 만나면 신자진으로 酉를 풀어 甲을 내려고 한다. 子의 목적은 乙에 있으니 금→목 전환이 급박해지는데, 이를 酉子파라 한다. 달리 말하면 酉子파는 신자진에서 辛이 甲으로 모양새를 바꾸어 가치를 실현하려는 작용이다.

辛甲(壬甲)에 申子辰으로 구성되면 성장과 발전을 주도하고, 酉子파가 발동하면 움직임을 강화한다. 酉子파는 사유축-신자진 음 본위에서 가치를 실현하거나 발달하는 경우가 많다.

사유축에 子가 오면 酉子파가 발동하여 辛→甲으로 갑자기 전환되기에 폭발력이 크게 된다. 다만 사유축 구성에서 甲·寅을 보지 못하면 성장이 정체되기도 하는데 내실을 강화하는 것이 좋다.

辛甲(壬甲) 구조에 해묘미-자묘형 등이 발동하면 子 작용력이 갑자기 강화되어 폭발력이 더욱 커진다. 대박 아니면 쪽박이거나, 등락·굴곡이 있는 가운데 성장하게 된다.

辛甲(壬甲)-신자진-유자 구조에 丁壬(丁辛) 구조에 계병-을경, 해묘미-인오술, 자묘형-묘오파 등 양 본위가 발동하면 순리에 어긋난다. 사주 구성에 따라 계병-해묘미-자묘 등에서는 발전하기도 하지만, 을경-인오술-묘오파 등이 발동하면 실패의 결과를 낳는 경우가 많다.

한편 신자진은 申에서 번창하기 시작하여 辰에서 작용력을 상실하는 흐름이다. 申에서 일어난 일들이 辰에서 마무리 된다는 의미가 있다.

만약 卯午-午酉, 인오술-사유축 등을 만나 좋지 않았다면 辰에서 해결되거나 마무리·결과를 얻을 수 있다. 반대로 좋았다면 진에서 정산을 해야 하거나 그로 인한 손실 또는 고충을 겪게 된다.

壬癸辛壬 坤　甲乙丙丁戊己庚4
戌丑亥子　　辰巳午未申酉戌

水가 태과한 사주이다. 이 여명이 성공을 이루었다면 水가 많은데 火운이 왔기 때문이라 할 것이고, 만약 삶이 곤궁하다면 많은 水에 火가 와서 도리어 횡액을 입는다고 할 것이다. 어떤 관점으로도 이 사주는 火가 없는 고충(우울증, 조상·윤회인자)은 따르게 된다. 시댁이 단명 유전인자가 있고, 그로 인한 심리적 불안감을 안고 살아간다.

기상명리 관점에서 보면, 癸일간이 亥월을 만났으나 亥子丑으로 구성되어 甲을 내는 본질이 갖추어졌고, 신자진 방향성이다. 辛壬-신자진 구성으로 辛亥월주가 辛壬甲을 형성하고 있다. 또 많은 水에 酉子파 辛이 손상될 우려가 있는데 戌丑형이 발동되었다. 즉 많은 수에 갑이 손상될 우려가 있는데 투출하지 않고 亥 중에 암장되어 있으니 오히려 이롭고, 辛이 손상될 우려가 있는데 금왕의 丑戌형이 발동하니 도리어 이롭게 되었다. 해월에 필요한 인자는 신이고, 사주구성에서 최종 목적물은 해 중 갑이다. 이 사주에서 신해월주가 중심이 되니 직업적 성취가 있고, 삶에 행운적 요소가 있으며, 여명이니 시댁의 혜택이 있다. 부유한 시댁을 만나 경제적 도움을 많이 받고 있다. 다만 시부모를 모시고 사는 번거로움은 겪는 것은 해 중 갑을 내는 모습이라 할 수 있다.

비록 癸일간이 해월 환경이지만 대운을 득했고, 해묘미 인자를 얻었으니 나쁘지 않다. 천간-지지의 흐름이 신갑-신자진 조합으로 신해월주이니 복록을 누리는 것이다. 다만 亥 중 甲을 내야하니 조급해지고 더디다고 생각할 뿐이다. 癸·辛이 투출하여 부부인연을 해칠 수 있는데, 자신은 메이커 의류매장을 운영하고 남편은 여행사를 운영하고 있다. 직업적으로 승화시키고 있으니 흉이 해소된다.

丙午대운은 계병-해묘미(午亥)로 구성되고, 丙午로 점차 인오술로 발현되기에 癸일간이 환경을 만나 자신감과 대박심리가 발동한다. 午亥암합으로 다른 사람을 끌어들여 크게 먹으려는 것이다. 丙申년에 상가주택을 건축하여 입주하였고, 丁酉년에 동업으로 모텔을 건축하였는데 1년 넘게 팔리지 않아 애를 먹고 있다. 癸일간이 운을 만나 일시적으로 대박을 칠 수는 있으나, 천간환경을 잃은 癸일간이 경거망동하면 결국 쪽박이 될 가능성이 높다. 丙辛합-丙壬충으로 丙의 분산작용이 약화되기에 크게 나쁘지는 않겠지만 마음고생은 할 것이다.

◈ 기상 흐름의 운행분석 총론 ◈

천간기운의 방향성은 천간합으로 발현되고, 지지물상의 방향성은 삼합으로 발현된다. 천간합-삼합의 방향성이 합치할 때 비로소 완전한 물상이 갖추어지게 된다.

천간합-삼합의 운동·방향성에서 파생된 작용이 형·파 관계이다. 형·파 관계에서 연관되는 작용이 천·암합 등이고, 이는 간지의 상호작용 관계에서도 살필 수 있다.

이와 같이 앞에서 살펴본 천간-지지의 흐름을 음양 본위에 의한 기상(氣相) 흐름으로 분석하는 방법을 간략해보자.

⇒ 간지의 음양본위는 사주 흐름의 순리이다. 기운에서 물상이 형성되니 천간의 음양본위가 가장 중요하다. 다음으로 월지를 중심으로 한 지지삼합의 방향성이고, 다음으로 대운의 흐름이다.

⇒ 일간이 월지(삼합) 환경에 부합하면 삶을 능동적으로 이끌어갈 수 있다. 실패하더라도 환경조건이 갖추어졌으니 슬기롭게 이겨낼 수 있다는 의미이지 성공을 보장하는 것은 아니다. 즉 일간이 월지환경을 득-불득에 따라 인생의 성공-실패, 길-흉 등이 결정되는 것은 아니라는 말이다.

⇒ 일간이 지지환경을 잃으면 순리적 환경 속에서 성취를 이루면 된다. 사업보다 조직생활에서 자신의 능력을 발휘하는 것이 좋고, 타인 중심의 일, 정신추구, 판매업 등에서 발달한다. 만약 순리를 거역하거나 경거망동하면 흉하게 작용한다. 월지가 년·월과 충·형·파·해 관계로 구성되면 크게 성공을 이루는 환경조건으로 바뀌게 된다.

⇒ 천간기운은 천간합의 방향성으로 파악하고, 지지는 월지를 중심으로 삼합운동의 방향성으로 물상흐름을 읽어야 한다. 천간합-지지삼합의 구성조합에 따라 인생의 방향성이 결정되기도 한다.

⇒ 천간합-지지삼합의 구성조합을 파악하기 위해서는 간지의 고유한 기상(氣相)을 살피는 것이 무엇보다 중요하다. 간지의 특성과 기상론을 궁구하면 간지의 흐름을 자연스럽게 파악할 수 있다. 사주는 수학도 아니고 과학도 아니다. 어떤 기운이 어디로 향하는지는 법칙으로 설명할 수 없고, 억지로 돌릴 수도 없다.

⇒ 천간-지지의 기운-물상 흐름을 표현한 것이 60갑자이고, 60갑자를 생장쇠멸 과정으로 기둥을 세운 것이 궁위이다. 궁위별 간지의 배열, 방향성, 음양조화 등이 삶의 안정성을 돕는다.

⇒ 기운-물상이 전화·변환되는 과정에서 드러나는 현상이 흔히 말하는 합·충·형·파·해 등이다. 합·충·형·파·해 관계를 공식 외우듯 외워서 적용하면 이현령비현령(耳懸鈴鼻懸鈴)이 된다. 합·충·형·파·해 등은 좋고 나쁨이 아니라, 현실적 삶의 모양새이자 직업적 성향이기도 하다.

합·충·형·파·해 등은 사주원국 또는 운에서 간지가 동(動)하는 성립관계와 발동조건을 파악해야 한다.[49]

그러면 다음 사주로 간지의 기상흐름을 분석해보자.

---

[49] 사주원국에서 간지가 동하는 관계성은 『기상명리』 "궁위·십신·지장간·12운성·12신살" 등을 참고하고, 간지 고유의 특성은 "간지론"에서 논하였고, 간지의 합·충·형·파·해 등 발동조건에 대해서는 뒤에서 살피기로 한다.

戊丁戊壬　乾　甲癸壬辛庚己 8
申丑申子　　寅丑子亥戌酉

丁일간이 申월 환경에 부합하지 않지만 대운이 받쳐주고, 丁壬에 申子辰-巳酉丑 구성이다. 丁壬-巳酉丑 구성으로 크게 발달할 사주로 봐야 할지, 申월에 丁壬이 주재하지 못하는 환경이니 발달하지 못하는 사주로 봐야 할지, 丁일간이 申월을 앉았지만 대운환경이 좋으니 사업을 해도 된다고 해야 할지… 대다수의 사주가 이러하니 판단하기 어려울 수 있다.
이를 간지의 기상흐름으로 추론해보자.

첫째, 丁일간이 申월에 앉았으나 대운이 받쳐주니 자신의 능력을 드러내는데 큰 문제가 없다. 다만 월지환경이 마땅하지 않으니 자신이 주도권을 잡는데 제약은 있다.
둘째, 천간은 丁壬의 방향성인데, 申월 환경을 주재하는 천간 기운은 戊다. 戊는 바탕에 불과하고 丁丑일간이 午酉-酉子를 가동하니, 丁은 戊를 극하여 자신의 땅으로 만들려고 한다. 불법·비리에 가담할 수 있는 여지가 많음을 의미한다.
셋째, 申월의 방향성은 사유축에 있으니 丁壬-巳酉丑으로 구성조합이 무난하다. 그런데 년·월이 申子辰 흐름에 있으니 대박을 꿈꾸는 기질이 있다. 정임-신자진은 기운전환을 주도하고 음 본위활동으로 현실적 재관성취와는 무관하다. 발달에 제약이 있는데, 크게 발달하거나 경거망동하면 결국 쪽박이 되기 쉽다. 申이 복음이고 수시로 변색되니 직업·직장·가정 등이 자주 바뀌거나 직업적 안정성을 얻기 어렵다.
넷째, 각 궁위별 간지구성을 보면, 모두 음양본위에 부합하니 안정성이 있다. 다만 월·시가 戊申 복음이니 가정·직장에서 안정되지 못하는 요인이 된다.

전체적으로 이 사주는 자신이 직접 주도하거나 경거망동하면 실패할 가능성이 많고, 불법·비리에 가담할 수 여지가 있으니 등락이 예고된다. 대운환경이 丁일간을 돕지만 사주구성에서 어떻게 펼쳐지느냐에 따라 삶의 방향성 결정될 수 있다.

庚戌대운은 申월지가 투출되어 戊庚이 사유축으로 안정시키니 丁이 경을 키우느라 경거망동하지 않는다. 辛亥대운은 丁·辛·壬으로 구성되고 申亥가 해자축을 완성하니 辛을 가공하여 저장한다. 대기업 비서관으로 인정받는 것은 사주구성에 부합하는 직능이다. 壬子대운은 정임-신자진으로 폭발력을 갖게 되는데, 壬子년주와 복음을 이루니 근원적 문제가 발생한다. 丙申년에 丙壬충으로 壬子년주·대운이 함께 동하고, 壬子-丙申이 신자진-인오술을 구성하니 방향성이 왜곡된다. 회사 문제로 연류 되어 구속되었다가 丁酉년에 집행유예로 풀려났다. 丁酉년은 정임-사유축-午酉형-酉子파로 발동되니 쪽박-대박을 넘나드는 형국이다. 사주원국의 불법·비리 형상이 운에서 발동하였는데, 사주구성 나쁘지 않으니 큰 문제가 없었음이다. 癸丑대운은 丁癸가 기운을 돌리니 정축일주가 午酉형을 가동한다. 丁癸-戊癸-사유축으로 대박을 꿈꾸게 되는데, 丁丑일주가 戊癸를 이용하여 자신의 것으로 만드는 관계이다. 원국의 특성에 따라 타인을 이용한 일이라면 자신의 능력을 발휘하고 큰 성취를 도모할 수 있을 것이다.

動 : A→A　　　　공간(장소)이 바뀐다.
變 : A→A'→A"　　모양새(외형)가 바뀐다.
化 : A→B→C　　본질이 바뀐다.

變 = 天 - 기운 - 시작
化 = 地 - 물상 - 완성

自有而無謂之變, 自無而有謂之化
있던 것이 없어지는 게 변(變)이요, 없던 것이 존재하는 게 화(化)라 일컫는다.

無:有之無, 有:無之有
무는 있는 듯 없는 것이요, 유는 없는 듯 있는 것이다.

變則通, 通卽變, 變卽久
변하면 통하고, 통하면 변하니, 변하는 즉 영원함이다.

變化: 互相生滅之義
변화는 서로 생멸하는 것이다.

"영원성을 지속하기 위해서는 변해야 하고,
변화하는 과정이 생장쇠멸이다".

제 5 장
합충형파해

寅申-巳亥/ 寅巳-申亥/ 寅亥-巳申
亥辰/ 巳戌/ 寅未/ 申丑

子午-卯酉/ 子卯-午酉/ 卯午-酉子
午未/ 子丑/ 子未/ 午丑
卯戌/ 酉辰/ 卯辰/ 酉戌
卯申/ 酉寅/ 子巳/ 午亥

辰戌-丑未/ 辰未/ 未戌/ 戌丑/ 丑辰

합충형파해 合沖刑破害

1. 합·충·형·파·해 작용관계

1) 합의 의미와 작용관계

◎ 합의 사전적 의미

합하다, 모으다, 화합하다, 만나다, 적합하다, 짝하다, 말과 뜻이 통하다, 여럿을 하나로 모은 數 또는 化를 의미한다.

◎ 합의 관계작용적 의미

친밀하다, 친화하다. 관계되다.50)

움직이지 못하다, 제 역할을 못하다, 기반(羈絆)되다.51)

◎ 合·會의 작용관계

기상명리에서 합은 천간합과 지지삼합을 위주로 논하고, 합화의 개

---

50) "唯陰見陽, 陽見陰爲合, 亦如男女相合而成夫婦之道", 萬民英 著,『三命通會』. "음이 양을 보고 양이 음을 보면 합이 되니 남녀가 상합하는 것과 같아서 부부의 도를 이루는 것이다"고 하였다. 즉 합은 '친밀하다' '관계되다'는 작용적 관계에 있고 유정하다는 의미가 있다 하겠다.

51) "地支天干多合, 亦云貪合忘官", 徐升 編. "貪合忘生", 任鐵樵 增注, 袁樹珊 撰輯. "貪合忘官", 任鐵樵 增注, 袁樹珊 撰輯,『滴天髓闡微』. "합을 탐하여 생을 망각하고 합을 탐하여 官을 망각한다"고 하였다. 즉 합함으로써 '제 역할을 못하다'는 작용적 의미가 있음을 일컫는다. 또 『자평진전평주』에서 『三命通會』의 말을 빌어서 다음과 같이 밝혔다. "以合爲留, 以剋爲去", 沈孝瞻 原著, 徐樂吾 評註 ,『子平眞詮評註』. "합은 머무르게 하는 것이고 剋은 제거하는 것이다"고 하였다. 즉 합은 '움직이지 못하다' '羈絆되다'는 작용적 의미가 있음이다. 덧붙여 『자평진전평주』에서 "透丁逢癸 癸剋不如壬合", "如甲用辛官 透丙作合 而官非其官", 沈孝瞻 原著, 徐樂吾 評註,『子平眞詮評註』. "癸로 丁을 剋하는 것은 壬으로 丁을 합하는 것만 못하다"고 하였고, "甲이 辛정관을 쓰는데 丙이 투출하여 합하면 그 官은 제구실을 못한다"고 하였다. 즉 충극은 동하는 것이지만, 합은 제거되고 기반됨을 말하고 있다. 그래서 합은 '제 역할을 못하다'는 작용적 의미가 있다 하겠다.

넘보다 가고자 하는 방향성 또는 발현으로 정의한다.

① 천간합은 지지삼합이 도와야 합의 방향성이 발현되고, 지지삼합은 천간합의 방향성에 따라 合化하여 움직인다.52)
② 천간합은 지지삼합의 방향성이 부합하지 않으면 도리어 합으로 기반된다. 그래서 일간이 運과 합하는데 지지에서 도와주지 않으면 도리어 일간은 묶여 작용력이 무력화된다.
③ 지지에서 삼합이 완성되어야 비로소 動하여 작용력이 발동한다.53)
④ 합다(合多) 쟁합(爭合) 투합(妬合) 등은 合化하지 못하고 형·파·해 작용을 동반하게 됨으로써 흉하게 작용하거나 묶이게 된다. 특히 삼합-방국(삼합-육합, 방국-육합)이 혼재할 경우에는 천(穿)의 해로움이 발생한다.
⑤ 합화하면 化한 오행이 발동하여 生·剋·合·沖작용을 발휘한다.

이처럼 합은 합화해야 하고, 합화는 천간합-지지삼합의 음양 본위에 부합해야 발동한다. 이것이 기상명리에서 말하는 합의 발동조건이다.

---

52) "天干五合, 須得地支之助, 方能化氣, 地支之三會六合, 亦須天干之助, 方能會合而化也", 沈孝瞻 原著, 徐樂吾 評註, 『子平眞詮評註』. "천간의 합은 반드시 지지의 도움을 받아야 비로소 化氣가 될 수 있고, 지지의 삼합와 육합은 반드시 천간의 도움이 있어야 비로소 合하여 化한다."

53) 지지는 合하여 動한다고 하였는데 이를 『적천수천미』와 『자평진전평주』의 견해를 통하여 살펴보자. 『적천수천미』에서 "不沖不動, 不合不助", 任鐵樵 增注, 袁樹珊 撰輯, 『滴天髓闡微』. "沖하지 않으면 움직이지 않고, 합하지 않으면 도와주지 않는다". 또 "且天干宜動不宜靜, 動則有用", "천간은 動함이 마땅하고 靜함이 마땅하지 못하니 動한 즉 쓰임이 생긴다"고 하였다. 『자평진전평주』에서는 "然必會有動, 是正與干有別也", 沈孝瞻 原著, 徐樂吾 評註, 『子平眞詮評註』. "지지는 반드시 會合이 있어야 발동하니 이것이 천간과 다름이 있다"고 하였다.
이를 보건대 간지는 충·합에 의해 움직이고, 천간은 動하는 것이니 合을 꺼린다.

2) 沖의 의미와 작용관계

◎ 沖의 사전적 의미

化하다(변화하다), 비다(=盅, 空虛하다), 가운데(중간), 깊다(深遠하다), 꺼리다, 앞으로 향하다.

◎ 충의 관계작용적 의미

충돌하다, 경쟁하다. 제거하다, 움직이다, 가속도, 떠나다, 달리다, 직업전변, 이동·변동, 새 출발, 앞으로 나아가다.54)

◎ 沖의 작용관계

흔히 沖을 흉하게 보기도 하지만 '動한다'는 작용적 의미가 있다.55) 기상명리에서 말하는 沖=動 작용을 정리해보자.

---

54) 沖은 상극관계 중에서 양과 양이 극하고 음과 음이 극하여 부딪히는 것을 말하고, 『삼명통회』『명리약언』『명리정종』등에서 沖을 衝으로 논하기도 하였다. 그러나 沖의 본질적 의미는 비었다는 뜻으로 '비었으니 채운다'는 의미가 있다. 기존의 틀에서 벗어나 새로운 시작을 위해 앞으로 나아간다는 의미가 있다. 그 과정에서 충돌하고 경쟁하게 되는 것이다. 이에 『자평진전평주』에서 『삼명통회』의 말을 빌어서 "以合爲留, 以剋爲去", 沈孝瞻 原著, 徐樂吾 評註, 『子平眞詮評註』. "合은 머무르게 하는 것이고 剋은 제거하는 것이다"라고 하였다. 『적천수천미』에서는 "沖則動也, 動則馳也". "沖은 動이며 動하면 달린다"고 하였다. 『연해자평』에서는 "離祖月(令)逢沖". "月令이 沖을 만나면 祖業을 떠난다"고 하였다. 한편 12신살 관계에서 보면 沖은 역마살에 해당한다.

이처럼 고서의 내용을 궁구해보면 沖은 '떠나다' '달리다' '움직이다' '가속도' '직업전변' '이사' '이전' '변동' '나아가다'등 의미가 있다.

55) 『淵海子平評註』에서는 유년의 충을 특히 흉하게 보았다. "征者 戰也, 如臣觸其君, 乃下犯上之意. 日干支沖克太歲曰征, 運干支傷沖太歲亦曰征, 太歲干支沖日干支者亦曰征, 但看八字有無救助, 仔細推詳, 百發百中", 徐升 編. 즉, 대운이나 일주가 유년과 상생하면 길한데, 유년을 충극하는 것은 흉하고 특히 일주와 유년이 충극하는 것을 가장 꺼린다고 하였다. 그러나 한편으로는 "다른 오행이 구해주면 그 년에는 도리어 재물을 모은다"고도 하였다. "五行有救, 其年反必爲財, 四柱無情, 故論名爲克歲". 여기서 '오행이 구해준다' 함은 유년을 충극하는 것을 극제하거나 통관하여 유통시키거나 합하는 것을 말한다. 그러므로 유년을 충극하는 오행을 극제하거나 합거하는 오행이 있으면 흉하지 않다는 것이다.

① 충은 극관계로 각자의 작용력을 발휘하기 위해 반발하게 된다. '剋하면 生하려'는 작용이 있듯이 '沖하면 合하려'는 작용이 있다.56) 剋·沖은 간지를 동하게 하고 合·沖·刑·破·害 작용을 動하게 하는 '동기부여'가 된다. 기상명리에서 충은 음양 본위의 인자를 발동케 하는 작용으로 본다.

② 土는 조절통제 기능으로 토의 沖은 沖으로 보지 않는다.

③ 천간은 동하는 인자인데 충으로 작용력이 강화된다.

④ 지지는 정하는 인자이니 沖으로 동하게 된다. 지지충은 암장된 지장간을 動하게 하는 '동기부여'이다.57)

---

56) 剋하면 生하려는 작용이 발동하니, 충·극하면 생·합하려는 작용이 발동한다. 이를『子平眞詮評註』에 나오는 사주사례를 통하여 살펴보자.
　　丙丁甲癸　　　丁戊己庚辛壬癸
　　午卯子酉　　　巳午未申酉戌亥
"子午卯酉, 四沖也, 而此造則非但不沖, 反爲四助, 卯酉之間, 隔以子水, 子午之間隔以卯木, 金水木火, 以次相生, 以印化煞爲用, 遇水得木引化, 遇金得水引化, 不傷印綬用神, 雖沖而不沖也", 沈孝瞻 原著, 徐樂吾 評註,『子平眞詮評註』. 이 명조는 子午卯酉가 모두 있어서 沖이 되는 것 같지만 子午 사이에 卯가 있고 卯酉 사이에 子가 있어서 沖이 되지 않고, 金水木火로 상생하여 인성을 용신으로 삼아 化殺하여 성격되었다고 하였다고 소개한 사주사례이다. 이를 충·극의 논리로 살펴보면, 子午와 卯酉가 서로 충·극하니 午와 卯가 生으로 動하여 午火生土하고 卯木生火한다. 그래서 지지에서 子午卯酉가 금생수-수생목-목생화로 유정하게 되어 재관인이 동하였다. 또 여기서 遙沖이라 하였는데, 이는 '繫遙'를 말한다. 사주 내에서의 긴요는 붙어 있으면 繫이고 떨어져 있으면 遙이다. 사주 외에서의 긴요는 사주 내에 있으면 繫이고, 운에서 오는 것을 遙이다. 그래서 繫은 沖하는 것이라 하였고, 遙는 動하는 것이라고 하였다. 그래서 子午와 卯酉는 서로 충하여 극하는 것이 아니라 動하는 것이다.

57) 지지가 沖할 경우에 지장간이 傷하느냐 動하느냐는 명확하지 않았다. 단지 간지의 유정·무정 및 강·약에 따라 그 작용력이 다르다. 또한 動함에 대하여도『삼명통회』와『적천수천미』에서 논하는 바가 다르다.『三命通會』에서는 지지에 암장된 干이 天干에 투출하지 않아야 沖으로 藏干이 動한다고 하였고,『滴天髓闡微』에서는 暗藏된 干이 天干에 투출되어야 沖으로 그 暗藏된 干이 動한다고 하였다. 두 이론에 차이가 있지만, 지지가 沖하면 지장간이 모두 깨지고 없어지는 게 아니라 動한다는 사실이다.

⑥ 지지에서 충하면 해당 궁위의 천간이 발동하는 '동기부여'이다. 만약 지지가 충하는데 그 궁위천간이 합하면 기반된다.

⑦ 음양 본위에 부합하지 않는 천간은 충으로 약화시키면 도리어 발달하게 된다. 沖으로 작용력을 발휘하기 위해서는 뿌리가 있어야 하고, 만약 음양본위가 부합하지 않으면 발동하지 않는다.58)

※ 合·沖의 작용관계

합충형파해는 상호간에 작용적 연관성이 있고, '동기부여'에 의하여 발동한다. 合·沖·刑·破·害 각각의 작용은 삼합에 의하여 성립되고, 沖에 의해 발동하기도 한다. 삼합과 충은 간지를 동하게 하는 작용력이 있기 때문이다.

○ 沖하면 合하려 속성이 있다.

○ 合하면 動하여 생극작용을 한다.

○ 合·沖은 '동기부여'의 작용적 기능을 한다.

이러한 합·충의 속성에 따라 刑·破·害 등 작용관계가 성립되고 발동하게 되는 것이다.59)

---

58) "旺者沖衰衰者拔, 衰神沖旺神者發", 任鐵樵 增注, 袁樹珊 撰輯, 『滴天髓闡微』. 이에 대하여 사주사례를 통하여 살펴보자.
　　癸丙辛戊　　　丁丙乙甲癸壬
　　巳午酉辰　　　卯寅丑子亥戌
"此造旺財當令, 加以年上食神生助, 日逢時祿, 不爲無根, 所以身出富家, 時透癸水, 巳火失勢, 逢酉邀而拱金矣, 五行無木, 全賴午火幫身, 則癸水爲病明矣, 一交子運, 癸水得祿, 子辰拱水, 酉金黨子沖午, 四柱無解救之神, 所謂旺者沖衰衰者拔, 破家亡身, 若運走東南木火之地, 豈不名利兩全乎". "甲子운에 癸水가 득록하고 子가 子辰合水하여 酉가 작당하니 왕한 水가 쇠한 午를 충하니 뿌리가 뽑혀서 파가망신하였다". 즉 왕한 인자의 충은 動하고, 쇠한 인자의 충은 발동하지 않고 제거됨을 말한 것이다.

59) "日主無沖無合, 雖有閑神, 只不去動也", 任鐵樵 增注, 袁樹珊 撰輯, 『滴天髓闡微』. 즉 不沖하면 不動하고 不合이면 不助하니, 合沖이 없으면 다른 곳으로 나아가지 않는 것이다. 이와 같이 合沖은 動하게 하는 '동기부여'가 된다.

3) 刑의 의미와 작용관계

◎ 刑의 사전적 의미

형벌하다, 제어하다, 체형을 가하여 복종시키다, 모범이 되다, 준거(準據)하다. 따르다, 이루어지다, 본받다, 다스리다.

◎ 刑의 관계작용적 의미

번거롭다, 용도에 맞게 바꾸다, 재조정, 조율하다. 질병, 수술, 가공, 소송, 해치다.

◎ 刑의 작용관계

刑은 三合과 方局의 혼재로 나타나는 작용이므로, 三合을 따를 것인지 方國을 따를 것인지의 문제이다. 刑의 작용은 상생의 결함에서 발생하므로 '재조정'이나 '조율'을 통하여 고쳐서 다른 용도로 사용하거나 다시 시작하려는 의도가 있다. '용도에 맞게 바꾸다'는 작용에서 번거로움이 발생한다.

또한 刑은 특정 오행이 왕하여 발생하는 작용이다. 특정 오행이 왕해지면 설기되는 오행이 문제가 되니 질병·횡액 사건·사고에 노출되기 쉽다. 한편 왕함을 억제하거나 설기해야 하니, 현대적 의미로 '수술, 가공, 제조, 소송, 형벌' 등의 작용적 의미가 있다. 형을 이용한 직업성으로 검사, 변호사, 의사, 제조·가공, 건축·토목, 예술·예능, 종교·철학, 도화성 직업 등을 들 수 있다.

흔히 刑을 충 또는 合으로 치부하는 경우가 많다. 가령 寅申, 巳申 등을 형으로 보지 않고 합·충으로 치부하는 것은 형의 성립조건과 발동조건을 모르기 때문이다.

형의 발동은 성립조건에 의한 '동기부여'가 충족되었을 때 발동한다. 삼합과 방국의 만남이 그것이다.

기상명리에서 밝히는 형의 성립관계-발동조건을 정의해보자.

삼합	申子辰(水)	亥卯未(木)	巳酉丑(金)	寅午戌(火)
방국	寅卯辰(木)	亥子丑(水)	申酉戌(金)	巳午未(火)
刑 성립	申子辰 寅卯辰	亥卯未 亥子丑	巳酉丑 申酉戌	寅午戌 巳午未
작용조건	수생목 결함의 刑		금왕의 刑	화왕의 刑

<刑의 성립관계>

위와 같이 형은 삼합과 방국이 혼재함으로써 작용관계가 성립된다. 刑은 종류를 불문하고 그 작용조건이 성립되어야 발동한다.

① '금왕의 형'은 금을 동반해야 刑 작용관계가 성립된다.

② '화왕의 형'은 화가 동반되어야 刑 작용관계가 성립된다.

③ '수생목 결함의 형'은 수 또는 목이 왕하거나 만나지 못했을 때 상생이 불미한 형이 된다.60) 木은 오행 중에서 유일한 생명체이니, 목이 손상되면 현실적 문제가 발생한다. 그래서 子卯는 형 중에서 중복되어 발생하기에 가장 두드러진 형작용으로 보는 것이다.61) 이는 子卯

---

60) 한동석은 『우주변화의 원리』에서 부족과 不及에 대하여 "不及이란 말은 힘은 있지만 아직 그 시기가 상조(尙早)하여 역량을 발휘할 수 없거나 어떠한 외적인 장해 때문에 힘을 발휘할 수가 없는 것을 통칭하는 것이요, 부족이란 개념은 근본적으로 힘이 충족되어 있지 못한 것을 말하는 것이다"라고 하였다. 즉 不及이란 위압당하여 生하려고 해도 生할 수 없는 것을 말하는 것이라고 하였으니 '水生木 결함의 刑'은 비록 刑을 이루는 둘만이 水生木의 관계에 있으나 외적으로 상생할 수 없음(不及)을 말하는 것이니 다른 水木이 없어서 도와주지 못하면 刑이 발동하여 禍가 미치게 된다. 또한 水는 만물의 근원인데 水生木을 할 수 없으면 만물이 生長할 수 없고, '水生木 缺陷의 刑'은 水가 없어서 발생하는 것이 아니라 水가 渦流에 의하여 閉塞되어 水生木을 할 수 없기 때문에 刑이 발생하는 것이니 해로운 것이다. 그래서 '水生木 缺陷의 刑'은 水 또는 木이 없어야 刑의 작용관계가 성립되는 것이다.

61) 子卯형에 대하여 『연해자평평주』에서 "丙子辛卯相逢, 荒淫滾浪", 徐升 編, 『淵海子平評註』. "丙子와 辛卯가 서로 만나면 매우 음란하다"고 하였다. 또

가 合·沖·害·破·伏音 어디에도 속하지 않는 순수하고 완전한 刑이기 때문이기도 하다.

④ 辰辰 亥亥 酉酉 午午 등 自刑은 단지 삼합-방국 인자의 결합에서 빚어진 관계로 복음(伏音)으로 보는 것이 옳다.

⑤ 형의 성립관계를 보건대 寅巳申 丑戌未 등 삼형은 논리적 근원이 없다. 단지 寅巳申 丑戌未는 '火旺의 형' '金旺의 형' '水生木 결합의 형' 모두에 속해 있고, 2개의 二刑이 三刑으로 만나기 때문에 형작용을 강하게 본 것뿐이다.

⑥ 형의 작용관계가 성립되었을 때 형 인자가 오거나 충을 만나면 발동한다. 만약 형 작용관계가 성립하지 않았는데 충이 되면 충만 동하고 형은 동하지 않는다.

4) 害(穿)의 의미와 작용관계

◎ 해(천)의 사전적 의미

해치다, 손해를 입다, 손해를 입히다, 해롭다, 훼방하다, 꺼리다, 시기하다.

◎ 해(천)의 관계작용적 의미

무서워하다, 기피하다, 깨뜨리다, 훼방·방해하다, 육친을 손상시키다.[62]

◎ 해(천)의 작용관계

害는 合·沖의 관계에서 성립된 작용으로 穿이라고도 한다. 沖이 무서워서 合한다고 하였으니, '무서워하다' '기피하다'는 의미가 있고, 合

"子午卯酉帶刑合, 多主淫訛". "子午卯酉가 刑合을 대하면 음란한 사람이다"고 하여 子卯를 음란刑으로 보았다.

62) "六,六親, 害,損也", 萬民英 著, 『三命通會』. "六은 六親이고 害는 損하는 것이다"고 하였으니, 六害는 '六親을 손상시키다'는 의미가 있다.

하는데 沖이 와서 방해하니 '깨뜨리다' '훼방 놓다' '방해하다'는 작용적 의미가 있다.

해(천)에 대한 논지는 명리고서에서 거의 찾아볼 수 없다. 단지 『삼명통회』『적천수천미』『연해자평평주』에서 육해의 근원을 육합으로부터 비롯되었다고 전할 뿐이다. 『연해자평평주』에서 '묘고는 형충파해로 열어야 한다'고 하여 害의 작용력을 거론하고, 『삼명통회』에서 천은 합·충관계에서 성립된다는 관계성만 언급하였을 정도인데, 『적천수천미』에서는 천을 부정하였다.

기상명리에서 밝히는 해(천)의 작용관계를 정의해보자.
① 천은 '한번 合하고 한번 沖하는 관계'가 성립될 때 작용력이 발동한다. 즉 간지에서 合·沖관계가 동시에 성립되면 害작용이 된다.
② 천의 작용관계가 성립되었을 때 운에서 해(천) 인자가 오거나 충하면 害가 發動한다.

해(천)	寅巳	申亥	卯辰	酉戌	午丑	子未
성립조건	申·亥	寅·巳	酉·戌	卯·辰	未·子	午·丑
작용관계	合을 沖이 방해하거나, 沖이 合을 방해하는 관계					

<해(천)의 성립조건과 작용관계>

예를 들어 寅巳를 보자. 寅巳는 刑도 되고 害도 되고 목생화의 관계이기도 하다. 寅巳에 火를 동반하지 않으면 刑이 성립되지 않고, 亥 또는 申이 없으면 害가 발동하지 않는다. 이때는 단지 목생화의 관계에 있을 뿐이다. 다시 말하면 寅巳는 亥 또는 申이 있어야 害가 작용한다는 말이다.

5) 破의 의미와 작용관계

◎ 파의 사전적 의미

깨뜨리다, 부수다, 가르다, 갈라지다, 흩어지다, 무너지다, 쪼개지다, 깨어지거나 상하여 흠집이 생긴 것, 부서지고 갈라져서 결함이 생긴 것을 의미한다.

◎ 파의 관계작용적 의미

용도변경, 재조정, 질병, 소송, 방해하다, 손상시키다, 충돌, 파손, 깨뜨리고 다시 시작하다.

◎ 파의 작용관계

破에 대한 명리고서의 논지는 없다고 해도 과언이 아니다. 『연해자평평주』에서 '墓庫는 刑沖破害로 열어야 한다'는 말만 있을 뿐이다. 현대에서 破에 대한 원리는 『사주첩경』에서 찾을 수 있다.

『사주첩경』에서 "橫으로 상충되면 從으로 상파되고 從으로 상충되면 橫으로 상파되는데, 이는 사물이 충돌하면 파손되는 이치를 나타내는 것이다. 이러한 破가 6種(寅亥·子酉·辰丑·巳申·卯午·戌未)이 있으니 이를 六破라 한다"63)고 하였다. 즉 寅亥巳申 卯午子酉 辰丑戌未로 나누어 보면 沖하고 破하는 관계라는 것이다. 가령 寅亥巳申의 경우 寅亥·申巳는 破인데, 서로 교환하여 보면 寅申·亥巳로 沖이 된다.

그래서 破는 종횡으로 충파가 되는 원리이고, 사물이 충돌하여 파손되는 것으로 보았다. 이는 五星學(西洋占星學)에서 12사인과 行星과의 관계에서 破의 원리는 살핀 것으로 보인다. 서양점성학에서 破의 행성 간의 각도가 90°로써 刑과 같으므로 刑의 작용적 의미인 '용도변경' '재조정' '질병' '소송' 등의 작용적 의미가 있다.

즉 五星學의 천궁도에서 충은 행성끼리 180°의 각도를 이루고, 刑과 破는 90°의 각도를 이루기에 흉하다고 본 것이다. 여기서 刑과 破는

---

63) 李錫暎, 『四柱捷徑』, 60쪽.

같은 각도에 있으니, 파는 형과 마찬가지로 합의 혼재에서 성립되는 작용관계이다.

기상명리에서 밝히는 파의 성립조건과 작용관계는 다음과 같다.

파	寅亥	巳申	辰丑	戌未	卯午	酉子
성립조건	不合	不合	子·酉	卯·午	戌·未	辰·丑
작용관계	不合에 인한 破		爭合에 의한 破			

<破의 성립조건 및 작용관계>

위와 같이 파는 합하는 인자가 서로 혼재할 경우에 발생하는 작용관계이다.

① 寅亥와 巳申은 合이 불미할 경우에 발생하는 파이다. 가령 寅亥에 木이 나올 수 없는 환경이거나 巳申에 금을 형성하는 환경이 아니면 合이 되지 않고 破가 된다.

② 辰丑 戌未 子酉 卯午 등은 爭合으로 인한 破 작용이다. 가령 酉子에 辰 또는 丑이 오면 합이 혼재되어 방향성을 잃으니 破 작용이 발동하게 된다. 또한 戌未는 丙 또는 丁이 동반되지 않으면 刑이 발동하지 않고, 묘 또는 오가 없으면 破가 발동하지 않는다.

③ 파도 형·천과 마찬가지로 沖하는 인자가 오면 파가 발동한다.

2. 인사신해의 합충형파해

1) 인사신해의 발현

寅은 丑에서, 巳는 辰에서, 申은 未에서, 亥는 戌에서 발현된다. 丑寅, 辰巳, 未申, 戌亥의 관계를 우합(隅合)이라 한다.
우합을 얼굴로 보면 천창과 지고에 해당하는 자리이다.64)

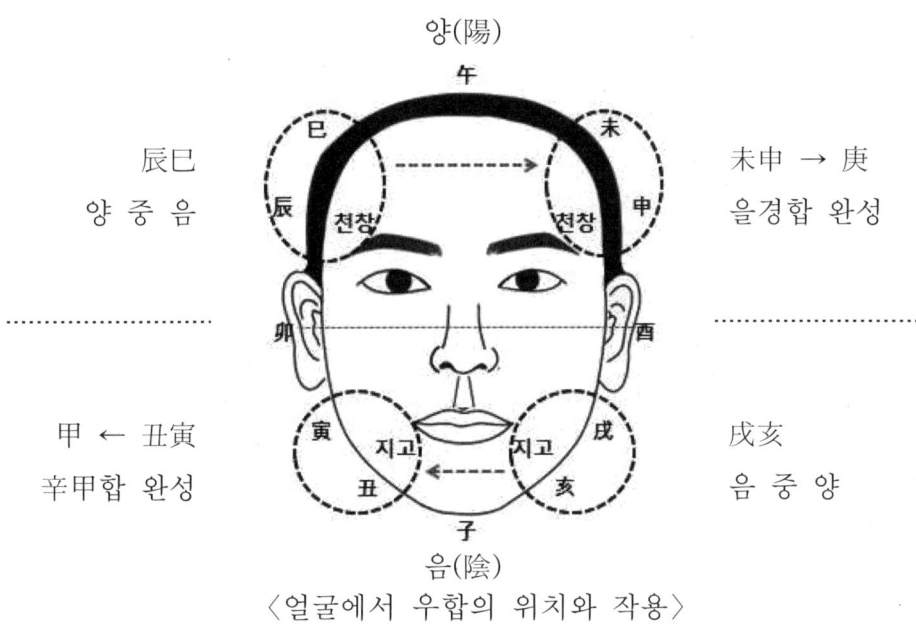

〈얼굴에서 우합의 위치와 작용〉

---

64) 辰巳·未申은 얼굴에서 천창에 해당하고, 戌亥·丑寅은 얼굴에서 지고(地庫)에 해당한다. 천창은 하늘의 창고이고, 지고는 땅의 창고이다. 천창은 부모 음덕이나 귀인의 작용이 있고, 부모로부터 독립하여 자신이 바로 세워 주체적인 삶을 준비하는 곳이다. 지고는 자식 또는 아랫사람의 도움이 있고, 자신이 성취한 복록을 넘겨주고 삶을 마감하기 위해 준비하는 곳이다. 천창과 지고는 입었던 음덕을 덕행으로 되돌리는 자리이다. 특히 辰巳는 양(관) 중 음(재)을 취하는 부위이고, 戌亥는 음(재) 중 양(관)을 취하는 부위이다.

우합은 계절 전환을 무리 없이 진행하면서 천간합의 근본 방향성을 제시한다. 합은 끌어당기는 작용력이고, 우합은 모퉁이 합으로써 방향을 잃지 않게 바로 잡는 합이라 할 수 있다.

축인에서 木물상이, 미신에서 金물상이, 진사에서 火기운이, 술해에서 水기운이 나온다. 즉 축인과 미신에서는 물상이 발현하고, 진사와 술해에서 기운이 태동되는 것이다.

인사신해 생지발현(우합)을 천간합-지지삼합의 방향성으로 보자.

발현	천간합	삼합운동
丑→寅	신갑→계병	사유축(金)마감→해묘미(木)진행→인오술(火)시작
辰→巳	계병→을경	신자진(水)마감→인오술(火)진행→사유축(金)시작
未→申	을경→정임	해묘미(木)마감→사유축(金)진행→신자진(水)시작
戌→亥	정임→신갑	인오술(火)마감→신자진(水)진행→해묘미(木)시작

〈인사신해 생지 발현의 운동성〉

○ 丑→寅

축에서 인이 나올 수 있는 것은 축 중 癸水가 辛金을 풀어 헤치고 인 중 무토를 끌어들여 수생목으로 목을 생함으로써 목생화로 병화를 키우기 때문이다. 이것이 인에서 병화가 장생하는 이유이다. 辛甲합의 결과물이고, 癸丙합의 방향성이다.

丑寅에서의 삼합운동은 사유축 金 운동을 마감하고, 인에서 갑이 건록을 얻어 해묘미 木 운동을 왕성하게 한다. 목생화로 을목을 키우니 인오술 火 운동을 시작하게 된다.

○ 辰→巳

진에서 사가 나올 수 있는 것은 진 중 을목이 사 중 경금으로 향하기 위해서 목생화로 화를 키워 화생금으로 경금을 얻기 위함이다. 이

것이 巳에서 경금이 장생하는 이유이다. 계병합을 완성하고, 을경합의 방향성이다.

辰巳에서의 삼합운동은 진에서 신자진 水 운동을 마감하고, 사에서 병이 건록을 얻어 인오술 火 운동을 왕성하게 한다. 화생금으로 경금을 키우니 사유축 金 운동을 시작하게 된다.

○ 未→申

未에서 申이 나올 수 있는 것은 미 중 정화가 계수와 을목의 분산작용을 저지하여 경금을 얻기 위함이다. 정화는 申에서 壬水를 끌어들여 庚金으로부터 辛金을 축출하여 품게 된다. 이것이 申에서 壬水가 장생하는 이유이다. 을경합의 결과물이고, 丁壬합의 방향성이다.

未申에서의 삼합운동은 미에서 해묘미 木 운동을 마감하고, 申에서 경이 건록을 얻어 사유축 金 운동을 왕성하게 한다. 금생수로 辛金을 품으니 신자진 水 운동을 시작하게 된다.

○ 戌→亥

술에서 해가 나올 수 있는 것은 술 중 정화가 을목을 입묘시키고 임수가 신금을 품어 갑목을 내기 위함이다. 이것이 해에서 갑목이 장생하는 이유이다. 정임합을 완성하고, 신갑합의 방향성이다.

戌亥에서의 삼합운동은 술에서 인오술 火 운동을 마감하고 해에서 임이 건록을 얻어 신자진 水 운동을 왕성하게 한다. 수생목으로 갑목을 기르니 해묘미 木 운동을 시작하게 된다.

이와 같이 우합은 기운을 돌려 물상을 발현시키는 자리로 물질을 되돌릴 수는 없다. 자신이 주도하는 일에서 현실적 성취가 크지 않다는 의미도 있다. 축→인, 진→사, 미→신, 술→해 등은 순행으로 보이지만, 삼합의 관계로 보면 역행하는 흐름에 있기에 탐욕이 발동할 여지가 많다. 그만큼 탐욕을 부리게 되는데, 재물에 탐욕을 부리면 왜곡·굴곡으로 변질될 가능성이 높다.

辰巳·未申에서는 명예·이상을 실현하려는 욕구가 발동하고, 戌亥·丑寅에서는 재관을 채우려는 욕구가 강하게 발동한다. 우합에서는, 재물보다 명예를 소중히 여기는 자세가 필요하다.

丑寅	辰巳	未申	戌亥
사유축→인오술	신자진→사유축	해묘미→신자진	인오술→해묘미
癸·辛 조절	乙·癸 조절	丁·乙 조절	辛·丁 조절
酉(辛)→寅(甲)	子(癸)→巳(丙)	卯(乙)→申(庚)	午(丁)→亥(壬)
목 형성	수→화 전환	금 형성	화→수 전환
화 생성	금 형성 시도	수 생성	목 형성 시도

〈우합의 방향성〉

● 丑寅 우합

丑寅은 사유축 金 운동을 마감하고, 丑 중 辛이 寅 중 甲으로 변환된다. 酉金의 응집작용을 억제하고 癸水의 분산작용을 조절하여 갑목이 발현되는 단계이다. 甲기운은 乙을 통해 발현되고, 乙木은 丙火에 의해 성장한다. 그래서 寅에서 인오술 火 운동을 시작한다. 丑寅에서 금→목으로 변환되고, 인오술(火)로 전환하여 未에서 다시 경이 형성되는 것이다.

축인은 辛(金)→甲(木)으로 전환되는 곳으로 辛甲의 방향성이다. 丑은 寅을 만나야 갈 길이 생기니 가치가 얻거나 성취를 이룬다. 비록 辛은 甲에게 자신을 빼앗기지만, 甲은 辛을 빼앗아 모습을 드러내고 돋보이게 된다. 타인의 재관을 탈취하거나 남의 것을 빼앗아 자신의 것으로 만들어가는 형국이다.

甲의 발현과 辛의 반발력은 역마·도화성으로 발현된다. 丑→寅으로 넘어가는 대운은 환경 변화가 많은 접목 시기이다. 삶의 형태가 크게 바뀌거나 인생이 확 바뀌기도 하고, 어쩔 수 없이 하게 되니 등락이 심하다. 사업에 뛰어들어 힘들어지거나 발전하기도 한다. 축에서 발생한 사건·사고는 쉽사리 해결되지 않고 길게 이어지는 경향이 있다.

축에 좋았으면 인에 망하고, 인에 좋았으면 축에 망하는 경우가 많다. 丑→寅 구간에서는 재물보다 명예를 중시하는 것이 좋다.

丑寅은 지장간 모두 암합(甲己, 丙辛, 戊癸)하는 관계이다. 축 궁위 육친의 외연이 있는 경우가 많다. 丑일지에 月 또는 時가 寅이 있으면 자신 또는 배우자의 외연이다. 반면에 寅월지에 月 또는 時가 丑이면 배우자의 도움이 있다.

癸癸庚辛 坤　丁丙乙甲癸壬辛8
亥酉寅丑　　酉申未午巳辰卯

천간은 癸가 庚을 내는 흐름인데, 지지는 寅월에 辛이 유자파로 축에서 인을 내는 흐름이다. 癸일간은 寅월에 卯를 끄집어내 庚을 완성하려하고, 寅월지는 사유축으로 庚辛을 돌려 辛丑년지에서 발현되길 원한다. 癸일간이 丙을 얻지 못하니 寅-卯로 전환시켜 인 중 병으로 庚을 형성하려 하는데, 인 중 병은 사유축으로 전환되어 辛을 완성하려한다. 寅은 음 본위에서 막 나온 갑 기운으로 卯·丙을 내는데 시간이 걸린다. 즉 癸일간은 庚을 형성하는 환경이 아니라, 사유축-酉子파로 寅을 내는 환경에 놓여 있다. 辛丑년주에서 辛을 가공하여 寅을 내니 윤회인자를 통한 발현이라 할 수 있다. 큰 절에서 사무일을 보고 있는 여명이다.

癸일간이 庚寅월주를 만났으니 寅에서 병화를 내어 庚을 형성하려는 집착은 버리지 못한다. 庚寅은 寅申 관계이다. 庚寅월에 인신충은 경이 손상되기 쉽고, 금수가 왕하니 금생수에 의지하여 수생목하지 않는 寅申형도 발동한다. 寅申충·형은 酉子파로 辛丑년주를 급격하게 돌리고, 癸酉일주가 酉子파로 신을 가공하여 직접 酉寅으로 甲을 발현시키려한다. 庚-辛-丑-

寅으로 윤회를 완성하는 것이 癸酉일주 자신이라고 생각하기에 절 내부사정을 꿰뚫고 앉아서 스님을 좌지우지할 정도로 괴팍하다. 계유-신축으로 연결되니 자신이 하늘(神)의 기운과 연결된 것이니 스님보다 우위에 있다고 자부하는 것이다. 癸가 乙-庚에 대한 미련이 있고 인 중 병으로 실현할 수 있다고 생각하기에 불교에 의탁하면서도 스님이 되지 않았다.

癸巳대운은 癸의 분산작용과 사유축이 만나 寅巳천으로 庚辛을 급박하게 가공하여 사유축으로 돌리고, 甲午대운은 酉寅이 辛甲을 만나고 午가 癸酉-辛丑을 형으로 윤회를 재촉하는 운세로 이어졌다. 특히 乙未대운에서 세운이 己丑-庚寅-辛卯-壬辰-癸巳-甲午-乙未-丙申-丁酉-戊戌년으로 자신의 대운 흐름과 맞아떨어진다. 자신은 하늘이 내려준 사람이라고 스스로 자만할 수 있다.

● 未申 우합

未申은 해묘미 木 운동을 마감하고, 未 중 乙이 申 중 庚으로 변환된다. 을목의 분산작용을 억제하고 정화의 응집작용을 조절하여 경금을 형성하는 단계이다. 금은 庚에서 형성되어 辛에서 완성되고, 辛金은 壬水에서 저장되어야 한다. 그래서 申에서 신자진 水운동을 시작한다. 未申에서 목→금으로 변환되고, 신자진(수)으로 전환하여 축에서 다시 木이 드러나는 것이다.

未申은 乙(木)→庚(金)으로 전환되는 곳으로 乙庚의 방향성이다. 未는 申을 만나야 갈 길이 생기니 가치를 얻거나 성취를 이룬다. 비록 乙은 庚에게 자신을 빼앗기지만, 庚은 乙을 빼앗아 모습을 드러내고 돋보이게 된다. 축인과 마찬가지로 남의 것을 빼앗아 자기 것으로 만들어가는 형국이다.

未→申 구간에서도 변화가 많고 삶의 형태가 크게 바뀌거나 등락이 심하게 된다. 사업에 뛰어들어 힘들어지거나 발전하기도 한다. 未에서 발생한 사건·사고는 쉽사리 해결되지 않으니 경거망동을 삼가야 한다. 未에 좋았으면 申에 망하고, 申에 좋았으면 未에 망하는 경우가 많다. 未→申 구간에서는 재물보다 명예를 중시하는 것이 좋다.

丑寅과 마찬가지로 미신도 未 궁위육친의 외연 가능성이 있다. 未일지에 月 또는 時가 申이 있으면 자신 또는 배우자의 외연이다. 반면에 申월지에 月 또는 時가 未이면 배우자의 도움이 있다.

※ 丑寅과 未申의 이해

辛甲은 음→양으로 향하고, 乙庚은 양→음으로 향한다. 丑에서→寅으로, 未에서→申으로, 나가려는 속성은 역마·도화성으로 발현된다.

미신과 축인은 자신을 드러내는 속성이 있고 이성에게 인기가 좋거나 이성을 찾는 경향이 있다. 庚열매가 탐스럽게 보이고, 甲새싹이 상큼하게 보이기 때문이다. 경은 겉보다 속이 여물지 않고, 갑은 보기보다 유약하다. 재관 성취(최고)가 크지 않음을 의미하고, 성취가 있을지라도 부부인연을 저해한다.

특히 辛甲(丑寅) 구조에서 子·丑월에 甲(寅)이 동반하거나, 乙庚(未申) 구조에서 午·未월에 庚(申)이 동반되면 경향성이 뚜렷하다. 축에 갑인 또는 미에 경신 구조도 마찬가지이다. 간지로는 壬寅 丙申 등이다. 자칫 이성으로 인한 시비구설이 있거나 사건·사고를 겪는 경우도 있다.

● 辰巳 우합, 지망(地網)

辰巳는 신자진 水 운동을 마감하고, 辰 중 癸가 巳 중 丙으로 전환된다. 계수의 분산작용이 조절되어 병화로 전환되는 구간이고, 병화의 발현은 금 물상을 얻기 위함이다. 그래서 사에서 사유축 금 운동을 시작한다. 진사에서 水→火로 전환되는 것은 금 물상을 형성하려는 의도가 숨어 있음이다.

辰巳는 간지로 丙辰이다. 丙은 辰에서 나오니 발현처를 얻은 격이지만, 辰은 수기가 필요한데 병이 투출하니 반갑지 않다. 양 본위에 부합하는 간지구성이지만, 진에서 癸·乙의 분산을 조절하니 丙의 확산력(炎)도 조절된다. 천지의 기상이 어긋나는 관계이다.

진에서 癸·乙을 조절하여 丙을 내니 水氣가 상실된다. 신자진 수 운동이 끝나고 사유축 금 운동을 시작하는 분기점이다. 癸丙이 乙을 가공하여 금을 형성하고자 하는 것이다. 辰에서 열심히 癸·乙을 조절하여 巳에서 庚 터전을 마련했지만 정작 金 완성을 보지 못한다. 목 물상은 없어지고 금 물상은 보지 못하니 지망(地網)이라 한다.

진사에서는 열기가 올라가는 탓에 수기는 부족하면 분별력·판단력이 떨어진다. 노력한 만큼 성과를 얻지 못하고 정체하게 되니 삶에 대한 회의로 인한 돌파구 찾으려 한다. 水 부족으로 정신적인 것 추구하지만, 초년에는 학업·학문(水)을 순조롭게 이어가지 못한다.

辰巳는 늦게 발현되는 경향이 있다. 乙·癸 또는 庚이 작용력을 갖거나, 수기가 채워지면 발달한다. 양 본위에서 성과가 있지만 음 본위에서는 정체함이 있다. 나머지는 丑寅·未申과 유사한 성향이다.

특히 辰月이면 수기를 채워야 하기에 水와 관련된 일에 인연을 맺거나 철학·종교·학문 등과 인연이 있다. 巳를 만나야 가치를 얻는다. 辰운에 해외로 유학을 가거나, 못한 공부를 하는 경향이 있다.

● 戌亥 우합, 천라(天羅)

戌亥는 인오술 火 운동을 마감하고, 水를 내는 단계이다. 정화의 응집작용을 조절하여 임수로 전환되는 구간이고, 임수의 발현은 목 물상을 내기 위함이다. 그래서 亥에서 해묘미 목 운동을 시작한다. 술해에서 火→水로 전환되는 것은 목 물상을 형성하려는 의도가 숨어 있는 것이다.

戌亥는 간지로 壬戌이다. 壬은 戌에서 나오니 발현처를 얻은 격이지만, 戌은 화기가 필요한데 壬이 투출하니 반갑지 않다. 음 본위에 부합하는 간지구성이지만, 술에서 丁·辛의 응집을 조절하니 壬의 응집력(下)도 조절된다. 천지의 기상이 어긋나는 관계이다.

술에서 정신을 조절하여 임을 내니 화기가 상실된다. 인오술(화)을 마감하고 해묘미(목)로 전환하는 분기점이다. 戌에서 열심히 丁·辛을 조절하여 亥에서 갑의 터전을 마련했지만 정작 목 완성을 못한다. 금 물상은 없어지고 목 물상은 보지 못한다.

무엇보다 술해는 金→水→木 즉 쇠→멸→생으로의 윤회과정에 있다. 양 본위 활동이 상실되고 음 본위 활동으로 전환되는 영역이다. 인간 입장에서 할 일과 목적이 없어진 셈이니 천라(天羅)라 한다.

술해는 정신적인 것을 추구하거나 삶에 대한 회의를 갖는다. 과거를 참회하고 새로운 영혼(생명)을 담으니 직관력·예지력이 뛰어나다. 종교·철학, 교육·학문 등에 몸을 담기도 한다. 내일을 위해 공부하거나, 중개·임대업 등 남을 위한 일이나 앉아서 하는 일이 좋다.

남자는 제구실을 못하는 경우가 많고, 여자는 잉태 기회이니 희망이 생긴다. 정신질환에 주의해야 한다.

戌亥는 늦게 발현되는 경향이 있다. 丁·辛 또는 甲이 작용력을 갖거나, 화기가 채워지면 발달한다. 음 본위에서 성과가 있지만 양 본위에서는 정체함이 있다. 나머지는 丑寅·未申과 유사한 성향이다.

특히 戌월이면 화기를 채워야 하기에 화와 관련된 일에 인연을 맺거나 철학·종교·학문 등과 인연이 있다. 亥를 만나야 가치를 얻는다. 亥 운에 해외로 유학을 가거나, 못한 공부를 하는 경향이 있다.

丙癸甲己 乾　丁戊己庚辛壬癸 10
辰巳戌亥　　卯辰巳午未申酉
이 사주는 지지에 戌亥와 辰巳로 구성되어 있다. 천라-지망에 걸렸으니 인생이 허망하고 중팔자라 할 것이다. 간지의 구성요소를 공식으로 외우면 이런 오류가 발생할 수 있다.

진사에서 庚을 형성하거나, 술해에서 甲을 내는 구성은 발현되는데 시간이 걸린다는 특성이 있다. 당장 물상이 보이지 않으니 성취가 없고 정체된다고 생각하지만, 장기적인 안목에서 보면 대기만성이다. 이 말은 재관에 탐욕을 부리지 말라는 경고이고, 타인을 통한 자기발현이라는 의미이다. 달리 말하면 내 것을 빌려주고 대가를 받거나, 타인의 성과를 내 것으로 만들거나, 모방을 통한 성취라 할 수 있다. 이 남명은 운동을 좋아하고 운동용품대여·판매점 등을 운영하다가 스크린골프장을 운영하고 있다. 임대형태의 사업성으로 甲戌의 모습이다. 스크린은 丙辰의 모습이고, 골프는 甲戌의 모습이고 계병-진사, 갑기-술해 등으로 파 관계의 모습이기도 하다.

癸일간이 戌월에 앉아 辰巳戌亥로 구성되니 타인을 통한 자기발현이다. 대운이 받쳐주니 자신의 역량을 발휘할 수 있는 환경조건이다. 戌월 환경을 주재할 천간기운이 없지만 60세까지 금운이 펼쳐지니 戌월 환경에 부합한다. 술해에 갑이 투출하고, 진사에 계가 투출하였으니 발현성이 좋게 되었다. 술월에 화기가 필요한데 진사로 巳일지가 채워주고, 계일간은 巳 중 庚을 취하고자 하니 부인과 함께 사업장을 운영하고 있다. 丙辰모습은 내외적으로 활동적이다. 집안일과 내조, 본인일과 사회생활 등을 잘 조절하면서 살아가는 타입이다. 丙辰부인의 모습은 진사의 모습이기도 하다. 진에서 병은 癸·乙의 노고를 알아주지 않고 노력한 만큼 성과가 없다고 생각한다.

사 중 경이 있으니 부인에게 맡겨두고 본인은 운동·낚시 등 여가활동에 더 관심이 많고 나돌아 다니는 타입이다. 계일간이 주관할 환경이 아니니 환경을 잃은 자의 지혜이기도 하다. 탐욕을 부리지 않으니 우합의 혜안(慧眼)이고 삶의 지혜인 셈이다. 그럴 수 있는 것은 궁위 간지배열이 음양본위에 부합하고, 갑기합으로 갑이 기반되어 갑이 술에서 乙로 발현될 수 있기에 가능하고, 진사-술해가 발동하여 계병-해묘미 환경을

조성되기 때문이다. 이 사주에서는 갑기합으로 기반되고, 진사
-술해의 동주가 흉한 게 아니라 길하게 작용하였다.

※ 천라지망의 이해

천라지망의 개념은 水火기운과 木金물상의 본질적 작용에서 찾을 수 있다. 수화기운에 의해 목금물상이 형성된다는 기상명리의 기상(氣相) 방향성을 천착할 필요가 있다.

水는 木을 목을 내는 것이 목적이고 목의 원신은 금이다. 수는 금생수→수생목으로 변환을 주도한다. 만약 수가 목을 만나지 못하면 금을 품어서 목을 내야 하는데 이것이 금생수이다. 수가 금을 품어 목을 내기까지 시간이 오래 걸리니 노력에 비하여 성과가 적게 된다.

火는 金을 내는 것이 목적이고 금의 원신은 목이다. 화는 목생화→금생수로 변환을 주도한다. 만약 화가 금을 만나지 못하면 목을 키워 금을 형성해야 하는데 이것이 목생화이다. 화가 목을 키워 금을 내기까지 시간이 오래 걸리고 노력에 비하여 성과가 적게 된다.

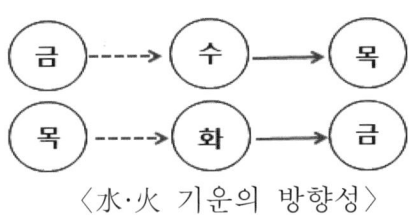

〈水·火 기운의 방향성〉

진→사에서 金물상이 태동하지만 실질적 金물상은 미→신에서 형성되고, 술→해에서 木물상이 태동하지만 실질적 木물상은 축→인에서 드러난다. 丑寅·未申에서는 물상을 얻는데, 戌亥·辰巳에서는 기운이 전환될 뿐 물상을 얻지 못한다. 그래서 '辰巳지망' '戌亥천라'라 하는 것

이다. 간지로 보면 丙辰과 壬戌이다.65)

　인간의 눈으로 볼 수 있는 물상은 木·金인데, 진사와 술해에서는 목금 물상을 볼 수 없다. 戌亥·辰巳에서 만물순환의 기틀을 세웠음에도 정작 자신들은 수고만 했을 뿐 그 가치를 얻지 못하기에 천라지망(天羅地網)에 걸린다는 것이다.

　활동력이 정체되는 경향이 있는데, 삶의 돌파구를 찾기 위한 노력은 이중성으로 나타나기도 한다. 이중직업을 갖거나 일을 하면서 다른 일에 눈을 돌리거나 다른 이성을 찾는 경향이 있다.

　진사와 술해에서 천라지망에 걸려서 삶이 허망하고 딜레마에 빠진다고 한다. 하지만 실상은 탐욕에서 비롯된 상대적 상실감에서 오는 심리적 작용이다. 辰巳가 이어지기에 午→未申으로 금이 형성될 수 있고, 戌亥에 의해 子→丑寅으로 목이 발현될 수 있다.

　주객으로 논하자면 객으로 살아가야 하는 모습이 진사와 술해이다. 이는 기상명리에서 일간이 월지 환경에 음양본위를 얻지 못한 것에 비유할 수 있다. 주(主)가 좋고 객(客)이 나쁘다는 논리는 없다. 길을 가다보면 앞에 가는 사람이 있고 뒤에 가는 사람이 있기 마련이다. 잘나고 똑똑해서 앞에 가는 게 아니라 모든 사람이 일직선으로 가지 못하기에 일어나는 현상일 뿐이다.

　진사와 술해를 가진 사람은 예지력과 직관력이 탁월한 편이다. 대개 종교·철학에 관심이 많고, 자칫 자기만의 세상에 빠져들거나 도화음란성에 빠지기 쉽다. 물상의 기운을 내는 자리이니 어려운 사람을 잘 돕거나 자선사업을 하기도 한다.

---

65) 술해는 천라(天羅) 또는 천문성이라 하고, 진사는 지망(地網) 또는 공업성이라 한다. 천라·지망은 하늘과 땅에 거물을 씌운다는 뜻으로 구속, 관재구설, 파재, 질병 등을 의미한다. 남자는 술해를 꺼리고 여자는 진사를 꺼린다고 한다. 戌亥는 하루를 마무리하는 시간으로 새로운 날(하늘)의 문을 연다는 의미도 있다. 辰巳는 신자진(수)-사유축(금)의 분기점이다. 인간의 입장에서 열심히 일했는데도 불구하고 먹을 게 없으니 지망(地網)이라 한다.

특히 辰巳는 양(관) 중 음(재)을 취하고, 戌亥는 음(재) 중 양(관)을 취하는 자리로 물상을 내기 위해 준비하는 곳이다. 음덕을 덕행으로 되돌리는 숙명이 부여된 자리이다. 인간사에서 술해·진사에서 입었던 음덕을 덕행으로 되돌리지 않으면 천라지망에 걸리게 된다. 이는 丑寅과 未申도 마찬가지이다.

2) 寅申과 巳亥 (=刑 작용)

인신은 중기에서 병임(수화) 기운이 충하고, 본기에서 갑경(목금) 물상이 충한다. 사해는 중기에서 갑경(목금) 물상이 충하고, 본기에서 병임(수화) 기운이 충한다.

장생지	인	신	사	해
여기	무	무	무	무
중기	병	임	경	갑
본기	갑	경	병	임
작용 관계	병→경 흐름, 수생목 불미		병→경 흐름	임→갑 흐름

〈寅申/巳亥의 지장간과 작용관계〉

寅申은 수화(기운) 운동의 시작지라면, 巳亥는 목금(물상) 운동의 시작지이다. 인신과 사해는 수-화, 목-금의 충 관계를 안고 있다는 점에서 같다. 지장간에서 기운과 물상의 충이 혼재하니 다시 시작해야 하는 번거로움이 있고 사건·사고를 동반할 수 있다. 刑과 마찬가지로 기존의 틀에서 탈피하여 다시 시작해야 함이다.

인신과 사해의 차이점은 작용관계에서 상대방과 연관성이 없다는 점이다. 寅·申은 모두 丙→庚을 형성하는 작용관계가 같지만, 巳·亥는 각자 丙→庚 또는 壬→甲을 내니 작용관계가 다르다. 寅·申은 서로가 상대방의 영역을 차지하기 위해 다투고 화해하면서 노력하는 형상이라면, 巳·亥는 서로에게 등 돌리고 자기 일만 하거나 서로를 인정하지 않고 반목하는 형상이다.

인신이 만나면 왔다 갔다 하거나 깨졌다가 다시 화합하기에 충작용을 하면서 형작용도 한다. 반면에 巳亥는 아예 배척하고 화합할 의지가 없으니 충만 있고 형작용은 없는 것이다.

● 寅申 - 목금 물상의 충·형

寅申은 목금 물상이면서 수화 운동을 시작하는 곳이다. 寅은 목을 강화하는 가운데 寅 중 丙은 화생금으로 申 물상을 얻고자 하고, 申은 금을 강화하는 가운데 申 중 壬은 수생목으로 寅 물상을 얻고자 한다. 寅에서 발현된 병이 형성하는 물상은 申이고, 申에서 발현된 임이 드러내는 물상은 寅이다.

寅申은 서로 자기 자리를 확고히 하려고 하니 '寅申 충(沖)'이 된다. 비록 서로 추구하는 방향성은 다르지만, 자신이 추구하는 새로운 물상을 상대가 지니고 있는 관계이다. 기존의 사고와 틀을 깨뜨리고 나와야 발전할 수 있다. 이것이 진정한 寅申충의 의미이다.

금이 목을 극한다고 하지만, 인신이 만나면 반드시 목을 손상되는 게 아니다. 금극목이 아니라 목금의 沖(動)66)으로 보아야 한다. 寅이 발현되는 구조에서 申을 만나거나, 申이 발현되는 구조에서 寅을 만나면 충으로 기운을 돌리니 변화·발전의 기회가 된다. 충은 가고자 하는 방향성으로 나아가는데 '동기부여'가 되는 것이다.

---

66) 沖은 비다, 공허하다, 가운데·중간, 깊다, 움직이다, 밀어내다, 앞으로 나아가다, 바로잡다 등 의미가 있다. 맞부딪히고 충돌하고 깨진다는 의미의 충은 衝이다. 따라서 충은 변화를 의미하고 역동성을 의미한다. 충을 만나면 뭔가 시작하거나 개선해야 한다. 그러기 위해서는 움직여야 하니 번거로움이 동반된다.

양 본위 환경이면 甲(寅)이 활동력을 잃고, 음 본위 환경이면 庚(申)이 활동력을 잃는다. 인신은 인묘진사오미신으로 이어지니, 일반적으로는 申이 인오술(乙→庚) 흐름에 있으면 발달할 수 있다. 다만 甲을 꺾어 살려야 하니 안정성이 떨어지고 확실하지 않지만, 갑이 살아남아 乙 가치를 얻는다면 빠르고 크게 이루게 된다. 寅이 신자진(辛→甲) 흐름에 있어도 마찬가지이다.

한편 寅申의 방향성은 丙이 庚을 내는 흐름이니 목이 손상되는 관계이다. 寅申에 水가 강하면 申은 금생수에 의지하여 수생목이 되지 않는데, 이를 '수생목 불미의 寅申형'이라 한다. 반면에 火가 강하면 목이 설기되고 금이 손상되는데, 이를 '화생금 불미의 寅申형'이라 한다.

寅申은 천간으로 甲庚 관계이고, 간지로는 庚寅 甲申 등이다.

丙甲庚戊　坤　癸甲乙丙丁戊己2
寅寅申申　　　丑寅卯辰巳午未

甲일간이 申월환경과 대운을 모두 잃었다. 천간이 양 본위 환경이니 乙모습으로 살아감이 마땅하다. 甲寅일주이지만 甲庚-寅申으로 천충지충하고 丙寅시주가 인목을 키우니 乙을 내기 수월하다. 지지는 인오술로 형성되어 을경 환경으로 구성된다. 甲이 乙로 살아간다면 성공을 이룰 수 있는 환경이다. 申월에 목금으로만 구성되었으니 寅巳형은 도리어 좋게 작용한다. 丙寅시주가 사주기운을 돌리니 멀리서 구하는 일, 자신이 좋아하는 일, 모습을 가공하는 일 등에서 발달한다.

시주에 삶의 수단목적이 있는 사주구조는 일주궁이 좋지 않더라도 부부인연이 나쁘지 않다. 甲寅일주에 丙寅시주로 동주하니 부부인연이 좋지 않은 구조인데 무난한 결혼생활을 하고 있다. 남편은 丙辰대운까지 건축업을 하였고, 지금은 프랜차이즈 형태의 빵 관련 사업을 하고 있다. 건축은 병인의 모습이고, 빵은 인사형의 모습이다. 丙寅으로 寅을 가공하니 남편이 착하다.

한편 인오술을 완성하는 곳이 戊申년주이니 단체를 통한 발현이다. 국가, 큰 조직, 인·허가 등을 위주로 한 직업성이고, 시주에서 인사형을 가공하니 정상적인 방법은 아니다. 丙辰대운부터 국가에 인·허가를 받아 네트워크 조직을 다루는 일을 하는데, 자신이 회사대표가 아니고 조직의 대표사업자로 일을 해왔다. 네트워크 일을 하면서 여러 회사를 옮겨 다니며 회사에서 능력을 인정받았고 乙卯대운에 더욱 승승장구할 수 있었던 것은 乙모습으로 살았기 때문이다. 돌아다니는 것을 좋아하고 활동력이 넓은 것 또한 乙 모습이고, 일주의 천충지충의 모습이기도 하다. 甲이 乙모양새로 살다보니 甲乙庚으로 천작용을 하는데, 甲寅일주라는 본질은 변하지 않으니 자기 잘난 맛에 경거망동하게 된다.

일간이 다른 모습으로 살아갈 때는 경거망동하지 않고 브레이크를 잘 잡는 자기컨트롤이 중요하다. 乙卯대운 마지막 戊戌년에 회사에서 내몰리는 수모를 겪었다. 연이어 자궁화열증세로 병원치료를 받았는데, 이는 수기가 부족한 원인이겠지만 경거망동한 탓도 있다. 곧바로 기존 회사에서 나와 다른 회사에 좋은 조건에 스카웃되었는데, 기존 회사와 유사한 제품출시를 도와 조직을 키우고자 한다. 갑인대운이 오기 때문이다. 甲寅대운에 자신이 직접 인오술을 완성하고자 하는 욕구가 발동한 까닭이다. 네트워크 일이 가공된 모양새의 직업이고 자신의 직접 회사를 운영하는 것이 아니기에 큰 문제는 없겠지만 경거망동하면 크게 잃을 수 있다.

● 巳亥 - 수화 기운의 충

巳亥는 寅申과 같이 보완적 관계에 있지 않다. 巳는 丙이 화생금으로 庚을 키우고, 亥는 壬이 수생목으로 甲을 기르는 구성이다. 巳·亥는 자체적으로 자신이 해야 할 일과 추구하는 방향성이 정해져 있다. 서로에게 미련을 두거나 다투거나 신경 쓸 필요가 없다.

충은 동(動)하는 것이요, 애증(愛憎)의 관계라 할 수 있다. 사해는 전혀 다른 세상·사상이 만났으니 동할 이유가 없다. 달리 말하면 巳·亥는 각자의 영역을 구축하고 있기에 다른 영역의 인자가 옆에 오는 것을 싫어하고 배척하게 된다. 엄밀히 말하면 사해는 沖(=動)이라 할 수 없음이다. 인신은 어느 하나가 작용력을 발휘하지 못하는 것이라면, 사해는 어느 하나가 손상되는 것이다.

육양인 巳가 사유축으로 금을 완성하는 방향성을 제시하고, 육음인 亥가 해묘미로 목을 내는 방향성을 제시한다. 巳는 확산기운이 극왕하니 음으로 전환되어야하고, 亥는 응집기운이 극왕하니 양으로 전환되어야한다. 성향이 완전히 다른 둘이 만나면 어디로 가야할지 어떻게 해야 할지 뒤죽박죽이다. 음양이 극왕한 단계에서 어쩔 수 없이 기운을 돌릴 수밖에 없으니 달갑지 않고 능동성이 부족하다.

亥는 甲 물상을, 巳는 庚 물상을 얻는 단초이다. 사해가 만나면 충으로 발동하여 각자 할 일에 동기부여가 된다. 巳·亥는 각자 따로따로 짝짓기를 하게 되니 자신의 영역에서 발전은 있을지라도 동반상승하는 작용은 약하다.

사주구성에서 목 또는 금을 낼 환경인지에 따라 巳·亥 중 어느 하나는 필요 없는 짝짓기가 된다. 필요 없는 짝짓기는 실패를 의미하고 음란성으로 변질되기 쉽다.[67]

巳·亥는 새로운 물상을 잉태하기 위해 짝짓기 하는 곳이고, 한편으

---

[67] 충은 '동기부여'라는 의미가 있다. 유용한 충은 기존의 것에서 탈피하여 다시 시작한다는 의미가 있고, 불필요한 충은 음란함을 발동시키게 된다. 사해는 수화의 충인데 목·금 물상을 품었으니, 자칫 음란함을 발동시키는 원인이 되기도 한다. 사해의 충은 사주구성에서 사 또는 해 중 어느 하나는 불필요한 충이 되기 마련이다. 그래서 사해가 만나면 목 또는 금 씨앗을 자궁에 담으려는 의지가 강하게 발동한다. 이성을 바꾸거나 외도하거나 심하면 이별·사별할 수 있음이다. 또한 巳·亥는 금·목의 생지(生地)라는 점에서 같지만 의미는 다르다. 가령 갑은 시작하는 기운이니 亥년에 집을 팔면 제값을 받기 어렵고, 경은 결실을 수확하는 물상이니 巳년에 집을 팔면 높은 가격에 팔 수 있다.

로 자신의 본기를 발현한다. 잉태는 은밀함이 전제되기에 인기·도화성을 내포한다. 이는 인사신해의 기본 성향이라 할 수 있는데, 특히 巳·亥는 실질적 목금 물상을 품고 있기에 작용력이 크다.

巳亥는 천간으로 丙壬 관계이다. 巳亥는 간지로 丙亥 壬巳 등 구성 조합이 없다는 점에서도 조화를 이루고자 하는 마음이 없다는 것을 알 수 있다.

3) 寅巳와 申亥 (=穿 작용)

寅巳는 목생화-화생금으로 목→금으로의 전환을 꿈꾸고, 辛亥는 금생수-수생목으로 금→목으로의 전환을 꿈꾼다. 별 문제가 없어 보이지만, 물상의 변환에는 고통이 따르게 마련이다. 새로운 물상이 태동함은 기존 물상이 없어져야 함이니 그로 인한 고충이 발생하게 되는 것이다. 생극으로 보면 설기(洩氣)의 문제이다.

寅巳는 목을 없애고 화생금으로 경을 형성하려하고, 申亥에서는 금을 없애고 수생목으로 甲을 생성하려한다. 기존의 것을 뒤엎고 새로운 것을 창출해야 하니 인사와 신해는 穿 작용을 함이다.

장생지	인	사	신	해
여기	무	무	무	무
중기	병	경	임	갑
본기	갑	병	경	임
삼합 운동	해묘미-인오술		사유축-신자진	
작용 관계	화왕 형, 천		수왕 형, 천	

〈寅·巳/申·亥의 지장간과 작용관계〉

● 寅巳 형·천

　寅巳는 목생화로 목이 성장하는 과정이고, 금으로 변환되기 위해 준비하는 흐름이다.(해묘미-인오술) 寅에서 인오술 火운동이 시작되고, 巳에서 사유축 金운동이 시작된다. 인묘진에서 왕성했던 목이 사에 이르면 힘이 빠지기 시작한다. 인사가 만나면 목에서 화가 왕해지고 금을 내야하기에 인목은 쇠해지는 반면에 사화는 록을 세운다.

　寅巳의 지장간을 보면 병을 두고 甲·庚이 충하는 모습이다. 본기는 寅에서 甲이, 巳에서 丙이 록을 세운다. 중기에서 인사는 丙→庚 흐름으로 구성된다. 본기와 중기의 모습은 병을 두고 갑·경이 쟁탈하는 모양새이다. 甲-丙-庚에서 손상되는 것은 甲이다.

　삼합으로 보면 인사는 해묘미 과정에 있다. 寅 중 甲이 巳를 만나면 목생화로 힘을 잃고 사 중 경금에 의해 극을 당한다. 인-묘-진-사-오-미를 거치면서 경금은 힘이 강화되고 갑목은 未에서 입묘한다. 甲은 제 모습을 지키기 위해 丙→庚(申)으로 가는 것에 반발하고, 갑의 반발로 오히려 경이 촉발하여 사유축 운동을 강화하게 된다.

　인사는 해묘미-인오술로 이어지니 巳에 의해 화가 왕해질 우려가 있다. 인사에 화가 왕하면 설기로 인해 목이 손상되고, 금이 약하면 강한 화기에 의해 금이 손상된다.

　寅巳에 丙·丁 등 火가 동반되면 '寅巳 화왕의 刑'이 발동한다. 갑의 시작 문제와 정신적 문제가 먼저 발생하고, 갑작스런 庚 출몰 또는 손상으로 인한 현실적 문제가 동반된다. 甲木 본기의 손상은 乙木 물상의 활동력에 지장을 초래한다.

　寅은 水가 요구된다. 寅巳에 水가 없으면 목 손상이 가중된다. 재관, 건강, 활동력 등 현실적 문제가 발생한다. 재관에 탐욕을 부리면 건강 또는 육친 손상으로 드러나거나 정신적 황폐를 초래한다. 목은 살아 있는 생명체이기 때문이다.

寅巳형 구조는 천간으로 甲丙이고, 간지로는 丙寅이다.

한편 寅巳의 운동·방향성은 양 본위에 있는데, 申 또는 亥가 오면 방향성이 왜곡되는 결과를 초래한다. 모든 게 뒤죽박죽되는데, 이것이 '寅巳 穿(害)'이다.

寅巳에 申이 오면 인신충-사신합 관계를 형성하여 사유축으로 급박하게 진행된다. 寅巳에 亥가 오면 사해충-인해합 관계를 형성하여 해묘미로 되돌리게 되니, 寅이 亥에 의지하여 목생화하지 않는다. 인사는 목→금으로 전환하는 시발점인데 수→목으로 거꾸로 되돌리니 방향성을 잃고 방황하거나 자신의 능력을 과신하여 방종하거나 방탕한 생활을 하게 된다.

寅巳천 구조를 천간으로 보면 壬·甲·丙 또는 庚·甲·丙이다. 丙寅에 申 또는 亥, 壬 또는 庚이 오거나, 庚寅 또는 壬寅에 巳 또는 丙이 와도 寅巳천의 구조가 된다.

寅巳형·천은 일반적으로 목 물상이 손상되는 문제가 많고, 그로 인한 금 물상의 손상이 발생한다. 형·천 구조는 바꾸고 다시 시작하는 작용으로 수술의 상으로 보기도 한다. 水-木-火의 구조가 좋으면 의사, 법조인, 제조·가공업 등에서 발달한다.

壬丙戊辛　坤　甲癸壬辛庚己5
辰寅戌未　　　辰卯寅丑子亥

戌月을 주재하는 인자는 辛·壬이다. 丙일간이 술월에 임하고 대운이 해자축인묘로 향한다. 丙일간이 할 일이 없으니 丁모습으로 살아가는 것이 좋다. 丙은 오로지 인오술로 庚을 낼 수밖에 없다. 丙寅일주-戊戌월주이니 자신이 삶을 주도하려는 고집이 있다. 자기 잘난 맛에 억지를 부리니 삶이 왜곡된다. 戊戌월주는 자신의 직업적 환경 또는 부모의 직업적 성취이기도 하다. 의사 아버지에 무남독녀로 사랑받고 자랐다. 특별한 재주는 없지만 작가·피디·연출 등 연극·영화분야에서 자신의 꿈을 펼치고자 한다. 형구조이니 가공하고 부풀리는 직업성에 어울린다.

丙寅일주 자체가 인사형 구조이고, 丙일간이 未戌형을 가동시키니 화가 극왕하다. 수기가 없으니 신경질적이고 성격이 괴팍하다. 다만 戌월지가 화기를 조절하니 부모음덕이 있고, 辛·壬이 丙을 조절하니 해외출입으로 수기를 채우고자 한다. 다른 면으로는 壬丙辛 천작용에 丙寅일주가 천간기운을 주재하지 못하니 해외유학을 빌미로 벗어나려는 것이다. 또한 寅巳-未戌로 寅일지가 손상되고, 丙寅일주이니 부부인연이 좋지 않은 구조이다. 여기에 인오술로 겁재를 끌어들이고, 丙辛-寅未로 일주-년주가 합-암합하니 나이가 많은 남자 또는 유부남과 인연을 맺는 경향도 있다.

庚子대운 乙未년-丙申년에 외국학교 입학시험에서 떨어졌다. 경자대운은 丙-庚이 동하고 해묘미로 향하는 방향성이니 이로운데, 壬辰시주가 동하여 신자진으로 돌리니 경을 형성하지 못하게 되었다. 해외로 나가고자 하는 기운은 동했는데 성과를 얻지 못하는 운세인 것이다. 乙未년에 乙·丙이 庚을 형성하기 좋은 환경인데, 술미가 동하여 丙·寅이 모두 조절당한다. 丙申년도 丙-庚 환경인데 壬辰시주가 동하여 신자진으로 돌리고 인신충으로 寅巳형·천이 발동한다. 원하는 바를 얻지 못했지만, 寅申-申子辰으로 동하니 면접으로 합격하는 외국학교를 선택하여 辛丑대운 丁酉년에 떠났다. 辛未년주가 동요하고, 壬辰시주가 丁壬-酉子로 동하기 때문이다. 丁비겁가 발동하고 丙일간은 사유축으로 상실되니 끌려가는 꼴이다. 12신살로 보면 재살운이니 공부 또는 능력함양을 위한 유학이라기보다 벗어나기 위한 몸부림이라 할 수 있다.

이 사주는 丁모습으로 살아가야 하니, 외국생활 또는 해외출입으로 자신의 환경·기운을 바꾸는 것은 바람직하다. 이는 곧 도화·음란성의 발현이기도 하다. 직업도 겁재를 이용한 비현실적 직업성이고 가공하는 모습이니 나쁘지 않다. 다만 임진이 수시로 변하여 신자진을 가공하는 것이 발달을 저해한다.

● 申亥 형·천

寅巳는 양 본위 방향성이라면, 申亥는 음 본위 방향성에 있다.

신해는 금생수로 금을 완성하는 과정이고, 갑으로의 변환을 준비하는 흐름이다.(사유축-신자진) 申에서 신자진 수 삼합이 시작되고, 亥에서 해묘미 목 삼합운동이 시작된다. 신유술에서 왕성했던 申이 亥를 만나면 금생수로 힘이 빠지게 된다. 신해가 만나면 금에서 수가 왕해지고 목을 내야하기에 申金은 쇠해지는 반면에 亥水는 록을 세운다.

申亥의 지장간을 보면 壬을 두고 甲·庚이 충하는 모습이다. 본기는 申에서 庚이 록을 세우고, 亥에서 壬이 록을 세운다. 중기에서 임→갑으로 구성된다. 본기와 중기의 모습은 壬을 두고 갑·경이 쟁탈하는 모양새이다. 甲-壬-庚에서 손상되는 것은 庚이다.

삼합으로 보면 사유축 과정에 있다. 申 중 庚은 亥를 만나면 금생수로 힘을 잃고 해 중 갑에 의해 반극을 당한다. 신-유-술-해-자-축을 거치면서 갑은 힘을 얻게 되고 경금은 축에서 입묘한다. 경금은 제 모습을 지키기 위해 寅(甲)으로 가지 않으려고 반발하게 되고, 庚의 반발로 오히려 甲이 촉발하여 해묘미 운동을 더욱 강화한다.

申亥는 새 생명(목)의 씨앗을 품는다. 申亥는 사유축-신자진으로 이어지니 亥에 의해 水가 왕해질 우려가 있다. 수가 왕하면 설기로 인해 금이 손상되니 목을 내지 못하고, 목이 약하면 왕한 수기에 의해 목이 발현되지 못한다.

申亥에 壬·癸 등 水가 동반되면 '申亥 수왕의 刑'이 발동한다. 庚(결실·성과) 손상으로 인한 실질적 문제가 먼저 발생하고, 급박하게 갑이 드러나야 하는 시작과 정신적 문제가 동반된다. 천간으로 庚壬의 관계이고, 간지로는 壬申이다.

'申亥 수왕의 형'은 庚(열매)·辛(씨앗)을 썩게 만드니, 마무리가 되지 않거나 결실 단계에서 무너지게 되니 목을 내지 못한다. 실질적 물상의 장애는 정신적 충격, 우울증·조울증, 정신이상, 알코올·도박·마약·약물 등 중독에 빠지거나, 방랑·방탕한 생활을 하게 된다. 그렇지 않으면 정신적인 것을 추구하거나 현실에서 도피하기도 한다. 申亥는 申酉戌亥로 辛이 壬에 저장되는 흐름으로 윤회로의 시발점이기 때문이다.

庚이 주도하는 환경이면 庚이 亥로 들어가지 않으려한다. 현실을 타파하고 크게 부풀리려는 욕구는 위법·불법·편법 등에 가담하게 된다.

만약 丁辛이 주도한 환경에서 丙·申운이 오면 한방에 크게 부풀리려는 욕망이 발동하게 된다. 대체로 실패하게 되는데, 여기에 丑이 있으면 묶이거나 갇히는 상이 된다.

한편 申亥의 운동·방향성은 음 본위에 있는데, 寅 또는 巳가 오면 방향성이 왜곡되는 결과를 초래한다. 모든 게 뒤죽박죽되는데, 이것이 '申亥 穿(害)'이다. 방향성을 잃고 방황하거나 자신의 능력을 과신하여 방종하거나 방탕한 생활을 하게 된다.

申亥에 寅이 오면 인신충-해인합 관계를 형성하여 신자진으로 급박하게 진행된다.

申亥에 巳가 오면 사해충-사신합 관계를 형성되고, 사유축으로 되돌리니 申이 巳에 의지하여 금생수하지 않는다. 신해는 금→목으로 전환하는 시발점인데 화→금으로 거꾸로 되돌리기 때문이다.

申亥천 구조를 천간으로 보면 甲·庚·壬 또는 丙·庚·壬이다. 壬申에 寅 또는 巳, 甲 또는 丙이 오거나, 庚寅 또는 丙寅에 壬 또는 亥가 와도 申亥천의 구조가 된다.

　　己癸癸戊　坤　丙丁戊己庚辛壬7
　　未卯亥申　　　辰巳午未申酉戌
　　癸일간이 亥월에 앉았으나 해묘미 목국을 이루고 대운이 양

인사신해의 합충형파해　247

본위를 돕는다. 무계-해묘미 구조로 본위가 완성된 흐름이다. 사주간법을 공식으로 외우면 오판하기 쉬운 사주이다.

亥월은 癸가 아닌 壬이 주관하는 계절이고, 癸가 해묘미로 목을 완성하기 위해서는 화가 있어야 한다. 戊癸合火는 병화를 취하는 방향성이니, 亥월에 戊癸는 丙火를 내려고 끊임없이 시도한다. 안정되지 못하고 현실적 성취를 얻기 어렵다. 戊癸-亥卯未는 庚(申)이 있어야 하니 戊申년지에 의지한다. 수시로 무계가 합하고, 많은 수에 의해 申亥가 형·천하니 금생수-수생목이 원활하지 않다. 해묘미가 무색하게 된다.

申亥는 申酉戌亥로 庚을 辛으로 전환하여 亥에서 甲을 내는 관계이다. 申亥에 수가 왕하니 수왕의 申亥형이 되고, 해묘미로 목이 왕하니 申亥천이 발동한다. 庚(申)이 물러지니 辛씨앗이 완성되지 못하고, 亥에서 甲을 나오지 못한다. 또한 사주원국은 癸일간이 戊申으로 亥 중 甲을 내어 亥卯未로 목을 완성해야 하는데, 癸卯일주가 해묘미를 완성하여 戊申년주에서 완성하고자 한다. 방향성을 찾지 못하고 헤매는 상이다.

해묘미(목)의 속성에 따라 운동을 좋아하고 도화성이 있다. 己未대운에 다시 해묘미를 구성되니 직업을 갖는 등 도화성이 발현되었다. 戊午대운에 午火가 申金을 도우니 戊癸합으로 발현되어 직장 일에서 인정을 받기도 하였다. 丙申년에는 원하던 화금이 투출하여 모양새를 갖추니 관련 자격증을 취득하는 등 나름대로 성과를 얻기도 하였다.

이 사주는 무계-해묘미로 구성되었지만 申亥형·천으로 해묘미를 완성하지 못하고, 해묘미를 완성해도 미완의 성공이다. 무엇보다 사주흐름과 계묘일주의 방향성이 다른 것이 문제이다. 자신을 낮추고 덕을 베푸는 행위가 중요한데, 무계합-해묘미로 구성되어 申을 얻었고, 계묘일주가 중심축을 이루니 자기 잘 난 맛에 산다. 이렇게 되면 남 탓하기 좋아하고 불만이 많게 된다. 특히 여명은 남편이 무능하거나 남편에게 불만을 갖게 된다. 여명이 계해월주이니 삶이 박복하거나 가장노릇을 하기도 한다. 부부인연이 원만하지 않음을 의미한다.

4) 巳申와 亥寅 (=破 작용)

巳申과 亥寅은 물상을 내는 이상적인 관계이다. 巳-申은 양 본위에서 丙→庚을 완성하는 관계이고, 亥-寅은 음 본위에서 壬→甲을 내는 관계이다. 사신은 합·형 구조이고, 해인은 합·파 구조이다.

기운을 합하여 형·파로 기운을 돌려 물상을 낸다는 것은 그만큼 아픔·고통이 따르게 된다. 뒤집고 엎는 행위가 동반되고 그로 인한 번거로움이 있게 마련이다. 발전은 화합에서 오고, 화합은 변화가 전제되어야 하며, 변화는 아픔을 동반한다.

巳申은 亥로 향하고, 亥寅은 巳로 향하는 방향성이다. 반대편의 기운을 내면서 물상을 발현시켜야하니 형·파 작용을 한다. 合으로 전환을 주도하니 엉거주춤 방심하다가 뒤통수 맞는 일이 생기거나 이러지도 저러지도 못하는 상황에 봉착하기도 한다.

장생지	사	신	해	인
여기	무	무	무	무
중기	경	임	갑	병
본기	병	경	임	갑
삼합 운동	인오술(화→금)		신자진(수→목)	
작용 관계	합, 금왕 형, 파		합, 목왕 형, 파	

〈巳·申/亥·寅의 지장간과 작용관계〉

● 巳申 합·형·파

巳申은 화생금으로 화가 金을 형성하는 관계이다. 사에서 사유축 금

운동이 시작되고, 申에서 신자진 수 운동이 시작된다. 金은 火에 의해 형성-완성되고, 수렴·저장되어야 하니 水로 향하게 된다. 이를 '巳申合水'라 하는데, 사신이 합하여 수로 향한다는 巳申의 방향성을 제시하는 바이다. 이것이 '巳申합'의 방향성이자 의도이다.

巳申을 천간으로 丙庚 관계이고 간지로는 丙申이다. 천간에서 丙庚은 화→금을 형성하는 이상적인 관계로 발전·성공의 구조이다. 지지에서 巳申은 금을 직접적으로 키우고 금을 완성하여 수에 담아야 하니 巳가 손상되는 경우가 많다. 乙庚-卯申 관계와 유사하다.

일반적으로 巳申이 만나면 庚(申) 부피는 커지고 申에서 壬이 나오니 巳는 기운을 잃게 된다. 巳가 사오미를 거쳐 화생금으로 힘이 빠지는데 申 중 壬에 의해 극을 당하기 때문이다.

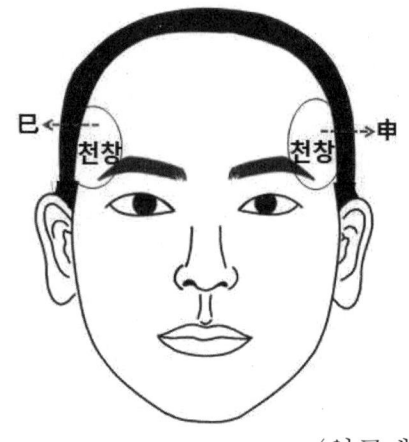

얼굴에서 巳申은 이마(천창)에 해당한다. 자신의 역량은 이마(부모)에서 나오니 식상(丙·丁)으로 재관(庚·辛)을 완성하는 관계이다.
넓은 이마 상으로 음덕·행운의 요소이다. 재관에 탐욕을 부리면 성패가 다단하게 되거나, 이중성·도화성으로 발현되기 쉽다.

〈얼굴에서 巳申의 관점〉

巳申의 지장간을 보면 庚을 두고 丙·壬이 충하는 모습이다. 본기는 巳에서 丙이 록을 세우고, 申에서 庚이 록을 세운다. 중기에서 경→임으로 구성된다. 본기와 중기의 모습은 庚을 두고 병·임 기운이 쟁탈하는 모양새이다. 丙-庚-壬 흐름에서 손상되는 것은 丙(巳)이다.

삼합으로 보면 인오술 과정에 있다. 사-오-미-신-유-술을 거치면서 임수는 힘이 강화되고 병화는 술에서 입묘한다. 병은 제 모습을 지키기 위해 亥(壬)로 가는 것에 반발하게 되고, 병의 반발로 오히려 임이 촉발하여 신자진 운동을 더욱 강화한다.

사신에 해가 오면 사해충-신해천이 되고, 사신에 인이 오면 인신충-인사천이 된다. 이중성으로 인한 삶이 왜곡되는 파 작용을 한다.

巳·申은 양 본위 활동이지만, 巳申이 수를 만나면 음 본위로 전환된다. 사신에 水가 왕하면 '巳申합·형(파)'가 발동한다. 가령 巳申에 壬·癸·亥·子 등이 드러나면 申이 물러지고 巳는 손상된다. 갑자기 경이 신으로 전환되어야 하니 대박을 꿈꾸지만 쪽박이 되기 쉽다.

巳申亥(子)로 구성되면 巳(丙)의 손상이 가중되고, 巳에 의지하던 申이 亥를 만나면 亥와 더불어 병을 극하게 된다. 庚(申)의 배신이다. 배신을 당하거나, 소송에 휘말리거나, 사업에 실패하거나, 엉뚱한 짓을 하게 된다. 천간에서 丙·庚·壬도 巳申형-申亥천 발동구조이다.

특히 申월의 巳申 구조에서 수가 왕하면 금 손상이 가중되는 巳申합·형이 된다. 또 사월은 수가 많을 필요가 없으니 巳월의 巳申에서는 강한 水는 이롭지 않으니 巳申합·파가 된다.

巳申은 금을 형성하는 단계이지만 금이 강하면 '금왕의 巳申형'이 발동한다. 설기로 인한 巳 손실이 가중되고 금은 수로 가지 않으려 한다. 금이 제대로 여물지 않거나 庚-辛이 완성되지 못한다.

巳申은 병이 癸·乙을 바탕으로 庚 물상을 내는 관계이다. 申월에는 火가 절실하니 사신 구조는 좋다. 巳의 손실은 있을지라도 庚을 완성하는 조건이 된다. 다만 화가 왕하면 도리어 '화생금 불미의 巳申형'이 발동한다. 도리어 申이 손상된다.

이처럼 巳申은 合·刑을 동시에 안고 있으니 대단히 복잡하다.

수가 강하면 '합·형(파)'가 동시에 발동하고, 금이 강하면 巳 손상이 가중되는 '금왕의 형'이 발동하고, 화가 강하면 申이 손상되는 '화생금 불미의 형'이 한다. 대체로 巳쇠퇴로 인한 실질적 金물상의 결실·성과가 불미해지고, 임수로 향하니 복록을 누리지 못하거나 정신적 번거로움이 동반된다. 巳申합·형·파는 辰巳와 유사한 작용이 있다.

재관(金)을 완성하는데 조건이 까다롭다. 경이 익으려면 火가 필요하고, 庚 속을 채우려면 水가 필요하다. 申에서 壬이 장생하는 이유이고, 巳은 申을 키우는데 申은 壬을 품고 있으니 이중성이 있다.

사신은 금 물상을 완성하니 물질 또는 재관에 대한 성취욕구가 강하다. 巳가 나무에 매달려있는 庚을 익혀야하니 불안하고 빨리 익혀 설익은 상태에서 성과를 얻고자 한다. 관계성이 좋으면 성과를 빨리 내고 빨리 써먹거나 보기 좋게 만들지만, 그렇지 않으면 브레이크 없는 자동차 마냥 멈추지 못하고 손해를 입는다. 수화 조절이 불미하면 巳申합·형·파가 발동하는 것이다.

巳申은 남의 것을 관리해주고 지켜주는 삶의 형태 또는 여러 사람을 보살피고 덕을 베풀어야 하는 상황에 놓인다. 이를 거부하면 번영보다 실패가 찾아들고, 건강·애정문제 등이 발생한다.

부동산·문서 등 인성을 이용한 직업, 국가·조직 등 금과 관련된 직업에서 발달한다. 학생은 국립대와 인연이 있다.

```
己丁壬己  乾   乙丙丁戊己庚辛 1
酉巳申酉      丑寅卯辰巳午未
```

丁일간이 申월에 목화운으로 향하니 환경을 잃은 꼴이다. 삶이 편안하지 않음을 의미하고, 자신이 삶을 주도한다면 왜곡·굴곡이 많음을 예고한다. 다만 천간이 丁壬환경으로 구성되고, 申월지가 사유축을 형성하니 정임-사유축 구조가 되었다. 자신이 삶을 주도하는 환경으로 바뀐 것이다. 申월에 화가 필요하니 丁巳일주가 많은 금을 조절하게 된다. 살아남기 위해 열심히 하는 타입으로 자수성가의 상이다. 丁巳는 巳申酉로 申을 가공하여 己酉년주에서 酉를 완성한다. 금이 많고 창고는 크니 욕심이 많다. 여기에 정임-사신으로 파작용을 하고, 壬申월주에서 巳申亥를 구성하여 巳申형-申亥천이 발동한다. 대박을 꿈꾸게 되는데, 쪽박이 될 수도 있음이다.

己酉는 재물을 끌어 담는 저장하는 땅이자 그릇이니 재물 성취를 좋게 한다. 己酉가 년·시에 복음으로 있으니 크게 먹으려는 속성이 있고, 국가(관) 또는 해외 등 멀리서 구하려는 속성이 있다. 정임은 사유축을 완성하는데 있지만 목을 내고자 하는 욕망이 있다. 갑이 없으니 갑을 내려는 의지가 강하게 발동하는데, 직업적으로 발현되어 가구도매업을 운영한다. 여러 메이커를 종합하여 관공서·학교 등에 납품을 위주로 돈을 많이 벌었다. 사신의 특유성에 따라 허풍·과장이 있고 중국거상들과 인연을 맺는 등 대인관계를 왕성하다. 정임-사신으로 정사일주가 손상되니 마음이 급하고 빨리 성과를 내려한다.

己酉가 복음이고, 巳일지에 巳酉-巳申으로 끌려가고, 巳가 금을 가공하느라 힘들다. 돈에 대한 욕심이 심하면 巳일지는 더욱 힘들어진다. 丁卯대운에 이혼하였다. 丁卯대운 甲午년에 丁이 동요하고 목이 투출하니 대박을 꿈꾼다. 중국을 기반으로 철강사업을 하기 위해 가구도매업을 정리하고 서울로 올라갔다. 금을 가공하던 巳일지가 없어지니 자신이 직접 금을 취하려는 의도이다. 丙寅대운은 丙壬-寅申으로 임신월주가 동하고 인오술-사유축으로 발동한다. 丙겁재가 申월 환경을 주도하고 寅巳-巳申이 발동되니 타인을 통한 자기발현이고 대박의 흐름이다. 만약 자신이 주도한다면 酉寅으로 묶이게 되니 결국 쪽박이 된다.

● 亥寅 합·형·파

亥寅은 수생목으로 水가 木을 내는 관계이다. 해에서 해묘미 목 운동이 시작되고, 인에서 인오술 화 운동이 시작된다. 목은 수에 의해 모습을 드러내지만 성장하기 위해서 화로 향하게 된다. 이를 '亥寅합'

이라 한다. 해인이 합하여 목이 되는 게 아니라 목 모습을 갖추는 방향성을 말하는 것이다. 이것이 '巳申合'의 방향성이자 의도이다.

亥寅를 천간으로 보면 壬甲 관계이고 간지로는 壬寅이다. 천간에서 壬甲은 수→목을 형성하는 이상적인 관계로 발전·성공의 구조이다. 지지에서 亥寅은 목을 기르고 내야 하니 亥가 손상되는 관계이다.

일반적으로 亥寅이 만나면 甲(寅)은 발현되고 寅에서 丙이 나오니 亥는 쇠해진다. 亥가 해자축을 거쳐 수생목으로 힘이 빠지는데 寅 중 丙에 의해 극을 당하기 때문이다.

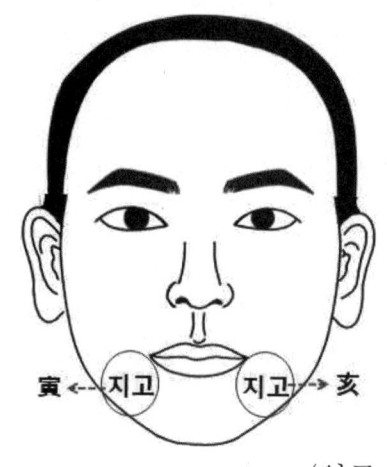

얼굴에서 亥寅은 지고(地庫)에 해당한다. 입·턱은 재물 성취는 유리하지만, 나누는 덕행이 필요한 자리이다. 채우기만 하고 베풀지 않으면 도리어 정체되거나 손실을 입게 된다.
亥寅은 음에서 양으로 윤회의 발현이다. 보이지 않는 곳에서 발현되니 이중성·도화성을 안고 있다.

〈얼굴에서 亥寅의 관점〉

亥寅의 지장간을 보면 甲을 두고 丙·壬을 충하는 모습이다. 본기는 해에서 壬이 록을 세우고, 인에서 甲이 록을 세운다. 중기에서 갑→병으로 구성된다. 본기와 중기의 모습은 甲을 두고 병·임 기운이 쟁탈하는 모양새이다. 壬-甲-丙 흐름에서 손상되는 것은 壬(亥)이다.

삼합으로 보면 신자진 과정에 있다. 해-자-축-인-묘-진을 거치면서 병화는 힘을 얻고 임수는 辰에서 입묘한다. 壬은 제 모습을 지키기 위해 巳(丙)로 가는 것에 반발하게 되고, 壬의 반발로 오히려 丙이 촉발하여 인오술 운동을 강화하게 된다.

亥寅에 巳가 오면 사해충-인사천이 되고, 亥寅에 申이 오면 인신충-신해천이 된다. 이중성으로 인한 삶이 왜곡되는 파 작용을 한다.

亥·寅은 음 본위 운동성에 있는데, 亥寅이 화를 만나면 목생화로 양 본위 운동으로 전환된다. 亥寅에 화가 왕하면 亥寅합·형(파)가 발동한다. 가령 亥寅에 丙·丁·巳·午 등이 드러나면 寅이 분산작용을 하고 亥가 손상된다. 寅이 쇠해지거나 寅이 갑자기 卯로 전환되어야 하니 대박을 꿈꾸지만 쪽박이 되기 쉽다.

亥寅巳(午)로 구성되면 亥(壬)의 손상이 가중되고, 壬에 의지하던 寅이 丙을 만나면 巳와 더불어 壬을 극하게 된다. 甲(寅)의 배신이다. 배신을 당하거나, 소송에 휘말리거나, 사업에 실패하거나, 엉뚱한 짓을 하게 된다. 壬·甲·丙도 亥寅파-寅巳천 발동구조이다.

특히 寅월의 亥寅 구조에서 화가 왕하면 목 손상이 가중되는 破가 된다. 또 亥월은 화가 강할 필요가 없으니 亥월의 亥寅에서는 강한 화기는 이롭지 않으니 파가 된다.

亥寅은 목이 발현되는 단계이지만 목이 강하면 '목왕의 亥寅형'이 발동한다. 설기로 인한 亥 손실이 가중되고 목은 화로 가지 않으려 한다. 목이 제대로 완성되지 않거나 甲-乙로 전환되지 못한다.

亥寅은 임이 丁·辛을 바탕으로 甲 물상을 내는 관계이다. 寅월에는 水가 절실히 요구되니 亥寅 구조는 좋다. 亥의 손실은 있을지라도 甲을 키우는 조건이 된다. 다만 水가 왕하면 '수생목 불미의 亥寅형'이 발동한다. 도리어 木이 발현되지 않거나 손상된다.

이처럼 亥寅에서 화가 강하면 '합·형(파)'가 동시에 발동하고, 목이 강하면 亥 손상이 가중되는 '목왕의 형'이 발동하고, 수가 강하면 寅이 발현되지 않는 '수생목 불미의 형'이 한다.

亥寅은 대체로 亥의 쇠약으로 갑 물상의 시작·발생의 문제가 발생하고, 병화로 전환해야 하니 물상성취를 사용하지 못하거나 정신적 번거로움이 동반된다. 亥寅합·형·파는 戌亥와 유사한 작용이 있다.

亥寅은 壬이 丁·辛을 바탕으로 木물상을 내는 것이니 정신·물질을 동시에 추구하는 경향이 있다. 목을 키우고자 하는 욕구가 강하고, 巳申과 마찬가지로 수화 조절이 필요하다. 寅에 丙이 장생하는 이유이고, 亥는 寅을 키우는데 寅은 丙을 품고 있으니 이중성이 있다.

壬甲甲癸　乾　戊己庚辛壬癸4
申戌寅亥　　　申酉戌亥子丑

甲일간이 寅월에 壬甲을 형성하고 대운 흐름이 양호하지만, 지지에서 인오술을 형성한다. 수목이 모두 왕하니 亥寅가 형·합하는 구조는 아니지만, 亥寅申이 동주하면 亥寅합·천과 申亥형·천이 성립되는 조건이다. 불안함을 내재하고, 대박-쪽박을 넘나들고, 화가 없으니 즉흥성을 안고 있는 구조이다. 寅월에 수가 필요하고 갑은 해에서 발현되니 癸亥년주에 의탁한다. 여기에 癸甲으로 촉발하니 크게 먹으려는 속성이 있다.

壬甲·癸甲은 모두 윤회, 교육의 상이다. 壬甲·癸甲이 함께 있으면 甲을 내기 위해 경쟁하게 되고 위법·편법성향으로 변질되기도 한다. 壬甲은 申에 의해 亥寅형·파 작용을 하고, 해인은 계에 의해 수생목 불미의 亥寅형이 발동한다. 甲寅-癸亥가 해묘미로 乙을 원하니 법을 무시하고 대박을 꿈꾸게 된다.

辛亥대운에 亥寅申으로 동하여 형·천이 발동한다. 인터넷을 이용한 위법·편법적인 일로 돈을 많이 벌었다. 庚戌대운에 申이 투출되고, 亥寅-申亥 합·천이 발동하니 대박-쪽박 형상이다. 갑경충으로 甲戌일주가 동하여 인오술로 향하는데 丁酉년에 丁이 투출되어 癸丁으로 동하니 甲이 없어지는 형국이다. 정유년에 구속되었다. 丁·壬이 酉戌-亥寅으로 크게 취하려 하는데, 甲일간이 인오술에 묶이니 제 발등 제가 찧는 꼴이다. 또 丁壬이 발동하는데 酉寅이 은밀히 크게 먹으려다가 도리어 갑이 갇히는 형상이 된 것이다.

寅월에 甲戌일주가 인오술을 구성하니 허상을 꿈꾸고 대박을 노리는 것이다. 자신의 대박 꿈은 戌일지에 있고, 甲일간이 크기 위해서는 화가 필요하니 술이 좋아 보인다. 甲은 戌에 입고하니 배우자에게 빠져드는 형국이다. 戌일지 입장에서도 화를 축적하는 방법은 인오술 밖에 없으니 처가 남편에 대한 사랑·애정이 병적으로 강하다. 이 남명도 戌이 필요하니 아내의 집착을 사랑으로 받아준다. 戌 중 辛이 甲의 씨앗이고 戌의 화기가 필요하기 때문이다. 인오술로 구성되니 戌 중 丁이 허상의 火임을 알지 못함이다.

※ 巳申과 亥寅의 이중성

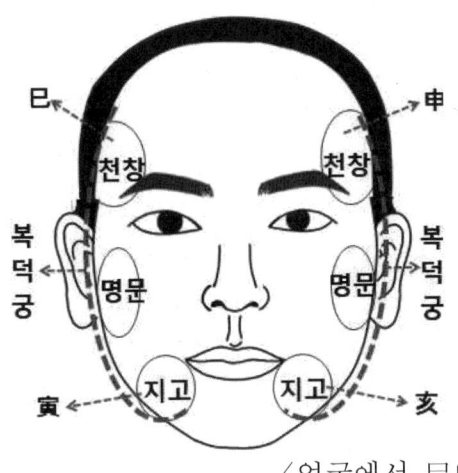

얼굴에서 巳申은 천창(天倉)에, 亥寅은 지고(地庫)에 해당한다. 천창·지고는 복덕궁이니 음덕을 덕행으로 돌리는 근원이다.
巳申(水)-亥寅(木)은 음양 본위를 회귀한다. 재관성취를 덕행으로 돌려야 하는 것이 巳申·亥寅의 참 의미다.

〈얼굴에서 巳申·亥寅의 의미〉

寅巳와 申亥는 수화 기운을 두고 목금 물상이 쟁탈하는 관계라면,[68] 巳申과 亥寅은 목금물상을 두고 수화기운이 쟁탈하는 관계이다.

巳申과 亥寅은 물상의 방향성에서 氣-相간 문제가 발생하기에 合·

---

68) 寅巳는 화왕의 형·천을 안고 있는 구조로 간지로는 丙寅이고, 申亥는 수왕의 형·천을 안고 있는 구조로 간지로는 壬申이다.

刑·破 등이 혼재한다. 巳申은 경이 병·임 사이에서 어쩔 줄 모르고, 亥寅은 갑이 병·임 사이에서 혼란을 겪는다. 경은 병에 의해 형성되지만 임에 의해 辛으로 완성되기 때문이고, 갑은 임에 의해 길러지지만 병에 의해 乙로 발현되기 때문이다. 庚→辛으로, 甲→乙로의 전환은 목금 물상이 氣→相으로의 전환이다. 기본적으로 물상은 제 모습이 변환되는 것을 꺼리니 庚·甲 입장에서는 좋을 것이 없다.

巳申과 亥寅은 같은 물상이지만 전혀 다른 환경의 변화에 적응해야 하는 문제가 발생한다. 인사신해의 다른 조합에 비해 복잡하고 성패가 다단하게 된다. 간지로 보면 丙申과 壬寅으로 안정된 구조이지만, 申은 壬을 품고 寅은 丙을 품고 있으니 이중성과 도화성이 있다.

천간으로 丙庚은 겉으로 이중성이 드러나고, 壬甲은 겉으로 안정된 듯 보이지만 속내는 이중성을 띠게 된다.

5) 寅巳申亥 상호관계의 방향성

寅巳申亥 상호관계를 요약해서 정리해보자.

寅巳申亥	寅申	巳亥	寅巳	申亥	巳申	亥寅
여기	무무	무무	무무	무무	무무	무무
중기	병임	경갑	병경	임갑	경임	갑병
본기	갑경	병임	갑병	경임	병경	임갑
삼합 운동			해묘미	사유축	인오술	신자진
작용 관계	물상·기운의 충		물상의 형·천		기운의 합·파	

〈寅巳申亥 상호관계〉

寅申은 병이 경을 키우려하고, 임이 갑을 기르고자 한다.

巳亥는 각자 자신의 영역을 침범당하지 않으려고 상대와 반목한다.
寅巳는 목생화 관계이고, 화생금으로 목→금으로 전환을 시도한다.
申亥는 금생수 관계이고, 수생목으로 금→목으로 전환을 시도한다.
巳申은 화생금 관계이고, 금생수로 금을 품고자 하는 방향성이다.
亥寅은 수생목 관계이고, 목생화로 목을 기르고자 하는 방향성이다.

○ 寅申은 인오술 火운동으로 木→金으로 물상을 전환하는 흐름에 있다. 반대로 申寅은 신자진 水운동으로 금→목으로 전환하는 흐름에 있다. 寅→申 흐름이면 양 본위 활동이 되고, 申→寅 흐름이면 음 본위 활동이 된다.

○ 巳亥는 사유축 金운동으로 금을 완성하고, 火→水로 기운을 전환하는 흐름이다. 반대로 亥巳는 해묘미 木운동으로 목을 완성하고, 水→火로 기운을 전환하는 흐름에 있다. 巳→亥 흐름이든 亥→巳 흐름이든 음양 본위활동이 명확하지 않기에 천간의 운동 방향성에 따라 巳·亥의 활동성이 결정된다.

○ 寅巳는 목생화 관계로 해묘미-인오술 과정을 통해 甲→庚으로 전환하는 흐름이다. 木이 설기·손상되는 형·천이지만 금을 완성하는 실익은 있다. 양 본위에 있으면 발달하는데, 화가 극왕하거나 금이 없으면 木이 손상될 뿐이다.

○ 申亥는 금생수 관계로 사유축-신자진 과정을 통해 庚→甲으로 전환하는 흐름이다. 金이 설기·손상되는 형·천이지만 목을 내는 실익은 있다. 음 본위에서 발달하는데, 수가 극왕하거나 목이 없으면 방향성이 金이 손상될 뿐이다.

○ 巳申은 화생금 관계로 인오술 과정을 통해 庚을 형성하는 과정이다. 화 희생으로 금이 왕해지는 합·파이다. 화가 강하면 금이 타버리고, 금이 강하면 화 손상은 가중되고 금은 익지 못한다. 巳申 구조에서 乙庚 또는 癸丙 구성이면 발달하고, 辛甲 또는 丁壬 구성이면 정체

함이 있다.

○ 亥寅은 수생목 관계로 신자진 과정을 통해 甲을 발현시키는 과정이다. 水의 희생으로 목이 왕해지는 합·파이다. 수가 강하면 목이 발현되지 못하고, 목이 강하면 水 손상은 가중되고 목이 제 모습을 갖추지 못한다. 亥寅 구조에서 辛甲 또는 丁壬 구성이면 발달하고, 乙庚 또는 癸丙 구성이면 발현되기 어렵다.

6) 인사신해의 입묘

자묘오유의 입묘는 합·천 관계를 만들어내는데, 인사신해의 입묘는 자묘오유의 입묘와 달리 합·형·파·해 관계를 만들어내지 않는다.69) 인사신해는 본기(本氣)이고 자묘오유는 본체(本體)이기 때문이다.

인사신해의 입묘는 본기를 비롯하여 암장된 생지가 모두 작용력을 잃는다. 인사신해는 입묘를 꺼리게 되는데, 이를 '원진(怨嗔)' '귀문(鬼門)'이라 한다.70) 또한 물상은 없어지지 않으니 입묘간지가 없는데, 지지에서 입묘관계가 성립되면 현실적 어려움을 겪는 것이다.

입묘	수화 기운		수화 물상		목금 기운		목금 물상	
	巳戌	亥辰	子未	午丑	寅未	申丑	卯戌	酉辰
작용	원진 귀문		천		귀문		합	

〈입묘관계의 합·천〉

---

69) 卯戌, 酉辰, 子未, 午丑 등 자묘오유의 입묘관계는 '자묘오유의 합·천과 입묘' 편 참조하시기 바란다.
  六害 = 寅巳 申亥 卯辰 酉戌 子未 午丑
  六合 = 亥寅 巳申 卯戌 酉辰 子丑 午未
70) 원진 = 亥辰, 巳戌, 卯申, 午丑, 子未, 寅酉
  귀문 = 亥辰, 巳戌, 卯申, 午丑, 寅未, 酉子

● 寅未 입묘, 원진

寅未는 목 본기(甲)가 본체(乙)로 전환하여 목 성장이 완료되는 흐름이다. 寅은 未에서 작용력을 완전히 상실하고, 未에서 수기가 마르니 寅이 성장할 수 없다. 寅이 丙을 내는 목적은 금을 키우겠다는 의지보다 목 자체의 성장을 위함이다. 寅 중 丙이 申을 키우지만 인 중 병이 덩달아 입묘하니 목이 성장하지 못한다.

다만 미에서 목기가 마감되니 금기가 형성된다. 인은 미에서 申으로 전환되기에 목은 金 모습으로 자신의 가치를 얻게 된다.

寅未에서는 목 활동의 문제가 발생한다. 寅未戌으로 구성되면 폭발력을 발휘하고 대박을 터뜨리기도 한다. 만약 목을 사용하고자 한다면 문제가 발생하거나 쪽박이 된다.

丙癸甲癸　坤　辛庚己戊丁丙乙6
辰未寅丑　　　酉申未午巳辰卯

癸일간이 寅월에 앉았지만, 대운흐름이 癸丙의 방향성에 있고 해묘미로 구성되었다. 寅월을 주재하는 甲이 갑인월주로 동주하니 직업적 성취가 있거나 가장노릇을 할 구조이다. 寅월에 수가 필요한데 癸일간이 수기를 담당하면서 未일지에 입묘하고, 여기에 甲寅 또한 未에 입묘하니 돈 벌어서 배우자에게 바치는 꼴이다. 남명은 마땅할지라도 여명은 좋은 팔자라 할 수 없다. 남편은 경제적 능력이 별로 없고, 이 여명이 가정을 책임지는 형태이다.

사주전체 흐름은 해묘미로 목을 완성하는 구조이다. 계축으로 辛을 가공하여 甲寅에서 乙을 완성하여 계병으로 을을 키우는 흐름이다. 그런데 甲寅이 미에 입묘하고 辰未로 乙을 조절하니 乙이 발현되기 어렵고 병이 乙을 키우기 어렵다. 癸일간이 壬으로 전환되어 계축에서 甲을 형성하는 것에 그치는 것이 좋다. 癸未일주임에도 계병-해묘미로 구성되니 乙을 키우려고 집착하게 되고, 결국 未일지에게 의지하게 되는 것이다.

戊午대운은 계병무가 발동하여 인오술을 구성하니 탐욕을 부리게 된다. 금이 투출하지 않았지만 인오술로 금을 완성하려 하기 때문이다. 목을 통한 재물성취이기도 하니 의류매장을 운영하면서 경제적 성취가 있었고 확장도 하였다. 寅未-戌로 구성되면 대박을 터뜨리기도 하는데, 이 여명은 목을 이용하여 대박을 노리니 결국 실패할 가능성이 많다. 丁酉년에 남편이 부도덕한 일로 구속이 되었다. 유인으로 갑을 취하려는 욕구가 발동하는데 인미로 입묘시키기 때문이다. 계갑의 직업성은 윤회-덕행-생명과 연관된다. 병진에서 병으로 을을 키워 경을 완성하려고 탐욕을 부리면 결국 내놓아야 한다는 것을 알지 못한다.

● 申丑 입묘

申丑은 금 본기(庚)가 본체(辛)로 전환하여 금 성장을 완성하는 흐름이다. 申은 丑에서 작용력을 완전히 상실하고, 丑에서 화기가 부족하니 申이 성장할 수 없다. 申 중 壬이 甲을 기르지만 申 중 壬이 입묘하니 목을 기르지 못한다. 다만 申丑은 金 자체를 안전하게 저장·보관한다는 의미가 있다.

다만 축에서 금기가 마감되니 목기가 형성된다. 申은 축에서 寅으로 전환되기에 금은 木 모습으로 자신의 가치를 찾게 된다.

申丑은 금(재관, 씨앗) 보관의 문제가 발생한다. 申丑辰으로 구성되면 대박을 터뜨리기도 한다. 만약 금을 사용하고자 한다면 문제가 발생하거나 쪽박이 된다.

● 亥辰 입묘, 원진·귀문

壬水가 辰에 입묘하는 관계이다. 亥가 기운을 응집하여 辛을 품었다가 갑으로 변환하여 목을 완성하는 흐름이다. 辰은 亥水를 얻어 날개를 단 형국이고, 亥는 辰을 만나 기운을 상실한다. 辰에서 辛·壬이 작용력을 상실하고, 癸·乙이 조절되어 丙을 펼치게 된다.

亥가 입묘한다는 것은 해 중 壬·甲이 발현되지 못하는 꼴이다. 辰은 酉의 축적된 경험과 亥에서 수집한 정보를 癸가 정리하고 분석하여 乙·丙으로 펼치게 된다. 亥는 자신이 내놓은 甲을 乙에게 넘겨주고 기능이 상실되니 원진·귀문이라 한다.

亥辰은 壬癸의 수집·분석력, 辰의 복잡성, 乙(말·입·몸)을 이용한 직업성에 어울린다. 수학, 통계학, 회계학, 분석가, 일기예보, 평론가, 정보 분석가, 상담사, 심리치료사, 감정사, 변호사, 평론가, 해설가, 작가, PD, 기자, 학자·선생, 한의사·약사·의사, 은행원, 세무·감찰, 생수·정수기·정제, 약품·화공, 화장품, 종교·철학, 장의사, 재활용, 고물상, 옷가게, 설계, 디자인·기획·광고, 장식·인테리어, 건축, 미용, 조경·화훼, 농사 등이다.

辰에서 癸·乙을 조절하니 발현되는데 시간이 걸리는 것이 특징이다. 꾸준하게 열심히 하고 결과보다 과정을 중시하는 태도가 필요하다.

만약 土가 두터우면 癸·乙이 분산작용을 하지 못하고, 乙·丙을 보지 못하면 발현되기 어렵다. 癸·乙·丙의 작용이 원활하지 않으면 목이 발현되지 못하니 정신적 문제를 안거나 종교·철학적 성향으로 드러난다.

亥辰을 간지로 보면 壬辰이다. 壬辰에서 壬은 시간이 지나면서 癸의 성향을 갖추게 되니 亥辰과 달리 활동성을 갖는다.

戊壬丁庚　坤　辛壬癸甲乙丙8
申辰亥辰　　　巳午未申酉戌

壬일간이 亥월에 丁壬으로 亥 중 甲을 내는 관계이고 신자진을 구성한다. 정임-신자진 구조는 음 본위를 재촉하는 흐름으로 현실적 발전에 제약이 있다. 壬辰일주가 辰亥辰으로 자신의 모양새를 지지에 깔고 묶이는 형상이다. 임진으로 가공하여 丁亥로 갑을 내는 것이 빠르다. 해에서 갑을 내는데 시간이 걸리는데 壬·亥가 진에 입묘하고, 丁壬으로 甲을 내려고 하지만 년·일에서 진이 甲·庚을 묶으니 물상발현의 근원처가 막힌 꼴이다. 丁壬-亥辰로 묶이니 도리어 직업성취 또는 부모의 모양새가 좋지 않은 모양새가 되었다. 다만 亥월에 화가 필요하니 丁亥월주는 삶의 바탕·방향성이 된다.

亥월에 담을 辛씨앗이 없으니 庚辰년주에서 辛을 내거나, 戊申시주에서 庚→辛을 얻어야 한다. 庚辰 또는 戊申을 사용하느냐에 따라 삶의 방향이 달라지고, 그 선택은 주위환경에 영향을 받게 된다. 부모인연이 좋으면 해 중 갑을 내는 과정이 수월할 것이고, 부모인연이 좋지 않으면 庚에서 辛을 내어야 한다. 경진에서 庚을 잘 사용하지 못하는데 庚→辛을 낸다면 오히려 辛을 취하기 수월하다. 丁亥든 庚辰이든 관을 통한 자기발현 또는 정신적인 것을 추구하는 삶에서 성과를 얻는다.

다만 경진에서 乙을 조절하여 경을 완성하고자 한다면 실패할 수 있다. 丁은 壬과 더불어 갑을 내거나, 庚을 키워 辛을 얻고자 하는데, 해 중 갑을 내는 과정을 답답하게 생각하면 庚을 형성하는데 집중하여 고달픔을 겪게 된다. 어쨌든 해 중 갑을 내는데 집중해야 하고, 辰亥辰으로 癸를 이용한 발현이다. 亥辰의 직업성으로 발전을 도모해야 한다.

무술년 현재 乙酉대운이다. 辛씨앗을 얻은 셈이고 壬乙로 발동하니 능력에 비하여 욕심을 내게 된다. 乙은 庚을 취하려하고, 酉는 辰창고에 담으려한다. 庚辰년주가 파작용으로 발동하기에 크게 이루려다가 도리어 깨뜨리는 형국이 된다. 庚辰에 집착하지 말고 亥辰 모양새로 바꾼다면 원하는 바를 얻을 수 있다. 이 사주는 壬일간이 癸성향으로 바뀌어 庚을 얻고자 하는 충동이 일어나니 항상 경계해야 할 필요가 있다. 壬辰은 대기만성형 간지이기도 하다.

● 巳戌 입묘, 원진·귀문

丙火가 戌에 입묘하는 관계이다. 巳가 기운을 펼쳐 乙을 庚으로 변환하여 금을 완성하는 흐름이다. 戌은 丙火를 얻었으니 날개를 단 형국이고, 巳는 술에 입묘되어 기운을 상실한다. 戌에서 乙·丙이 작용력을 상실하고, 丁·辛을 조절하여 壬을 얻게 된다.

巳가 입묘한다는 것은 巳 중 丙·庚이 작용력을 상실하는 꼴이다. 戌은 乙의 체험과 巳가 펼쳐놓은 금(재관)을 丁이 다듬고 마무리하여 辛·壬으로 저장하게 된다. 巳는 자신이 내놓은 庚을 辛에게 넘겨주고 기능이 상실되니 원진·귀문이라 한다.

丙은 巳 중 庚을 형성하는 것이 목적인데, 戌을 만나면 丁으로 변신하여 戌 중 辛을 품어야 한다. 巳가 펼친 금 물상을 戌에서 응집할 수 있는 것은 丁·辛이 있기에 가능하다. 음 본위 환경이면 금 물상(재관)을 담는다는 의미도 있다.

巳戌의 직업성은 亥辰과 유사하다. 丁과 관련된 화공·약품, 원전 등과 辛과 관련된 정신·윤회과도 연관성이 있다.

巳戌은 亥辰과 마찬가지로 발현되는데 시간이 걸리니 꾸준하게 결과보다 과정을 중시하는 태도가 필요하다. 만약 수기가 많으면 庚이 형성되지 못하고 辛이 완성되지 못한다. 丁·辛·壬의 작용이 원활하지 않으면 금이 완성되지 못하니 정신적 문제를 안거나 종교·철학적 성향으로 드러나게 되는 것이다.

巳戌을 간지로 보면 병술이다. 丙戌에서 丙은 시간이 지나면서 丁 성향을 갖추기에 巳戌에 비하여 응집력을 발휘한다.

※ 亥辰·巳戌과 寅未·申丑의 차이점

亥辰과 巳戌은 수화기운이 입묘한다. 달리 말하면 辰·戌에서 필요한 수화기운을 채워 목금물상을 내기 위한 노력이다. 亥辰은 辰에서 부족한 수기를 亥가 채워주고, 亥가 품은 辛에서 목을 기른다. 巳戌은 戌에서 부족한 화기를 巳가 채워주고, 巳가 품은 乙에서 금을 완성한다.

반면에 寅未와 申丑에서는 목·금 물상을 마감(입묘)하여 목↔금 물상변환을 보지 못한다. 寅未에서 목 성장을 마감하여 申에서 금을 내야 하는데 금으로 변환되지 못한 상태이고, 申丑에서 금 성장을 마감하여 寅에서 목을 내야 하는데 목으로 변화되지 못한 상태이다. 어느 하나의 물상이 완전히 상실하는 상태에서 다른 물상이 나오기를 기다릴 수밖에 없는 관계이다.

寅未와 申丑은 물상의 전환이라는 개념이 없다. 수화기운은 목금물상을 완성하지만, 목금물상은 수화기운에 의해 생장할 뿐 수화기운을 완성시키지 않는 탓이다. 수화기운이 변환되어야 목금물상이 형성되기에 수화는 입묘를 받아들이지만, 목금의 입묘는 물상이 없어지니 입묘를 꺼리게 된다. 그래서 壬辰 丙戌 등 수화 입묘간지는 있는데, 甲未 庚丑 등 목금 입묘간지는 없는 것이다.

亥辰과 巳戌은 수화기운이 목금물상의 성장을 완성하여 다른 기운으로 변환해야 한다. 자신의 기운을 소비하여 물상을 생장시켜야하는 번거로움과 고통·아픔이 동반되기에 원진·귀문에 모두 포함시켰다.

寅未와 申丑은 목금물상이 완성되고 마무리되니 허망하지만 미워할 것도 반목할 것도 없다. 寅未는 목 생명체가 없어지는 꼴이니 원진에 두었지만, 申丑은 음 본위로 세상만사를 초월하여 윤회를 준비하니 원진·귀문 어디에도 속하지 않는다.

3. 자묘오유의 합충형파해

子·卯·午·酉는 수·목·화·금의 본질이고 왕지이다. 다른 오행으로 변하거나 손상되는 것을 싫어하고, 스스로 목-화-금-수의 상생 의지가 없다. 왕지에 앉아 그 본질을 지키고자 하는 것이다.

子午와 卯酉는 반대 인자를 만나 번거로움이 발생하니 충이다.

子卯, 卯午, 午酉, 酉子 등은 生관계이지만 억지로 생해야 함으로써 자신의 기운이 빠지기에 형·파가 된다.

子·卯·午·酉는 도화작용이 있으니, 子·卯·午·酉 상호간의 만남은 역동성으로 새로운 능력을 터득·발현하는 기회가 된다.

자묘오유	子午	卯酉	子卯	午酉	卯午	酉子
작용 관계	충		상생 불미의 형		물상의 파	

〈자묘오유 상호관계〉

1) 子午와 卯酉

子卯午酉는 오행의 왕지로 자신을 지키려는 의지가 있다. 얼굴에서 子卯午酉 방위를 보면 상하좌우 음양을 분별하는 중심점에 위치한다. 子·午는 상하로 음양을 분별하고, 卯·酉도 상하로 음양을 분별하는 위치에 있다. 子·卯·午·酉는 음양 어느 한 군데 완전히 종속되지 않는 위치에 있다.

子-午와 卯-酉의 관계는 기운을 돌리고 만물을 조화롭게 하지만, 음양 어느 한 곳에 머무를 수 없으니 정작 자신의 정체성은 분명하지 않다. 이러지도 저러지도 못하고 이것도 저것도 아닌 꼴이다. 子-午와 卯-酉 서로 반대편에 위치하여 음양을 조화롭게 하고자 하는데 이를

沖으로 표현된다.

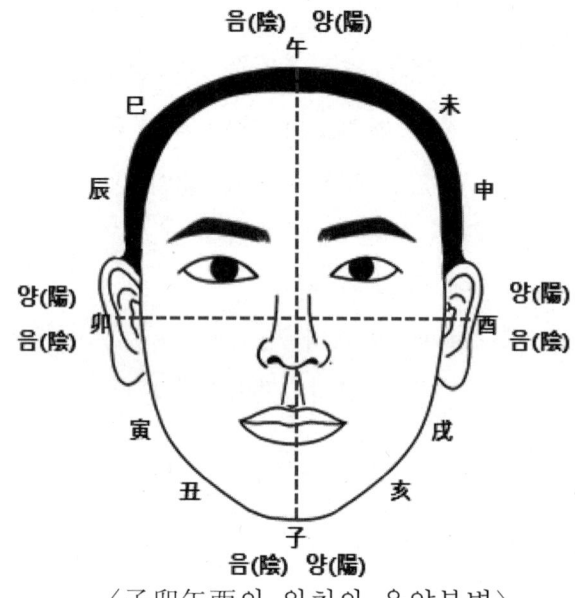

〈子卯午酉의 위치와 음양분별〉

● 子午 기운의 충

癸는 未에 입묘하니 午에서 작용력을 잃고, 丁은 丑에 입묘하니 子에서 작용력을 잃는다. 午에서 수가 마르니 임수가 필요하고, 子에서 화가 상실되니 병화를 찾게 된다. 子는 丙을 통하여, 午는 壬을 통하여 자신의 정체성을 찾고자 한다.

子가 丙을 원하는데 午가 오니 분산작용을 하지 못하고, 午는 壬을 원하는데 子가 오니 응집작용을 하지 못한다. 번거로움이 발생하고 딜레마에 빠지게 되는데, 이것이 子午충이다.

子午는 천간으로 癸丁 구조이고, 간지로는 癸未, 丁丑 등이다.

자에서 일양이 시생하고, 오에서 일음이 시생한다. 음양이 교체되는 시점으로 子에서 겨울→봄으로 전환되고, 午에서 여름→가을로 전환된다. 자에서 목 물상이 태동을 시작하고, 오에서 금 물상이 형성되기 시작한다. 子·午는 새로운 물상을 내려는 의지가 있다는 점에서 유사한데, 子에 토가 없다는 점에서 午와 차이가 있다.

午(丙己丁)는 분산을 응집해야 하니 己土의 조절력이 요구되고, 상대적으로 子(壬癸)는 응집을 분산하기에 土 조절작용이 절실하지 않다. 마치 물을 얼음으로 바꾸기 위해서는 엄청난 집중력·조절이 필요하지만, 얼음을 물로 바꾸는데 많은 조절이 요구되지 않는 것과 같다.

子에 土가 없으니 기획·실행을 조절하고 마무리하여 결실·완성하는 작용이 약하다. 子가 午에 비하여 현실적이지 못한 이유이기도 하다.

구분	子(壬癸)	午(丙己丁)
육양/육음	일양시생	일음시생
방향성	목 태동의 시작	금 결실의 시작
작용	응집→분산으로 전환	분산→응집으로 전환

〈자오의 방향성 비교〉

子·午는 癸·丁의 체상으로 음양을 대변한다. 한편 수승화강을 주도하는 인자이기에 서로 받아들일 준비가 되어 있다. 子의 상승으로 오가 하강함으로써 수화 기운을 돌려 목금을 완성하게 된다.

子午가 만나면 음양을 조화롭게 하려는 본질이 발동한다. 子의 분산 속성과 午의 응집작용이 발동하지만 조화를 이루려고 노력한다. 일시적으로 子(癸)와 午(丁)가 반발하지만, 결국 분산된 것을 응집하고 응집된 것을 분산하는 동기가 된다.

자오는 대체로 午 특성으로 드러나는 경우가 많다. 火속성-응집작용의 발현이다. 해외 또는 떠돌이 상으로 언론, 방송, 해외, 유통 등 직업성에 어울린다.

子午에서 수화가 조화를 잃으면 종교·철학 등 정신을 추구하거나, 위법·편법·범죄 등에 가담하게 된다. 활동장애, 정신적 고충, 정신질환, 애정문제 등이 동반된다. 子午는 수화기운이기에 卯酉에 비하여 재관문제보다 애정·정신적 측면이 강하게 작용한다.71)

子午에 未가 오면 子가 입묘하니 子의 손실이 발생하고 자미천이 발동한다. 子午에 丑이 오면 午가 입묘하니 午의 손실이 발생하고 오축천이 발동한다.

己甲庚己 坤　丙乙甲癸壬辛1
巳子午巳　　子亥戌酉申未
甲일간이 午월 환경에 부합하지 않지만, 일·월에서 甲庚충·子午충으로 기운을 돌리니 역동성이 있다. 그런데 己甲庚-巳子午가 합·충으로 천작용이 발동하니 안정감이 떨어지고 활동력이 약화되거나 발목 잡히는 경우가 많게 된다. 오월은 경오가 주도하는 환경으로 甲일간이 주도할 환경이 아니다. 지지는 전체적으로 인오술 과정에 있고, 子午가 이를 부추긴다. 갑이 乙로 전환되어야 하는데, 년·시에서 己巳가 방해한다.

子巳가 午와 더불어 庚을 형성하려하니 국가·해외 등을 통한 庚午의 발현이다. 己巳 년·시 복음이니 국내보다 해외에서 발달하는 상인데, 결국 국내를 선택하게 된다. 년·월 복음에 합·천으로 중년이후에 묶이는 천작용이 심해지기 때문이다. 직업적으로는 동(動) 중 정(靜), 역동 속에 고요, 자유직업인 성격의 직장인, 이중직업 등 모습에서 발달할 수 있다.

壬申대운은 壬이 甲己가 풀어주니 甲이 제 모습을 찾고 경이 동하니 성취·행운이 따르는 대운이다. 癸酉대운은 庚이 동하고, 오유-유자로 사유축 운동이 전개되니 癸甲으로 甲이 주도하려는 위법·편법성이 발동한다. 癸酉대운 丁酉년은 甲子일주

---

71) 丁= 火심장, 癸= 水신장. 水火가 조화를 이루지 못하면(水↑火↓, 水↓火↑) 정신적 문제가 발생한다. 水·火는 천지만물의 기운이기 때문이다.

-庚午월주가 동하여 직업적 성취를 이룰 수 있는데, 공무원시험에 도전하여 낙방하였다. 월주가 발동하였음에도 자기성취가 없었다면, 일주를 탐했거나 부모의 발전으로 볼 수도 있다. 癸酉대운-丁酉년에 癸·丁이 기운을 돌리고 酉복음이니 丁-巳酉丑이 주도함으로써 도리어 庚이 손상되는 까닭도 있다.

이 사주에서 己甲庚-巳子午 합·충이 문제인데, 이를 완화할 수 있는 인자는 壬·戊·乙·辛·午-亥·申·戌 등이다. 甲戌대운은 甲일간이 동하여 천작용이 발동하니 묶이고, 인오술로 경을 완성하려한다. 甲일간이 乙로 전환되기 좋은 운세이니 공부하기에는 나쁘지 않다. 癸酉대운은 자기발현이 쉽지 않은 대운이지만, 戊戌년은 癸酉대운 마지막이고 甲戌대운의 기운을 이어받으니 庚午월주의 발동으로 성취를 기대해봄직하다. 戊戌년은 甲己합 작용이 약화되고, 子巳암합은 을경-인오술 흐름에 부합하기 때문이다.

결론적으로 이 사주는 운세에 불문하고 해외, 가상(假象)의 인자를 통해 발달할 수 있다. 학창시절에 해외유학에서 국제관계를 전공한 것은 사주원국의 모습에 부합한다. 안타깝게도 己巳-己巳 복음작용으로 외국생활을 접고 되돌아왔다. 그래도 己巳를 버릴 수 없으니 공무원을 원하는데 甲己庚-子巳午 합·천 작용에 걸려든 것이다. 갑이 기에 들어가려는 본성과 巳중 庚을 형성하려는 庚午의 충돌이다. 己巳시주를 취해야하는데 己巳년주를 취하려 함이다. 쉬운 길을 두고 어려운 길을 선택한 것이니 발현이 늦거나 왜곡될 수 있다.

● 卯酉 물상의 충

乙은 戌에 입묘하니 酉에서 작용력을 잃고, 辛은 辰에 입묘하니 卯에서 작용력을 잃는다. 卯는 申에서 자신을 완전하게 변환시키고 酉戌에서 작용력을 상실하고, 酉는 寅에서 자신을 완전하게 변환시키고 卯辰에서 작용력을 상실한다.

卯는 庚을 통하여 자시의 가치를 실현하고, 酉는 甲을 통하여 자신의 가치를 실현한다. 다만 卯가 庚을 원하는데 酉가 오니 분산작용을 하지 못하고, 酉는 甲을 원하는데 卯가 오니 응집작용을 하지 못한다. 이것이 卯酉충이다.

卯酉는 천간으로 乙辛 구조이고, 간지로는 辛卯, 乙酉 등이다.

구분	卯(甲乙)	酉(庚辛)
육양/육음	4양	4음
방향성	乙→庚	辛→甲
작용	분산작용 강화	응집작용 강화

〈卯·酉의 방향성 비교〉

卯는 목 물상의 본질이고, 酉는 금 물상의 본질이다. 辛(酉)은 완벽한 최종 결과물이기에 乙(卯)보다 손상·억제되는 것을 꺼린다. 卯酉가 만날 때 卯의 환경이면 酉가 손상되고, 酉의 환경이면 卯가 손상된다. 卯酉가 대등하면 酉가 손상되는 경우가 많다.

卯는 성장(활동)과 관련이 있고, 酉는 잉태(저장)와 관련이 있다. 분산(성장)-응집(결실) 사이에서 마지막 발버둥 치게 된다. 번거롭고 복잡함 속에서 현실적 보상이 이루어진다. 딜레마에 빠지거나 엉뚱한 짓을 하게 된다. 건강, 재관활동, 애정문제 등 문제가 동반된다.

卯·酉에서는 모두 수기가 필요하다.

卯酉에 戌이 오면 卯가 입묘하고 수기를 말리니 卯의 손실로 발생하고 유가 가공되는 유술천이 발동한다.

卯酉에 辰이 오면 酉가 입묘하고 수기를 말리니 酉의 손실이 발생하고 묘가 가공되는 묘진천이 발동한다.

2) 子卯와 午酉

● 子卯 - 수생목 불미의 刑

癸의 방향성은 丙에 있다. 癸가 丙으로 전환되기 전에 乙을 만나 수기를 빼앗기게 된다. 癸는 丙으로 가기 위해 乙을 생하지만 선의로 수생목할 의지는 없다. 지지에서 子가 巳로 가는 과정에서 卯를 생하게 되는데, 子는 巳에 도달하기 전에 수기를 빼앗기는 형국과 같다. 子는 卯에게 수기를 빼앗기지 않으려하니 수생목 불미의 子卯형이 된다.

자묘는 분산작용을 위주로 한다. 子가 분산작용으로 甲에서 乙이 나오니 卯가 급작스럽게 가공된다. 卯가 갑자기 발현되면 도리어 子수기가 급격하게 상실하는 문제가 발생한다. 卯는 때를 만났으니 분산작용을 더욱 왕성해지고, 子도 잠재된 분산작용이 활발해지는데 그만큼 수기를 빼앗기게 된다. 만물의 순환은 수생목으로 이어가는 것이니 子는 고달픔을 감내할 수밖에 없다.

子卯형이 발동하면 子가 손상되고 卯는 미성숙한 상태에서 발현된다. 어느 하나는 손상되고, 어느 하나는 경거망동하게 마련이다. 재물·명예 손상, 부부애정, 생식기, 건강, 정신적 문제 등으로 나타난다.

子卯는 癸乙로 발현되는 구조이면 성공이 가속화되기도 한다.

자묘가 원활한 수생목이 되기 위해서는 火가 필요하다. 화를 보지 못하면 子의 가치가 상실되고 卯는 성장하지 못한다.

子卯巳 구성이면 수생목-목생화로 癸-丙 작용이 순조롭다. 子卯형으로 발달하거나 전화위복이 된다. 천간으로 癸乙丙 구성이다.

만약 子卯午, 癸乙丁 등으로 구성되면 폭발력을 갖는다. 子卯午는 丁의 응집작용에 의해 乙이 급격하게 庚으로 변환되는 것과 같다. 癸의 분산작용에 丁의 응집력이 더해져서 폭발력을 발휘한다. 마치 꽃이 바로 열매가 되는 무화과와 같다.

또한 子의 손상과 卯의 조절이 동시에 일어나니, 癸 또는 甲·寅이 있으면 자묘형이 해소된다.

乙은 갑에서 나온 물상이기에 甲을 취하는 구조에서 子卯가 만나면 甲은 손상되지만 乙은 폭발력을 갖는다. 가령 甲子로 甲을 키우는 상황에서 卯가 오면 甲이 乙로 발현되니 甲은 손상될지라도 乙은 자신의 가치를 얻게 된다. 노력에 비해 성과가 적거나, 조절·고통 속에서 큰 성과를 얻기도 한다. 癸甲乙로 순환시키는 작용이다.

子卯에서 木이 왕하면, 子의 손상이 가중되는 형이 발동한다. 약한 수기로 많은 목 물상을 키워야하니, 子 설기로 인한 고달픔이 발생한다. 午가 와서 子를 충해도 그러한데, 자묘오는 자의 고달픔은 있을지라도 묘의 성장으로 성과를 얻는다.

자묘에서 水가 왕하면, 자수가 묘목을 공격하여 병을 빨리 보고자 한다. 이 때는 수생목이 아니라 수극목이 되어 묘가 손상된다.

자묘에서 금이 왕하면 子는 金의 생에 의지하여 木을 생하지 않는다. 금이 많으면 목 물상을 내지 못하니 강한 酉의 충동은 수생목하지 않겠다는 子의 본의가 드러난 刑이 발동한다. 酉가 와서 卯를 충해도 수생목 불미의 형이 발동한다.

자묘는 화가 필요하지만 火가 강하면 子가 상실되고 卯가 타버리는 문제가 발생한다. 수생목 불미의 子卯형이 된다.

다만 酉子卯 또는 子卯午 등으로 구성되면 유자파-자묘형-묘오파로 겨울에 개나리가 피어나는 형국이다. 대박 아니면 쪽박이 된다.

子卯는 癸乙이고, 간지로는 癸卯이다. 癸卯와 癸乙은 그 자체로 형 구조를 안고 있으니 폭발력을 잠재하고 있다. 만약 癸乙 또는 癸卯가 丙을 보지 못하면 가치가 상실되니 양 본위 환경이라도 형작용이 발동한다. 癸未와 乙丑도 子卯와 유사한 작용관계의 간지이다.

子卯辰, 子卯未, 子卯戌, 子卯酉, 子卯午 등 합·형·천이 상존하면 대

박 아니면 쪽박의 형상이다. 길흉·성패가 다단하거나 변화 폭이 크다.

子卯는 인기·도화 인자이고 刑이다. 형은 고치고 다듬고 모습을 가공하는 작용이다. 자신의 모습을 가공하고 뽐내는 직업이나 프리랜서 직업성에서 발달한다. 水·木과 관련된 직업으로 조선·해양·해운·해외, 교육·학자, 종교·철학, 의사, 건축·주택, 설계, 광고, 서예, 조각, 조경, 법조계, 화장품, 예술·예능 등이 있다.

癸乙壬丁 乾　丙丁戊己庚辛3
未酉寅丑　　申酉戌亥子丑

乙일간이 寅월에 환경을 얻었고 대운도 도와주지 않는다. 寅월에 丁壬이 壬寅-丑寅으로 寅을 내는 구성이다. 寅월에 丁壬 환경을 얻었으니 좋고 년·월 선천환경은 좋은데, 일·시는 乙일간이 寅월 환경에 乙酉-癸未로 할 일이 없다. 아버지는 의사이고 어머니는 선생님이다.

丁壬에 酉寅암합으로 뻥튀기되고 壬乙-癸未로 위법·방황의 상이다. 묶이고 갇히는 상이니 성장·활동 장애로 나타나기도 한다. 거기에 乙酉로 을이 손상되고 癸가 작용력을 상실한다. 癸乙-癸未로 자묘형을 발동하니 정임흐름에 방해요인이 된다. 한편 丁壬은 寅을 재촉하는데 寅은 丁壬寅으로 파가 발동하고 酉寅으로 묶이고 未에 입묘되니 寅이 발현되지 못하게 만든다. 정임-축인 흐름을 酉·未가 막는 꼴이다. 다만 乙酉-癸未로 구성되니 인월에 편승하여 성취를 얻을 수 있다.

이 사주는 癸乙, 乙酉, 丁壬寅, 壬乙, 酉寅 등으로 목 형상이 좋지 않다. 목이 형·합·충 등으로 손상됨이 극심하다. 庚子대운 乙未년에 몸이 마비되는 병에 걸렸다. 사주원국의 목 문제가 대운-세운에서 을경-자미로 구성되어 목이 손상된다. 경자대운은 乙일간이 庚을 얻어 乙癸庚으로 형·합하는데, 지지에서 子未-酉子-子丑으로 방향성이 다르다. 乙未년은 이미 乙이 입고하는 관계이고, 을경이 발동하는데 寅未로 을의 본기가 입묘하니 을이 작용력을 강화하지 못하고, 乙-庚으로 乙이 손상된다. 乙이 주도하지 못하는 환경에서 갑자기 乙庚을 완성하는 운이 오고, 목이 손상되는 구조에서 乙이 투출하여 발현되면서 입고되니 몸이 묶이는 현상이 벌어진 것이다

이 사주에서 癸乙은 子卯형 구조이다. 丁壬 환경에서 자묘형이 발동하여 흉하게 작용하고, 거기에 계미로 동주하니 자묘형이 폭발력을 갖는다. 庚子대운에 신자진으로 형성하는데, 乙未년에 癸乙이 동하여 형작용을 하고 乙이 갇히는 상으로 변질되었다. 마비증세로 인한 신체·활동장애로 드러났다. 목은 생명체이니 사주원국에서 목이 손상되는 구조는 성장·활동장애로 나타나는 경우가 많다. 설령 합·충·형·파·해 등이 발동하여 목이 손상되지 않더라도 정임-신자진 구조는 목이 잘 발현되지 못하는 경향이 있다. 丁壬寅에서도 寅이 잘 발현되지 않는다.

● 午酉 - 화생금 불미의 형

丁의 방향성은 壬에 있다. 丁이 壬으로 변환되기 전에 辛을 만나 화기를 빼앗기게 된다. 丁은 壬을 보기 위해 辛을 生하지만 선의로 화생금할 의지는 없다. 지지에서 午가 亥로 가는 과정에서 酉를 생하는데 亥에 도달하기 전에 酉에게 화기를 빼앗기는 형국과 같다. 午는 酉에게 화기를 빼앗기지 않으려하니 화생금 불미의 午酉형이 된다.

午·酉는 모두 응집작용을 위주로 한다. 午酉에서 午가 申에서 酉를 내니 酉는 급작스럽게 자신을 가공하게 된다. 酉의 응집작용이 강화되면 午는 급격하게 화기를 상실하는 문제가 발생한다. 酉는 때를 만났으니 응집작용을 더욱 강화하고, 午도 잠재된 응집작용을 강화하니 화기를 빼앗기게 된다. 만물의 순환은 화생금으로 이어지니 午는 고달픔을 감내할 수밖에 없다.

午酉형이 발동하면 午는 손상되고 酉는 미성숙한 상태에서 발현되는

경향이 있다. 어느 하나는 손상되고, 어느 하나는 경거망동하게 마련이다. 주로 木·火의 특성인 활동성 저하, 부도·실패, 응집력 저하, 부부 애정, 생식기, 건강, 정신적 문제 등으로 나타난다.

午酉는 丁辛으로 발현되는 구조이면 성공이 가속화되기도 한다.
午酉의 화생금이 원활하기 위해서는 水가 필요하다.
午酉가 水를 보지 못하면 午의 가치가 상실되고 酉는 말라비틀어진 종자(씨앗)가 된다. 午酉亥 구성이면 화생금-금생수로 丁-壬 작용이 순조롭다. 午酉형으로 발달하거나 전화위복이 된다. 천간으로 丁辛壬 구성이다.
만약 午酉子, 丁辛癸 등으로 구성되면 폭발력을 갖는다. 午酉子는 癸의 분산작용에 의해 辛이 급격하게 甲으로 변환되는 것과 같다. 丁의 집중된 열기에 癸의 분산작용이 합해져 폭발력을 발휘한다.
또한 午의 손상과 酉의 조절이 동시에 일어나니, 丁 또는 庚·申이 있으면 午酉형이 해소된다.
辛은 庚에서 분리된 물상이기에 庚을 취하는 구조에서 午酉가 만나면 庚이 손상되지만 辛은 폭발력을 갖는다. 가령 庚午로 경을 키우는 상황에서 酉가 오면 庚이 辛으로 발현되니 경은 손상되지만 辛은 자신의 가치를 얻게 된다. 노력에 비해 성과가 적거나, 조절·고통 속에서 큰 성과를 얻기도 한다. 그래서 午酉 관계를 기상명리에서는 刑이라 칭한다.

午酉에서 金이 왕하면 약한 화기로 금 물상을 만들어내야 하니 화의 설기로 인한 午 손상이 가중되는 형이 발동한다. 子가 와서 午를 충해도 마찬가지이다. 다만 午酉子 구성에서 갑을 얻으면 대박을 터뜨리기도 한다.
午酉에서 火가 왕하면 午가 酉를 재촉하여 壬과 빨리 합하려한다.

이 때는 화생금이 아니라 화극금이 되어 酉가 손상된다. 화로 인한 금의 손상은 골수, 골격, 치아, 폐·대장 등에서 이상이 발생한다. 庚午, 丙庚, 丙辛, 丁辛 등으로 붙어 있으면서 화가 치열한 경우이다.

午酉에서 목이 왕하면 午는 木의 生에 의지하여 금을 생하지 않는다. 목이 왕하면 화생금하지 않겠다는 午의 본의가 드러난 형이 발동하는 것이다. 이렇게 되면 금 물상이 형성되지 않으니 화생금 불미의 오유형이 된다.

午酉는 水가 필요하지만 水가 강하면 午가 손상되니 酉가 썩어버리는 문제가 발생한다. 화생금 불미의 午酉형이 된다.

다만 卯午酉 또는 午酉子 등으로 구성되면 묘오파-오유형-유자파로 수확이 앞당겨지고 급조된 형국이다.

庚·辛금 물상을 사물에 비유하면, 무르익은 벼가 庚이라면, 수확하여 저장한 볍씨·종자는 辛이다. 辛은 甲으로의 발현이 숙명이지만 식량으로의 가치도 있다. 辛이 쌀밥으로의 변모는 다음 해에 갑으로 재탄생하는 것에 비하면 급박한 변화이고 곧바로 가치를 얻는 것이다. 이 때 辛은 불(午)과 물(子)에 의해 쌀밥으로 가공된 형상에 비견된다.

午酉子의 관계이고, 천간으로는 丁辛癸이다. 대박 아니면 쪽박이 되는 것이다. 다만 다음 해에 심을 씨앗을 남겨두지 않고 다 먹어치우면 쪽박을 차게 된다. 그래서 자묘오유 관계 중 午·酉는 대박의 모양새가 가장 크지만 한 순간에 잃기 십상이다.

午酉는 천간으로 丁辛이고, 간지로는 丁酉이다. 丁辛와 丁酉는 자체로 형를 안고 있으니 폭발력을 잠재하고 있다. 만약 丁辛 또는 丁酉가 壬을 보지 못하면 가치가 상실되니 음 본위 환경이라도 형이 발동한다. 丁丑과 辛未도 午酉와 유사한 작용관계의 간지이다.

午酉戌, 午酉丑, 午酉辰, 午酉子, 午酉卯 등 합·형·천이 상존하면 대박 아니면 쪽박의 형상이다. 길흉·성패가 다단하거나 변화 폭이 크다.

午酉는 子卯와 마찬가지로 고치고 다듬고 모습을 가공하는 형이고 인기·도화 인자이다. 자신의 모습을 가공하고 뽐내는 직업이나 프리랜서 직업성에서 발달한다. 水관련 직업으로 조선·해양·해운·해외, 교육·학자, 종교·철학 등이 있고, 金관련 직업으로 단체·국가, 군·검·경찰, 금융, 조각·석공, 의사·간호사 등이 있으며, 火·金이 조합된 직업으로 항공, 제철, 중공업, 자동차, 제련, 화장품, 예술·예능 등이 있다.

己庚乙乙 乾　戊己庚辛壬癸甲 7
卯午酉丑　　寅卯辰巳午未申

庚일간이 酉월을 득했으나 대운 환경이 순조롭고 오유-유술로 기운을 돌리고 있다. 천간구성은 庚일간이 을경으로 완성하겠다는 의지 밖에 없고. 지지는 인오술-사유축 흐름에 있다. 庚이 투출되었으니 卯午파-午酉형으로 경을 가공하여 丑에 담는 흐름이다. 을경, 경오, 묘오 등은 庚 모양새를 좋게 가공한다. 酉월을 주재할 인자가 없지만 午酉가 乙庚에서 乙酉로 辛을 얻어 유축으로 금(재록)을 丑년지 창고에 집어넣는다. 乙-庚을 지지에서 卯-午-酉-丑으로 물상흐름을 형·파로 완성하니, 강한 인기·도화성의 발현이다. 어린 나이에 유명한 가수로 성공하였다.

금을 완성하는 구조에서 목이 강하면 금이 완성되기 어려운데, 乙酉 乙丑 己卯 卯午 등으로 乙의 구성조합이 이상적이다. 경이 유월에서 묘유로 기운을 돌려 인오술을 구성해야 하니 묘오파가 주도해야 한다. 경오-묘오는 인오술을 촉발하고 모양새를 좋게 하니 연애인의 모양새이다.

癸未대운은 癸乙庚으로 형성되고 午未합으로 卯午파가 발동한다. 午未에서는 수목이 강하면 금을 내지 못한다. 癸가 미에 입묘되고 乙·卯가 발현되지만 미에서 조절되니 경이 완성되기에는 이롭다. 壬午대운은 午가 경오일주가 동하게 하고 卯午파-午酉형이 발동한다. 임이 투출되니 壬乙로 가공하여

庚에서 辛을 완성할 수 있으니 발전의 상이다. 壬乙이 년·월에서 발현되니 공개된 모습이고 급조되는 모양새이다.

인기를 구하거나 타인을 위주로 한 삶에서 성공을 이루겠지만, 만약 자신이 주도하여 사업을 한다면 실패할 가능성이 높다. 午 중 己가 시간에 투출하고 경일간이 을경 양합하고 일지에서 묘오파하니 부부인연은 좋지 않을 수 있다. 배우자가 같은 직업에 종사하거나 자유직업인이면 흉함이 해소된다. 또한 나이가 들어서도 왕성한 활동력 또는 자식의 성공을 의미한다.

3) 卯午와 酉子

● 卯午 - 목 물상의 파

卯는 癸·丙에 의해 성장하여 庚(申)으로 변환하는 것이 순리이다. 卯는 펼쳐진 木 물상이고, 午는 금을 단단하게 응집하는 기운이다.

乙은 분산작용으로 庚을 얻고자 하는데 丁을 만나면 분산작용이 저지당하고, 丁이 乙의 수기를 빼앗아 庚을 채우니 乙은 작용력을 상실한다. 乙이 갑자기 庚으로 변화되니, 이를 묘오파라 한다.

묘오가 만나면 어린애가 갑자기 성숙된 숙녀로 돌변하는 것과 같다. 예쁘게 치장하기를 좋아하고, 정신은 미숙한데 육체는 성숙한 꼴이다. 미성숙, 급작스런 변화를 의미한다. 물이 끓기도 전에 넘친 형국이다. 보기에는 좋은데 실속이 없고, 보기보다 가진 게 적다. 정력이 왕성하고 애정 굴곡이 있다. 정신적 미성숙은 정신장애, 활동장애 등 장애의 상으로 보기도 한다.

卯午는 卯가 午에게 기운을 빼앗기니 卯의 고달픔으로 나타나는 경우가 많다. 을→경으로 가는 과정에서 목생화할 수밖에 없으니 자신의 의사와 상관없는 일이 발생한다. 목생화가 아니라 목이 설기되어 작용력을 상실하는 파가 발동하게 된다. 卯의 손상은 재록손실, 활동장애,

사업실패, 신체장애, 애정사, 생식기, 건강문제 등으로 발생한다.

卯午에서 火가 강하면 卯의 손상이 가중되는 파가 발동한다. 약한 목으로 강한 화를 만나면 卯 설기로 인한 고달픔이 가중된다. 酉가 와서 卯를 충해도 그러한데, 卯午酉 구성에서 금이 투출하면 크게 성공하기도 한다.

子卯午 또는 卯午酉가 되면 자묘형-묘오파-오유형으로 기운을 돌린다. 수생목-목생화-화생금으로 형·파 작용을 완화시킨다. 子卯가 午를 통해 庚을 빨리 얻고, 묘오가 酉를 통해 庚→辛으로 완성된다. 목→금으로 물상을 형성하는 흐름이니 庚을 보면 성공할 수 있고 경을 보지 못하면 실패할 수 있다. 무화과가 꽃을 내는 동시에 열매가 되는 형상이다. 폭발력을 갖게 되는데, 천간으로 癸乙丁, 乙丁辛이다.

卯午에서 木이 강하면 도리어 卯가 午를 재촉하여 경을 얻으려한다. 약한 午가 많은 목을 키워야 하는 꼴이니 경을 형성하기 어려운 상황이다. 이 때는 목생화가 아니라 목극화가 된다. 午가 손상되고 금을 내지 못하는 파가 되는데, 경을 얻으면 폭발력이 가동되기도 한다. 子가 와서 午를 충해도 그러하다.

卯午에서 水가 많으면 卯는 水의 생에 의지하여 화를 생하지 않는다. 목생화하지 않겠다는 卯의 본의가 드러난 파가 발동한다. 화가 발현되지 않으니 午가 금 물상을 내지 못한다.

卯午가 원활한 목생화가 되기 위해서는 金이 필요하다. 금이 없으면 나무가 지엽과 꽃으로 화려한데 열매를 맺지 못한 형국이다. 화려하지만 결실이 없으니 쓰임이 없게 된다.

卯午申, 卯午酉 등으로 구성되면 목생화-화생금으로 乙-庚이 완성되는 관계로 순조롭게 된다. 천간으로 보면 乙丁庚, 乙丁辛 구성이다. 卯午酉가 되면 실패가 전화위복이 되거나 대박을 터뜨릴 수도 있다. 다만 금이 강하면 卯 손상이 가중되니 생명활동력의 문제가 동반된다.

　卯午는 천간으로 乙丁이고, 간지로는 丁卯이다. 丁卯와 乙丁은 자체적으로 형 구조를 안고 있고 폭발력을 잠재하고 있다. 卯午는 未에 있으니 乙未와 丁未도 卯午 구조의 간지이다.

　乙는 卯·辰·未에 들어 있고, 丁은 午·未·戌에 들어 있다. 乙未, 丁未, 丁卯 등은 酉子파 구조이다. 지지로는 卯午辰 卯午未 卯午戌 卯辰未 卯未戌 午未戌 午辰未 등이 해당한다. 未 또는 戌이 오면 유자파가 발동하는 관계이다.

　卯午는 보기 좋게 가공하는 재주가 있고, 가시적 성과를 빨리 내는 능력이 있다. 午가 卯의 능력발현과 분산·이중성을 활동력을 조절하니 한 가지 일에 몰두하게 된다. 卯의 활용능력·도화성과 丁의 조절·응집력이 합하여 독특함을 창출해낸다. 교육, 의사·약사, 기술자, 전문자격, 특허·발명, 연구개발, 화장, 미용, 예술·예능·연애, 모델, 요가, 안마시술소, 물리치료사, 조각, 글, 그림, 가공·제조, 종교·철학 등 가공하고 고치고 다듬어서 보기 좋게 내놓는 직업성이다.

● 酉子 - 금 물상의 파

　酉는 丁·壬에 의해 길러졌다가 甲(寅)으로 변환하는 것이 순리이다. 酉는 응집된 씨앗(종자)이고, 子는 금을 풀어 분산시키는 기운이다. 丁은 응집작용으로 壬을 얻고자 하는데 癸를 만나면 응집작용이 저지당하고, 辛은 子에 의해 급속하게 허물어진다. 辛은 급박하게 甲으로 변환되니, 이를 酉子파라 한다.

　酉子 관계는 亥에 품어졌던 酉가 子를 만나면 급박하게 酉가 가공되어 木(싹)으로 변환되어야 하는 단계이다. 응집되어 있던 酉가 갑자기 터져 나오니 묘오에 비하여 폭발력이 크다. 잘 참다가 성질부리면 갑자기 한 번에 뒤집는 꼴이다. 재물, 배우자 등 현실적 문제가 발생하게 된다. 水火 조절(조후)이 적절하면 편법, 뻥튀기, 대박이요, 조후가

되지 않으면 불법·위법, 쪽박이다.

酉子에서 酉는 子에게 기운을 빼앗기니 대개 酉의 고달픔으로 나타난다. 갑으로 변환하기 위해 어쩔 수없이 금생수할 수밖에 없으니 자신의 의사와 상관없는 일이 발생한다. 금생수가 아니라 금이 설기되어 작용력이 상실되는 파가 발동하게 된다. 酉의 손상은 명예실추, 재물손실, 명예퇴직, 사업실패, 애정사·생식기, 건강문제 등으로 나타난다.

酉子에서 水가 왕하면, 약한 금이 많은 수기에 의해 녹아버리는 형국이다. 酉의 손상이 가중되는 형이 발동한다. 卯가 와서 酉를 충해도 그러한데, 卯午酉 구성에서 금이 투출하면 크게 성공하기도 한다.

酉子에서 金이 왕하면 酉金이 子水를 공격하여 甲과 합하려한다. 약한 子가 많은 금을 풀어 甲을 내야 하니 고달프다. 이 때는 금생수가 아니라 금극수가 된다. 子 손상으로 목을 나오지 못하는데, 甲을 얻으면 파가 폭발력을 갖기도 한다. 午가 와서 子를 충해도 그러하다.

卯午酉 또는 午酉子가 되면 묘오파-오유형-유자파로 기운을 돌린다. 목생화-화생금-금생수로 형·파를 완화시킨다. 묘오가 酉를 통해 辛을 얻고, 午酉가 子를 통해 甲을 빨리 얻는다. 금→목으로 물상을 형성하는 흐름이니 甲을 보면 성공기회가 주어지고 만약 甲을 보지 못하면 성공기회가 적어진다. 폭발력을 갖게 되는데, 천간으로 乙丁辛, 丁辛癸이다.

酉子 관계에서 화가 왕하면 酉는 火의 생에 의지하여 水를 생하지 않는다. 금생수하지 않겠다는 酉의 본의가 드러난 형이 발동하고, 水가 발현되지 않으니 목 물상을 내지 못한다.

酉子가 원활한 금생수가 되기 위해서는 木이 필요하다. 목을 보지 못한다는 것은 유금 씨앗이 발아되지 못함이다. 목을 만나면 子의 분산작용을 촉발시켜 종자(酉)가 갑자기 싹을 내는 것과 같다. 환경이 맞으면 번창하게 될 것이요, 갑자기 날씨가 추워지면 싹을 틔우지 못하니 쪽박이 될 수 있다.

酉子寅, 酉子卯로 구성되면 금생수-수생목으로 辛-甲의 조화를 순조롭게 한다. 천간으로 보면 辛癸甲, 辛癸乙 구성이다. 다만 酉子卯 구조에 목이 강하면 酉씨앗이 손상되는 문제가 발생한다.

酉子는 천간으로 癸辛이고, 간지로는 癸酉이다. 癸辛과 癸酉는 자체적으로 형 구조를 안고 있고 폭발력을 잠재하고 있다. 癸辛은 축에 들어 있고, 정신·윤회 인자이다.

癸는 子·丑·辰에 들어 있고, 辛은 酉·戌·丑에 들어 있다. 辛丑, 癸丑, 癸酉 등은 酉子파 구조이다. 지지로는 子丑酉 子辰酉 酉丑辰 酉戌辰 子丑辰 子酉丑 등이 해당한다. 辰 또는 丑이 오면 유자파가 발동하는 관계이다.

酉子파가 발동하면 평범하고 정상적인 직업에서 재관성취가 약하다. 교육, 문학·학문, 자격증 등 편중성 또는 인성·식상을 이용하거나, 도소매, 유통, 거간 등 중간상인격 직업에서 성과가 있다. 빵, 커피, 중탕, 방앗간, 안마시술소 등 빻거나, 찧거나, 짜거나, 주물리거나, 뻥튀기하는 직업에도 어울린다. 종교·철학에 관심은 많지만 의외로 정신을 추구하는 직업에 종사하는 경우는 드물다.

파와 관련된 직업으로는 가스, 원전, 주유업, 냉난방, 태양광 등 폭발력·열축척과 관련된 일이다.

甲壬乙庚　乾　壬辛庚己戊丁丙6
辰子酉子　　辰卯寅丑子亥戌
壬일간이 酉월을 득하고, 酉월에 壬甲구성으로 대운흐름이 양호하다. 그런데 酉子파가 양립하여 이롭지 않게 만든다. 더구나 갑진이 유자파를 발동시키고 경자가 신자진으로 가공해버린다. 유월에 수가 필요하지만 과다하고, 화가 없으니 정임으로 辛을 담지 못한다. 酉子파가 발동하니 갑을 내기 어렵다.

한편으로 년·월에 乙庚이 자리하니 항상 을경을 꿈꾸게 되니 삶의 방향성이 왜곡될 가능성이 많다. 酉월에 庚子 모습을 취하여 초년에 丁亥·戊子대운을 걸쳐 10여년을 장교로 복무하였다. 경자에서 경을 잘 사용하지 못하기 때문이다. 己丑대운은 갑을 묶고 酉子파를 다시 발동시키니 떠돌이 모양새로 건설현장에 몸을 담았지만 성과가 별로 없었다.

壬子일주에 양쪽에 甲乙을 대동하고 辰子酉로 부부인연이 좋지 않고 불안정한 구조이다. 庚寅대운에 甲庚乙으로 천이 발동하고, 酉寅으로 동요하니 방향성이 다른 을경-임갑이 동시에 발동한다. 이혼하고 대리운전으로 생활하면서 못 다한 학교공부와 사주공부를 시작하는 등 많은 변화를 겪었다. 癸巳년에 양쪽에서 子巳-酉子가 동하니 방황하거나 경거망동하게 된다. 갑자기 주위환경이 나빠지면서 길거리로 나앉는 상황이 벌어졌다. 경인대운-계사년에 寅巳천이 발동한 까닭도 있다. 그래도 寅운에는 壬이 갈 곳을 제시하니 甲午년에 귀인의 도움으로 직장과 거소를 한꺼번에 해결하고 경제적 안정도 얻었다. 辛卯대운은 乙酉월주가 동하니 직업적 성과를 얻을 수 있다. 辛壬甲-申子辰으로 발달할 수 있는데, 만약 乙庚을 취하고자 한다면 또다시 시련이 겪게 된다.

이 사주는 壬일간이 좋은 환경을 얻었음에도 乙庚이 천작용으로 동하고, 유자파가 발동하니 방향성이 왜곡되었다. 壬乙이 壬甲으로 가지 못하게 유혹한 탓으로 삶에 굴곡이 많았다. 경자가 신자진을 구성하니 乙庚을 완성할 수 없고, 壬으로 乙을 키우려면 불법·위법의 상이 되거나 떠돌이 상이 된다. 이미 삶의 방향성은 壬甲-申子辰으로 정해져 있는데, 酉子파로 乙庚을 얻으려 했기에 성취가 없었다. 사주를 직업으로 선택했음에도 경을 취하는데 치중하니 사주를 통한 직업적 성취가 크지 않다. 경을 버리고 임갑의 유동성 모습으로 살아가야 성공할 수 있다.

4) 子·卯·午·酉의 합·천과 입묘

子·午의 입묘는 子未천과 午丑천 관계이고, 卯·酉의 입묘는 卯戌합과 酉辰합 관계이다. 또 묘술합과 유진합은 상호관계에서 묘진천과 유술천의 발동조건이 된다.

이처럼 자묘오유의 입묘관계에서 복잡성을 띄는 것은 진미술축에 암장된 癸·乙·丁·辛의 상호작용에서 비롯되기 때문이다. 자묘오유의 형·파 관계도 마찬가지이다.

	子·午(기운)		卯·酉(물상)	
방합(합·천)	오미	자축	묘진	유술
입묘(합·천)	오축	자미	묘술	유진

〈자묘오유의 육합과 입묘 관계〉

위 표와 같이 子·午(기운)의 방합은 육합에 해당하고, 卯·酉(물상)의 방합은 육해(천)에 해당한다. 또 子·午(기운)의 입묘는 육해(천)에 해당하고, 卯·酉(물상)의 입묘는 육합에 해당한다.

수화기운은 화합하여 물상변환을 도모하니 합이고, 목금물상은 합으로 물상 자체를 조절하여 활동력을 제재하니 천이 된다.

수화기운의 입묘는 기운을 완전히 상실하기에 천이 되고, 목금물상의 입묘는 다른 모습으로 변환되기에 화합한 모습으로 표현된다.

즉 수화기운이 입묘하면 작용력을 완전히 상실하여 목금물상을 형성하지 못하기에 子·午의 입묘는 천작용을 하고, 목금물상이 방합으로 만나면 활동력을 발휘하지 못하기에 卯·酉의 방합은 천작용을 한다. 현실적으로 수화는 입묘가, 목금은 방합이 더 답답하게 느끼게 된다.

● 午未 합

흔히 오미가 합하여 火가 된다고 하는데, 午未는 合하려는 성질이 있을 뿐이다. 육합은 음양 합으로 설명되는데, 오미와 자축은 음-양을 전환하기 위해 서로 화합하는 작용이라 할 수 있다. 그래서 『연해자평평주』에서 六合을 논하면서 午未에 대해서는 合化를 논하지 않고 합한다고만 하였다.72)

지구의 자전축(自轉軸)이 子午로 기울어져 있기에 午는 未로 회귀하는 속성이 있다. 막상 午가 未를 만나면 미에 조절당하니 답답해진다. 午 중 丙·丁과 未 중 丁이 만나 화기를 집중시키니 수가 마르고 목 기능을 상실되기 때문이다. 십신으로 보면 식상(午)을 발휘하여 재물(未)을 취하려다가 도리어 묶여버린 형국이다. 이것이 오미합이다.

午未는 수기를 채워 목→금으로 전환하는 환경이다. 오미에서 수는 목을 키우는 것이 아니다. 목 기능을 완전히 상실하면 금으로 전환할 수 없기에 목이 마르지 않게 할 뿐이다. 오미에서 목이 강하면 금이 나올 수 없고, 금이 없으면 오미가 무의미해진다.

午未→申을 만나면 번거로움이 있더라도 성취가 있다. 午未에서 申으로 나가려는 속성은 도화성으로 발현되고, 모양새가 갖추어지니 인기성이 발현된다.

만약 午未가 申을 만나지 못하면 未는 미정의 인자로 먹을 것은 많더라도 손에 쥐는 것은 적다. 火土(식재)의 속성이기도 하다.73)

오미에서 부족한 水氣를 해소하는 방법은 壬과 亥이다. 子가 오면 乙의 분산작용을 돕기에 오미의 방향성과 맞지 않다. 子未천이 성립되니 재관손실 등 삶에 왜곡·굴곡이 동반할 수 있다.

---

72) "子與丑合土 寅與亥合木 卯與戌合火 辰與酉合金 巳與申合水 午與未合", 徐升 編, 『淵海子平評註』.
73) 土는 조절작용을 하기 때문에 火土상관, 土金상관 등은 능력발휘가 잘 되지 않거나, 사회활동이 위축되기도 한다. 배우자·자식 등이 토에 해당하면 해당 육친인연도 고르지 않다.

● 子丑 합

『연해자평평주』에서 "六合이란 子와 丑이 合을 형성하여 일전(日纏)과 월건(月建)이 상합하게 하는 것이다. 일전은 右로 돌고 월건은 左로 돌아 순행과 역행으로 서로 만나니 六合이 생겨난다"[74]고 하여, 육합의 형성을 子丑에 의한 日月의 운행으로 설명하였다. 자축은 합하여 土가 되는 게 아니라 만물을 돌리는 작용이라 할 수 있다.

子는 丑의 육해에 해당하고, 丑 중 辛(전생기운)은 癸에 의해 목으로 발현된다. 辛은 윤회의 씨앗이자 근원이고 癸는 생명수이다. 丑은 癸를 암장하니 子를 끌어들이는 성질이 강하다. 子丑의 방향성은 목을 내는데 있지만, 자축이 만나면 윤회 본원으로 돌아가고자 하는 속성이 있다. 육해 성향이 더해지니 윤회·정신을 끌어들인다는 의미도 있다. 정신적인 것을 추구하거나 정신적 방황을 겪기도 한다.

자축과 관련된 직업으로 향락·유흥업, 사채업, 네트워크 등 어둠을 밝히는 직업이다. 자축은 火가 필요한데 丁보다 丙이 좋다. 응집된 것을 분산하고 드러나야 할 방향성에 있기 때문이다.

자축에 인이 동반되면 갑 물상으로 발현되니 발전하게 된다.

子丑에 午 또는 未가 와서 오면 천작용이 발동한다. 酉子파 관계에 있으니 폭발력을 잠재하고 있다.

● 子未 천, 입묘

未에서 癸가 입묘하고 乙이 조절된다. 子未 관계에서 癸·乙은 반발할 뿐 子가 수생목으로 목을 키우는 환경은 아니다. 子의 분산 각용을 未에서 마감하여 申에서 庚을 형성하는 방향성이다.

子에서 목 물상을 내기 시작하고, 未에서 목 물상이 마감된다. 子未

---

[74] "六合者, 子與丑合之類, 乃日纏與月建相合也, 日纏右轉, 月建左旋, 順逆相值, 而生六合也", 沈孝瞻 原著, 徐樂吾 評註, 『子平眞詮評註』.

는 목 물상을 가공한다는 점에서 같지만, 작용관계와 방향성에서 다르다. 子는 응집→분산으로 전환하고, 未는 분산→응집으로 전환한다.

子未에 午가 오면 子는 未 중 乙을 동요하여 未에 입묘되지 않으려고 반발하고, 자미에 丑이 오면 丑 중 癸를 동요하여 분산작용을 강화하려한다. 子가 未에 입묘해야 하는데, 午 또는 丑이 오면 子가 순리를 거역하게 되니 이를 子未천이라 한다.

자미는 자축인묘진사오미로 목을 완성하는 과정에 있다. 자미천이 발동하면 결국 子가 손상되고 목 활동력이 상실되니 금을 내는 순환을 저해한다. 다만 자묘형-묘오파 구성으로 乙이 성장하거나, 乙-庚을 형성하는 흐름이면 유리하게 사용하기도 한다.

즉 子午未 또는 子丑未 구성에서 목을 가공하거나 금을 형성하는 방향성이면 번거롭더라도 성취가 있다. 대박-쪽박을 넘나들기도 한다. 변화를 기회로 삼아야 전화위복이 된다.

丁丙己庚　乾　丙乙甲癸壬辛庚1
酉寅丑子　　　申未午巳辰卯寅

병일간이 축월에 앉았으나 대운이 받쳐준다. 축월에 필요한 화기를 丙寅일주가 담당하니 자수성가형이다. 년월이 庚子-己丑-子丑으로 윤회를 돌리니 집안 식구가 모두 기독교 신도이다. 丙이 사유축으로 구성되고 丙일간이 丑월에 제 역할을 못하니 丁酉 모습으로 살아가는 것이 좋다. 子丑寅으로 갑 물상을 내는 흐름이 순조롭고, 다시 丁酉寅으로 일지에서 발현되니 처의 도움이 있고 알차게 성취를 이루는 구조이다. 고등학교를 졸업하자마자 중공업에 입사하여 己丑·丁酉의 모양새인 기계관련 생산직능에 종사하였다.

甲午대운에 정유시주가 동하고 기축월주가 갑기경-오축 합·천이 발동한다. 갑경-자오로 경자년주가 동하니 자신의 의사와 상관없이 근원적·직업적 문제가 발생하는 환경이다. 甲午대운

壬辰년에 회사의 구조조정으로 퇴사하였다. 壬辰년에 丁酉시주가 동하여 정임-유진으로 깨뜨리고 갇히는 형국이니 새로운 직업을 찾아야 한다. 명예퇴직금으로 경매를 통해 상가점포를 매입하여 독서실을 개업한 것은 깨뜨리고 갇힌 모양새가 재현된 형상이다. 손해는 보지 않았지만 실익이 없었던 것은 庚子 모습이었기 때문이다. 乙未대운에 을경-자미로 庚子년주가 동하여 신자진으로 향하니 근본적 변화의 기회이다. 독서실을 처분하고 교회가 후원하는 토스트가게를 개업하여 부인과 함께 운영하고 있다. 일은 많지만 부인의 내조로 돈은 잘 번다. 乙未대운 丙申년에 세컨하우스도 장만하였다.

이 사주는 병일간이 철저하게 丁비겁의 모습(丁酉)으로 경거망동하지 않고 열심히 살았기에 복록을 얻었다. 종교에 의탁하여 庚子의 모습을 취하여 신자진에 순응하니, 丁酉가 제 모습을 갖추어 자축인으로 발현되었다. 그래서 대운에서 맞은 형·파·천 작용을 전화위복의 기회로 삼을 수 있었던 것이다. 무엇보다 丁酉寅-子丑寅으로 寅일지에 담으니 처와 함께 하는 것이 복록을 지키는 길이다. 그랬기에 갑오대운에 부인과 함께 사업체를 운영하면서 흉을 해소할 수 있었다.

● 午丑 천, 입묘

午가 丑에 입묘하고 축에서 辛이 조절된다. 午丑 관계에서 丁·辛은 반발할 뿐 午가 화생금으로 금을 완성하는 환경은 아니다. 午의 응집작용은 丑에서 마감하여 寅에서 甲을 내는 방향성이다.

午에서 금 물상을 형성하기 시작하고, 丑에서 금 물상이 마감된다. 午·丑은 금 물상을 목적으로 한다는 점에서 같지만, 작용관계와 방향성에서 다르다. 午는 분산→응집으로 전환하고, 축은 응집→분산으로 전환한다.

午丑에 子가 오면 丑 중 癸의 분산작용이 강화되고, 午 중 丁은 응집작용이 저지되니 반발하게 된다. 오축에 未가 오면 午 중 丁의 응집작용이 강화되고, 丑 중 癸는 분산작용이 저지당하니 반발하게 된다. 이를 午丑 천(해)이라 한다.

오축은 午未申酉戌亥子丑으로 금을 완성하여 저장하는 과정에 있다. 오축천이 발동하면 금 물상의 손상 즉 재관의 손실이 현실화되는 경우가 많다. 午酉형-酉子파 구성으로 辛을 가공하거나, 辛을 통해 甲을 내는 흐름이면 이롭게 작용하기도 한다.

즉 午丑未, 午丑子 등으로 구성되어 금을 가공하거나 목을 내는 과정에서 대박을 치거나 쪽박을 차기도 한다. 대박-쪽박을 넘나드는 경우가 많다. 대박에서 경거망동을 삼가고, 쪽박에서 전화위복의 기회로 삼아야 한다.

● 卯戌 합, 입묘

寅에서 장생한 卯는 戌에서 입묘한다. 卯戌은 묘가 작용력을 완전히 상실하는 관계이다. 乙 활동력이 묶이고 답답한 환경이 되지만, 금을 완성하는 환경에서는 유리하게 작용한다.

卯戌에서 乙→庚으로 金을 완성되는 흐름이면 발달하게 되고, 辛→甲의 흐름이면 묘가 활동력을 잃으면 오히려 이롭게 되기도 한다. 묘술은 묘오-오유 형·파로 금을 형성하는 흐름에 있기 때문이다.

묘오-오유은 도화성을 발현시키니 인기를 얻는 직업이나 자신의 능력을 펼치는 직업에서 성공을 거둘 수 있다.

卯午未 또는 卯午戌이면 성패가 다단하거나 편법 아니면 위법·불법이요, 대박 아니면 쪽박이 된다.

卯未戌이면 움직이지 못하는 상이 된다.

戌일지에 卯가 동반되면 戌이 卯를 끌어들이니 배우자 인연을 답답하게 만든다. 자신이 어린애 같은 성향이거나, 배우자가 어린애 같은 사람이다. 부부가 그런 성향이면 배우자로 인해 답답함을 느끼지만 부부인연은 유지할 수 있다. 아이들을 가르치고 키우는 일에 종사하면 흉이 해소되거나 발달한다.

丙丙乙戊　坤　戊己庚辛壬癸甲1
申戌卯戌　　　申酉戌亥子丑寅

乙卯월주가 수를 얻지 못했으니 화에 의지하여 성장할 수밖에 없다. 묘월에 을병이 투출했고 丙申시주에서 乙丙庚으로 완성하는 흐름이다. 丙일간이 乙卯을 키워 丙申시주에서 庚을 완성하니 취미와 관련된 직업성이고, 을경-인오술 흐름을 戊戌년주에서 완성하니 크게 이루는 상이다. 乙卯월주에 卯戌은 卯午파-午酉형 등으로 인기·도화성이 폭발적으로 발현되는 구조이다. 세계적으로 유명한 배우다.

이를 두고 대운에서 수기를 채워서 성공했다고 하면 곤란하지 않겠는가. 화기가 왕한 사주에 수가 오면 도리어 손상된다고도 하니 말이다. 이 사주는 금을 가공하여 완성하겠다는 의지로만 뭉쳐진 사주이다. 목표가 확실하니 한 우물을 파고 성취를 이룰 수 있는 것이다. 다만 직업적 승화를 통해 재관성취는 이룰지라도 일반적인 직업이나 정상적인 가정생활에서는 안정을 취하지 못하는 경향성이다. 묘술이 일지에 임하여 을묘의 활동을 입묘시키니 배우자 인연이 이롭지 않다. 배우자를 두면 자신의 능력을 발현하기 어렵게 된다는 의미도 된다. 더불어 월주가 모두 년·일에 입묘하니 생명·건강에 문제를 예고한다. 간지구성을 불문하더라도 수기가 부족하니 가정·건강 등 문제는 동반될 수밖에 없다.

庚戌대운 이후에 수기를 더욱 말리니 水 부족으로 인한 정신이상, 활동장애 등 문제가 발생할 수 있다. 庚戌대운 甲申년에 금이 왕하고 乙·丙이 입묘하니 뇌졸중으로 위험한 고비를 넘겼다. 이런 사주는 나이가 들어가면서 종교·철학적 성향을 보이기도 한다. 말년까지 복록을 누리기 위해서는 남을 위해 봉사하고 덕을 쌓아야 하기 때문이다. 이 여명도 그런 행보를 하는데 이는 복록을 지키기 위한 내면의 발로일 것이다.

● 酉辰 합, 입묘

申에서 장생한 酉는 辰에 입묘한다. 酉丑이 만나면 금 물상을 완성(마감)되고, 酉辰이 만나면 酉 가치가 상실된다. 酉는 辰·丑에서 재물 손실 또는 갇히는 형국이 되는데, 酉(재물)을 아무도 모르게 감추고 쌓아둔다는 의미도 있다.

酉辰에서 辛→甲으로 목을 완성하는 흐름이면 발달하게 되고, 乙→庚의 흐름이면 酉가 활동력을 잃으면 오히려 이로울 수 있다. 酉辰은 유자-자묘 형·파로 목을 발현시키는 흐름에 있기 때문이다.

酉子-子卯는 도화성을 발현시키니 인기를 얻는 직업이나 자신의 능력을 펼치는 직업에서 성공을 거둘 수 있다.

酉子丑 또는 酉子辰이면 성패가 다단하거나 편법 아니면 위법·불법이요, 대박 아니면 쪽박이 된다.

酉丑辰이면 갇혀서 나오지 못하는 상이 된다.

酉辰이 일지에서 형성되면 戌일지가 卯를 입묘시키니 배우자 인연을 답답하게 만든다.

● 卯辰 합·천

卯辰의 목의 연합이지만, 辰에서 卯 활동력이 조절한다. 卯는 입묘보다 입고를 싫어하고 입고보다 제약받는 것을 못 견딘다. 술에서 입묘되는 것은 순리로 받아들이고, 미에서 입고되는 것은 경으로 전환이라는 숙명이 있지만, 진에서 일시적으로 활동을 제약하는 것은 뛰는 놈의 발목을 잡는 꼴이 되니 그러하다.

묘진에서 묘는 답답함을 해소하기 위해 기회를 엿보게 된다.

묘진에 酉가 오면 묘유충으로 동하고 辰이 酉를 품느라 묘를 조절하는 것을 잊고, 묘진에 戌이 오면 묘를 끌어들이던 진술이 충하여 묘가 자유롭게 된다. 묘가 고삐 풀린 망아지마냥 경거망동하게 되고, 화생 금으로 전환하지 않으려한다. 이를 卯辰 합·천이라 한다.

卯辰이 일에서 성립되면 배우자 덕이 약하거나 등락이 있다.

● 酉戌 합·천

酉戌은 금의 연합이지만 戌이 酉를 단단하게 만들기 위해 조절하게 된다. 酉는 卯와 마찬가지로 물상이기에 입묘보다 입고를 싫어하고, 입고보다 제약·조절 당하는 것을 더 싫어한다. 酉가 辰에서 입묘되는 것은 순리로 받아들이고, 丑에서 입고되는 것은 갑으로의 변환이라는 연결고리가 되지만, 술에서 酉 모양새를 달구고 수축시키는 것을 달갑게 여기지 않는다. 특히 酉는 완벽한 자신의 모습이 훼손당하는 것을 싫어한다.

酉戌에서 酉는 戌에서 벗어나기 위해 기회를 엿보게 된다.

酉戌에 卯가 오면 묘유충으로 동하고 戌이 卯를 품느라 辛을 조절하는 것을 잊고, 酉戌에 辰이 오면 酉를 끌어들이던 진술이 충하니 酉가 자유롭게 된다. 酉가 고삐 풀린 망아지마냥 경거망동하게 되고, 수생 목으로 전환하지 않으려한다. 이를 酉戌 합·천이라 한다.

酉戌이 일에서 성립되면 배우자 덕이 약하거나 등락이 있다.

※ 卯辰과 酉戌의 공통점

卯辰과 酉戌은 목금 물상의 천으로 육해(六害)[75] 중에서 특히 흉하게 본다. 환경 변화가 심하고 직업직장의 이동이 많으며 한 곳에 안주하지 못하는 경향이 있다. 卯의 활동력을 辰이 통제하고, 辛의 활동력을 丑이 통제하기 때문에 벗어나려는 기질이 있다.

---

75) 육해(六害) = 寅巳, 申亥, 午丑, 子未, 卯辰, 酉戌.

묘진과 유술에서 乙·辛의 조절은 오미에서 丁이 조절되고 자축에서 癸가 조절되는 것과 다르다. 오미와 자축은 새로운 물상을 낸다는 희망이 있지만, 묘진과 유술은 물상의 활동력이 제지되기에 꺼린다. 丁未·癸丑 간지는 있지만, 乙辰·辛戌 간지가 없는 이유이기도 하다. 그래서 오미와 자축은 합이라 하고, 묘진과 유술은 천이라 한다.

午未·子丑에 비하여 卯辰·酉戌은 도화·음란성이 크게 발현된다. 乙이 辰을 보거나 辛이 丑을 만나도 마찬가지이다.

만약 乙 또는 卯가 진을 만나는데 발현되기 어려운 환경이거나, 辛 또는 酉가 축을 만나는데 발현되기 어려운 환경이면 삶에 등락이 심하게 된다. 묘진이 丙·庚 등을 보지 못하거나, 유술이 壬·甲 등을 보지 못하는 경우들이다. 성공보다 실패가 많고, 도화음란성으로 발현될 가능성이 많다.

卯辰 또는 酉戌이 일에서 성립되면 배우자 덕이 약하거나 등락이 있는데, 여기에 환경을 얻지 못하면 이별·사별하는 경우가 많다.

다만 묘진·유술은 기운을 돌려 새로운 모습으로의 성장을 도모하는 전환점이다. 슬럼프에서 벗어나고 제약을 뛰어넘어 한 단계 더 성장하거나 전화위복의 기회가 된다.

卯辰은 간지로 乙辰이고, 酉戌은 간지로 辛戌이다. 묘진과 유술은 양인격에 해당하니 프로기질이 있다. 기술, 자격, 교육, 수술·가공 등에서 성공을 이루게 된다.

5) 子·卯·午·酉의 암합

자오묘유의 암합은 천간합의 방향성을 지지에서 직접 형성하려는 의도이다. 천간기운을 인간이 탈취하는 형국으로 배반하고 탐욕의 상이 된다. 특히 묘유 물상의 암합관계는 원진·귀문에 해당한다.

만약 지지암합이 천간합의 방향성과 맞지 않으면 실패·횡액을 겪게 되고, 방향성이 부합하더라도 경거망동으로 횡액을 자초하기도 한다.

	양 본위		음 본위	
천간합	癸丙	乙庚	丁壬	辛甲
지지암합	子巳	卯申	午亥	酉寅

〈자묘오유의 암합 관계〉

● 卯申 물상의 암합, 원진, 귀문

卯申은 천간으로 乙→庚의 방향성이다. 물상의 흐름은 乙에서 庚으로 변환되니 未申과 마찬가지로 庚이 乙을 빼앗아 나오는 관계이다.

乙庚은 목→금으로 변환하는 물상의 흐름이라면, 卯申은 지지에서 타인의 재관을 탈취하여 자신의 것으로 만들려는 의도이다. 卯申은 乙庚합의 방향성을 지지에서 암합으로 물상을 만들고자 하는 것이다. 卯申을 원진이라 하고 귀문에도 속한다.76)

卯申에서 卯는 未申과 달리 급박하게 모습이 잃는다. 卯의 조건이 완성되지 않으면 卯에서 申이 발현되지 못한다. 卯申에서 卯가 갑자기 목→금으로 변환되니 卯 손상이 가중되고, 그로 인해 申 또한 가치를 잃게 된다. 갑자기 나뭇잎(卯)은 시들해지고, 열매(庚)는 형성되지 못하는 상황이 벌어지는 것이다.

卯申은 乙庚의 목→금 변환을 직접 완성하고자 하는 욕구가 강하게 발동한다. 천간의 乙庚 작용을 卯申이 천간기운을 탈취하여 지지에서 직접 물상을 형성하고자 하는 탐욕이다. 卯申은 물상 변환기운이 없기

---

76) 원진 = 酉寅, 卯申, 亥辰, 巳戌, 午丑, 子未 등이다. 酉寅(辛甲)와 卯申(乙庚)은 물상의 암합이고, 亥辰, 巳戌, 午丑, 子未 등은 巳·亥·子·午 수화 기운이 입묘하는 관계이다. 午丑과 子未는 천 관계이기도 하다.
  귀문 = 寅未, 卯申, 亥辰, 巳戌, 午丑, 酉子 등이다. 寅未는 목 입묘지이고, 酉子는 파 관계이다. 나머지는 원진과 같다.

에 노력하더라도 결과를 내지 못하거나, 결과(열매)를 내기 전에 또 다른 일을 시작하게 된다. 이중성과 다양성을 보이고, 탐욕이 발동하지만 재물성취는 약하다. 도리어 재물손실, 사건·사고, 건강·수명 등에 문제가 발생할 수 있다. 불법·편법·비리의 상이고 음란·도화의 상이 된다. 정신적인 것을 추구하기도 한다.

乙庚 방향성이 완비되지 않은 상태에서 卯申 암합은 도리어 乙庚의 작용력을 상실하게 만든다. 申으로 모습을 바꾸는 것이 좋다. 인내하고 노력하면서 寅 모습으로 전환하면 좋다.

운동성으로 보면, 卯는 寅에서 나오니 인오술 운동을 원하고, 申은 금의 본기이니 사유축 운동을 원한다. 양→음으로 전환되는 관계성이다. 지지에서 卯申은 乙庚과 달리 물상이 변환되는 단계이니 왕지인 卯가 인오술 순행을 고집하게 된다. 申도 물상이기에 다른 모습으로 변환되는 것을 꺼리게 된다.

卯·申은 서로 달갑지 않지만, 둘 관계에서 자신을 지킬 수 있는 공통영역이 신자진이다. 그런데 신자진은 辛甲의 활동영역이다. 卯는 환경이 부합하지 않아도 모습을 갖출 수 있고, 申은 완전히 소멸된다. 물상흐름은 卯→申으로 변환되어야 하는데 역행하는 꼴이다. 그래서 酉寅·卯申 등 물상 암합은 현실적 손상으로 발생하는 경우가 많다.

● 酉寅 물상의 암합, 원진

酉寅은 천간으로 辛→甲의 방향성이다. 물상의 흐름은 酉에서 寅으로 변환되니 丑寅과 마찬가지로 甲이 辛을 빼앗아 나오는 관계이다.

辛甲은 금→목으로 변환하는 기운의 흐름이라면, 酉寅은 지지에서 타인의 재관을 탈취하여 자신의 것으로 만들려는 의도이다. 酉寅은 辛甲의 지지 물상의 암합으로 원진이라고 한다.

酉寅에서 酉는 丑寅과 달리 급박하게 모습이 허물어진다. 酉의 조건이 완성되지 않으면 酉에서 寅이 발현되지 못한다. 酉寅에서 酉가 갑자기 금→목으로 변환되니 酉 손상이 크고, 그로 인해 寅 또한 가치를 잃는다. 갑자기 씨앗(辛)이 터져 나오게 됨으로써 甲이 형성되지 못하게 되니 甲·寅이 발현되지 못하는 경우가 많다.

酉寅은 辛甲의 금→목 변환을 직접 완성하고자 하는 욕구가 강하게 발동한다. 천간의 辛甲 작용을 酉寅이 천간기운을 탈취하여 지지에서 직접 물상을 형성하고자 하는 탐욕이다. 酉寅은 물상 변환의 기운이 없으니 현실적으로 卯申과 유사한 작용이 있다.

辛甲의 방향성이 완비되지 않은 상태에서 酉寅 암합은 도리어 辛甲의 작용력을 상실하게 만든다. 불법·편법·비리, 음란·도화의 상이 되고, 실질적 문제를 초래한다. 인내하고 노력하면서 寅 모습으로 전환하면 좋다.

운동성으로 보면, 酉는 申에서 나오니 신자진 운동을 원하고, 寅은 木의 본기이니 해묘미 운동을 원한다. 음→양으로 전환되는 관계성이다. 지지에서 酉寅은 辛甲과 달리 물상이 변환되는 단계이니 왕지인 酉가 신자진 순행을 고집하게 된다. 寅도 물상이기에 다른 모습으로 변환되는 것을 꺼리게 된다.

酉·寅은 서로 달갑지 않지만, 둘 관계에서 자신을 지킬 수 있는 공통영역이 인오술이다. 그런데 인오술은 丙庚의 활동영역이다. 酉는 환경이 부합하지 않더라도 모습을 갖출 수 있고, 寅은 완전히 소멸되게 된다. 물상의 흐름은 酉→寅으로 변환되어야 하는데 역행하는 꼴이다. 酉寅암합은 현실적 손상으로 드러나는 경우가 많다.

● 子巳 암합

子巳는 천간으로 癸→丙의 방향성이다. 癸丙은 水→火로 전환하는 기운의 흐름이라면, 子巳는 지지에서 타인의 기운을 탈취하여 자신이 사용하겠다는 의도이다. 子巳는 癸丙합의 방향성을 지지에서 암합으로 형성하고자 하는 것이다.

기운의 방향성은 癸에서 丙으로 전환되니 辰巳과 마찬가지로 丙이 癸를 빼앗아 나오는 관계이다. 子巳에서 子는 辰巳와 달리 급박하게 모습이 허물어진다. 子의 조건이 완비되지 않으면 子에서 癸가 발현되지 못한다. 子巳에서 子가 갑자기 水→火로 변환되니 子 손상이 가중되고, 그로 인해 丙도 가치가 상실된다. 子이 갑자기 분산작용을 강화되니 丙이 제대로 형성되지 못하는 문제가 발생하는 것이다.

子巳는 癸丙의 방향성으로 보이지 않는 乙물상을 펼치고자 하는 욕구가 발동한다. 癸丙은 금을 형성하기 위한 기운의 전환이라면, 子巳는 현실적으로 癸 수기가 마르게 된다. 무한정 확산하려는 속성에 제동력을 발휘하는 지혜가 요구된다.

癸丙의 방향성이 완비되지 않은 상태에서 子巳 암합은 도리어 癸丙의 작용력을 상실하게 만든다. 천간 흐름과 상관없이 지지에서 子巳가 천간기운을 탈취하여 직접 기운을 형성하여 물상(결과)을 얻을 수 없다. 노력해도 성과를 얻지 못하니 한 가지 일을 오래하지 못하고 다른 일을 찾는 등 이중성과 다양성을 보인다.

子巳는 탐욕이 발동하지만 재물성취는 약하다. 일시적인 성과가 있을 뿐이고, 그로 인한 재물손실, 사건·사고, 건강·수명 등에 문제가 발생할 수 있다. 丙 모습으로 전환하는 것이 이롭다.

子巳·午亥는 기운 암합으로 卯申·酉寅의 물상 암합과 차이가 있다. 卯申·酉寅은 천간의 물상흐름을 직접 행하는 의도라면, 子巳·午亥는 천간의 기운흐름을 물상으로 돌리겠다는 의도이다. 子巳·午亥는 卯申·酉寅와 달리 천간흐름에 부합하면 성과를 얻을 수 있다.

운동성으로 보면 子는 亥에서 나오니 해묘미 운동을 원하고, 巳는 화의 본기이니 인오술 운동을 원한다. 급박하게 양 운동으로 전환되는 관계이다. 子巳는 癸丙과 달리 물상전환이 전제되기에 왕지인 子가 해묘미를 포기하고 곧바로 인오술로 전환되지 못한다.

子·巳의 최종 방향성은 庚을 내는 것이니 子·巳가 합의점을 찾아낸 운동방향이 사유축이다. 子·巳 모두 달갑지 않게 된다.
 만약 천간에서 丁辛壬으로 구성되고 子·巳가 사유축으로 구성되면 활동성을 갖게 된다.

壬丙癸丙　乾　庚己戊丁丙乙甲4
辰子巳辰　　　子亥戌酉申未午
丙일간이 巳월에 임하고 癸巳로 구성되어 환경이 양호하다. 癸丙이 巳월에 庚을 키우는 구조이고, 지지는 해묘미-인오술 구성으로 巳 중 庚을 키우는 흐름이다. 일시에서 丙·壬이 신자진으로 돌리려고 하지만, 壬辰에서 壬은 癸로 바뀌어가고 申이 투출되지 않고 子巳가 해묘미로 방향성을 잡는다. 여기서 子巳는 신자진으로 금→목을 내면 실패할 것이요, 계병으로 목→금을 완성하면 성공할 것이다. 또 수화기운으로 구성되고 木金 물상이 없는 상태이니 재관에 욕심을 부리면 실패하게 된다. 癸巳월주를 직접 가동해야 하니 자수성가형이다.
인생 황금기인 30·40대가 申·酉대운이 펼쳐지니 화로 금을 완성하는 운세이다. 식상(火)을 이용하여 열심히 살아가면 발전을 도모할 수 있다. 일찍부터 자동차정비기술을 배워 착실하게 살아온 덕분에 지금은 1급 자동차정비 공장을 운영하고 있다. 巳 중 庚金을 이용하여 癸의 분석력이 가미된 직업성이고, 癸인성(자격)을 바탕으로 한 火식상(기술)을 펼치는 직업성이다. 이 남명이 젊은 나이에 경제적 안정과 직업적 성취를 이룬 것은 재관에 욕심을 부리지 않고, 기술·자격을 이용하여 성실하게 한 우물을 판 결과라 할 수 있다.
천간 癸丙에 지지 子巳로 구성되었는데 월일이 모두 癸丙구조로 일치한다. 비록 수가 많지만 많은 수가 辰에 필요한 수기를 채우면서 辰 중 乙을 발현시키고, 비록 화가 많지만 병임으로 조절되고 巳 중 庚을 키운다. 丙申·丁酉대운에 금을 가공하니 재물과 직업적 성취를 이루었다. 丙申대운에 申子辰을 이루지만 丙이 투출하여 巳申으로 庚을 형성하여 신자진으로 흐른다. 고생스럽지만 남 밑에서 순리에 따르니 흉하지 않다. 丁酉대운은 丁壬-사유축에 酉子파가 발동하여 금을 완성하기 적합하니 사업체를 직영하였다. 丁酉대운 丁酉년에 주위 땅을 사들여 공장을 증축한 후에 자금문제, 인력문제 등 머리 아픈 일도 많다. 대운-세운이 복음인 해이고, 丁酉대운 막바지 해이기 때문이다.

지금은 공장을 처분하고 건물임대로 편하게 살기를 원한다. 戊戌대운이 오니 癸丙 바탕을 이루고, 진술로 년·시를 충동하여 丙·壬이 동하여 본질-자유를 동시에 찾고 싶기 때문이다. 丙子일주에 壬·癸가 투출하였으나 癸巳직업성이고 壬辰-子巳의 모양새로 부인이 공장 사무 일을 보고 있으니 부부애정을 유지하고 있다. 만약 식상(정비기술)을 깨뜨리고 인성(임대업)으로 전환한다면 부부인연에 문제가 야기될 수 있다.

● 午亥 암합

午亥는 천간으로 보면 丁→壬의 방향성이다. 丁壬은 화→수로 전환하는 기운의 흐름이라면, 午亥는 지지에서 타인의 기운을 탈취하여 자신이 사용하겠다는 의도이다. 午亥은 丁壬합의 방향성을 지지에서 암합으로 형성하고자 하는 것이다.

기운의 방향성은 丁에서 壬으로 전환되니 戌亥과 마찬가지로 壬이 丁을 빼앗아 나오는 관계이다. 午亥에서 午는 戌亥과 달리 급박하게 모습이 허물어진다. 午의 조건이 완비되지 않으면 午에서 壬이 발현되지 못한다. 午亥에서 午가 갑자기 火→水로 변환되니 午 손상이 가중되고, 그로 인해 亥도 가치가 상실된다. 丁이 갑자기 응집작용을 강화하니 壬이 제대로 형성되지 못하는 문제가 발생하는 것이다.

丁壬 천간작용을 午亥가 탈취하여 지지에서 직접 기운을 형성하고자 하는 욕구이다. 午亥는 甲己-丁壬합 구성으로 보이지 않는 辛 물상을 응집하기에 재관에 대한 욕구가 더 강하다. 丁壬은 목을 내기 위해 기

운을 전환하는 작용이라면, 午亥는 현실적으로 甲 활동이 묶이게 된다. 확장하고 펼치는 것보다 정리하고 축소하는 것이 필요하다.

丁壬의 방향성이 완비되지 않은 상태에서 午亥 암합은 도리어 丁壬의 작용력을 상실하게 만든다. 子巳와 마찬가지로 천간기운을 지지에서 형성할 수 없으니 노력해도 성과를 얻기 어렵다. 인내하고 노력하면서 丙 모습으로 전환하는 것이 이롭다.

운동성으로 보면, 오는 사에서 나오니 사유축 운동을 원하고, 亥는 수의 본기이니 신자진 운동을 원한다. 급박하게 음 운동으로 전환되는 관계이다. 지지에서 午亥는 丁壬과 달리 물상전환이 전제되어 왕지인 午가 사유축을 포기하고 곧바로 신자진으로 전환되지 못한다.

午·亥의 최종 방향성은 갑을 내는 것이니 午·亥가 합의점을 찾아낸 운동방향이 해묘미이다. 午·亥 모두 달갑지 않은 방향성이다.

만약 천간에서 癸乙丙으로 구성되고 午·亥가 해묘미로 구성되면 활동성을 갖게 된다.

庚己丙戊　坤　己庚辛壬癸甲乙1
午亥辰午　　　酉戌亥子丑寅卯

己일간이 진월에 환경에 부합하지 않고, 辰월에 乙癸가 조절되니 수기가 필요하다. 해일지가 조후역할을 하는데, 午亥로 해가 변색된다. 천간-월지 환경은 병경에 있는데 지지에서 午亥로 목을 내고자 한다. 여기에 亥辰이 신자진으로 끌려가니 천간-지지 방향성이 왜곡된다. 해일지가 안정을 취하기 어려운 구조이고, 이 여명도 해가 들어오면 변색되고 왜곡되니 들어앉히지도 못한다. 나이 40에 결혼하지 않고 어머니와 동거하고 있는 것은 辰월지 입장에서 亥가 필요하고, 己일간은 환경을 잃은 상태에서 午亥로 묶이기 탓이다. 어머니와 함께 사는 건 좋을 것이 없다.

진월에 할 일이 없고 戊午-丙辰으로 선천환경이 좋지 않으니 진 중 乙을 발현되지 못한다. 辛亥대운에 辛씨앗을 얻는데 辛·亥가 동하여 진에 입묘한다. 辛·亥가 모두 辰에 입묘하고 물상이 작용력을 상실하니 정신적 방황이나 정신질환을 겪을 수 있다. 어머니와 분가하여 독립하였는데 건강이 좋지 못하다. 丙辛으로 합하고 午亥 암합한 까닭도 있다. 壬子대운은 午亥가 丁壬을 탐하게 되니 현실적 성과가 없다. 사주원국이 재관성취가 어려우니 자연히 정신적인 것을 추구하게 되는데, 이 시기에 갑자기 사주공부에 뛰어들었다.

이 사주는 辰월에 丙庚으로 천간흐름은 양호하지만, 지지는 전체적으로 해묘미 과정에 있는데 午亥가 신자진으로 돌리는 게 문제다. 己일간이 午亥로 직접 丁壬 방향성에서 갑을 내려 하니 이룰 수 없는 것이다. 대운에서 午亥 방향성을 부추기니 삶의 방향성을 잡지 못하고 엉뚱한 짓을 하게 된다. 천간 방향성을 일간이 되돌릴 수 없고, 천간기운을 탈취하여 현실적 성공을 이룰 수도 없다. 천간흐름이 조성되지 않은 상황에서 지지 암합으로 물상의 기운을 발현시키지 못한다. 설령 천간 흐름이 완성되더라도 탐욕을 부리면 해로움이 따른다.

4. 辰未戌丑의 합충형파해

진·미·술·축의 조절작용을 다시 요약해보자.

辰에서 임수가 마감되지만 실제로는 계수와 을목의 분산작용이 조절당하는 문제가 발생한다. 辰에서 癸·乙을 조절하는 것은 丑 중 辛을 완전히 제거하고 화기를 내어 癸·乙이 분산작용을 강화하기 위함이다. 丑辰이면 辛金의 가치가 상실되고 정체성을 잃게 된다.

未에서 갑목이 마감되지만 실제적으로는 을목-정화의 분산-응집작용이 조절되는 문제가 발생한다. 未에서 丁·乙을 조절하는 것은 진 중 乙 분산력을 무력화시켜 丁 응집으로 庚金을 형성하기 위함이다. 辰未로 구성되면 乙이 조절되고 활동에 장애가 일어난다.

戌에서 병화가 마감되지만 실제적으로는 정화와 신금의 응집작용이 조절당하는 문제가 발생한다. 술에서 丁·辛을 조절하는 것은 미 중 乙을 완전히 제거하고 수기를 내어 丁·辛이 응집작용을 강화하기 위함이다. 미술이 만나면 乙木의 가치가 상실되고 정체성을 잃게 된다.

丑에서 경금이 마감되지만 실제적으로는 신금-계수의 응집-분산작용이 조절되는 문제가 발생한다. 축에서 辛·癸를 조절하는 것은 술 중 辛 응집력을 무력화시켜 癸 분산작용으로 甲을 내기 위함이다. 戌丑이 만나면 완성된 辛이 변질되는 손상문제가 발생한다.

진·미·술·축이 서로 만나면 진·미·술·축 고유의 조절작용과 맞물려서 가고자 하는 방향성이 전화·변환된다. 봄-여름-가을-겨울을 조절하여 다음 계절로 넘어가려는 속성이 발동하는 것과 같다. 이러한 진·미·술·축 상호간의 관계를 충·형·파·해 등으로 설명되는데, 진·미·술·축 상호간의 충·형·파·해 작용은 명확하게 구분하기 어렵다.

진·미·술·축 상호간의 관계를 얼굴의 음양으로 보자.

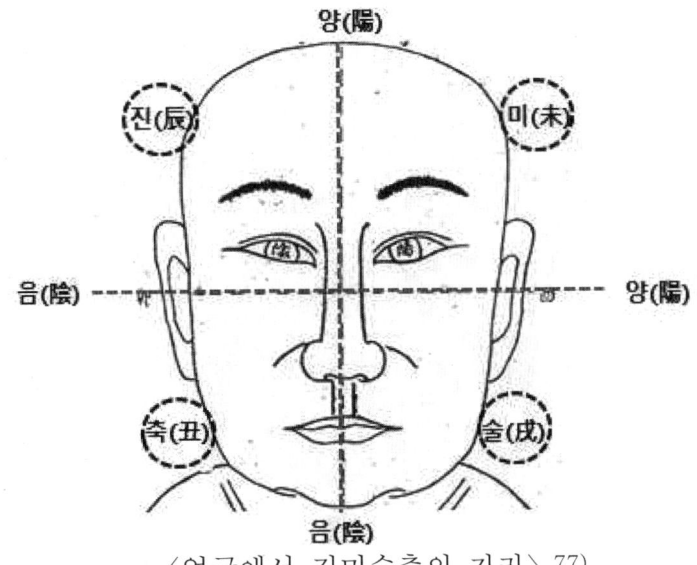
〈얼굴에서 진미술축의 자리〉 77)

　축진과 진미는 양 본위의 방향성에 있고, 미술과 술축은 음 본위의 방향성에 있다. 양 본위에서 축진은 음→양으로 전환되는 구간이고, 진미는 양 기운을 펼치는 영역이다. 음 본위에서 미술은 양→음으로 전환되는 구간이고, 술축은 음 기운을 응집하는 영역이다.
　▷ 진술은 수화기운의 전환이고, 축미는 목금 물상의 전환이다.
　▷ 축진은 응집된 기운이 갑자기 확산(양)되는 문제,
　▷ 진미는 확산(양)된 기운을 조절해야 하는 문제,
　▷ 미술은 확산된 기운을 응집으로 전환해야 하는 문제,
　▷ 술축은 응집(음)된 기운을 조절해야 하는 문제가 발생한다.

　진미·미술은 크게 부풀리거나 능력에 벗어난 일을 벌려 형·파를 당하고, 술축·축진은 기존에 행했던 일로 인해 갇히거나 묶이는 경향이다. 진미·미술은 양 본위이니 관념·정신적 문제로 발현되고, 축진·축술은

---

77) 그림 출처 : 『面相秘笈』.

음 본위이니 현실·물질적 문제로 발현된다.

1) 辰戌과 丑未

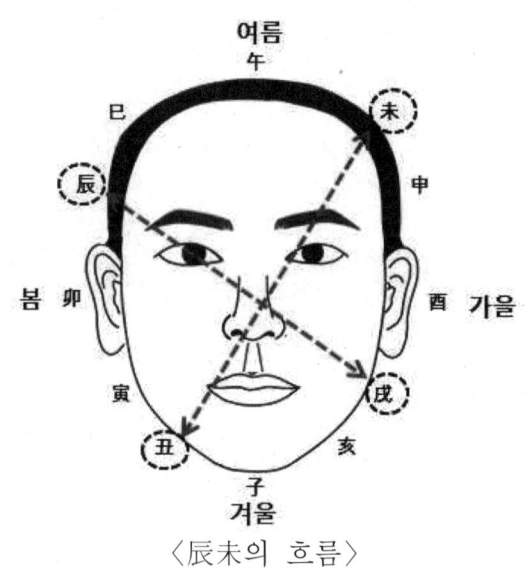

〈辰未의 흐름〉

진-술, 축-미는 서로 반대편에 위치하여 음-양으로 마주한다. 진·술은 수·화 운동을 마감하고 변환되는 자리이고, 미·축은 목·금 운동을 마감하고 변환되는 자리이다. 이를 土의 沖으로 표현한다.

辰戌 또는 丑未 상호관계는 완전히 다른 영역에 있지만, 상대가 자신의 뿌리가 갖고 있는 관계이다. 진에서 목을 키우는데 목의 뿌리는 술 중 辛이고, 술은 금을 완성하는데 금은 진 중 乙에서 비롯된다.

미에서 목→금으로 변환되면 축이 금을 완성해주고, 축에서 금→목으로 변환되면 미에서 목을 완성해준다.

土는 자체로 기운·물상을 완성하는게 아니라 기운 또는 물상의 전환을 담당하는 조절자이다. 서로 이유 없이 싸우거나 쟁탈할 이유가 없다. 충은 동하는 것이고 '동기부여' 작용이다. 辰戌 또는 丑未가 만나면 기운을 전환하고 사주흐름 방향성을 돌리게 된다. 사주구성에 따라 길하게 작용하기도 하고 흉하게 작용하기도 한다.

辰戌 또는 丑未는 未·丑·辰·戌 또는 子·卯·午·酉 등이 동반되면 방향성이 달라진다. 어떤 방향성이든 옛것을 청산하고 새로운 기운으로 삶의 방향성을 바꾸어야 하는 번거로움이 있다. 진은 水-木-火의 본질에서 벗어나 火-金-水로 전환점이고, 술은 火-金의 본질에서 벗어나 水-木으로의 전환점이다.

● 辰戌 충

진은 수를 마감하여 병화 기운을 내고, 술은 화를 마감하여 임수 기운을 낸다. 진은 수생목-목생화 흐름이고, 술은 화생금-금생수의 흐름이다. 진술은 생장의 모습이 다르기에 辰戌충이라 한다.

진은 인묘진으로 목 물상을 주도하기에 癸-丙을 통해 목 성장을 도모하고, 술은 신유술로 금 물상을 주도하기에 丁-壬을 통해 금 완성·저장을 도모한다. 진술이 만나면 혼란스럽지만 각자 원하는 물상을 완성하려는 본의가 발동하는 동기부여가 된다.

진술에 未가 오면 辰巳午未申酉戌로 목을 키워 금을 완성하는 흐름으로 순행한다. 辰-未-戌로 구성되어 乙이 庚-辛으로 변환하여 금을 완성하는 흐름이 순탄하게 된다.

진술에 축이 오면 술해자축인묘진으로 금을 가공하여 목을 완성하는 방향성으로 순행한다. 戌-丑-辰으로 구성되어 辛이 甲-乙로 변환하여 목을 완성하는 흐름으로 순탄하게 된다. 역행(逆行)이 아니다.

진술미는 乙→辛 흐름으로, 술축진은 辛→乙 흐름으로 방향성을 잡아야 한다. 만약 진유술, 진묘술 등으로 구성되면 물상이 작용력을 상실하니 형·파·천 작용이 발생하는 요인이 된다.

辰은 펼치고 戌은 끌어 모으는 작용이다. 진술이 만나면 펼치고 응집함을 반복하게 된다. 직업적으로 찢고 깁고, 입고 벗고, 심고 뽑고,

넣고 빼고, 뚫고 막고, 펼치고 거두는 일들이 좋다. 옷가게, 목욕탕, 휄스, 수영, 모텔, 건축, 수술, 제조·가공 등의 직업성이다. 게임방, 편의점, 소매점 등 많은 사람들이 들락날락하는 사업에도 어울린다.

● 丑未 충·형

未는 목을 마감하여 庚물상을 내고, 축은 금을 마감하여 甲물상을 낸다. 갑이 나오려면 수가 필요하고, 경이 형성되려면 화가 필요하다. 丑未는 원하는 바가 다르기에 생성에 문제가 발생하는 충이다.

축에서 辛→癸→甲으로 乙발현을 도모하고, 미에서 乙→丁→庚으로 辛을 완성하고자 한다. 축은 응집→분산으로, 미는 분산→응집으로 방향성을 전환하는 곳이다. 축미가 만나면 방향성은 다르지만 기운을 전환하는 동기부여가 된다.

丑未에 술이 오면 미신유술해자축으로 금을 완성하는 본의가 발동하는 흐름으로 이어진다. 반대로 丑未에 진이 오면 축인묘진사오미로 목을 완성하는 흐름을 주도한다.

未戌丑 또는 丑辰未는 진·술에 축·미를 만나는 것에 비해 물상을 완성하려는 의지가 확고해진다. 미축은 목금물상이 입묘하기 때문이다.

미에서 목을 무력화시켜야 금이 나오고, 축에서 금을 무력화시켜야 목이 나온다. 축진미는 辛→乙로 변화되니 금이 강하면 실익이 없고, 미술축는 乙→辛으로 변환되니 목이 강하면 실익이 없다.

丑未은 기토를 품고 있기에 현실·재물에 대한 집착이 강하다. 미에서 乙을 버리지 못하고 축에서 辛을 버리지 못한다. 丑未는 미련을 떨쳐버리지 못하니 刑작용을 동반한다.

미→축 흐름이든 축→미 흐름이든 丑未는 수기가 필요하다. 未는 乙에 대한 미련 때문에, 丑은 辛에 대한 미련 때문에 水를 놓지 않으려 한다. 금-수-목의 상생이 원활하지 못하면 丑未형이 된다.

만물의 발현은 수생목에서 시작되니 축미는 木 방향성에 놓이기 마련이다. 부동산, 건축, 미용, 화장, 해운, 운전, 유통, 무역, 광고 등 목과 관련된 직업에서 변화·변모가 많은 직업성이 어울린다.

```
庚乙辛丙  坤  甲乙丙丁戊己庚6
辰未丑申      午未申酉戌亥子
```

乙일간은 축월 환경이 부합하지 않고 대운도 매끄럽지 않다. 축월에 甲·寅이 없으니 탈출구가 없고, 갑이 없으니 乙일간이 답답하다. 다만 천간구성이 乙丙庚으로 일간이 주도하고 축월에 辛丑이고, 丙년간이 투출되니 선천환경이 양호하다. 축미로 기운을 돌려 인오술이 촉발하고 년·월이 사유축을 촉발시키니 금을 완성하는 환경을 만들었다. 수화가 부족한 상황에서 丑·辰이 많은 금을 조절하니 직업성취와 재물창고가 마련된 셈이다. 행운이 따르는 자수성가형이고, 여명이니 가장·장남 노릇을 할 수 있다. 辛丑월주가 사유축으로 금을 완성하고, 乙未일주에 월·일·시가 충·합하는 구조이다. 사회생활을 통한 자기실현이 삶을 안정되게 한다.

축월에 丙申년주에서 庚을 얻고 사유축으로 辛을 가공해야 甲-乙로 발현시켜 경을 완성하는 흐름이다. 즉 辛金→갑-을→경金을 완성하는 방향성이다. 그러기 위해서 축인으로 발현되어야 하는데, 66세에 甲午운이 오니 아쉽다. 乙丙庚-辰未, 乙未-辛丑 등으로 인기·도화성이 발현되는 구조이다. 인기가 있고 대인관계가 원만하다. 관상으로 콧방울이 왜소한 형상이다.

한편 辛丑-乙未-庚辰 월·일·시가 모두 물상 입고지에 앉았으니 재관성취에 불구하고 답답함을 느끼게 된다. 만약 乙未가 丙 또는 庚을 보지 못하면 육체적 음란성으로 빠져들기 쉽다. 乙이 丙·庚을 보고, 未가 庚·申을 보니 돌파구를 찾게 된다. 乙입장에서 병신합은 좋고 나쁨이 상존한다. 또 辛이 丑에 앉은 것은 나쁘지 않은데, 庚이 辰에 앉은 것은 좋지 않다.[78]

합·충이 많은 사주로 파가 발동하는 구조이다. 가정, 직장, 직업 등 많은 변수와 변화가 불가피하고 변화를 통하여 안정을 얻을 수 있다. 운수업, 이동통신업 등 직업전변이 많았고, 乙未대운 현재 부동산컨설팅 직업성이다. 사주궁위 흐름과 대운 흐름에 맞는 변화를 거듭하면서 직업여성으로 살아 온 것이 복잡한 사주구조에서 안정을 얻을 수 있었다. 丙申년주에 의탁하는데 丙辛으로 묶이니 국가를 이용한 직업성이 약하고 사유축으로 돌리니 종교·철학적 성향으로 발현되었다. 丙辛합은 윤회·음란의 합이고 년·시에 있으면서 월지가 원하는 인자이면 경향성이 높다. 더불어 시주에서 사유축을 신자진으로 이어가니 허상·가상에서 목적을 달성하는 복잡한 모양새이다. 丙申·乙未대운은 년·일과 복음·동주하니 더욱 그러하다.

2) 辰未 관계

첫째, 乙의 손상 → 庚으로의 전환

진미는 모두 양 본위에 속한다. 진미는 지장간에 癸·乙·乙·丁 구성되어 있다. 癸-乙-丁으로 목이 생장하는 과정이고, 辰-巳-午-未로 봄을 거쳐 여름을 주관하는 시기이다. 卯-辰-巳-午-未-申으로 목→금으로 변화되는 과정으로 乙→庚 방향성에 있음이다.

진에서 乙·癸가 조절하여 丙을 내고, 미에서 丁·乙이 조절하여 庚을 낸다. 진에서 조절된 乙이 丙에 의해 성장하다가 미를 만나면 丁이 乙을 통제하여 庚으로 변환시킨다.

진·미에서 공통적으로 乙이 통제받는 모습이다. 乙의 분산작용과 자유자재로 움직이는 활동력에 제동이 걸린다. 사업부도, 명예퇴직, 질병, 자금압박, 재물손상 등 등 활동력이 꺾이거나 몸이 묶이는 현상이 발생한다. 직업·직장에 변화가 있거나, 가족 간 불화 문제 등으로 곤욕

---

78) 木金 물상의 입고(入庫)에 대해서는 『기상명리』 "삼합론-묘고"편을 참조하기 바란다.

을 치루기도 한다.

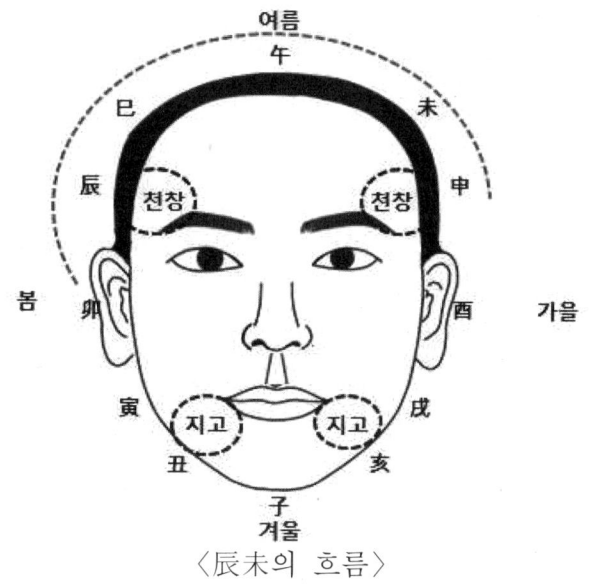

〈辰未의 흐름〉

둘째, 辰未 형·파

진미는 진미술축 상호관계 중 유일하게 형·파·해 어디에도 속하지 않는 관계이다. 진미의 지장간을 보면 미술, 축진, 술축 등과 마찬가지로 형·파 작용을 안고 있다. 辰은 癸乙로 子卯형 구성이고, 未는 乙丁으로 卯午파 구성이다. 진미는 간지로 乙未 癸未 등이다.

辰·未에서 수기가 마르니 乙이 작용력을 발휘하지 못하고, 더구나 미에서는 庚으로 변환되니 乙모습을 잃는다. 진미 만남에서는 乙활동성이 제약되는데 이를 辰未형이라 한다. 일(사업)의 변경, 변화, 전환 등 형·파 행위로 돌파구를 찾아야 한다.

乙未·癸未·丁未 일주는 배우자로 인한 답답함, 배우자로 인한 재물손실, 불만족 등을 갖는 것은 未 일지가 乙·癸 일간을 말리기 때문이다.

	辰	未
천간 형·파	癸乙 형	乙丁 파
지지 형·파	子卯 형	卯午 파

〈진미 관계의 형·파〉

진미에서 乙이 조절되니 속 다르고 겉 다른 형상이다. 庚으로 물상이 전환되니 뒤엎고 팔아치우고 다시 시작하는 모양새를 띤다. 가공되고 부풀어진 모양새로 과장되고 겉치레가 많다.

乙이 未를 만나면 경 결실에 대한 기대감에 무리하게 투자를 하거나 과욕을 부리다가 실패하게 된다. 간지로는 乙未이다. 다만 辰未 또는 乙未에 庚이 있으면 방향성을 잡는다. 진미에서 乙은 무리한 확장이나 경거망동을 삼가야하고, 庚 방향성이면 과감하게 추진해도 무방하다.

만약 진미가 庚을 얻지 못하면 진미 형·파가 발동하는 요인이 된다. 乙이 진에서 무리하게 시작했다가 미에서 깨뜨리는 형국이다.

辰에서 경거망동한 행위는 未에서 묶이게 되는데, 반대로 진에서 노력한 대가는 미에서 얻게 된다. 辰未 형·파는 진에서 한 행위가 미에서 결과로 나타나는 경향이 있다.

셋째, 辰未 형·파의 발동

○ 辰·未는 乙이 활동하는 영역이고, 술·축은 辛이 활동하는 영역이다. 진미에서 乙이 조절·가공되는데, 술 또는 축이 오면 乙 손상이 가중되는 진미 형·파가 발동한다.

○ 진미에 술이 오면 진술충으로 진미형, 술미형·파가 발동한다.

辰未戌은 癸·乙·丁·辛의 관계로 乙이 활동력이 묶이고 입묘한다. 활동장애, 부도, 재물손상, 건강이상 등 현상이 발생한다. 다만 술은 진미에서의 결과를 얻는 곳이니 乙 활동력이 묶이더라도 辛 결과에 의한 경제적 보상은 얻는다.

진미에 술이 오면 辰에서 자신을 다듬고 未에서 순리에 따르면 戌에서 결실을 얻을 수 있다. 辰(자묘형)에서 모습을 전환할 때는 소극적으로 대처하고, 未(묘오파)에서 전환할 때는 적극적으로 해도 무방하다. 2~3년 고생하더라도 戌에서 결실을 얻을 수 있으니 말이다.

즉 乙이 辰에서 자신을 낮추고 내실충족에 투자하면, 未에서 결실을 이룰 바탕을 마련하게 되고, 申에서 乙이 庚으로 전환되니 발전된 모습이요, 戌에서 결과물을 얻어 저장할 수 있다. 이것이 진미술 형·파의 개념이다.

○ 진미에 축이 오면 축미충으로 진미형, 축진파가 발동한다.

丑辰未는 辰未戌과 달리 辛·癸·乙·丁으로 辛이 묶이고 없어진다. 축진에서 辛이 갇히고, 진미에서 乙이 조절된다. 진미에 丑이 오면 축진에 미가 오는 것과 달리 진미에서 목을 키우는 과정을 되돌리게 된다.

乙의 원신인 辛을 얻지만, 辛에 의해 정체되거나 갇히는 형국이 된다. 다만 축진미는 辛→乙로 변환되는 흐름이니, 금을 가공하여 목을 내는 환경이면 丑辰파로 성공의 기회로 삼을 수 있다.

○ 진미에서 乙을 동반하면 목이 조절되는 辰未형이 발동한다.

乙未에 辰이 오는 경우인데, 甲辰에 未가 와도 진미형이 발동한다. 목 작용력이 상실되는 형이 발동한다. 乙→庚으로 변환되는 환경이면 발달하기도 한다.

癸丙甲丁　坤　辛庚己戊丁丙乙1
巳寅辰未　　　亥戌酉申未午巳

辰월은 癸乙이 활동하는 구간이고, 癸丙의 방향성에 있다. 丙일간이 辰월을 얻어 천간에서 계병-갑정으로 구성되고 해묘미-인오술 과정에 있다. 대운도 도와주니 乙을 키우기 좋은 환경조건이다. 그런데 진월에 수가 부족하여 乙성장이 제약을 받는데, 寅巳형이 발동하여 수기가 더욱 말리고 있다. 더불어

辰未에서 癸·乙이 조절되면서 수기를 말리는데 辰未에 경이 없으니 돌파구가 없는 꼴이다. 특히 년·월에서 甲辰-丁未로 구성되니 선천환경이 근원적으로 뿌리가 약한 구조이다.

선천환경이 좋지 않으면 직업·가정 등 안정성에 문제를 일으킬 요인이 된다. 丙寅일주에 甲이 투간되고, 진미에 갑이 작용력을 상실하고, 갑진-인진-인사로 인목을 말린다. 배우자로 인한 고충이 있거나, 배우자로 인해 직업성취와 삶의 안정성을 방해받게 된다. 丙寅 자체가 寅巳형 구조인데 일시로 인사형이 발동하니 癸巳시주도 손상된다. 만약 배우자 애정이 돈독하면 말년인생, 제2의 삶, 자식운세에도 영향을 미친다. 주말부부 형태가 좋고 이별하면 재혼하지 않는 것이 좋다.

庚戌대운은 甲庚-辰戌로 甲辰월주가 동한다. 을경-인오술로 구성되니 甲이 손상되는데, 이 때 甲손상은 나쁘지 않다. 진미술로 구성되니 인오술 환경에 부합한다. 辰에서 벌어진 일을 戌에서 정산·마무리되는 조건이다. 辰巳午未申酉戌을 거쳐 행한 일들이 戌에서 정산하거나 보상받는다. 辰未에서 한 행위는 戌에서 평가되는 것이다. 달리 말하면 戌에서 평가받고 다시 시작한 행위는 辰에서 완성한다는 의미도 된다. 戌운에 뒤엎는 행위를 하지 않으면 형·파·천을 당하게 되니 변화를 통한 반전의 계기 또는 전화위복의 기회로 삼아야 한다.

庚戌대운이 시작되는 戊戌년에 사주공부에 매진하는 것은 부족한 수기를 채우고자 함이고 인오술로 庚을 얻고자 함이다. 戊戌년은 乙庚-인오술을 더욱 견고히하여 巳 中 庚을 틔우겠다는 의지가 강하다. 甲辰월주가 동하니 직업적 선택이고, 정미년주가 동하니 삶의 근원을 고민하게 되고, 癸巳시주가 동하니 제2의 인생이다. 甲辰월주에서 乙을 발현시켜야 하니 甲辰을 통한 자기발현 또는 무술년의 행위가 갑진년의 뿌리가 된다.

3) 未戌 관계

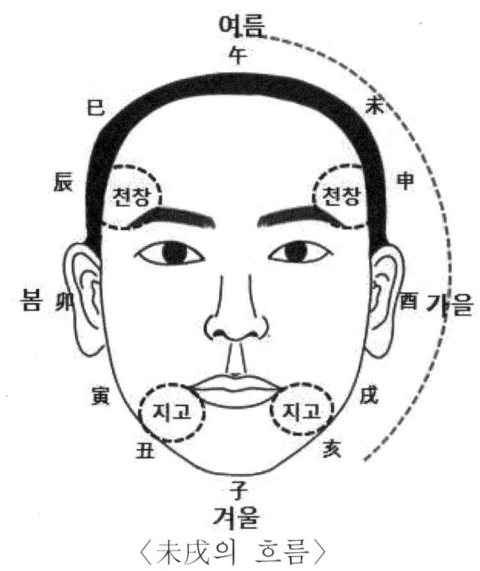

〈未戌의 흐름〉

첫째, 乙 상실, 丁 조절로 인한 辛 물상의 문제

未戌의 지장간은 乙·丁·丁·辛 구성으로 목→금으로 변환하여 완성하는 흐름이고, 未-申-酉-戌로 여름을 거쳐 가을을 주관하는 시기이다. 乙이 未에서 기능이 상실되어 戌에서 작용력을 완전히 상실하기에 未戌에서 乙을 키울 수 없다. 乙(겁재·식신)의 상실은 부도·실패, 사고·장애 등 활동력의 위축으로 나타난다.

未에서 丁이 乙을 조절하여 庚으로 변환시켜야 하고 戌에서 辛을 완성하여야 한다. 未申酉에서 丁은 庚-辛 금을 완성하느라 힘을 소비하고, 戌에서 더 이상 금을 응집할 필요가 없으니 조절당한다.

丁은 未에서 乙을 통제하는데 갑자기 戌을 만나면 급박하게 금을 다듬어야하니 乙이 손상되고 辛이 불완전해진다.

未戌형·파로 급조한 결실은 금 손상으로 나타난다. 금은 실질적 물상으로 재관에 해당하니 확장으로 인한 손실·파산, 재산분할, 사업부도, 진급·승진에 밀리거나, 명예퇴직, 명예실추 등 현실적 문제로 일어난다. 다만 丁辛(午酉)의 모습으로 사업 축소·변경, 연구·개발 등 변화·혁신을 통하여 돌파구를 모색한다면 성공할 수 있다.

둘째, 未戌 형·파

未는 乙丁으로 卯午파 구성이고, 戌은 丁辛으로 午酉형 구성이다. 미술을 간지로 보면 乙未 辛未 丁未 등이다. 수기가 없는 자리에서 마르거나 예리하게 변한다. 乙未·丁未·辛未 일주는 배우자 인연이 원만하지 않고, 재물성취가 크지 않다.

未·戌에서 공통적으로 丁이 조절된다. 미술에서 丁이 조절됨으로 인한 辛물상 완성에 문제가 발생한다.

乙·丁 활동력이 꺾이니 낙엽이 지는 형국이고, 술 중 무토는 저장기능이 없으니 辛을 저장하지 못한다. 해묘미·인오술 양 본위운동을 하고, 수기가 없으니 재물적 속성이 약하다.

未戌은 破이면서 화왕의 刑이기에 乙·辛 모두 작용력을 발휘하지 못한다. 未에서 금 물상을 내고 戌에서 응집작용으로 금을 완성하기에 진미에 비하여 폭발력이 크다.

	未	戌
천간 형·파	乙丁 파	丁辛 형
지지 형·파	卯午 파	午酉 형

〈진미 관계의 파·형〉

미술 화왕의 형이 발동하면 목을 불사르고 금을 녹인다. 乙이 未에서 경거망동하여 戌에서 없어지고, 庚이 未에서 과욕을 부리다 戌에서 辛으로 전환되니 망신을 당하는 꼴이다.

庚이 미에서 무리하게 투자하면 잘 풀리는 듯하다가, 술에서 丁·辛이 주도하니 갑자기 자금융통이 안 되거나 일이 막힌다. 미에서 과도한 사업확장으로 술에서 부도가 나거나 과도한 대출로 집을 날리는 일이 발생한다. 未에서 경거망동한 행위는 戌에서 묶이게 되고, 미에서 노력한 대가는 술에서 성과를 얻게 된다.

셋째, 未戌 파·형(형합)의 발동
○ 未는 화를 응집하여 집중시키고, 戌은 인오술로 화를 저장한다. 未戌에는 수기가 전혀 없고 丁이 조절되니 엄청난 화기가 잠재되어 있다. 화로(火爐) 속에 화를 숨긴 형국이니 건드리면 활화산(活火山)같이 폭발한다. 未戌이 丙·丁·巳·午 등 火를 만나면 잠재된 화기가 폭발하는데 이를 '화왕의 未戌형'이라 한다. 가령 丙戌에 未가 오거나 丁未에 戌이 오는 것들이다.

○ 미술에 진이 오면 진술충으로 진미형, 미술형이 발동한다.

진미술이 되면 진미에 있는 乙을 사용하여 金을 얻고자 하는 욕구가 발동한다. 금을 완성하는 미술 흐름에서 진이 오면 금은 원신인 乙을 얻지만, 기운이 되돌려지니 발달이 정체되기도 한다.

다만 진미술은 乙→辛으로 변환되는 흐름이니, 목을 가공하여 금을 내는 환경이면 辰未형으로 성공의 기회로 삼을 수 있다. 진미에 술이 오는 것과 달리 미술에 진이 오면 뒤집어야 하니 혼란스러운 반면에 폭발력이 강하다.

○ 미술에 축이 오면 축미충으로 미술형, 술축형이 발동한다.

미술축이 되면 을·정·신·계로 순행하는 관계이다. 을·신이 모두 조절되고 갇히는 상황이 벌어진다. 미술에서 乙을 포기하고 辛을 완성하여 목을 내는 흐름이면 戌丑형으로 미술의 행위는 축에서 성공 또는 보상을 받게 된다.

未에서 자신을 다듬고 戌에서 순리에 따르면 丑에서 결실을 얻을 수 있다. 未(묘오파)에서 모습을 확실히 바꾸어야 하고, 술(오유형)에서 노력을 게을리 하지 않아야 한다. 일(사업)의 변경, 변화, 전환 등 형·파 행위로 돌파구를 찾아야 한다.

미술에서 乙을 확장하는 오류를 범하지 말아야 하고, 辛을 다듬는 것이 좋다. 辛을 가공하여 甲을 내는 흐름이면 未에서 내실을 강화하여 술에서 자신의 능력을 발휘함으로써 亥子를 지나 丑에서 결실을 볼 수 있다. 이것이 미술축 형·파의 개념이다.

○ 未戌에 卯 또는 午가 오면 형·합에 의한 未戌파가 발동한다.

未에서 乙→庚으로 전환되고, 戌에서 丁→壬으로 전환된다. 未戌에 卯가 오면 卯戌이 합하느라 壬으로 가는 것을 잊게 되고, 午가 오면 午未가 합하느라 庚을 내는 것을 잊어버린다. 未戌에 卯 또는 午가 오면 목금 물상의 변환 흐름을 방해하니 이를 未戌파라 한다.

미술에 午가 오면 午未-午戌합로 형·합에 의한 파가 발동한다. 화왕형이 발동하고 합으로 인해 금 결실에 지장을 초래한다.

미술에 卯가 오면 卯未-卯戌합으로 형·합에 의한 파가 발동한다. 卯가 묘·고되고 합반(合絆)으로 묘가 손상되니 금을 형성하지 못한다.

乙丁丙乙 乾　己庚辛壬癸甲乙6
巳未戌卯　　卯辰巳午未申酉

천간-지지는 전체적으로 양 본위환경에 있는데, 丁일간이 戌월을 득하여 음 본위를 탐하고 있다. 술월에 화가 필요하고 많은 을묘를 키우고 조절해야 하니 丙戌월주가 삶의 바탕이다. 戌월이 인오술로 구성되고 乙·卯·丙이 未戌에 작용력을 잃으니 庚을 내기는 수월하다. 을경을 완성하는 환경이니 삶의 방향성 측면에서 미술형 발동은 흉하지 않다. 丁일간은 丙겁재를 이용하여 성취를 이루는 구조인데, 丙戌에서 丙-丁으로 변색되기에 끌어들이고 깨뜨리는 형국이다.

乙巳에서 巳 중 庚을 未戌형으로 급조하여 辛을 얻으려니 위법·편법성향이다. 乙巳-乙丙 이중·복합성은 안정되지 못하고 이것저것 기웃거리게 된다. 바리스타와 렌트카 등 이중직업을 가지고 있다. 바리스타를 양성하는 일은 乙巳-未戌형·파의 모습이고, 未戌-丙戌에서 가공된 辛은 렌트카와 어울리는 직업성이다. 이 사주에서 戌월지는 삶의 근원이 된다. 술이 많은 화를 조절하고 乙·卯 작용을 통제하기에 금을 얻기 용이하게 만든다. 未戌형·파는 丙·丁·乙·卯를 조절하고 경을 내는데 이롭지만 직업·가정에는 변화가 많고 확실한 내 것을 구축하는데 제약이 있다. 이중·복합성을 띠고 未·戌에서 바꾸는 행위를 해야 삶의 모양새를 안정시킬 수 있다.

未일지에서 乙·丁이 모두 투출되고, 未戌형·파로 수기가 마르니 배우자가 수를 찾아 떠날 수밖에 없다. 더욱이 未일지는 申으로 가려는 속성이 있기에 巳 중 庚을 찾아 가게 된다. 壬午대운은 丁일간과 未일지가 동시에 발동하고, 丁壬-壬乙로 불안정한 상이다. 乙未년은 未가 동하여 벗어나려하고, 丙申년은 未 중 乙이 튀어나가는 형국이니 부부인연을 유지하지 못했다. 壬午대운은 未戌형-丁壬·午未파 발동으로 삶의 왜곡과 삶의 기회가 동반된다. 사오미-(해묘미)-인오술로 乙巳를 취하니 제2의 도약이다. 乙巳는 설익은 방종한 모습이고, 壬乙은 불법·위법에 가담하는 상이다. 사주공부에 뛰어든 것은 스스로 조절하기 위한 자구책이라 할 수 있다.

이 사주는 사주원국에 화가 왕하고 수기가 없으니 종교·철학에 관심을 가지게 된다. 辛巳대운은 未戌형·파가 발동하고 丙戌-乙巳가 동한다. 乙丁丙辛으로 乙은 손상되지만 丙丁辛으로 丙辛이 기반되지 않으니 巳 중 庚을 얻을 수 있다. 丁일간이 할 일이 생긴 것이고, 巳 중 庚을 형성하여 辛을 戌에 담을 수 있는 것은 丙辛으로 돌리기 때문이다. 丙辛을 돌려 乙→庚을 완성하는 것이니, 취미성 또는 윤회성 직업성의 발현이다. 戊戌년에 사주공부를 미술형 발동으로 볼 수도 있다.

4) 戌丑 관계

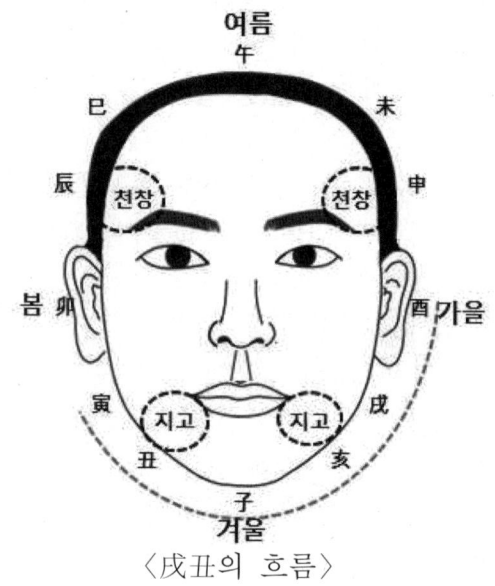

〈戌丑의 흐름〉

첫째, 辛 손상 → 甲으로의 전환

戌丑의 지장간은 丁·辛·癸 구성으로 金을 완성·보관된 상태다. 戌-亥-子-丑으로 가을을 거쳐 겨울을 주관하는 시기이다. 술은 화를 마감하여 수를 내야하고, 축은 금을 마감하여 목을 내야한다. 술에서 丁·辛을 조절하여 축에서 辛→甲으로 변환해야 한다. 축에서 癸가 드러나는 이유이고, 술축에서 辛이 손상되는 요인이다.

진미는 乙의 고충이라면, 술축은 辛의 고통이다. 진미는 乙의 형·파 작용이라면, 술축은 辛의 형·파 작용이다. 乙이 손상되면 庚이 형성되지 못하고, 辛이 손상되면 甲이 나오지 못한다.

술은 결실을 거두고 생기를 잃은 상태이고, 축은 생명력을 품어 감추고 갇혀있는 상태이다. 술축 구성은 묶이고 갇히는 형상이 된다.

완벽한 辛물상이 癸에 의해 모습을 잃고 甲으로 바꿔야하니 정체성을 잃거나 방황의 상이 된다. 재산탕진, 인신구속(감옥, 입원, 사망) 등 실질적으로 묶이는 현상으로 일어난다.

戌丑은 辛물상을 저장·보관한다는 의미도 있다. 저장·보관된 辛물상이 부풀려져 터져나오면 전혀 다른 모습(목)으로 모양새가 바뀐다. 현실에서 투기, 사행성 도박, 온라인 게임도박, 한탕주의, 사기, 눈속임 등 위법·편법을 이용하는 경향이 있다. 그로 인해 곤욕을 치르기도 하고 대박을 내기도 한다. 이것이 戌丑형·파이다.

戌丑에 寅이 오면 돌파구를 찾은 격이다. 戌은 寅 중 丙을 끌어들여 辛을 묶고, 丑에서 辛을 寅으로 발현시킨다. 辛은 손상되지만 甲은 발현된다. 금을 가공하여 목을 내는 흐름이면 성취를 이룬다. 午酉형-酉子파에 의한 丑寅의 발현이다.

둘째, 戌丑 형·파

술은 丁辛으로 午酉형 구성이고, 축은 辛癸로 酉子파 구성이다. 午酉-酉子는 간지로 丁丑, 辛丑, 癸丑 등이다. 정축은 午酉형이고, 신축·계축은 酉子파 구조이다.

	戌	丑
천간 형·파	丁辛 형	辛癸 파
지지 형·파	午酉 형	酉子 파

〈술축 관계의 형·파〉

丁丑은 丁이 丑에 입묘하니 갑이 나오기 쉽고, 辛丑은 辛이 甲을 내지 않으려하고, 癸丑은 癸가 辛을 가공하여 甲을 낸다. 辛丑·癸丑이 정축보다 폭발력이 크고, 계축이 신축보다 폭발력이 크다.

정축·신축·계축 모두 배우자로 인한 답답함이 있거나, 배우자·가족에 대한 집착이 강하게 작용한다. 일(사업)의 변경, 변화, 전환 등 형·파 작용적 행위로 돌파구를 찾아야 한다.

戌丑은 辛씨앗을 품고 있으니 감추고 있는 형상이고, 갑으로 발현되니 폭발력을 잠재하고 있다. 뒤엎고 팔아치우고 다시 시작하는 모양새를 띠는데, 갑으로 드러내 보이려하니 과장되고 겉치레가 있다.

辛은 戌에서 안정되는데, 丑을 만나면 癸에 의해 동요하게 된다. 丑에서 辛은 甲물상에 대한 기대감에 무리하게 투자를 하거나 과욕을 부리다 실패하는 경우가 많다. 戌에서 경거망동한 행위는 丑에서 묶이고, 술에서 노력한 대가는 축에서 얻기도 한다.

셋째, 戌丑 형·파의 발동

술은 인오술로 양 본위에서 금을 완성하고, 축은 사유축으로 음 본위에서 금을 저장한다. 술축은 戌亥子丑으로 辛이 강화된 모양새이고, 목 활동력은 없는 상태이다. 水·火 조절로 辛을 보호하거나, 辛→甲으로 변환시켜야 한다.

○ 금이 약하면 갑이 완전하지 못하고, 金이 강화되면 목이 손상되거나 辛→甲으로의 변환을 거부한다. 이것이 '금왕의 戌丑형'이다.

술축에 庚·辛·申·酉 등이 동반되면 금왕의 술축형이 발동한다. 가령 庚戌에 丑이 오거나, 辛丑에 戌이 오는 것들이다. 술축에 酉가 오면 금왕의 술축형이 더욱 강화되고 동시에 술축파가 발동한다.

다만 축술형에 甲·寅이 제 모습을 갖추면 크게 이루기도 한다. 丑寅으로 발현되어 발전을 도모하기 때문이다.

○ 술축에 辰이 오면 진술충으로 진축파, 술축형이 발동한다.

술축진으로 구성되면 辛이 乙로 모양새가 갑자기 변형된다. 辰은 戌丑의 결과를 얻는 곳이고, 술·축·진은 丁·辛·癸·乙의 관계로 辛이 묶이더라도 乙 결과에 의한 경제적 보상은 얻는다.

戌에서 자신을 다듬고 丑에서 순리에 따르면 辰에서 결실을 얻을 수 있다. 戌에서 모습을 전환할 때는 소극적으로 해야 하고, 丑에서 전환할 때는 적극적으로 해도 무방하다. 辛의 결실은 辰에서 입묘하면서 완전해지기 때문이다. 이것이 午酉형-酉子파의 戌丑형·파이다.

술축에서 辛은 무리하게 확장하거나 경거망동을 삼가야 하고, 甲의 방향성이면 과감하게 추진하는 것이 좋다. 辛은 戌에서 자신을 낮추고 내실에 충실하면, 丑에서 결실의 바탕을 마련하고, 寅에서 辛→甲으로 변환되니 발달함이요, 辰에서 결과물을 얻어 저장할 수 있다.

○ 술축에 未가 오면 축미충으로 술축형, 미술파가 발동한다.

未戌丑은 을·정·신·계로 순행하는 관계가 된다. 금을 완성하는 술축 방향성에서 未 중 乙을 얻으니 금은 원신을 얻는 것이지만, 미가 술축의 방향성을 되돌리니 발달이 정체된다. 乙을 포기하고 辛을 완성하는 흐름이면 미술의 행위는 축에서 보상을 받게 된다. 未戌丑에서는 乙·辛이 모두 조절되니 대체로 갇히는 상황이 벌어진다.

乙庚辛辛 坤　丁丙乙甲癸壬5
酉戌丑亥　　未午巳辰卯寅

庚일간이 丑월에 앉았으나 대운이 묘진사오미신으로 향한다. 축월이 사유축으로 이끄는데, 천간에서 을경 방향성에 있으니 경일간이 제 모습을 갖추기 어렵다. 대운이 乙庚환경에 있으니 庚이 고집을 부리게 되고 그로 인해 삶이 왜곡되고 안정을 찾지 못한다. 庚일간-축월에 출술형이 나쁘지 않지만 금왕의 戌丑형이 발동하여 乙이 손상되고 목이 나오지 못하니 흉하게 되었다. 화가 없고 수가 약하니 많은 금을 제지하지도 못하니 亥를 이용해야 한다. 辛모습으로 辛亥를 취해야 하는데, 군무원으로 일하다 그만두었다.

축월에 辛→甲을 내야 하니 辛亥년주에 의지할 수밖에 없는데, 년주에서 辛亥로 甲이 발현되니 근원적으로 도화·음란성이 있다. 남자들에게 인기가 좋고 이성관계가 개방적이다. 辛

을 亥에서 풀어야 하니 술을 좋아하고 술을 마시면 끝을 내지 못한다. 甲辰대운에 甲庚-辰戌로 庚戌일주가 발동하여 천간-지지가 모두 형·합하니 미혼인 상태에서 유부남을 만나 살림을 차렸고 유흥업계에 종사하였다. 그래도 甲辰대운은 신갑-신자진을 완성하니 남자에게 경제적 도움을 얻었다.

이 여명은 사주원국 자체가 辛甲으로 가야할지 乙庚으로 가야할지 갈피를 잡지 못하는 불안정한 구조이다. 庚戌일주에 辛辛으로 투출되고 酉戌丑으로 남편·자식 인연을 구하기 어려운 구조이다. 辛丑월주로 자기 것에 대한 집착이 강하고 자기위주로 고집이 세다. 관상에 비유하면 콧등에 세로주름이 있고 옹니 형상이라 할 수 있다. 酉戌丑으로 묶이니 辛亥를 직업적으로 승화시키지 못하고 남자를 상대하는 직업과 술·유흥의 형태를 취하였다.

5) 丑辰 관계

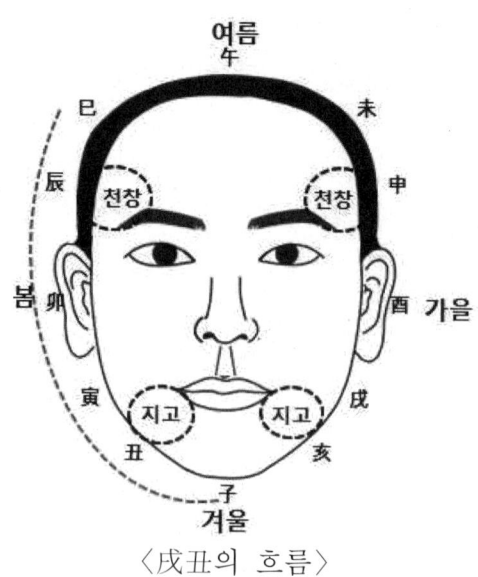

〈戌丑의 흐름〉

첫째, 辛 상실, 癸 조절로 인한 乙 물상의 문제

丑辰의 지장간은 辛·癸·癸·乙 구성으로 金→木으로 변환되는 과정이고, 丑-寅-卯-辰으로 겨울을 거쳐 봄을 주관하는 시기이다. 辛은 축진에 작용력을 완전히 상실하고, 癸는 丑辰에서 조절된다.

辛이 작용력을 상실해야 甲으로 변환될 수 있고, 癸의 분산작용이 조절돼야 寅에서 甲이 순조롭게 나오고 巳에서 丙이 발현된다. 辰에 庚辛금이 입묘하고, 丑 중 癸는 목기(甲)를 발현시키고, 辰 중 癸는 목체(乙)를 완성한다. 축진은 축인묘진으로 辛→乙로의 변환통로이고, 목은 병화를 얻어 성장하려는 의도가 있다.

丑辰이 만나면 辛씨앗을 품고 있으니 감추고 숨긴 형상이고, 癸의 폭발력을 잠재하고 있다. 뒤엎고 팔아치우고 다시 시작하는 형상이고, 乙 모양새를 드러내 펼치려하니 과장되고 겉치레가 있다.

丑·辰에서 수기가 조절되니 乙·辛물상 모두 제 기능을 발휘하지 못한다. 인신구속, 재물탕진, 재산처분·분할, 명예실추, 진급·승진 문제 등 辛金의 문제, 갑작스런 乙발현으로 인한 비정상적 행위, 癸조절로 인한 우울증 등 정신문제로 발생할 수 있다. 일(사업)의 변경, 변화·전환 등 형·파 작용행위로 돌파구를 찾아야 한다.

둘째, 丑辰의 형·파

축은 辛癸로 酉子파 구성이고, 진은 癸乙로 子卯형 구성이다. 유자-자묘는 간지로 癸丑, 乙丑, 辛丑 등이다. 癸丑·辛丑은 유자파, 乙丑은 자묘형 구조이다.

신축은 辛이 甲을 내지 않으려하고, 계축은 癸가 甲을 내려하고, 을축은 乙이 癸에 의해 발현되기를 기대한다. 을축에 비하여 癸丑·辛丑의 폭발력이 크고 집착력이 강하다.

축진은 축인묘진으로 木이 생장되는 흐름이다. 乙이 丑에서 무리하게 투자를 하거나 과욕을 부리면 辰에서 실패하기 쉽다. 다만 辛이 축에서 한 행위는 辰에서 완성되고, 丑에서의 행위는 辰에서 대가를 얻거나 치르게 된다.

	丑	辰
천간 형·파	辛癸 파	癸乙 형
지지 형·파	酉子 파	子卯 형

〈축진 관계의 형·파〉

　丑辰에서 癸가 조절되는 것은 辛→甲의 변환을 순조롭게 하기 위해 분산작용을 조절함이다. 辛은 丑-寅-卯-辰으로 서서히 갑으로 변환되어야 하는데, 축진이 곧바로 만나면 辛이 묶이고 癸의 분산작용이 일시적으로 저지당한다. 금생수-수생목이 불미하여 辛은 상실되고 乙 활동력에 문제가 발생한다. 이를 '수생목 불미의 축진형'이라 한다.

　축진에서 辛이 폭발적으로 튀어나와 급박하게 乙로 변환되기도 한다. 개나리가 때 이른 꽃망울을 터뜨리거나, 씨앗이 갑자기 싹눈을 틔워 땅을 뚫고 나오는 형상이다. 유자파-자묘형으로 인한 辛·乙 물상의 급격한 변환인데, 이것이 축진파이다.

　丑辰형·파의 발동은 대체로 乙 문제로 발생하지만, 축진은 음→양으로 전환되니 양 본위 구성이면 힘들더라도 좋아지는 경향이 있다.

　셋째, 丑辰 형·파의 발동
　○ 축진에 壬·癸·亥·子 등 水가 동반되면 수생목 불미의 丑辰형이 발동한다. 임진에 축이 오거나, 계축에 진이 오는 경우들이다.
　○ 축진에 미가 오면 축미충으로 축진파, 진미형이 발동한다.
　丑辰未는 辛이 없어지고 乙이 조절되니 갇히는 형상이 되기도 한다. 진미에 축을 만나면 경우와 달리 辛·癸·乙·丁으로 이어지니 축진 형·파 행위는 미에서 결실을 이루는 관계이다. 丑辰未는 금을 가공하여 목을 내는 환경이라면 丑辰파로 성공과 보상을 얻게 된다.

丑에서 자신을 다듬고 辰에서 순리에 따르면 未에서 결실을 얻을 수 있다. 丑에서 능동적으로 대처해야 하고, 辰에서 경거망동하지 않아야 한다. 이것이 酉子파-子卯형에 의한 丑辰형·파의 개념이다.

○ 축진에 술이 오면 진술충으로 축진파, 술축형이 발동한다.

축진술은 辛 모양새가 변형되는 흐름인데, 축진으로 순행하는 관계를 술축으로 되돌리는 파·형이다. 辛이 제 모습을 유지하려는 행위와 乙이 뒤엎으려는 행위가 작용한다. 술축진은 丁·辛·癸·乙의 흐름에 놓이니 乙 방향성이면 보상을 얻지만 辛을 완성하고자 한다면 실패하게 된다. 술축진에서 辛·乙이 모두 조절되니 갈팡지팡하는 상황이 되거나 부도, 재물손상, 건강이상 등 현상이 발생한다.

○ 축진에 子 또는 酉가 오면 합으로 인한 축진파가 발동한다.

축진에 자가 오면 子丑-子辰으로 파가 발동한다. 수왕으로 인한 수생목 불미의 형이 발동하고, 합으로 인한 파 작용이 발동한다. 辛이 물러지고 덩달아 乙이 손상되는 상황이 벌어진다.

축진에 酉가 오면 酉辰-酉丑으로 파가 발동한다. 금왕으로 인한 금생수 불미의 형이 발동하고, 합으로 인한 파 작용이 발동한다. 辛이 강화되어 도리어 움직이지 못하고, 그로 인해 乙이 발현되지 못한다.

다만 축진파 구조는 목을 내는 환경에서 물상의 변화로 인한 대박-쪽박이 되고, 금을 완성하는 환경에서는 창고가 넘치거나 터지게 되니 대박 아니면 쪽박이다.

축진파에 寅이 오면 丑에서 辛이 가공되어 寅卯辰으로 乙이 발현될 수 있다. 유자파가 발동하여 한 방에 터트리려하니 사기, 도박, 투기, 불법·위법 등 손쉽게 돈을 벌려고 한다. 대박 아니면 쪽박의 형상이 축진파의 모습이다.

己己丙己　坤　甲癸壬辛庚己戊丁1
巳亥子丑　　　申未午巳辰卯寅丑

만물은 己土에서 나온다고 하였다. 천간은 己로 구성되고, 지지는 亥子丑으로 윤회 인자를 모두 가지고 있다. 자칫 음침하고 어두운 성격에 정신적으로 문제가 있는 사람으로 볼 수도 있다. 그러나 子월에 병화가 투출되었으니 성격이 밝고 오지랖이 넓다. 己일간은 子월 환경에 부합하고, 子는 화가 필요하고 분산작용을 하니 병자의 성향을 가지는 것이다. 丙子는 癸丙구조로 대운이 癸丙 활동을 돕는다. 병이 발현되니 巳亥충으로 해자축 윤회인자를 癸丙으로의 전환을 돕는다. 巳가 丙으로 투출하여 계병-자사를 이루니 자식번영이 있다.

己己己-亥子丑으로 오로지 목을 내야하니 해 중 갑을 내는 구조이다. 발달이 늦은 경향이 있는데, 다행히 초년대운이 인묘진으로 향하니 삶의 바탕을 이루기에 수월하다. 亥일지에 甲이 있으니 결혼하고 발복하는 구조이고, 丑년지에서 寅이 나오니 조상도움이 있다. 庚辰대운은 丙庚-申子辰의 환경이고, 丑辰파가 발동한다. 병경으로 금을 형성하는데, 축진으로 금→목이 급박하게 튀어나오는 환경이다. 남편이 사고로 다리를 다쳐 절름발이가 되었다. 남편이 신체에 결함이 있으니 80년대부터 목욕탕, 모텔 등을 운영하여 돈을 많이 벌었다. 사고는 불행이지만, 이를 계기로 직업전변을 통해 재물성취는 이루었다. 진축파로 쪽박과 대박을 동시에 경험한 것이다.

진축파를 기회로 삼을 수 있었던 것은 독실한 불교신자이고 베풀기를 좋아하고 직업성 등 己-亥子丑에 부합하는 모습을 갖추었기에 가능했다. 己일간은 해 중 갑을 내야하고, 子월에 丙子-己巳를 취하니 남을 위해 살아온 것이 인생을 불행 중 안정으로 바꾸었음이다. 癸未대운은 癸丙에 丑未-子未가 발동하고 丙子월주가 동한다. 직업변화, 뒤엎는 행위, 새로운 계기를 찾고자 한다. 나이를 감안하면 직업적 큰 변화를 통한 성취는 이롭지 않다. 乙未년에 수억을 투자하여 모텔을 콘도로 변경하였는데 실익이 별로 없다. 사주팔자는 좋고 나쁨이 아니라 사주팔자에 맞는 모양새로 살아가느냐가 중요하고, 나이에 부합하는 행위도 중요하다.

※ 辰未戌丑 형·파의 작용관계와 발동조건

구분	辰未 형	未戌 형·파	戌丑 형	丑辰 파
천간	癸·乙·乙·丁	乙·丁·丁·辛	丁·辛·辛·癸	辛·癸·癸·乙
작용	乙 조절	丁 조절	辛 조절	癸 조절
	辛·癸 입묘	癸·乙 입묘	乙·丁 입묘	丁·辛 입묘
현상	목 활동장애	목 기능상실	금 손상문제	금 가치상실
		금 생성문제		목 생성문제

〈진미술축 상호간 刑·破 작용관계〉

구분	辰未	未戌	戌丑	丑辰
천간	癸·乙·丁	乙·丁·辛	丁·辛·癸	辛·癸·乙
간지	乙未·癸未·丁未	丁未·乙未·辛未	丁丑·辛丑·癸丑	辛丑·癸丑·乙丑
형	甲辰 乙未	丙戌 丁未	庚戌 辛丑	壬辰 癸丑
파	戌 丑 卯 子	丑 辰 午 卯	辰 未 午 酉	未 戌 子 酉

〈진미술축 상호간 刑·破 발동조건〉

※ 삼형(三刑)의 이해

미술축과 인사신을 三刑이라 한다. 흔히 삼형은 二刑(丑戌, 戌未, 丑未, 寅巳, 巳申, 寅申)보다 작용력이 강하고 흉하게 본다. 진미술 또는 인사신 등 3글자가 만나면 충·형·파·해가 얽히고설키게 된다. 복잡한 상황이 일어날 수밖에 없지만, 삼형이 이형보다 흉하게 작용한다는 의미로 받아들여서는 안 된다.

미술축을 예로 들면, 해묘미-인오술-사유축으로 이어진다.

미에서 목기를 조절하고, 술에서 화기를 조절하고, 축에서 금기를 조절한다. 미에서 乙의 분산작용을 무력화시켜야 하고, 戌에서 丁의 응집작용을 조절해야 하고, 丑에서 辛의 본질을 깨뜨려야 한다. 미술축에서 고통·아픔을 감내하고 조절해야 새 생명을 탄생시킬 수 있다. 나무가 열매를 맺고 열매 씨앗을 품어 싹을 내기 전까지의 단계이다.

未戌丑은 양 본위에서 금 결실을 완성하여 음 본위에서 생명력을 품는 환경으로의 전환과정이다. 申子辰(윤회)이 완성되지 않았으니 갑이 발현되지 않은 단계이다. 생명이 쇠멸-탄생해야 하는 고통·아픔이 뒤따르기 마련이다. 인간의 입장에서는 만물(금)이 저장되어 새 생명(목)을 내기까지 기다려야 하는 답답한 환경이다. 申子辰 윤회과정은 辛→甲을 내놓아야 하니 산모의 고통에 비유된다.

미술축을 삼형으로 본 것은 인간 입장에서의 해석이다. 인간이 미술에서 생산한 금(재관)을 사용하지 못하고 축에 담아 겨울을 인고해야 하니 흉하게 볼 뿐이다. 진미술에서 乙→辛으로, 술축진에서 辛→甲으로, 축진미에서 辛→乙로 변환되는 고통 또한 미술축과 다르지 않다.

인사신해	申亥寅	亥寅巳	寅巳申	巳申亥
자묘오유	子卯午	卯午酉	午酉子	酉子卯
진미술축	辰未戌	未戌丑	戌丑辰	丑辰未

〈12지지의 삼형 관계〉

寅巳申도 미술축과 마찬가지로 해묘미-인오술-사유축 과정이다.

寅巳申은 생지이니 寅에서 목이 형성되고, 巳에서 화가 생성되고,

申에서 금이 형성되는 과정에서 수가 손상되고, 목이 손상되고, 화가 손상되는 아픔을 겪게 된다.

巳申亥 辛亥寅 亥寅巳 등도 마찬가지이고, 자묘오유 3자가 모여도 마찬가지다.

충·형·파·해 등은 고치고 바꾸고 변화해야 하는 작용인데, 생·왕·묘 인자들끼리 혼재하면 충·형·파·해가 혼재하여 큰 변화를 암시한다. 만물은 고통·아픔 없이 생장할 수 없는데, 생장의 고통을 흉하게 여기는 게 문제이다. 삼형은 충이 거듭되는 작용으로 볼 필요가 있다. 현실에서 고통과 번거로움이 동반되지만 더 높은 가치를 얻기 위해 거쳐야 하는 성숙과정인 것이다.

삼형은 충·파·형·해 등 복합한 작용관계로 현실에서 방향성을 찾기 어렵다는 문제가 있다. 연결고리를 잘 찾는다면 삼형의 복잡함과 고통은 대박의 기회가 되기도 한다. 가령 未戌丑은 乙→辛으로 완성되는 과정이니 乙에 집착하지 말고 辛과 관련된 일에 전력하면 성공을 이룰 수 있다.

거미줄 같이 얽힌 상황을 풀어내는 것 또한 인간의 몫이다. 이를 위해 자신의 능력과 내실을 강화하고 변화를 통하여 성취의 바탕을 삼아야 하는 것이 刑이다. 기껏 이사하는 것도 번거로움과 고통이 수반된다. 변화를 두려워하면 더 나은 행복을 누릴 수 없다는 것이 삼형의 의미이지 형살로 횡액을 초래하는 것이 아니다.

변화는 길흉이 아니라 그로 인한 번거로움을 의미한다. 아무 것도 하지 않으면 아무 일도 일어나지 않는다. 사주체계에서 변화의 의미는 사주원국에 주어진 환경에 부합하게 살아가느냐이다.

음양운동은 極端에서 반드시 回歸한다. 천자자연이 영원성을 갖고 영속하는 원리이다.

음양-천지의 순환은 氣相命理가 추구하는 주요관점이다.

"反者道之動"
"돌이킨다는 것은 도의 보편적인 운동이다"

"物極必返"
"사물은 극함에 이르면 되돌아가게 된다"

陰 - 靜 - 强 - 剛 - 德
陽 - 動 - 弱 - 柔 - 刑

동정(動靜)은 적당해야 하고, 강약(强弱)은 조화로워야 하고, 강유(剛柔)는 적절해야 한다. 덕형(德刑)에도 시기가 있었으니 예로부터 만물이 살아나는 봄에는 살생을 하지 않았고, 관아에서 형벌을 가을에 행하였다. 이것이 음양의 조화이고 상생의 이치이다.

"順天者는 存이요, 逆天者는 亡이라", 『명심보감』.

가지면 안 되는 것은 갖고 싶어 하고, 버려야 하는 것은 놓지 않으려고 한다. 애써 가지려고 하지 말고 애써 버리려고 하지 마라.

제 6 장
간지의 기상운행

甲子/ 丙子/ 戊子/ 庚子/ 壬子
乙丑/ 丁丑/ 己丑/ 辛丑/ 癸丑
甲寅/ 丙寅/ 戊寅/ 庚寅/ 壬寅
乙卯/ 丁卯/ 己卯/ 辛卯/ 癸卯
甲辰/ 丙辰/ 戊辰/ 庚辰/ 壬辰
乙巳/ 丁巳/ 己巳/ 辛巳/ 癸巳
甲午/ 丙午/ 戊午/ 庚午/ 壬午
乙未/ 丁未/ 己未/ 辛未/ 癸未
甲申/ 丙申/ 戊申/ 庚申/ 壬申
乙酉/ 丁酉/ 己酉/ 辛酉/ 癸酉
甲戌/ 丙戌/ 戊戌/ 庚戌/ 壬戌
乙亥/ 丁亥/ 己亥/ 辛亥/ 癸亥

干支의 기상운행

◆ 甲子

갑자는 60갑자의 시작이다. 새롭게 시작하는 기운이니 자수성가의 상이다. 甲은 壬·癸(인성, 생명수)에 의해 태동한 목기(木氣)이다. 응집된 기운을 떨치고 드러내고 튀어나오려는 속성이 강하다. 학문, 연구, 철학, 생명, 교육, 유치원 등 직업성이다.

甲子가 乙·卯 등을 만나면 子는 甲을 등지고 乙·卯를 키우려한다. 갑이 상실되고, 乙의 역동성과 도화작용이 발동한다.[79] 甲이 갑작스럽게 乙로 변하니 일이 급박하게 일어나거나 변동이 있다. 이것이 자묘형이다. 천간으로 癸甲乙 구성이고, 지지로는 子寅卯 구성이다. 甲辰은 자체로 자묘형을 안고 있기에 터전을 벗어나 자수성가해야 발달한다.

戊甲甲癸　乾　丙丁戊己庚辛壬癸4 1953년
辰辰子巳　　　辰巳午未申酉戌亥

월·일·시가 복음구조로 부모-배우자-자식 인연에 왜곡이 있음을 예고하고, 직장·직업의 변동과 노년까지 활동력을 의미하기도 한다. 甲甲으로 투출되어 갑이 왕성한 듯하지만, 甲子·甲辰에서 甲은 작용력이 왕성하지 않다. 甲일간이 子월에 임하여 대운이 부합하지만, 甲子월에 甲은 乙로 전환되어야 하고, 甲辰일에 甲은 乙바탕 위에 앉은 불안정한 꼴이다. 子가 癸년간으로 투출되어 癸巳-子巳로 구성되니 직업적 안정성을 얻기 어렵고, 辰일지가 복음에 子辰 양합하고 子卯형이 발동하니 부부인연을 저해하는 요인이다.

甲이 子월을 얻었음에도 해묘미로 구성되고 甲이 불안정하니 乙모양새로 바꿔야 발달하는데, 만약 甲일간이 乙모양새로 바

---

[79] 子午卯酉 - 도화작용, 역동성, 새로운 능력 터득 기회.

꾸면 부부인연을 유지하기 어렵게 된다. 가령 사업을 하면 성취가 크지 않고, 직장생활을 하면 부부인연을 오래하지 못하는 것이다. 달리 말하면 재관성취가 좋으면 부부인연을 깨뜨릴 수 있다. 이 남명은 사업적 직업성을 가졌으니 재관의 성취보다 부부인연을 지키는 쪽으로 선택하였음이다. 모든 것을 완전하게 가질 수 없는 것이 인생사이다.

甲일간이 본위를 얻었고 子月에 화가 필요하니 관공서·군대 납품, OM방식, 도매업 등 사업성에서 안정을 얻을 수 있다. 戊午대운은 戊辰시주가 동하여 癸巳년주를 동요하니, 子午충-戊癸합으로 천작용이 발동한다. 윤회를 돌리듯 정산·평가하게 되는데, 관상에 비유하면 사애(四碍)에 해당한다. 그래서 丁巳대운에는 癸巳월주를 돌리니 근원적인 문제를 해결하고 다시 시작해야 하는 것이다. 만약 戊午대운에 재관을 정산하지 않았다면 부부인연을 깨뜨리거나 丁巳대운에 정산해야 할 일이 발생할 수 있다.

甲甲己乙 坤　丙乙甲癸壬辛庚 7 1965년
子戌丑巳　　申未午巳辰卯寅

위 남명의 부인이다. 축월에 甲일간이 발현되니 본위를 얻었지만, 갑기가 합으로 묶이고 壬이 없으니 발현기운을 얻지 못하였다. 갑일간은 甲己로 기반되고, 축월에 화가 필요한데 乙巳년주에서 乙겁재와 동주한다. 여기에 甲甲으로 일·시가 연접하고 갑기합-축술형이 성립되니 부부인연이 순탄하지 않은 구조이다. 갑술에서 甲일간은 乙로 바뀌어야 하고, 戌일지가 乙겁재를 끌어들인다는 의미도 있다. 갑일간과 축월은 乙巳가 필요한데 겁재가 동주하니 빼앗기는 형국이 되고, 항상 빼앗긴다고 생각하게 된다. 여기에 갑기합으로 묶이니, 이런 구조는 자기방어적이고 고집이 강한 기질을 갖게 된다. 그것이 자신이 살아남을 수 있는 길이기 때문이다.

위 남명과 이 여명은 부부인연이 약함에도 인연을 유지하는 것은 간지구성·경향성(갑진-갑술)이 유사하고, 취하고자 하는 기운(巳·乙)이 유사하며, 인연연결기운(갑자)이 부합하기 때문이다. 12살의 나이 차이이고, 불교신자로 종교에 의탁함으로써 흉을 해소했다고 볼 수도 있다. 이런 자구책을 선택할 수 있었던 것은 일간의 본위와 지지흐름이 부합하기에 가능했다고 봐도 무방하다. 또한 자식을 두지 않음으로써 부부인연을 오래 유지한다고 볼 수도 있다. 무자(無子)를 사주구조에서 정립하기 어렵지만 추론해보기로 하자.

두 사주는 모두 甲을 내는 환경임에도 巳년지에 의존하여 갑이 乙로 바뀌어야 할 조건이다. 갑이 월지환경을 얻었음에도 제 모습을 갖추지 못한다는 말이다. 특히 갑은 여명에서 자식의 모습이기도 하다. 甲(새 생명)의 씨앗은 辛이고, 甲을 기르는 기운은 壬이다. 辛·壬(씨앗·잉태)이 없는 형국이고, 남명은 辛·壬를 辰시지에서 입묘시킨다. 씨앗이 필요하니 사유축으로 酉를 끌지만 남명은 酉辰-酉子로 파하고, 여명은 酉戌-酉子로 파한다. 여기에 壬이 없으니 잉태하기 어렵게 되었다. 더불어 여명에서 甲子시주가 甲己합으로 묶이는데 癸甲으로 甲을 풀어내니 갑이 손상된다.

◆ 丙子

癸의 방향성은 丙에 있다. 癸丙의 방향성이 표상화한 간지이다. 子의 희생으로 丙이 활동성을 강화한다.

병자는 癸丙 구조로 수화 기운이 전환되는 관계이다. 간지 구성만으로는 재물성취가 크지 않은데, 목 또는 금을 만나면 발달한다.

丙子에 乙庚이 있으면 조직생활에서 크게 발달하거나 재물활동이 좋다. 이 때 자묘형은 분산작용으로 꽃을 피우게 된다.

丙乙丙己 乾　己庚辛壬癸甲乙10
戌酉子酉　　巳午未申酉戌亥

천간은 양 본위로 구성되고 지지는 음 본위로 구성된다. 乙일간이 子월에 임했지만 酉子파로 기운을 돌린다. 子월에 주재할 인자가 없으니 유자파로 목을 내어 癸丙으로 乙을 키우려 한다. 계병-신자진을 이어줄 요소가 없다. 간지의 방향성이 다르고, 酉에서 乙로의 변환될 통로가 없는 것이다. 겨울에서 봄으로 전환되기 위해서는 丑 또는 寅이 있어야 한다. 특히 戌酉子酉로 乙이 살아남을 수 없고, 甲으로 전환되면 丙丙子와 분리된다. 酉가 강하니 금생수 불미의 유자파가 되어 子가 목을 내려는 의지가 약하게 된다. 壬申대운까지 천간-지지 방향성이 왜곡되니 삶의 방향성을 잡지 못하고 갑갑하다.

子월에 화가 필요하니 丙子월주가 직업적 환경을 열어주고 있다. 子의 분산력과 丙의 확산력에 유자파가 발동하니 성정이 급하고 자기생각대로 사는 타입이다. 20여년을 네트워크 판매업계에 종사했지만 성과를 얻지 못하고 있다. 丙子 직업성에 부합하지만, 子가 癸-乙-丙으로 연결되니 지지환경을 인식하지 못하고 酉子파로 고집을 자기주장을 꺾지 않은 탓이다. 또 천간-지지가 복음구조이니 발전성이 저해된다. 배우자를 얻으면 酉일지가 채워지니 자신의 상황을 알겠지만, 酉戌·酉子로 깨뜨리기만 할 뿐 통로가 없으니 부부인연을 맺지 못하였다. 관상을 보면 눈은 찢어져 올라가고 눈썹은 아래로 처진 형상이다. 결혼하지 않은 것은 스스로 불행을 자초하지 않으려고 자구책일 수 있다. 아는 스님으로부터 법명(法名)도 부여받은 바 있다.

壬申대운은 壬乙-申子辰으로 불법적 성향을 보이니 네트워크 직업성에 어울리지만 발전을 없었다. 辛未대운은 丙辛으로 윤회를 돌리고 해묘미를 가동할 수 있으니 그동안의 영업노하우를 바탕으로 동업적 성공을 이룰 수 있다. 辛이 투출되니 자신의 모습을 드러내는 격이고, 丙辛-戌未형·합으로 화-금의 활동성이 강화되고 폭발성을 갖는다. 세운에서 목을 만나면 유자파로 크게 성취할 수 있는 시기이다. 庚午대운은 庚이 투출하여 乙庚 방향성으로 향하고 子午충으로 해묘미-인오술 환경이 조성된다. 丙戌이 주도하여 오유-유술-유자를 발동시키니 뻥튀기할 수 있는 조건이 된다. 노년에 좋은 운세가 전개되니, 신미대운에 자기조절을 잘하고 자기를 낮춘다면 그동안 쌓았던 노하우를 실현하고 성취를 이룰 것이다.

◆ 戊子

戊癸합 관계로 병자와 유사한 성향이다. 재관성취는 크지 않지만 乙庚을 만나면 큰 조직(국가)을 이용한 사업이나 무역에서 성공한다.

戊는 분산작용이라기보다 분산을 다스리는 작용이다. 子는 분산작용을 시작하는데 믿었던 戊가 子의 분산을 조절하니 당황하게 된다. 아버지가 아들을 다스리는 관계라 할 수 있다. 戊子에서 子는 분산작용보다 水본성이 드러난다. 변화가 적은 일, 동일한 일, 반복하는 일 등 정재 성향의 일이나, 학문·교육·종교·철학 등 움직임이 적은 일이다.

戊子일주는 정재가 자리하고 간지합 구조이다. 음양이 조화로우니 결혼이 빠른 경향이 있다. 남자는 처덕이 있는데, 여자는 남편 인연이 원만하지 않은 경향이 있다.

己甲戊乙　乾　辛壬癸甲乙丙丁4　1995년생
巳申子亥　　巳午未申酉戌亥
甲일간이 子월을 얻어 신자진을 형성하고 전체적으로 사유축 과정에 있다. 대운 흐름도 양호하니 발전할 수 있는 구조이다. 그런데 子월지에 戊·乙이 투출되어 있으니 申일지를 부추겨 해묘미로 乙庚을 시도하게 된다. 년·월·일지 환경이 甲일간과 무관하게 흘러가는 것이다. 甲申일주는 己巳시주와 갑기-사신으로 파하고, 巳申子로 申을 깨뜨린다. 巳申이 申子亥를 만나니 水방향으로 향하니 巳가 빛을 잃고 申이 손상된다. 을해에 의지하여 亥 중 甲을 내야한다. 해에서 갑이 발현되면 곧바로

乙이 장악하여 申일지에서 발현코자 하는데 申이 제 기능을 하지 못하는 구조이다. 甲입장에서는 사유축-신자진으로 어렵게 발현되자마자 乙에게 모든 걸 빼앗기는 꼴이다.

이 남명은 乙亥년주에 목적과 방향성을 두게 된다. 壬乙은 위법·편법의 상이고 도화·음란성이다. 甲일간 입장에서는 자신의 목적인 乙亥년주에 겁재가 동주하고 申일지를 끌고 간다. 巳申子亥는 모두 합하여 水로 향하니 현실에서 삶을 구하는 것을 버리고 종교학을 전공하고 있다. 丙戌대운에 천살이 충동질하고, 술해로 자신의 근원을 생각하게 되고, 巳申이 동하여 일시가 형·합한다. 종교인의 삶을 택할 수 있다.

사주에서 합이 많으면 묶이거나 깨뜨리는 경향이 있다. 이 사주는 년·월과 일·시가 합으로 구성된 사주라 할 수 있다. 특히 甲申일주는 甲庚충으로 동하여 기운을 돌리려 하는데, 천간에서 甲己합으로 묶고 지지에서 巳申합으로 묶으니 파·천 작용이 발동한다. 사신합은 신자진으로 이어지고, 신자진에 의해 戊子월주는 무계로 합하니 甲申-戊子는 또 다시 파·천 작용이 발동한다.

◆ 庚子

경자는 庚壬癸로 구성된 간지이다. 庚은 자신의 몸에서 辛을 내야하고, 子는 壬癸로 辛을 품고 가공한다. 庚과 子는 분산작용을 하지만, 작용방향성에서 완전히 다르다. 경은 분산→응집으로 향하고, 자는 응집→분산으로 발현된다. 나아가는 방향성은 다를지라도 申子辰으로 윤회를 거쳐야 한다는 사실을 거역할 수 없다.

庚은 화려하게 부풀리는 속성을 접고 辛을 내어 임계로 돌려야 하는 숙명이 주어진다. 자신을 버리고 다른 환경에 내몰리는 고충·애환이 있다. 申子辰 환경에서 庚은 할 일이 없으니 허상을 찾는 꼴이다. 종교·철학 등 정신세계를 추구하는 경향은 있다. 현실적 직업으로 교육·상담, 인터넷을 이용한 쇼핑·게임, 주식, 선물, 가상화폐, 환전, 해운,

항만, 명예직 등이다. 만약 재물에 탐욕을 부리면 빼앗기게 된다.

庚子는 辛亥와 마찬가지로 金水 상관이다.80) 금수와 관련된 직업이나 목과 관련된 직업에서 안정을 얻거나 성공할 수 있다.

庚子가 丑을 만나면, 庚이 辛으로 전환되어 교육 등 기르는 일에서 발달한다. 귀인(丑)이 도우니 경험한 노하우(辛)를 바탕으로 고부가가치를 창출한다. 목이 있어도 할 일을 찾게 되니 발전할 수 있다.

만약 축 또는 목을 만나지 못하면, 잘난 척하고 자기원칙을 강조하고 외설적이 된다. 부부관계가 원만하지 못하거나 고독하게 지내는 경우가 많다. 관재구설에 휘말리고 재관활동이 약하다. 어둡고 비좁은 장소, 음성소득, 밤 일, 시장바닥에서 욕쟁이할멈 모습으로 살아간다. 庚子가 辰을 만나면 더욱 심하다.

甲壬甲庚 坤　丙丁戊己庚辛壬2
辰申申子　　子丑寅卯辰巳午

기상명리에서 천간합-지지삼합의 구성조합을 공식으로 적용하면 실수할 수 있음을 이 사주를 통해 경계로 삼을만하다. 壬甲-신자진을 완전하게 이루었으니 크게 발달할 구성이다. 그보다 더 중요한 것은 월지환경에 사주구성이 적합하냐에 있다. 申월에 주재할 인자는 庚子인데 도리어 신자진에 편승되고 화가 없으니 庚을 완성할 수도 없다. 壬입장에서는 庚을 辛으로 전환시켜야 甲을 얻는데, 도리어 甲庚충으로 乙庚을 완성하려한다. 대운마저 이를 돕고 申월에 甲申-庚子의 甲庚충이 임갑-신자진을 완성할 수 없게 만든다. 또한 庚·申은 왕한데 辛씨앗이 없고 甲申·甲辰에서 甲이 제 모습을 갖추지 못하고 壬申일주는 申亥형·천으로 갑을 내기 어려운 조건이다.

壬申일주에 庚이 투출되었으니 남편 인연이 평탄하지 않음을 예고한다. 庚子년주를 돌려 辛을 얻어 甲을 내야 하는데 자에

---

80) 상관은 전문성을 의미하기도 한다. 특히 금수 상관은 금을 풀어내듯 인간관계가 좋다. 사람들과 잘 어울리고 술을 좋아하고 잘 노는 경향이 있다.

의해 경이 분산작용을 강화한다. 자신 또는 남편은 정상적인 직업군에서 발달하기 어려운데 재관에 대한 욕심을 부릴 수밖에 없다. 庚을 형성하려면 헛바퀴 인생일 수 있다. 남편이 庚을 완성하기 위해 화를 찾으니 제련업을 하고 있다. 庚子모습이니 부부인연을 유지하지만 성취가 쉽지 않다. 만약 남편사업이 성취하면 부부인연을 깨뜨릴 수 있으니 부귀 속에 빈천이 있고 길흉 속에 화복이 있는 것이 인생이다.

뭔가 될 듯 될 듯하면서 안 되는 게 이 사주다. 庚에 집착하지 말고 申子辰 모습으로 인생 방향성을 찾아야 한다. 이 여명이 사주에 관심이 많은 것은 윤회인자가 있기 때문이고, 丁丑대운에 사주공부를 하다가 남편사업을 돕는 것은 庚에서 辛을 내어 갑을 성취할 수 있기 때문이다. 임갑-신자진은 재관성취가 크지 않은 구조이고 경자를 동반하니 윤회·가상을 통해 가치를 실현해야 한다. 만약 경을 완성하려면 운세가 좋더라도 크게 발전하지 못한다.

◆ 壬子

壬癸가 짝을 이루고 壬壬癸로 구성된 간지이다. 보이지 않는 과거의 金을 품고 가공하여 미래에 목을 세상 밖으로 드러내야 한다. 전생의 업(金)을 풀어 윤회해야 하는 숙명이 있다. 壬과 子는 '생명수' '흘러가다'는 의미가 있고, 물상이 없으니 불안정성을 안고 있다.

壬子에 金·木이 없으면 방랑, 방황, 떠돌이 상이 된다. 운전, 철도, 해운·항만, 항공·비행기, 도로, 언론, 방송, 유통, 해외 등 돌아다니거나 흐르는 직업성이다. 그렇지 않으면 골방·암자·학문·공부·종교·철학 등 비현실적 직업에 매달리게 된다. 자격증을 이용한 직업, 인허가 사업, 특허사업, 당구장·목욕탕·pc방·모텔, 임대사업, 용역사업, 부동산 매매·임대업, 연구·개발 등 현실적 직업으로 발전을 도모할 수 있다.

壬子일주는 양인·간여지동으로 프로기질이 있고 기술 분야에 이치가 밝다.81) 열성적이고 에너지가 왕성하지만, 감정기복이 있고 독한 구석이 있다. 부부관계가 불안정하거나 애정굴곡 또는 삶에 등락이 있다. 맏이노릇을 하는 경우가 많다.

　임자가 년·월에 있으면 인내심이 있고 인성을 발휘하며, 시에 있으면 움직임이 적은 삶의 형태를 추구한다.

　　　癸壬癸丁　乾　丙丁戊己庚辛壬10
　　　卯子丑酉　　　午未申酉戌亥子
壬일간이 丑월을 얻어 대운환경이 양호하고, 정임-사유축을 형성하여 본위를 구성하였다. 다만 丑월에 壬-甲이 발현돼야 하는데 갑이 없고 신자진으로 발현되니 가치가 떨어진다. 축월에 화가 필요하니 정유년주를 취하고, 유자파로 갑을 발현시켜 계묘로 완성하는 흐름이다. 정계충-유자파-오유형 구조로 폭발력을 잠재하는데 甲·寅대운이 오지 않으니 아쉽다. 축월에 癸卯를 취하면 삶이 피곤할 것이요, 더디더라도 丁酉를 취하면 성취가 있으니 공무원으로 정년퇴직하였다. 갑을 발현시키기 못하니 크게 발달하지 못하고 불안할 수 있지만, 壬일간이 본위를 얻고 丁丑모습을 갖추었으니 신자진으로 흐르지 않았다. 만약 갑을 내기 어렵다고 계묘를 취하면 신자진으로 흐르게 되어 도리어 많은 수에 목이 손상된다.

사유축 운동은 丁壬-丁辛-午酉의 작용력이다. 화가 금을 가공하는 것이 이 남명의 본질적 모습이다. 정유를 사유축으로 돌리니 종교·철학적 선천기운을 내포한다. 중년이후에 丁癸기운을 돌려 癸卯를 사용하고자 하니, 제2의 직업·삶이 지금까지와 전혀 다른 엉뚱한(폭발적) 모습-변화이다. 관상으로 보면 입꼬리에서 법령이 다시 나오는 형상에 비유할 수 있다. 50세 戊申대운부터 이를 부추기게 된다. 종교·철학성은 도화·음란성

---

81) 壬子 庚子 등은 자체로 음양을 채우는 간지이다. 말 잘하고 친화력이 있다.

으로 발현되기 쉽고, 도화·음란성을 종교·철학성으로 승화시키기도 한다. 자일지가 변색되니 결혼생활에 문제가 발생하기도 한다. 이 사주에서 계묘는 유혹이다.

壬子일주가 癸壬癸로 투출되어 부부인연이 좋지 않은 구조이다. 자신의 직업성이 丁酉이니 癸卯부인의 모습이면 부부인연을 유지할 수 있는데, 癸卯는 취할 수 없는 유혹일 뿐이다. 戊申대운에 부부가 이별하였는데, 재혼하면 다시 계묘를 끌어들이는 꼴이니 다시 이별할 가능성이 많다. 癸卯-子卯로 분산력을 강화함으로써 사주전체 기운이 흐트러지기 때문이다. 만약 재혼했다면 다른 문제들로 인해 직장에서 정년퇴직까지 이어가지 못했을 수도 있다. 丁未대운은 丁酉년주가 동하고 癸卯시주가 동한다. 壬일간이 해묘미로 癸卯시주를 끌어들이고 자신의 근원적 본질을 찾으려한다. 제2의 직업(취미성)을 갈망하거나 엉뚱한 행동을 하게 된다. 사주공부를 하는 것도 이와 관련된 행위의 모습이라 할 수 있다. 마땅히 변화를 도모해야 하지만 癸卯모습으로 변하는 것은 좋지 않다.

◆ 乙丑

乙은 축 중 癸를 이용하여 甲을 드러내야 하고, 축 중 辛은 목으로의 변환을 거부한다. 乙丑은 癸에 의해 辛-乙 물상이 변환하게 된다. 축 중 癸는 乙의 분산을 돕는 것이 아니라 목기를 내는 작용이다. 癸는 활동을 강화하지만 乙의 활동력이 강화되는 것은 아니다.

축 중 辛은 자신을 보호해야 하니 집착·질투심이 강하게 발동하고, 한편으로 癸 의사에 따라 목으로 변환하려는 욕구도 있다. 축 입장에서 혼돈의 상황이고, 乙도 활동력을 발휘하기 어려운 환경이다.

다만 乙은 미래에 대한 희망이 생기고, 축 중 癸를 이용하여 뭔가를 도모하려고 한다. 乙은 癸를 통해 丑 중 辛(재관)을 가공할 수 있으니 사업에 뛰어들거나 일을 벌이기도 한다. 그러나 辛은 乙의 재관이 아니고, 乙의 결과물인 庚은 축에 입묘한다. 또 卯·丑은 격각을 이루니 건강·재관 등 활동에 의한 성과·성취가 약하다.

　乙丑은 乙이 사유축 환경에 있고 子卯형의 구조이다. 乙이 활동성을 제약받는 관계이다. 가치가 상실되다, 묶이다, 감옥 등 형상으로 해석되기도 한다. 을축에서 乙을 키우려면 문제가 발생하거나 폭발력을 갖는다. 만약 금이 강하면 을이 발현되기 어려우니 활동성이 축소된 모양, 집약된 형상에서 乙 능력을 펼치는 직업이 좋다.

乙甲辛戊　乾　戊丁丙乙甲癸壬2
丑辰酉申　　　辰卯寅丑子亥戌

甲이 酉월을 얻었고, 辛甲-신자진 구성이다. 甲물상을 내는 환경이 조성되었지만, 금이 강하고 목이 약한데 수기가 없으니 辛을 가공하여 甲이 발현되는데 제약이 있다. 辰일지는 배우자의 모습이자, 자신의 모습이다. 辰은 복잡하고 화려함을 추구하는 경향이 있는데 甲辰에서 甲은 乙겁재 바탕 위에 앉았으니 작용력이 떨어진다. 배우자자리가 불안한데 乙이 투출되어 갑일간과 연접하니 자기자리를 내주는 꼴이다. 辰·丑 중 癸를 이용하여 목을 내야하니 배우자·자식에게 의존하는 구조이다. 또 辰 중 乙이 乙丑辰으로 辰丑-酉子-子卯로 폭발력을 갖는다. 부인을 의지하고 놓지 못하게 되는데, 갑진의 모습을 부인이 사용하니 더욱 그러하다. 부인은 금융업계에 종사이고, 이 남명은 자유직업인으로 가정살림을 맡고 있는 편이다. 직업적 환경도 있겠지만 사주구성에서의 경향성이다.

갑진에서 甲은 乙모양새로 살아가야 하니 을축이 자신의 모습이기도 하다. 32세 乙丑대운은 乙丑시주와 복음으로 동하니 새로움을 찾게 되고 엉뚱한 짓을 하기도 한다. 戊申년주가 함께 동하니 꿈이 커진다. 乙丑에서는 甲이 주도하지만, 乙의 분산작용이 일시적으로 폭발력을 가진다. 영업위주의 사업성 직업에서 경제적 이익과 자신의 능력을 발휘하였다. 병인대운에 가까워질수록 乙이 작용력을 가지니 을축대운 말미에 진축으로 파하고 부동산관련 직업으로 전환하였다.

丙寅대운은 병이 금을 제련하고 목이 성장하는 환경이 조성되었다. 丙寅이 화기를 채워주고 丙辛-酉寅으로 辛·甲이 조절되어 丑寅으로 갑이 발현된다. 甲은 丙寅으로 乙로 발현되니 자신 또는 부인의 발현이다. 응집된 형상에서 乙모습으로 변환되면 성취가 있을 것이지만, 甲이 寅으로 동하여 경거망동하면 실패가 있게 된다. 겉으로 잘난 체하고 자기 모습을 가공하는 성향이 있지만 자신을 낮추기에 가정을 지킬 수 있었다. 乙丑은 자신의 현실적 모습으로 갑이 辛酉丑辰으로 발현되어 乙丑모습으로 살아가는 것이 삶의 지혜이다. 또한 丑辰파는 辛-癸-乙을 발현시키는 동기부여이다. 부인을 위주로 한 부부관계에서 가정안정을 얻을 수 있다.

◆ 丁丑

丁이 인오술-사유축으로 금 결실을 이루고, 丑은 사유축으로 금을 완성하여 마무리한다. 午丑 관계의 천간구성이다. 정축에서 丁은 사유축 운동을 이끌어 축 중 辛을 얻는 방향성에 부합한다.

정축이 壬을 만나거나 酉를 동반하면 발전한다. 금이 있으면 축에서 금을 저장하고, 수를 만나면 금을 가공하기 때문이다. 법무, 정보, 경찰, 군인, 세무·회계, 의사·간호사 등의 직업성이다. 사주구성에 따라 丁癸 또는 午酉의 직업성을 갖기도 한다.

丁은 축에 입묘하니 작용력을 상실하는 관계이다. 축에서 분산작용이 일어남에 따라 丁의 응집작용이 약화된다. 자신을 낮추기에 보이지 않는 음덕·도움이 있다.

丁·癸의 작용으로 물질에 탐욕을 부리거나 정신활동을 추구하는 경향이 있다. 수화가 조절되지 않으면 정신건강에 문제가 발생하고, 배우자에게 만족감이 떨어질 수 있다.

甲丁丙辛　坤　壬辛庚己戊丁 4
辰丑申酉　　寅丑子亥戌酉

丁일간이 申월에 앉았으나 사유축 흐름에 대운환경이 부합한다. 申월에 火가 필요하니 丙申월주가 좋은데, 병신으로 묶이니 작용력을 발휘하지 못한다. 丁일간은 辛-甲을 완성하는 중심 기운인데, 월지 환경이 마땅하지 않고 丑일지에 입묘하니 작용력을 잃는다. 병신월주도 축일지에 작용력을 상실하니 배우자로 인한 번거로움이 있게 된다. 丙·丁이 투출했지만 많은 금을 가공할 여력이 없고, 壬이 없는 상황에서 甲辰으로 甲이 무력하니 발현되기 어렵다.

천간기운은 금→목으로 변환하는 금생수-수생목의 흐름에 있으니, 丙申월주로 庚을 형성하여 사유축으로 축일지에 辛을 담아 진축으로 갑을 내는 흐름이다. 천간-지지의 흐름이 부합하지만, 辛酉-丙申 배열이 축에 담지 못하고 조절되는 관계이다. 전체적으로 申월이 주재하는 丙작용이 미비하고, 사유축-신자진 흐름에 있지만 수가 없으니 운동성을 발휘하지 못한다. 화가 작용력을 강화하지 못하고 수가 없으니 금을 가공하지 못하고 목을 내지 못한다. 환경은 좋은데 물상을 내지 못하니 정신적 방황을 겪게 되고, 많은 金물상을 가공할 만한 인자가 없으니 딜레마에 빠지게 된다. 천간-지지 환경은 양호한데 氣-相 조건이 좋지 않은 것이다. 천간-지지 환경이 좋지 않은 사주체계는 열심히 노력하는 경향이 있지만, 환경이 좋은데 氣-相 조건이 미비하면 정신적 문제 또는 자포자기하는 경우도 있다.

어린 나이부터 불교에 의탁하여 절 출입이 잦았다. 무술대운은 술축진으로 되돌리고, 己亥대운은 甲己로 갑이 묶이면서 亥가 辰에 입묘하니 갑이 나오지 못한다. 丙申월주을 가동해야 하니 직업적 성취를 의미하는데 여명은 고달픈 삶이 되기 쉽다. 특히 기해대운은 申亥천으로 甲을 내야 하는데 갑이 묶이니 돌파구를 찾게 된다. 甲을 풀어내려는 반발력은 신기(神氣)로 발동하였다. 강한 금을 윤회로 풀어 갑을 내려는 작용력의 발현이다. 水火조절이 불미하고 금→목 변환이 순탄하지 않으니 정신적인 것을 추구하게 된 것이다.

◆ 己丑

기축은 정축과 마찬가지로 자좌입고하는 관계이다. 다만 丁은 화 기운으로 금 물상을 완성하는 관계이고, 己는 甲을 끌어들여 축에 묶어두려고 작용에서 차이가 있다. 특히 기축은 응집하는 기토의 조합이기에 활동성이 축소되고 정신을 추구하는 경향이 강하다.

己는 사유축 신자진 등 음 운동을 주관하니 금이 있으면 응집작용의 가치를 얻을 수 있다. 己丑에 辛을 만나면 이로움이 있다. 寅을 만나면 목이 발현되는데, 甲을 만나면 오히려 묶이게 된다.

己壬己庚　坤　癸甲乙丙丁戊5
酉子丑子　　酉戌亥子丑寅

음양 본위의 관점에서 壬일간이 丑월을 얻어 대운이 寅丑子亥戌酉로 흐르니 좋다. 그런데 자축이 양합으로 파하고 축월에 임일간이 주재하지만 발현될 물상인자가 없다. 정임-신자진 구성에서 인이 없으니 발현처를 얻지 못한 꼴이다. 축월에 화가 절실한데 화가 없고 수는 많다. 사주전체가 정신·윤회의 인자로 구성되고, 금을 응집하여 함축된 기운이 발현되지 못하는 형국이다. 현실적이고 일반적인 직업에서 발달할 수 없는 구조라 할 수 있다. 子丑-子丑-酉子가 사주흐름을 나쁘게 만들고, 庚을 가공하여 辛을 낼 수 없게 만든다.

丑월에 己壬으로 바탕만 이룰 뿐 가공할 물상이 없다. 기축월주는 응집기운이 강하여 갑을 내놓지 않으려한다. 성격적으로는 집착이 강하고 고집이 세며 자기본위 성향이 강하다. 임자일주에 酉子丑으로 합·파가 동하여 합하고 파하는 작용이 계속된다. 子일지가 안정되지 못하니 배우자에 대한 불만이 있다. 子일지 입장에서도 자축합으로 묶이고 유자파로 충동질하니 가만히 있지 못한다. 부모 음덕도 없고 남편 덕도 없다. 갑술대운에 기축월주가 갑기-술축으로 기유시주가 동하니 변화가 많고, 갑이 투출하여 임일간이 할 일이 생긴다. 갑술대운에 이혼하여 혼자되어 학교급식소에 취업하여 안정을 얻었다. 급식소 조리원은 己丑·己酉의 모양새이자 사주전체의 모양새이기도 하다. 12신살로 년살·반안살에 해당하니 가치가 낮은 (?) 것이다.

◆ 辛丑

丑(癸辛己) 중 辛의 응집작용이 강화된 간지이다. 辛丑은 辛이 자기 자리에서 완벽함을 지키려는 집착이 강해진다. 신이 축에 입고되는 관계로 辛이 丑에 붙들려 갑을 보지 못하는 답답한 상황이다.

辛에 의해 丑 중 癸의 분산작용이 억제되니 변화·움직임이 적은 일, 반복성이 있는 일, 정신적인 일, 교육·종교·철학, 임대업 등 직업에 어울린다. 한편 답답한 상황에서 벗어나려는 움직임도 강화된다. 辛의 응집작용과 癸의 분산작용이 반발력을 폭발하기도 한다. 세무·회계, 분석·평가사, 세공·화공, 제련·가공, 기계제작, 운전·운수, 택배·물류 등을 직업으로 삼는 경우도 많다.

辛丑은 지지로 酉丑이다. 酉 물상을 축에 담는 구조로 丁壬이 조화를 이루면 재물 성취가 클 것이요, 癸·乙·丙이 조화를 이루면 辛의 폭발력으로 갑자기 대박을 터뜨리기도 한다. 이것이 酉子파이다. 庚辰·辛丑이 동반하거나 자진축, 유진축 등으로 구성되면 파작용이 크다.

신축은 자체로 정신·윤회의 인자이다. 辛의 정신·윤회를 풀어내기 위해서는 癸水가 필요하다. 癸가 발동하면 폭발력을 갖게 되는데, 축은 화가 필요하고 癸가 발동하기 위해서도 화가 필요하다. 신축에 수화가 조화를 이루어야 재관성취가 크게 되는 것이다.

특히 辛丑월이면 반드시 화를 만나야 辛을 가공할 수 있다. 丙이 바로 옆에 동주하거나 巳가 오면 도리어 辛이 움직이지 못한다.

辛丑은 乙未와 마찬가지로 물상 입고 간지이지만, 을미에 비하여 폭발력이 크다. 을미는 분산작용이 묶이지만, 신축은 응집작용이 강화되기 때문이다. 축은 금(재관)을 담는 그릇이니 재물을 담는다는 의미도 있고 일단 수중에 들어오면 잘 내놓지 않는다.

물상흐름은 축에서 甲이 나오니 신축은 윤회성이자 음란성을 내포한다. 음란성은 부부인연을 저해하는 요인이 된다.

庚辛乙戊 乾 壬辛庚己戊丁丙3
寅丑丑申　　申未午巳辰卯寅

辛일간이 축월 환경을 얻었고 축월에 辛이 주재하지만, 사주 전체 흐름을 보면 천간은 乙庚환경이고 지지는 辛甲환경이다. 辛일간이 월지환경을 얻었으나 천간기운을 신갑으로 돌릴 수는 없다. 乙이 戊 위에서 기운을 펼쳐 申년지를 완성하여 축월에 저장하였다가 寅시지로 발현하면 辛이 가치를 얻는다. 지지는 순역지기에 부합하지만,[82] 을이 축에서 도리어 갑으로 전환하려한다. 천간은 을경을 완성하려하는데 지지는 申丑으로 입묘하고 경이 동하여 축일지에 입묘하니 금이 제 기능을 하지 못하니 목이 발현되기 어렵다.

사주흐름은 금→목 丑寅으로 발현되는 구조인데, 축월에 화가 없다. 목금이 주도하는 환경에서 수화가 없으니 목금 물상이 가공되지 못한다. 수화기운을 찾기 위해 乙丑은 자묘형을 발동시키고, 辛丑은 유자파를 발동시키고, 庚寅은 갑경충으로 화를 얻고자 한다. 을경-신자진 구성으로 천간-지지의 방향성이 완전히 다르다. 목금이 주도하는 환경에서 庚·辛·乙로 穿작용을 하니 방향성을 잡지 못한다. 현실에서 성취를 어렵고, 辛丑일주에 丑丑일지 복음구조로 부부애정 문제를 안고 있다.

---

[82] 『적천수천미』.

乙庚 모습으로 살아가자니 내 것이 아니고, 辛甲 모습으로 살아가자니 마땅치 않다. 辛丑일주에 辛일간이 丑丑에 입고하고, 丑일지는 寅으로 나가 庚寅으로 겁재와 동주한다. 丑은 寅을 만나야 하지만, 丑일지가 寅 월·시로 향하면 배우자가 나가는 꼴이 된다. 50세 현재까지 결혼하지 못하고, 터널을 관리하는 회사에서 일하고 있다. 乙이 발현되지 못하고 웅크린 모습의 직업성이다.

흔히 금이 많으면 재물이 많고 금 개수만큼 재물량이 있고 축은 사유축으로 금을 끌어들인다고도 한다. 이런 말들은 이야깃거리에 불과하다. 지지에서 申丑이 만나면 금을 축에 담는 게 아니라 도리어 금이 손상된다. 하늘기운에 의해 물상이 변화되고, 수화기운에 의해 목금물상이 형성되는 원리는 만물의 이치이다. 음양오행의 이치를 논리로 정립하면 氣相의 흐름을 볼 수 없다.

◆ 癸丑

辛丑과 달리 癸丑은 癸의 분산작용으로 丑 응집을 풀어헤치는 관계이다. 계는 축에서 작용력이 상실되는 관계인 듯하지만, 癸의 분산작용이 辛의 응집작용보다 강하게 작용한다.

癸丑은 윤회인자로 구성된 간지이고 자축합-酉子파 구조이다. 묶이고 갇히는 형국인 것 같지만, 폭발력을 함축한 모양새이다. 癸丑이 木을 만나면 분산작용이 가속화된다. 벼락치기에 능하고 뻥튀기 등 파 작용이 폭발력을 발휘한다. 벼락 혼인하거나 졸부가 되기도 한다.

辛-癸 윤회인자를 풀어내는 직업으로 교육, 종교, 철학, 연구개발, 의사, 약사, 간호사, 법조 등이다. 자축 또는 水와 관련된 직업으로 향락업, 유흥업, 사채업, 네트워크, 임대업 등이다.

파와 관련된 직업으로 가스, 원전, 주유업, 냉난방, 태양광 등 폭발력·열축적과 관련된 일, 어둠을 밝히는 직업성이다.

辛·金을 함축한 직업으로 금융, 증권, 은행, 기계, 보석, 검찰, 경찰, 군인, 운전, 운수업, 타이어, 자동차와 관련된 일들이다. 단체생활에서 떨어져 나와 자신의 능력을 펼치려는 경향이 있다. 독특함(자격증)을 이용하거나, 남을 돕고 살리는 일에서 발전한다.

甲壬辛癸　坤　戊丁丙乙甲癸壬8
辰子酉丑　　　辰卯寅丑子亥戌

壬일간이 酉월을 득하고 辛壬甲에 사유축-申子辰 구성으로 대운도 亥子丑寅으로 향한다. 음 본위에 부합한 환경에서 월지가 충·형·파·해 등으로 구성되면 이롭지 않다. 辛酉월에 수가 요구되지만 금수가 많으니 辛이 甲으로 전환되기를 거부한다. 사주전체가 酉子파 구조인데 목이 약하니 금을 가공하려 하기에 금→목으로의 발현이 잘 되지 않거나 늦어진다. 천간이 유자파로 壬→甲을 내는 흐름이고, 최종목적물이 甲辰시주에 있으니 가치가 크지 않고, 갑진은 복잡하게 사용하는 경향이 있다. 해야 할 일이 아니라 하고 싶은 일을 통하여 성취를 이루고 삶의 안정을 얻을 수 있다.

辛酉월주이니 직업적 성취가 있고, 酉子파를 가동하니 부모, 배우자, 직업·직장 등 변동문제를 안고 있다. 여명은 가정을 주도하거나 가장역할을 할 수 있으니 부부인연을 저해하는 요인이 되기도 한다. 어려서 부모가 이별하였고 형제들 모두 아버지 밑에서 자랐다. 성격이 까칠하고 예민하지만 조절력이 있다, 辰·丑이 모두 동반되어 사주원국에서 酉子파를 가동하니 폭발력이 약하고 수기가 조절되기 때문이다. 사주전체가 정신·윤회인자로 구성되니 종교·철학에 관심이 많다.

결혼 전에는 건설회사 경리로 일하였고, 결혼 후에는 학생을 가르치는 일을 하다가 乙丑대운 癸巳년부터 화장품 네트워크 판매업과 타로상담업을 겸하고 있다. 간지와 월주 본위가 부합하니 결혼 후에도 직업여성으로 살아왔고, 酉子파로 직업변동이 많지만 辛酉월주로 직업성취는 있다. 壬子일주에 癸가 투출하고 酉子파로 부부인연이 약한 구조이다. 남편도 癸丑 모양새로 직업변동이 많고 많은 금을 가공해야하니 폭발력이 약하고 도리어 자축의 성향을 보인다. 부부애정에 큰 문제가 없는 것은 때때로 주말부부형태를 유지하고 사회활동을 통해 능력을 발휘하고 정신·윤회와 관련된 행위를 하기 때문이다.

궁위에서 45세 이후에 甲辰을 취하고, 48세에 丙寅대운이 시작된다. 40대 중반이후에 갑을 얻는 환경이니 성취할 수 있다. 다만 재관에 대한 욕구가 강하거나, 해외 또는 사업을 크게 확장하면 실패할 가능성이 높다. 丙辛으로 辛을 조절하여 辛甲-酉寅에 의해 丑寅으로 발현시키는 것이 좋다. 壬甲 모양새로 이 여명의 직업성에서 운명상담업이 어울린다.

◆ 甲寅

甲은 목 본기이고, 寅은 목 물상의 발현이다. 甲寅은 목이 태왕한 간지구성이지만 현실적으로 역동성이 확 드러나지 않는다. 응집된 기운이 완전히 풀리지 않은 상태이기에 의외로 움추려드는 성향을 보인다.

甲寅에서 수기를 얻지 못하면 甲은 제 모습을 갖추기 어렵고, 인에서 묘가 드러나면 甲은 본위를 상실한다. 수기가 없는 갑은 寅에 앉았어도 불안한 형국이니 소심하고 소극적이 된다.

반면에 수기를 취한 갑인은 록(祿)을 얻은 격이다. 록(祿)은 힘을 얻었음이고 관록을 얻는다는 의미도 있다. 남 밑에 있지 못하고 간섭을 싫어하며 고집이 강한 것이 특징이다. 寅 중 丙(식상)이 甲을 키우니 가만히 있지 못하고 뭔가 펼치려는 성향이 있다.

몸으로 하는 일, 寅巳형을 이용한 일, 관(국가)을 이용한 일, 목과 관련된 일에서 성공할 수 있다.

丁甲戊乙 乾 辛壬癸甲乙丙丁8
卯寅寅巳   未申酉戌亥子丑

갑인을 간여지동이라 하여 강하게 보지만, 실상은 새싹과 같으니 마음이 여리고 의외로 소심하다. 목 성향에 따라 몸을 이용하는 직업성이지만, 재능이나 손재주가 뛰어나지도 않다. 갑인일주가 인월에 임했으나 수기가 전혀 없고 더구나 목이 태왕하다. 어릴 때부터 운동을 잘하고 운동특기생으로 학창시절을 보냈다. 20대에는 국가직 경호원으로 발탁될 정도였는데, 경거망동하여 인생기회를 놓치고 말았다. 갑이 인월을 얻었고 37세 을해대운까지 수기를 채워주니 건방을 떨기에 그러하다. 甲乙이 투출하고 인묘로 동주하고 乙巳가 년에 있으니 언제라도 부부이별을 예고한 상황이다.

많은 목에 수가 없으니 화로 목을 키울 수밖에 없다. 그나마 인사형이 발동하니 많은 목을 다스릴 수 있고, 사 중 경을 발현시킬 수도 있다. 乙亥대운까지 산업보일러 영업책임자로 성취를 이루었다. 목이 성장하기 위해서 화가 필요하니 乙巳에 의탁하여 인사형으로 가공하는 직업의 모양새이다. 38세 갑술대운은 甲일간이 동하고 무인월주가 동하여 정묘시주를 끌어들인다. 목을 크게 펼치려는 속성이 발동하니 독립하여 사업을 주도하여 실패하였다. 계유대운에 丁卯시주가 동하고 乙癸-酉寅 등으로 방향성 왜곡된다. 노래방을 운영하다가 실패하고 해외에 왔다갔다하는 일을 했지만 성과가 없었다.

결국 빈털터리가 되어 癸酉대운 丁酉년 53세 이혼하였다. 甲일간은 寅일지가 수기를 재촉하니 불편하고, 寅일지는 수기를 찾아 나설 수밖에 없다. 경제적 문제로 부부사이가 멀어지게 되었지만, 결정적인 이혼사유는 부인의 외도였다. 이혼 후에 자신의 특기를 무기로 삼아 운동을 가르치는 일을 시작하였다. 몸은 힘들지만 경제적으로 안정을 되찾고 있다. 부인이 자리를 물러나니 甲이 제 모습을 찾는 것이다.

◆ 丙寅

丙寅은 자체로 寅巳형 구조이다. 수술·가공의 형으로 모양새를 바꾸고 꾸미는 것에 능하다. 병이 장생지에 있으니 믿는 구석이 있다.

　마치 꽃몽우리가 봉긋하게 드러내는 모습이니 인기가 있고 임기응변에 강하다. 공개된 모습이니 시선이 집중되고 재치와 순발력이 있다. 홍염살83)의 특징이기도 하다.

　인 중 병을 내기까지 시간이 걸리는데, 해 중 갑을 내는 것에 비하여 빨리 사용한다. 인이 병에 수기를 빼앗기지만 인오술 과정에 있으니 크게 문제될 것은 없다. 寅월이면 수기가 있어야 한다.

```
甲丁丙己  乾   己庚辛壬癸甲乙3
辰卯寅亥        未申酉戌亥子丑
```
丁일간이 寅월 환경에 부합하고 대운이 도와준다. 그런데 寅월에 인묘진-해묘미 구성으로 지지가 모두 목으로 구성되어 있다. 수기가 요구되니 亥년지에 의지하지만 寅亥로 亥수기를 빼앗긴다. 태왕한 목을 亥水가 감당하지 못하고, 인월에 병이 주도하니 인사형으로 목을 키우게 된다. 국민체육진흥과 관련된 체육시설을 관리는 관리책임자로 직업적 성취가 있다. 몸을 움직이는 선수는 아니지만 체육계에 몸담은 것은 寅 특성의 직업성이다. 3~4년마다 발령지를 옮겨 다니는 것은 亥를 취하는 직업적 환경이다.

젊은 시절에는 경제적으로 풍족하고 아쉬울 게 없으니 결혼을 크게 생각하지 않았는데, 40세에 들어서면서 결혼하려해도 잘 이루어지지 않는다. 亥寅-寅巳 합·형 등으로 수기가 메마르니 卯일지가 살아남을 수 없다. 43세 辛酉대운에는 수기가 더욱 상실되니 卯가 들어올 수 없는 것이다. 60세 무술년 현재까지 결혼하지 못하였다. 이런 사주구조는 水대운에 빨리 결혼해야 짝을 찾을 수 있다. 30대 중반이후에는 이미 묘는 수기가 부

---

83) 홍염살(紅艷殺) = 甲午, 丙寅, 丁未, 戊辰, 庚戌, 辛酉, 壬子. 재치가 있고 순발력이 있으며 임기응변에 능하다. 화려한 것을 좋아하여 사치와 허영심이 있고 바람기가 있다고 하였다.

족한 것을 알기 때문에 들어오지 않으려한다. 갑이 투출되어 인묘진-인해로 합다하니 결혼이 불미한 구조이기도 하다. 결혼하지 못한 것 외는 별로 아쉬운 게 없고 삶이 평탄하다. 부족한 수기를 채워야 하니 무시로 산 중 기도를 다니고 있다.

◆ 戊寅

갑은 기토의 응집기운에 뿌리를 두어야 하는데, 무토가 분산작용을 종용하는 형국이다. 戊의 분산기운에 의해 갑이 을로 전환되니 갑이 급속도로 모양새를 상실한다. 甲이 乙로 전환된다는 것은 자기 것으로 만들지 못한다는 의미이다. 甲戌·甲辰 등과 유사한 모습이다.

寅은 자신의 영역(己)이 아닌 戊에 의해 乙에게 자신의 기운을 넘겨주어야 한다. 남을 위한 일, 남을 돕고 봉사하는 일, 남의 일을 대신해 주는 일과 관련이 있다. 대리점, 군납, 관납 등 官(국가·조직)을 이용한 유통업이 좋다. 만약 인신이 충을 하면 인오술 방향으로 펼쳐지니 가공·제조 등이 가능하고 인사형과 관련된 분야도 어울린다.

戊寅도 己卯와 마찬가지로 목이 땅을 뚫고 올라오는 형상이다. 戊는 응집된 土가 아니라 펼쳐진 土기운이기에 卯가 己를 극하는 작용과 구별된다. 寅성향이 상실되거나 卯성향으로 발현되는 경우가 많다.

戊甲戊丙 乾 甲癸壬辛庚己6
辰午戌子   辰卯寅丑子亥
甲일간이 戌월을 득하고 대운이 해자축인으로 구성된다. 자신이 삶을 주도하는 힘이 있고, 실패하더라도 행운이 따르는 구성이라 할 수 있다. 그런데 어려서 부모가 이혼하고, 별다른 취미나 능력이 없고 친구도 별로 없다. 무술년 23세에 군대를 제대하고 할 일도 없이 무의도식하며 아르바이트 인생으로 살고 있다. 일간-월지의 음양본위만을 따지면 실수하게 된다는 점을 간과해서는 안 된다. 이 사주의 문제점을 짚어보자.

첫째, 戌월에는 丁辛-壬甲이 필요한데, 갑일간이 술월 환경을 얻었을 뿐 戌甲戌 구성으로 발현되기 어렵다. 戌甲은 간지로 甲戌·甲辰의 모습이다.

둘째, 丙戌가 천간기운을 주관하지만 형성할 金물상이 없고, 지지는 어느 한 방향으로 삼합운동이 집약되지 않는다.

셋째, 천간에서 갑일간이 홀로 할 일이 없다. 월지를 중심으로 인오술 환경에 놓여있으니 갑이 없어지는 형국이다.

이처럼 甲일간이 술월에 임했어도 자신이 주도할 환경조건이 아닌데, 월지-대운을 득했으니 환경만 믿고 노력하지 않는다. 배짱이 꼴이 되기 쉽다. 특히 갑오일주가 술월을 만나 인오술을 이루니 정신이 혼미하고 방향성을 잃고 헤매는 상이다. 컴퓨터, 가상게임, 가상거래, 중간유통, 선물거래, 작가 등 현물·현금을 위주로 하지 않는 비현실적·가상적 직업성에서 발전과 안정을 도모할 수 있다. 사주원국의 조건에 부합한 삶을 사느냐에 따라 대운-합·충·형·파·해 등에서 부귀빈천 또는 길흉화복이 결정된다.

◆ 庚寅

경은 인오술에서 형성되니 경인은 庚을 촉발하는 동기부여이다. 庚에게 寅은 성취·성공의 기회·조건·계기이다. 인오술로 구성되면 발현되고, 인오술이 형성되지 않으면 寅 중 丙을 내는데 시간이 걸리니 성취도가 낮아진다.

庚寅은 寅申충 관계이고 寅에서 卯를 꺼내야하니 수술·가공·제조의 상이다. 조각, 석공, 조경, 포장, 도장, 도금, 미용, 교육, 의사 등 금으로 목을 다듬거나 예쁘게 가공하는 일에 어울린다. 농부, 노동자, 운동, 연애 등 몸을 이용한 직업으로 고급직종은 의사, 선생 등이다.

庚寅에 乙 또는 丙이 투출되면 寅이 동하여 乙-丙-庚으로 발현된다. 寅午戌로 구성되면 끝까지 밀고나가는 뚝심이 있고 성취를 이룬다.

다만 庚寅일주에 갑이 발현되는 구조이면 배우자를 힘들게 한다.

甲庚己庚　坤　癸甲乙丙丁戊5
申寅卯申　　　酉戌亥子丑寅

경인-갑신 등 인신충 구조이고, 목금으로 구성되어 수화가 없다. 물상만 있고 기운이 없으니 금으로 목을 가공하는 수술·가공·제조의 상이고, 몸을 이용한 직업성이다. 지지는 寅申卯申으로 펼치는 기운이 강하고 벗어나려는 속성도 있다. 갑이 투출하여 갑경-인신으로 가동되니 부부인연을 저해하는 요인이 된다. 寅일지가 寅申으로 동하여 寅-卯(식상·겁재)이 발현되어 묘신으로 암합하니 더욱 그러하다.

다만 庚이 卯월에 임하고 인오술로 구성되니 庚을 얻을 수는 있다. 갑경-갑기로 천작용으로 갑이 작용력을 상실하고 甲申시주에서 을경을 완성하기 수월하게 되었다. 충이 흉하게 작용하는 것은 아니다. 甲이 乙로, 庚이 辛으로 모습을 바꿀 수 있는 여지가 있으니 어떤 환경에서도 살아남을 수 있는 조건이 되기도 한다. 卯가 己土를 뚫고 발현되어야 하니 자수성가의 상이고, 자신의 능력으로 삶을 개척해야 한다. 수화가 조절되면 교육·필설의 상으로 발달할 수 있는데, 수화가 없으니 가치를 높이지 못하였다. 몸과 식상을 이용하는 유흥업계에 종사하고 있다.

丙子대운은 丙이 庚을 키우는 조건인데, 申子辰으로 목을 내려하니 방향성이 왜곡된다. 다만 부족한 수기를 채워주고 子卯가 발동하여 丙庚활동을 도우니 이성에게 인기가 좋고 직업적 성취는 있었다. 乙亥대운은 을경에 해묘미로 구성되고 亥寅-申亥 합·천이 발동한다. 배우자를 얻어 甲을 내려는 마음이 동하기도 하고, 甲申시주에서 발현되니 자신의 몸을 이용한 직업에서 성취를 얻을 수 있다. 庚申년주가 복음으로 발동하니 근원적 문제로 인한 고충이 동반된다. 기존의 것을 모두 버려야 하는 고통·아픔이다. 유흥업을 청산하고 결혼하는 행위

일 수도 있고, 새롭게 시작하는 직업변동일 수도 있다. 그런데 그 과정이 순탄하지 않음이다. 사주전체가 복음구조이고 卯월지에서 발현되어야 하기 때문이다.

◆ 壬寅

임수가 갑목을 잘 길러 발현시킨다. 윤회의 응집된 기운을 서서히 풀어야하기에 본성은 수구적이고 보수적이지만, 木을 내고 식상을 발현시키니 오지랖이 넓고 흐르는 기질이 있다. 임인은 문창으로 학문적 성향이 있다.[84] 이는 삶에서 재관을 탐하지 말라는 의미도 된다.

천간에서 壬甲은 방향성이 완전한 관계이지만, 지지에서 亥寅은 합·천구조이다. 해는 寅을 기르는데 인은 丙에 의해 성장하길 원하니 변색이 심하다. 壬寅관계도 겉으로 안정된 듯 보이지만 丙을 품고 있으니 이중성·도화성을 띠게 된다.

壬寅에 丁이 오면 丁壬이 합하느라 정작 寅을 잘 사용하지 못한다. 丁壬은 丁이 辛을 壬에 담아 보호하는 것이 목적이고, 정임이 목을 내는 방향성이라 함은 辛을 잘 보관해야 목이 나올 수 있음을 의미한다.

壬寅이 丁을 만나면 甲을 원하는 목표점은 같으나, 丁이 辛을 끌어들이니 壬은 辛을 품어야 한다. 壬寅에 辛이 없으면 壬은 방향성이 역행하는 꼴이니 발전이 더디게 된다. 정신방황, 우울증, 정신적 고통을 겪기도 한다. 이 때 辛이 있으면 발달한다.

만약 丁壬 구조에서 壬寅이 酉를 만나면 도리어 현실적 고충이 드러나는 경우가 많다. 酉寅으로 갑을 내려고 하기 때문이다.

丁戊壬丁　乾　乙丙丁戊己庚辛1
巳申寅酉　　　未申酉戌亥子丑

---

84) 문창귀인(文昌貴人) = 丙申 丁酉 戊申 己酉 壬寅 癸卯. 문창귀인은 흉을 만나도 길하게 변한다는 귀인성이다. 특히 총명하고 글재주가 있어 학문과 관련된 직업에서 높은 지위를 얻는다고 하였다.

戊일간이 정임-寅월 환경에서 기운을 펼치기 어렵다. 丁壬으로 酉를 가공하여 寅을 내는 구성이고 寅월에 壬寅으로 투출되어 년·월환경이 좋다. 지지는 전체적으로 인오술에 있지만 사유축-신자진으로 변색되기 쉬우니 방향성을 잡기 어려운데, 巳申-酉寅으로 결국 신자진으로 향하게 된다. 정임-유인으로 발현되니 선천기운을 삶의 토대를 삼고 수화기운을 돌려 辛→甲을 발현시키니 정신세계를 추구하는 경우가 많다. 이 남명은 己亥대운에 불가에 귀의하여 스님이 되었다.

년·월은 辛甲 구성이고, 일·시는 乙庚 구성이다. 완전히 다른 방향성이니 일찍 정신세계를 추구하게 되었지만, 일·시는 戊일간이 주도하는 환경이니 재관에 욕심을 내는 환경이 된다. 종교인으로서의 직책·직위에 욕심을 부리게 된다. 丙申대운에 戊일간이 때를 만나 인사신으로 폭발력을 가동하고, 甲午년에 인이 투출하여 직업성취를 발현시키고 인오술으로 금을 형성한다. 선천환경이 좋고 壬寅월주로 직업적 성취가 있는 구조이니 명성 있는 사찰에서 중책을 맡았고, 丙申대운 甲午년에 고찰의 주지스님이 되었다. 병신대운에 임인월주가 동하고 寅巳申이 발동하여 申에서 완성되는 시기로 申일지에서 발현되니 자신 발현되어 돋보이는 형상이다. 뒤엎고 변혁하거나 남의 것을 빼앗아 내 것으로 만드는 행위이기도 하다. 갑오년에 丁巳시주가 동하고 巳申으로 금을 형성하여 인오술을 가동하니 戊일간이 원하는 바를 성취하게 되었다.

여기서 丙申대운에 巳申이 合水하지 않음을, 寅巳申형이 형살이 아님을, 사주원국이 정임-신자진 구성에 얽매여있지 않음을 인지하자. 사주팔자로 좋고 나쁨이 결정되는 게 아니라 어떻게 사느냐에 따라 그 사람의 운명이 결정된다. 이 남명은 사주그릇에 맞는 직업을 택했으니 정임-유인의 정체·실패 형상에서 벗어날 수 있었고, 월주환경이 좋으니 스님으로서 직업성취가 있음이다. 현실세계에서도 의사, 군·검·경찰, 공무원, 학자, 조경, 건축, 인터넷 등 직업성에서 발달할 수 있다.

◆ 乙卯

을의 분산작용과 묘의 활동성이 현실화되는 관계이다. 묘는 사양(四陽)으로 분산작용을 가장 왕성하게 펼친다. 식상을 발휘하여 뭐든지 열심히 하고, 하나에 만족하지 못하고 끊임없이 뭔가를 추구한다. 변화가 많고 굴곡이 있으며 유행에 민감하다.

을·묘는 변동, 이중성, 미정(해묘미)의 인자이다. 록(祿)을 차지한 격인데, 관(官)이 절·태에 앉았으니 2가지 일을 할 수밖에 없다.

乙卯시주이면 이중·복합성이 더욱 두드러진다.

卯는 펼치니 불안정한 모습이지만, 갑 또는 인을 동반하면 안정성을 얻는다. 庚이 있으면 결실을 맺을 수 있고, 午가 있으면 乙을 조절하여 독특함을 창출해낸다. 수화가 조절되면 재관을 얻는다.

乙卯가 수화조절이 불미하면 제대로 하는 게 없으면서 하는 일은 많고 부산하기만 하다. 총알은 많은데 총알에 맞는 총이 없는 꼴이다. 직업·직장·이사 등 자주 바꾸거나 팔아치우는 경향이 있다.

乙·卯는 장식, 디자인, 의사, 교육·교수, 변호사, 미용, 건축 등 몸·말·입 등을 이용하거나 생명을 다루는 직업성이다.

수기를 찾아 도화성이 발현되거나, 종교·철학으로 발현되기도 한다.

乙癸癸丙　乾　庚己戊丁丙乙甲7
卯未巳申　　　子亥戌酉申未午
癸일간이 巳월 환경을 얻었고, 계을병-인오술로 구성되었다. 巳월은 수기가 필요하고 丙庚이 주재하는데, 癸巳월주로 수기를 조절하고 丙申년주에서 병경을 완성한다. 癸일간이 乙卯를 펼쳐 未에서 巳 중 庚을 내어 丙申에서 庚을 완성하는 흐름이다. 경이 투출되지 않고 년·월 선천기운에서 펼치고 완성하니 성취가 큰 만큼 꿈도 크고 성취욕구가 강하게 된다. 병이 년간에 투출되니 더욱 그러하다.

여기서 巳申은 합도 형도 발동하지 않고 계병-병경 관계로 합·형이 발동할 조건만 갖춘 상태이다. 丙申·丁酉대운에 巳申 형이 발동하니 성공-실패가 교차하게 된다. 丁酉대운은 丁癸 로 기운을 돌리니 사유축으로 형성되어 크게 벌이려는 속성이 발동한다. 을묘시주가 동하여 卯午-卯酉로 이중·복합성으로 대박을 노리게 된다. 이 사주는 辛을 담을 그릇이 없으니 경 을 완성해야 하고 巳酉丑으로 향하면 경거망동으로 실패하기 쉽다. IMF로 손실을 많이 보았다는데, 丁酉대운 丁丑년이다. MF라는 비상환경이 아니면 손실이 크지 않았을 것이고, 손실 이 있더라도 극복하게 된다. 이것이 사주원국의 힘이다.

戊戌대운은 戊가 癸乙丙의 바탕을 이루고 인오술을 완성한다. 乙未대운에 꾸었던 꿈을 실현하는 운세이고, 배우자의 내조로 발달하는 기회이다. 己亥대운은 己가 戊로 전환하여 바탕을 이루니 번거로움 속에서 발전하고, 해묘미가 완성되니 만족감 은 떨어지지만 안정감을 얻는다. 계사년의 행위가 기해년의 성과로 나타나거나 번거로운 일이 해결되기도 한다.

乙卯시주가 癸丙이 가공하고 庚뿌리가 되니 성형외과 의사이 다. 乙卯는 뭐든지 열심히 하고 하나에 만족하지 못하고 도 화·이중·복합성을 띤다. 음란성으로 발현되기도 하고, 종교·철 학으로 빠져들기도 하는데, 이 남명은 사주구성이 완비되었으 니 현실적 직업으로 승화시켰다. 다만 亥卯未로 申을 내는 흐 름이니 능력에 비해 성과가 크지 않거나 성공에 불문하고 만 족감이 떨어진다. 乙未일주에 乙卯-丙申이 시-년으로 직접 연 결되니 종교·철학에 관심이 많다. 己亥대운에서 을묘를 부추 기니 사주공부도 열심히 하는데, 이는 기해년의 번거로움을 해소하기 위한 자구책일 수 있다.

◆ 丁卯

丁은 응집·조절하고, 卯는 펼치고 분산한다. 자유롭게 펼쳐진 것을 응집하여 새롭게 창출해낸다. 목→금 물상으로 완성하겠다는 의지이고, 식상을 재성으로 완성하는 작용이다. 비록 간지구성은 음양 본위에 부합하지 않지만, 불안정한 卯를 丁이 안정되게 한다.

정묘는 묘오파의 구조이고 천간으로는 乙·丁이다. 乙·丁은 천간 기운이기에 현실적 고충이 크지 않지만, 卯·午는 물상을 펼치고 조절되니 현실적 등락이 있게 된다. 대박과 쪽박 사이를 줄타기 하는 것이 파(破)의 작용이다.

卯의 활용능력을 丁이 조절하고 다듬어서 정교하게 만든다. 몸을 이용하든 머리를 이용하든 어떤 형태의 일이든 기술·자격으로 자신의 모습을 다듬어야 성공할 수 있다.

정묘의 직업성은 묘오와 유사하다. 丁卯월주이면 본인의 직업이 교육계통인 경우도 있지만 부모가 교육계통에 종사하는 경우가 많다.

```
己己丁己 坤  甲癸壬辛庚己戊4
巳丑卯未     戌酉申未午巳辰
```

천간은 음 본위환경이고 지지는 양 본위환경이다. 己일간이 卯월에 환경을 잃고 대운흐름이 불미하지만, 천간구성은 응집하는 기운으로 일정하다. 천간은 물상을 내기 위해 응집하고, 지지는 목을 내고 키우는 모습이다. 주체적인 삶보다 타인을 도와주거나 남을 위해 사는 삶이 바람직하다. 卯월에 수기가 없고 주재할 인자가 없으니, 丁卯로 가공하여 巳 중 庚으로 발현되어야 가치를 얻는다. 丁卯는 卯午파로 목을 다듬어서 가상의 金모양새를 만들어내는 것이다. 천간 응집기운을 지지에서 卯물상으로 발현시키는 것이기도 하다. 국악계에서 나름대로 이름이 알려진 여명이다.

庚을 내기 위해서는 午가 조절해야 하고, 묘오로 조절하여 발현하는 직업성이다. 정묘월주는 직업성이기도 하지만 부모의 상이기도 하다. 丁卯는 교육·학자를 대표하는 간지이기에 아버지가 교수이다. 이렇듯 격국-용신으로 보면 무엇을 해야 좋을지 길흉을 장단하기 어렵지만, 사주팔자의 모양새와 기운-

물상의 흐름을 파악하면 삶의 방향성을 파악할 수 있다. 직업성 외에도 丑 중 己가 과다 출현하니 배우자 인연이 없는 구조로 무술년 현재 미혼이고, 해묘미 구성이니 능력에 비해 성취감이 크지 않고, 사 중 경이 시에 있으니 발달이 늦음을 짐작할 수 있다. 또 국악이 취미성 직업이기도 하니 壬申대운 이후에 후학을 양성하고 가르치는 일에서 성취를 얻어야 함을 제시할 수도 있다.

◆ 己卯

己卯는 응집된 기토를 묘가 뚫고 나오는 형상이다. 기는 갑을 품고 길러서 내놓는 땅이고, 묘는 무토를 바탕으로 분산작용을 한다. 서로 불편한 관계이지만, 己는 卯가 甲의 본질이니 버릴 수 없고, 卯는 己가 寅의 바탕이니 무시할 수 없다.

己卯는 시어머니와 며느리 관계라 할 수 있다. 불편한 관계는 깨지기 쉽지만 상생작용으로 발전을 도모하기도 한다. 己는 불안정한 卯를 안정시키고, 卯는 己응집으로 조절력을 갖는다. 묘의 자질(식상)을 己가 응집하여 독특한 능력으로 발현시킨다는 점에서 丁卯와 유사하다.

己卯가 수기를 채우거나 戊환경이 조성되면 己가 필요 없으니 묘가 기를 극하니 기가 손상된다. 반면에 己卯에 수기가 부족하면 己를 극하고 벗어나려는 속성이 발동한다. 가출의 상이 된다.

己卯 월주이면 일찍 부모를 떠나 생활하거나 부모인연이 약하고, 일주이면 피곤한 배우자이나 배우자 인연이 약하다. 해당 궁위의 육친과 인연이 돈독하면 인연을 오래 유지하지 못하는 경향이 있다.

己卯의 불안정은 관(국가, 큰 조직)을 기반으로 한 활동에서 안정을 얻는다. 己 입장에서 卯는 편관이고, 卯 입장에서 己는 편재이다.[85] 재관을 온전하게 하기 어려우니 교육자, 공무원, 회사원, 프랜차이즈

---

85) 천간의 재는 공공성 재물이다. 누구나 차지할 수 있는 재물이니 자신의 것으로 만들기 어렵다.

(관 위주) 사업, 부동산중개, 건축·토목업 등 직업성이다.
　만약 乙을 가공하거나 경을 얻는 구조이면 예술·예능, 자유직업인 등이 어울린다. 卯未, 乙未 등은 己卯와 유사한 성향이다.86)

　　丁己丁甲 乾　甲癸壬辛庚己戊3
　　卯卯丑辰　　　申未午巳辰卯寅
　기일간이 축월에 임하여 甲·丁의 바탕을 이루었다. 丑월에 화가 필요하니 丁丑월주에서 丁이 辛을 가공하여 甲을 내야 한다. 丁丑-甲辰에 丁卯-卯卯를 묘오로 가공하니 치과의사다. 戊·己일간은 터전·바탕이 되고 조절작용이 본의이니 사회적 발현이 크게 않은 경향이 있다. 甲년간이 투출되니 직업적 성취는 있지만 甲辰년주에서 甲모양새가 크지 않다. 丑辰파는 성립조건에 있으니 묘로 튀어나가려는 폭발력을 잠재하고 있다. 己卯·丁卯로 卯가 뚫고 나오려면 辰丑파가 발동해야 하고, 기일간 입장에서 진축파는 마땅하지 않다. 설령 卯가 발현되더라도 천간기운을 얻지 못하니 발달이 저해되거나 딜레마에 빠지게 된다. 능력에 비하여 발달하지 못하고 경제적·심리적으로 안정감이 떨어진다.
　庚辰대운은 甲庚충으로 庚을 辛으로 가공하여 신자진으로 돌리고, 辛巳대운은 辛을 얻어 사유축으로 가공하여 갑이 발현되니 성취감이 있다. 壬午대운은 丁丑·丁卯가 동하고, 丁壬-卯午로 구성된다. 뭔가 크게 이루려는 속성이 발동하지만 번거로움이 많게 된다. 동업으로 돈을 많이 벌었으나 壬辰년에 좋지 않게 끝내고, 다시 癸巳년에 개업하였다. 癸未대운에 갑갑증을 일으키고 불안감이 들면서 일을 하기 싫다고 한다. 丁癸-丑未로 기운을 돌리니 卯가 발동한 탓이다. 특히 戊戌년은 인오술로 구성되니 정신(천간)이 나간 형국이다. 병원을 정리

---

86) 卯未, 乙未, 己卯 등은 卯가 타인의 땅을 가진 꼴이다. 남의 땅을 기반으로 卯의 모양새를 꾸미거나, 남에게 내 것을 빌려주는 것과 관련이 있다. 건설·건축업, 부동산중개, 건물임대업 등이다.

하고 월급의사로 전환하려한다. 벗어나고 자유롭고 싶은 것이다. 卯卯 이중성을 가져야 안정감을 얻는다. 취미생활을 가지든지 왔다갔다하는 일을 찾아야 한다.

◆ 辛卯

辛은 甲으로 향하고, 卯는 申으로 향한다. 辛은 응집하고 卯는 분산하니 서로 방향성과 작용력이 다르다. 辛卯에 경이 투출하면 辛은 庚이 성취한 재물을 얻을 수 있다.

辛卯는 卯酉충 관계로 辛이 응집력을 발휘하지 못한다. 卯(입·말·몸·활동성)의 능력을 집약하여 펼치는 직업성이 좋다. 광고, 제조·가공, 금융, 통신, 조각, 서예, 보석, 조경, 의료, 교육 등이다.

辛卯일주는 일지를 극하여 배우자를 손상시킨다고들 한다. 그러나 신이 묘의 분산작용으로 작용력을 상실하고 묘유충으로 기운을 돌리기에 도리어 내조·외조의 경향이 있다. 남자는 특히 그러하다.

사주구성에서 하나로 집약되지 않으면 종교·철학적 성향을 보이고 안정감이 떨어진다. 乙酉도 마찬가지이다.

庚辛辛己 乾　甲乙丙丁戊己庚3
寅卯未酉　　子丑寅卯辰巳午

辛일간이 未월에 활동하기 어렵고, 未월에 해묘미로 경을 얻어야하니 발달하기 어렵다. 많은 금을 다스리고 목을 키울 수 화기운이 없다. 수기가 전혀 없는 未월에 卯酉충으로 물상을 가공해야 한다. 미월에 목이 강하지 않으니 금으로 발현되기는 쉽지만, 많은 금으로 목을 다듬으니 목이 손상되는 관계이다. 未월은 수를 채우거나 庚·申을 만나야 돌파구가 생기니 경인시주에 의지해도 갑경충 관계이다. 황무지와 다름없는 未에서 목(몸)을 깎아 금을 형성하니 요가를 전공하였다. 수화가 불미하니 정신세계를 추구하게 되고, 요가는 정신수련으로 정신세계로 환원·승화시켜 수화를 채우려는 의지이다.

丙寅대운 乙未년에 박사학위를 취득하여 丙申년에 요가학과 겸임교수가 되었다. 인사로 화기가 충만하니 금을 키우고 목을 살리게 된다. 특히 未申으로 통로역할을 하고 교육·종교·철학·학자의 모습이기에 발현될 수 있었다. 만약 목이 강하면 未월에 금으로 발현되지 못했을 것인데, 丙寅으로 화형이 되고 을미년에 목을 조절한 것이 이롭게 되었다. 한편 목이 약하면 금이 형성되지 않으니 卯일지를 벗어나면 성취할 수 없다. 辛卯로 일지를 극하여 재성 즉 배우자가 깨진다고 보면 안 된다. 목금으로만 구성된 사주체계에서 卯는 금의 씨앗과 같으니 辛卯는 떨어질 수 없는 관계이다. 부인의 도움으로 학업을 완성할 수 있었고, 부인이 경제적 능력 없이 공부와 심신수련에 몰두하는 남편을 뒷바라지 해주었기에 나름대로 성취를 이룰 수 있었다. 주말부부 형태로 지내다가 丁酉년에 합가하여 요가학원을 개업하였다.

◆ 癸卯

癸가 乙을 펼치는 癸丙 방향성이 구비된 간지이다. 묘는 癸의 영혼·정신이 발현된 모양새이다. 분산기운이 강하지만 정신·영혼·생명·학문적 성향이다. 卯는 癸의 식상이고, 癸卯는 천을귀인·문창귀인이다.[87]

계묘는 乙을 키우지만 결실을 내지 못하고, 을은 갑에서 나온 물상이니 안정성이 떨어진다. 능력은 있으나 결과가 부실하거나, 펼쳐놓고는 마무리가 약하니 성취도가 낮은 편이다.

---

[87] 천을귀인(天乙貴人) = 갑경무-축미, 을기-자신, 병정-오인, 신-해유, 임계-사묘.
　천을귀인은 가장 좋은 길신으로 지혜.총명, 인품이 있고 문장력이 있다. 좋지 않은 일이 있을 때 귀인의 도움이 있거나 전화위복이 된다고 한다. 다만 음양 천을귀인이 함께 있으면 길하지 않고 여자는 더욱 그러하다.
　문창귀인(文昌貴人) = 丙申, 丁酉, 戊申, 己酉, 壬寅, 癸卯.
　문창귀인은 총명해서 공부를 잘하며 글과 글씨를 잘 쓰고 학문과 관련된 높은 지위를 가질 수 있으며 모든 흉을 만나도 길하게 변한다고 하였다.

계묘일주는 배우자 인연이 불안하고, 의외로 종교·철학적 경향성이 강하다. 계묘월주이면 직업성이 불안정하는 등 해당 궁위의 불안정성을 내포하고 있다. 계묘 자체가 子卯형의 구조이기 때문이다. 특히 여자 癸卯일주 또는 癸卯월주는 삶이 편안하지 않은 경우가 많다.

丙·戊가 없으면 묘는 방향성을 잃고, 庚이 없으면 결실이 없다. 경을 보지 못하면 변동·미정으로 인한 이중·복합성이 더욱 심하다. 교육, 문학·학문, 창작, 예술·예능, 자유직업인 등 직업성이다.

乙卯는 몸(물질)을 이용한다면, 癸卯는 머리(정신)를 이용한 직업성이다. 乙卯는 의사·건축 등 직업에서 안정성을 얻는데, 癸卯는 학자타입이니 발달이 크지 않거나 인생굴곡이 있다. 계묘는 정신을 사용해야 하는데 현실세계는 물질이 우선되기 때문이다. 壬寅도 마찬가지이다.

戊癸庚丙 坤 癸甲乙丙丁戊己3
午卯寅午   未申酉戌亥子丑

癸일간이 寅월에 임했지만, 을경-묘오-인오술 구성이 완비되었다. 癸일간이 乙庚을 완성해야 하는데 乙이 없으니 卯일지에서 발현된다. 또 寅월에 癸일간이 수기를 채우니 자신이 가장노릇을 하거나 남편의 역량으로 삶을 이끌게 된다. 癸가 인월에 대운이 받쳐주지 않으니 자신보다 남편을 내조하여 가치를 얻는 것이 좋다. 묘오파가 해묘미를 인오술로 돌리니 남편의 덕이 있고 결혼하여 자식을 얻고 발복하는 구조인 셈이다. 묘오파로 가정을 깨뜨린다고 보면 안 된다. 다만 번거로움은 있고 자신이 수기를 채워야 하니 고충은 있다.

화가 왕하니 화로 목을 키워 庚을 얻는데, 금이 약하고 丙庚으로 붙어 있으니 庚이 손상될 소지가 많다. 丁亥·丙戌대운은 길흉을 떠나 庚이 손상되니 정신적·현실적 고충은 동반된다. 乙酉대운은 기다렸던 乙이 투출하고 인오술이 완전해지니 성과를 얻는다. 다만 卯일지가 발현된 것이니 자신 또는 배우자의 도화성도 함께 발현된다. 또 乙庚에 묘오-오유를 酉寅으로 가동하니 경거망동으로 실수실패를 하게 되는데, 월·일지에서 寅卯로 이어주니 불안정 속 성장이라 할 수 있다. 대박 아니면 쪽박이 되기도 한다. 이 여명이 불교신자로 종교에 의탁하고 乙酉대운에 사주상담을 시작한 것은 卯午의 도화를 정신으로 승화시켜 가정을 지키려는 의지라 할 수 있다. 甲申대운은 甲庚-寅申으로 庚寅월주가 발동하니 직업성취를 의미한다.

丙午-戊午로 년-시가 복음이니 전생의 업을 자식으로 갚는다고 할 수 있다. 丙午년주의 희생으로 戊午시주에서 인오술을 완성하는 연고이기도 하다. 조상을 섬겨야 하고 자식으로 인한 고충을 의미한다. 년-시의 복음을 돌려 고충을 해소하는 것은 덕을 쌓고 복을 돌려주는 일이다.

한편 이 사주는 庚이 중요하다. 만약 丁巳시주라면 癸와 庚이 제 모습을 갖추지 못하고 묘오는 도화성이 될 뿐이다. 사주간명에서 時를 무시하는 것은 위험한 발상이다.

◆ 甲辰

辰에 癸·乙이 있으니 甲은 이미 진행된 乙 자리에 앉은 꼴이다. 甲辰에서 甲은 힘을 발휘할 수 없고, 辰은 수기를 빨아들이는 甲을 거부하게 된다. 진에서 癸·乙을 조절하는 것은 巳로 전환하여 乙을 키우기 위함이다. 甲辰은 자체로 자묘형을 안고 있기에 본토(辰)를 떠나 자수성가해야 발달한다. 해당 궁위의 육친 인연이 약하다는 의미도 있다.

일 또는 시에 갑진이면 결혼생활이 불미하다. 甲辰일주는 일지에 乙 겁재를 두고 있으니 乙에게 빼앗기는 꼴이다. 특히 남자 甲辰일주는 배우자에게 안주하지 못하고 다른 이성을 찾는 경향이 있다.[88] 다만 년·월에 수기를 동반하면 부모음덕을 이어가고 배우자 덕을 보기도 한다. 진 중 계가 작용하여 갑에게 수기를 공급하기 때문이다.

---

88) 壬辰은 관성 자리에 癸겁재와 乙상관을 품고 있다. 여자 壬辰은 배우자에게 안주하지 못하고 다른 이성을 구하는 경향성을 보인다.

년 또는 월이 甲辰이면 부모와 일찍 이별하거나, 남 좋은 일하는 사람이다. 타인을 위주로 하거나 남을 위한 직업을 가지면 좋다. 사업을 한다면 바지사장 격이다. 군·검·경 등 공직에 어울린다. 만약 수기를 동반하면 壬癸甲으로 구성되어 교육, 상담, 세무, 감찰, 분석, 계산 등과 관련된 직업에서 발달한다.

예1) 庚壬甲丁 乾   예2) 癸丙甲壬 乾
　　 戌子辰未　　　　　 巳申辰子

두 사주는 진월에 수기가 부족한데 壬子를 얻어 진이 수기를 채운다. 수기를 얻은 辰 중 癸·乙이 작용력을 발휘되고, 壬의 수집능력과 癸의 분석능력이 甲으로 발현되니 은행원의 상이 된다. 다만 갑진에서 갑은 가치를 크게 하지 못하니 두 사주의 주인공 모두 지방금융·2금융권 은행원이다. 甲辰월주가 壬·亥를 동반하면 수집-분석능력으로 발현되니 예전의 직업으로 은행원이 많았다. 요즘에는 교수·교사, 평가사, 분석가, 평론가, 세무사, 설계사, 주식매니저 등으로도 발달한다.

위 두 사주는 같은 甲辰월에 壬甲-申子辰 구성이지만 그릇의 차이가 있다. 예1)은 丁未-甲辰으로 년·월 환경이 미비하고 壬子일주가 수기를 부담한다. 예2)는 壬子-甲辰으로 년·월에서 수기를 부담하고 丙申일주가 환경을 주도한다. 삶의 방향성과 배우자 인연이 달라진다. 예1)은 이혼하였고, 예2)는 부모음덕이 있고 부부애정이 원만하다.

예1)은 壬子일주가 수기를 담당하여 丁壬-申子辰으로 甲을 내야 한다. 壬일간은 진월이 마땅치 않고, 辰은 庚으로 발현되기를 원한다. 辰이 庚을 끌어들여 신자진으로 庚을 손상시킨다. 자식인연을 약하게 만들고 종교·철학에 관심을 갖는 요인이다. 특히 44세 己亥대운은 甲이 기반되고 壬이 동하여 辰에 입묘하고, 갑경-신자진이 발동하여 庚손상이 가중된다. 甲을 내는데 제약을 받고, 가정·직장 등 변화가 많은 운세이다.

실제로 이혼, 직장변동, 사주공부 등 변화가 많았다. 분석능력이 뛰어나기에 사주를 통찰하는 능력도 뛰어나다.

예2)는 丙일간이 辰월에 환경을 얻었고, 辰이 申일지를 얻어 신자진으로 구성된다. 년·월에서 임갑-신자진으로 수기를 채우고 갑을 내면, 일·시에서 辰월에 丙申일주가 계병으로 경을 완성한다. 癸丙-申子辰은 본위가 다르지만 목을 완성한다는 목적은 같기에, 丙일간이 辰에서 을경을 완성할 수 있다. 달리 말하면 계병으로 경을 완성하여, 신자진으로 갑을 내는 흐름이다. 진월에 부족한 수기를 壬子년주가 채워주니 부모음덕과 행운이 따른다. 부인은 커피숍을 운영하여 재물성취도 있다. 31세부터 戊申-己酉-庚戌-辛亥대운으로 金운이 이어지니 운세가 도와준다.

◆ 丙辰

辰은 수기가 필요한데 丙이 더욱 수기를 말린다. 辰에서 병을 내기 위해 乙·癸를 조절하는데, 병은 乙·癸의 분산작용이 필요하다. 딜레마에 빠질 수밖에 없다. 乙·癸가 조절되니 병이 발현되는데 시간이 걸리거나 조절력을 갖는다. 지지에서 辰巳로 우합이자 지망이다.

辰의 화려함·복잡성, 丙의 활동성·왕성함, 癸의 분석력, 乙의 활동성 등을 발현하는 일에서 발달한다. 분석, 평가, 기술, 영업, 네트워크, 인터넷, 광고, 공무, 해외의 상이다.

병진에 辛 또는 酉가 오면 丙辛·酉辰으로 금 물상이 입묘된다. 丙辛은 합하여 수에 저장하고, 酉辰은 합하여 금을 완성하는 속성이 있다. 辛이 병을 만나면 모습을 잃는 것이요, 酉가 진에 입묘하면 재관(물상)을 창고에 저장한다는 의미도 있다. 수기가 채워지느냐에 따라 丙辰의 모양새가 뒤바뀌게 된다.

丙辰일주는 壬·辛이 辰에 입묘하니 재관 작용력이 모두 통제되는 모양새이다. 乙·癸가 발동하면 丙이 활동력을 발휘하지만 배우자 애정이 불안해지기도 한다.

　　丙癸庚辛　坤　丁丙乙甲癸壬辛2
　　辰巳寅丑　　　酉申未午巳辰卯

癸일간이 寅월에 임하였으나 대운흐름이 양호하고, 癸丙庚-亥卯未로 구성되고, 寅巳-庚寅으로 동하니 寅午戌로 가동된다. 火로 木을 키워 金을 완성하여 신축에 담는 것이 寅월의 가치이다. 이 사주는 일반적 관점에서 일·시가 寅巳형-辰巳지망-수극화-일지공망으로 부부인연을 깨뜨린다고 볼 수 있다. 기상명리의 관점에서도 癸일간이 수기를 담당하고, 癸巳일주에 丙·庚이 투출하고 辰巳寅으로 손상되니 배우자 인연이 좋지 않다. 직업여성으로 살아가는 것이 바람직하고, 남편은 庚寅 모습이고 자신은 丙辰모습이면 부부애정에 문제가 없다고 보는 것이 기상명리 관점이다. 외부활동을 위주로 한 화장품 판매업에 종사하였으니 丙辰 모습이고, 남편은 庚寅으로 정제된 모양새이고 병진에 의지하니 내조형 남편이면 부부애정에 문제가 발생하지는 않는다.

이 사주는 많은 금을 가공해야 하니 인사형이 나쁘지 않다. 寅巳형·천으로 목 손상이 우려되지만 51세 乙未대운까지 木운이니 안정을 얻을 수 있다. 丙申대운 戊戌년에 새로운 사업을 구상하고 있다. 丙庚 환경조건에 寅巳申이 발동하여 庚이 눈 앞에 어른거리고, 戊戌년에 인오술을 구성하니 벌이려는 속성이 발동한다. 戊이 火·金을 조절하니 금을 완성하기 좋고, 戊丑辰으로 연결되니 시작하기에 좋은 시기이다. 어떤 직업성이든 바꾸고 변화를 통해 발전을 도모하는 것이 이롭다.

다만 시간이 지나면서 신자진으로 흐르게 되니 癸일간이 갇히는 형상이 될 수 있다. 달리 말하면 바꾸고 뒤엎지 않으면 흉함이 크게 작용할 수도 있음이다. 수기를 채우는 것이 좋으니 수와 관련된 행위는 흉을 해소하는 방법이다. 무릇 변화는 길흉·성패를 떠나 움직임을 통한 삶의 방향성을 성찰하는 기회이다. 변화에는 고통·아픔이 동반되니 고통·아픔이 없는 변화는 변화가 아니다. 설령 변화로 좋지 않은 일이 생기더라도 겪어야 할 흉함이라면 빨리 겪는 것도 행운이 아니겠는가.

◆ 戊辰

辰 중 癸·乙이 戊에서 분산작용을 하기 위해서는 수기가 필요하다. 수기가 부족하면 辰 중 癸·乙이 작용하지 못한다. 戊가 癸·乙을 품고 있으니 권력·재물에 대한 집착이 강하다. 戊가 辰(乙癸戊) 중 癸와 합하고 戊癸합으로 辰 중 乙을 밝히려하기 때문이다.

戊는 辰 중 癸·乙의 분산작용을 저지하여 자기 영역 안에서 펼치고 거두는 작용을 하니 辰戌과 유사하다.

戊辰 일주이면 편집증이 있고 배우자에 대한 집착이 강하다. 만약 癸 또는 乙이 투출하거나 酉·戌·丑 등이 오면 자신의 모습을 찾기 위해 벗어나려는 속성이 발동한다. 남녀 모두 부부 애정에 굴곡이 있거나 배우자로 인한 고달픔이 있다. 그로 인해 다른 이성을 찾는 경향을 보이기도 한다.

```
戊庚戊己  坤  乙甲癸壬辛庚己4
寅午辰酉      亥戌酉申未午巳
```
庚일간이 辰월을 득하고 인오술로 구성된다. 진월에 경을 가공할 癸·乙이 투출하지 않았지만, 戊辰이 효자역할을 한다. 戊는 癸·乙의 바탕이고, 무진은 진술과 유사한 작용이니 辰 중 癸·乙이 발현된다. 또 酉辰으로 끌어당기니 戌이 없지만 있는 것과 같다. 완전하지 않지만 부족함 중에도 조건을 갖추고 있다. 자수성가형으로 성실하고 노력하는 타입이다. 여명이 자수성가형이면 박복하다는 의미도 있다. 남편은 한량 같은 성향이고 이 여명은 가게를 2개 운영하면서 돈은 많이 벌지만 피곤하다. 庚午일주가 사주전체를 주관하니 남편이 도와주기는 하지만 피곤하게 만드는 타입이다.

辰월에 酉辰으로 水가 절실하지만 인오술로 구성되기에 수가 없어 곤궁하다 할 수 없다. 다만 부족한 수기를 채워야하니 주류·야간업소 등을 운영했었고, 지금은 PC방과 바닷가가 펼쳐진 장소에서 아이스크림 매장을 운영하고 있다. 종교에 의탁하고 있는 것도 水를 찾은 행위이다. 54세 甲戌대운은 甲이 투출하여 甲己합하니 乙이 작용할 수 있고, 인오술을 완성하니 크게 성취할 수 있을 것이다. 戊戌년에 남편이 운영하는 사업장과 자신이 운영하는 매장을 정리하여 크게 뭔가를 하려고 사업을 구상하고 있다.

◆ 庚辰

庚 물상이 辰에 입고하는 관계이다. 물상의 입고는 입묘보다 흉하게 작용하는 경우가 많다. 진은 경을 집어넣으려하고, 경은 진에 들어가지 않으려고 안간힘을 쓴다. 庚이 乙을 끄집어내고 乙이 진에서 벗어나 경으로 가려는 반발력이 작용한다. 이를 괴강이라 표현한다.[89]

한편 경이 진을 만나면 진 중 을이 자신의 뿌리이니 본원으로 돌아가려는 속성이 발동한다. 현실적으로 묶이는 상황에 봉착하는 것이다.

진은 신자진-해묘미 과정에서 목을 완성하고, 경은 인오술-사유축 과정에서 금을 형성한다. 서로 방향성은 다르지만, 진은 癸·乙를 조절·가공하고, 癸·乙는 庚의 뿌리이다.

庚은 癸·乙·丙을 통해 완성되기에 경진은 辰을 버릴 수도 없다. 경은 辰에서 자신의 근원을 얻은 셈이니 복잡하고 번거로운 과정에서 성취

---

[89] 괴강(魁罡) = 庚辰, 庚戌, 壬辰, 壬戌, 戊戌.
　괴강은 '하늘의 우두머리별'이라는 뜻이고, 귀신을 의미하기도 한다. 사주에 괴강이 있으면 지혜롭고 총명하며 과단성이 있다. 튀어나가려는 속성과 폭발력을 내포하고 있다. 개인성향이 강하고, 해외, 종교.철학 등에 인연이 있고, 삶의 형태는 극단성이 있다. 추진력과 결단력이 장점인데, 크게 터뜨리기도 한다. 이가 없으면 잇몸으로 하고, 모 아니면 도, 대박 아니면 쪽박이다.

하고 목적을 달성하게 된다. 경진에서 庚을 쓰는 사주는 딜레마가 많고 한 번에 성취를 이루지 못하는 경우가 많다. 더디고 현실적 보상이 적음을 의미하고, 가상을 통한 발현이라 할 수 있다.

경진은 설계, 디자인, 자격, 기술, 영업, 교육 등 乙을 이용한 직업 또는 임대, 복잡한 기계, 다양성, 초능력, 마술 등 드러나지 않은 癸·乙을 이용해 庚(결과)을 내는 직업, 장기적 안목의 직업성 등에서 발전이 있다. 인오술로 구성되면 성취를 이루지만, 申子辰으로 구성되면 경이 작용력을 발휘하지 못하고 엉뚱한 짓을 하기도 한다.

庚辰·辛丑이 동반하거나 자진축, 유진축 등으로 구성되면 금 물상이 묶여 나오지 못한다. 파작용이 크게 발동하는데 여기에 乙이 투출되면 辰 중 乙이 극상함으로 인한 흉함이 발생한다.

丁戊庚乙 乾　壬癸甲乙丙丁戊己1
巳申辰酉　　申酉戌亥子丑寅卯

戊일간이 辰월에 앉았으나 수기가 없는데 다행이 운에서 보충해주고 있다. 을경-신자진 구조로 흉한 구조인데, 다행이 巳申이 사유축으로 돌려주고 전체적으로는 인오술 흐름에 있다. 사주환경이 결함이 있는 듯하지만, 바로 잡아주면서 진월에 을경을 취하니 戊일간의 활동영역이다. 戊申일간이 辰 중 癸·乙을 庚을 형성하여 년·월에서 酉辰으로 辛을 담는 흐름이다. 다만 申 중 庚이 투출하여 乙庚으로 庚이 묶이고, 경진월주에 申辰酉로 묶이는데 乙이 투간되어 을경으로 乙이 묶인다. 인오술이 완비되지 않은 상황에서 신자진으로 가기 쉬우니 乙·庚이 손상될 우려가 많은 것이다.

대운에서 수기를 채워주는 것은 좋지만 乙·庚을 손상시키는 원인이 되기도 한다. 모든 게 완벽할 수 없는 것이 사주팔자이고 인생사이다. 丙子대운에 乙庚-申子辰으로 구성되니 乙·庚 손상이 현실화된다. 일하다가 허리를 다쳐 다리를 절게 되었다. 庚이 월간으로 투간되니 자신의 목적을 부인을 통해 달성하거나 부인이 직업적으로 발달하는 구조이다. 실제로 부인이 활동적이고 가세를 책임지는 형태이다. 사고 이후에 부인과 숙박업으로 재물을 향유하였다. 경이 입고된 형상 즉 辛의 모습, 다시 말해서 己모습으로 살아가기에 申子辰으로 재물성취는 있었던 것이다.

乙亥대운은 수기를 채우면서 해 중 갑을 내고, 甲午대운은 갑경-사유축으로 辛을 얻고, 癸酉대운은 丁癸로 기운을 돌려 사유축으로 운용된다. 이 남명이 불행 중 삶의 안정을 얻고 재물성취를 이룬 것은 천간기운-월지본위를 고집하지 않고 지지환경에 부합하여 살아가기 때문이다.

◆ 壬辰

壬은 응집기운이지만 水 본기로 펼치려는 속성도 있다. 辰은 양을 펼치는데 필요한 수기를 임이 채워주니 좋은 조건이고, 壬은 辰에게 수기를 빼앗기지만 자신의 가치를 얻는다. 비록 음양 본위는 맞지 않지만 상생관계에 있다. 壬辰월이면 가장 이상적인 배합이다.

壬은 辰에 자좌입묘하여 끊임없이 수기를 공급해야하는 의무를 진다. 치료·중화·조제, 한의사·약사, 의사·간호사, 공무원, 특수행정, 경찰, 언론·방송, 건축, 교육, 선생, 종교·철학, 봉사직 등에 어울린다.

壬辰에 癸酉·癸丑 등이 동반되면 임이 辛·酉 금을 품고 癸가 분산작용을 하니 조화를 이룬다. 壬辰에 壬寅·癸卯 등을 동반하면 임이 목을 기르고 癸가 목을 키우니 발달한다. 금을 품는 것보다 甲·乙이 투출하면 발달한다. 갑보다 을을 더 잘 사용하는 경향이 있다.

다만 임진에 수기가 충분하면 辰은 壬보다 癸를 찾게 된다. 壬 가치가 무력해지거나 쓸모가 없어지니 토사구팽 당하는 경우가 많다.

임진에서 壬은 시간이 지나면서 癸성향으로 바뀌기에 성격이 활발하고 대인관계가 왕성하다. 자신을 낮출 줄 알기에 귀인의 도움이 있는 것이 장점이지만, 육친인연이 변색되기 쉽다는 단점도 있다.

丙戌에서도 木보다 庚·辛이 투출하면 발달한다. 丙은 庚을 키우는 것이 목적이지만 辛이 오면 발달하는 경향이 있다.

壬辰이 酉·戌·亥 등을 만나면 壬속성이 발현된다. 해외인연, 멀리 떠나거나, 도화·음란성을 발휘하거나, 종교·철학에 의탁하기도 한다.

년·월이 임진이면 부모인연이 약하거나 삶의 바탕이 약한 격이다. 남을 돕는 삶에서 자신이 바로 선다.

壬辰일주는 배우자에게 고개 숙이는 꼴이니 배우자를 존중하는 타입이다. 때로는 수기를 채워주니 배우자를 쥐락펴락하기도 한다.

특히 여자는 癸겁재-乙상관을 암장하니 남편을 다루는데 능숙하고 다른 이성을 찾는 경우가 있다. 대기만성형이고 결혼 후에 발복한다.

丁丙壬辛 乾　甲乙丙丁戊己庚辛7
酉申辰卯　　申酉戌亥子丑寅卯

丙일간이 辰월 환경을 얻었으나, 정임-신자진 구성이다. 진월에 병이 주재하지만 수기가 필요하니 임진월주는 삶의 근원이 된다. 여기에 병신일주가 신자진을 가동하고 정임신이 주도하니 丁모습으로 살아가는 것이 바람직하다. 병일간이 진월에 卯辰천은 길하지 않으나 丁모습으로 전환하는 데는 도움이 된다. 갑이 투출하지 않은 것이 아쉬운데 진에서 辛·壬을 저장하여 卯辰으로 목을 가공한다. 辰이 많은 금을 조절하고 임이 수기를 공급하니 부모음덕이 있거나 살아가면서 행운이 따르는 사주구성이다. 만약 丙申일주가 신자진을 구성하지 않으면 丙이 丁으로 전환을 거부하게 된다. 申일지가 변색되지 않으면 삶이 곤궁하거나 배우자에게 불만을 갖게 된다.

다만 辛·壬이 주재하기 위해서는 신자진 방향성에 있어야 하고, 卯辰에서 卯가 손상되지 않으려면 癸가 투출되어야 한다. 임진을 직업으로 사용할 경우, 임-신자진에서 子를 끌어들이니 겁재를 이용한 직업성이다. 또 진월에 수기가 필요하니 壬辰월주가 직업성이고 辛을 辰에 담으니 국가에 비견되는 단체에서의 발현이다. 辰은 壬을 원하고 壬은 辛을 원하고 신자진은 계를 원하니, 국가·단체를 이용하거나 겁재를 이용한 임진의 직업성이다. 辰은 이중성·복합성 인자이고 壬·辛 즉 금수의 원활함을 다루니 윤활유 대리점을 운영하고 있다.

사주구성에 부합하는 직업성이니 경거망동하지 않고 한 길로 살아왔다. 申 중 壬이 투간되어 직업으로 사용했으니 부부인연이 좋게 발현된다. 壬은 丁을 찾게 되고 辰은 酉를 담으니 丁酉시주를 얻으려한다. 노년까지 활동력을 이어가고 경제능력을 발휘한다는 의미이다. 년·월환경이 종교·철학인자로 구성되고 丁酉시주에서 윤회를 직접 돌리니 50대 중반이후에 종교·철학에 관심을 가지지만 잘 사용하지는 못한다. 천간이 지지를 극하기 때문이다.

◆ 乙巳

乙은 생명체의 활동력이고, 巳는 乙생명력을 키우면서 庚열매를 품는다. 乙巳는 사방팔방으로 펼치고 새로운 것을 내기 위해 확산하는 형상이다. 양 본위 즉 인간세상의 범주에 있고 분산·확산작용이 가장 왕성한 간지이다. 십신으로 식상 성향이고, 巳는 乙의 상관이다.[90]

꽃(巳)을 피우고 열매(庚)을 감추고 있으니, '도화성-공공성'을 함께 내포한다. 도화성과 공공성을 아우르는 직업에서 성공할 수 있다. 의사·한의사·간호사, 검사·변호사, 정치, 교육, 무역 등 공공성을 띤 자유 직업성이다. 壬·癸·亥·子 등 水를 동반하면 종교·철학 등 정신적인 것을 추구하는 경향을 보이기도 한다.

乙巳는 목→금으로 전환하려는 의도이다. 지극히 현실적이고 물질(재관)을 추구하고 이성을 밝히는 경향이 있다. 대인관계가 왕성하고

---

[90] 상관 운에는 자식생산과 관련된 행위가 발동하는 운이다. 망신살 운에 연애를 잘한다는 의미와 상통한다. 망신살은 밖으로 내보내 달라고 조르는데, 실제로 떠나는 시기는 장성살이다. 乙의 도화성은 巳에서 발현되고, 巳의 도화성은 午에서 발현되는 것이다.

겉이 화려한데 외형보다 내실이 부족하다. 정신이 미성숙하거나 순수하거나 백치미 성향이 있다. 특히 여자는 남자에게 사랑받는다.

乙巳월주는 결혼에 관심이 없거나 결혼생활이 불미한 경우도 있다. 여자 壬·癸일주가 乙巳 또는 卯巳를 동반하면 더욱 심하다.

乙巳·卯巳는 壬·癸의 천을귀인 인자로 구성된 간지구성이다. 여자가 음양 천을귀인을 모두 취하면 애정적 굴곡 등 흉하게 작용하는 경향이 있다.

己癸辛乙 坤　丁丙乙甲癸壬4
未亥巳丑　　亥戌酉申未午

이 사주는 경향성이 극명하게 구성된다. 년·월은 辛-巳酉丑, 일·시는 癸-亥卯未 구성이다. 금을 가공하여 목을 내느냐 목을 가공하여 금을 완성하느냐를 결정해야 한다. 대박 아니면 쪽박의 삶이 되는데, 癸일간이 巳월환경을 얻고 巳월에 癸·乙이 투출되어 방향성을 잡을 수 있다. 여기에 지지 전체흐름이 해묘미로 구성되니 금을 가공하여 목을 발현하는 직업성에서 발달한다. 巳월의 목적은 乙을 키우는데 있고 최종적으로 庚을 얻는데 있다. 乙巳를 이용한 공공성 직업성이니 변호사다. 년·월에서 巳酉丑으로 가공하니 그릇이 큰 것이고, 일·시에서 亥卯未로 발현되니 개인적 성향이다. 프리랜서 직업성에 을을 끌어들이니 국가와 관련된 직업성이기도 하다. 남명이라면 정치인으로 성공할 수 있다. 이 사주에서 용신을 찾는다면 巳중 庚이다. 조직에서 이탈해서는 성취할 수 없음이다. 그래서 정치가 어울리고 변호사보다 검사가 더 좋다. 경이 투출하지 못한 것이 검사와 인연을 맺지 못한 원인으로 볼 수도 있다.

辛巳월주는 丙辛 구조이다. 巳월에 丙辛은 辛이 활동력을 상실하게 되니 이 사주에서는 길하게 작용한다. 부모의 음덕이 있음을 의미하고, 직업성취와 삶의 행운을 뜻한다. 다만 巳에서 庚을 내는데 시간이 걸리는데, 20대 초반 甲申대운에서 申

이 발현되니 뜻을 이루는데 도움이 된다. 甲이 투출되지만 甲 己합으로 未에 입묘하니 辛甲을 구성하지 않고 을경-사유축으로 폭발력을 갖게 된다. 행운이 따르는 운세이다. 다만 천간기운을 당겨쓰는 구성이기에 경거망동하지 말고 복록을 베풀어야 한다. 변호사라는 현실적 직업성보다 타인을 대변한다는 고전적 직업의식이 필요하다.

◆ 丁巳

丁巳는 丁이 巳겁재에 앉아 어울리지 않은 모습이다. 다만 丁은 丙에서 나오니 巳에서 뿌리를 얻은 격이고, 巳는 인오술 운동을 하니 丁 방향성과 부합한다. 丁 목적은 금 물상을 완성하는데 있기에 巳가 품은 庚을 키우려는 속성이 있다.

丁의 응집작용과 巳의 분산작용이 조화를 이루어 1차적으로 巳 중 庚을 단단하게 만드는 관계이다. 巳 중 庚이 감춰져있으니 재물을 암장한 상태이고, 丁이 암암리에 재물을 키운다는 의미도 있다.

丁巳는 발전의 상이고, 丁巳가 酉·戌·丑 등을 만나면 크게 성공하기도 한다. 巳의 쾌속성을 丁이 브레이크 역할을 하니 펼치고 거두는 작용을 잘하는 장점이 있다. 실속파이면서 화려함을 추구하기에 없어도 있는 척해야 한다. 다른 면으로는 절제된 아름다움이 있다.

관·조직·단체에서 성과가 있고, 프랜차이즈 또는 OM방식의 사업이 좋다. 전기, 전자, 통신, 인터넷 등 빠른 전파를 위주로 한 분야, 의사, 간호사, 군·검·경찰, 학자, 심리상담, 연애·연극, 예체능, 조경, 미용, 설계 등도 어울린다.

戊辛丁癸　坤　甲癸壬辛庚己戊10
戌亥巳卯　　　子亥戌酉申未午
辛일간이 巳월에 환경을 잃었지만, 丁·癸-巳·亥로 기운을 돌린다. 해묘미-사유축 관계에서 인오술 흐름으로 가야하니 辛

亥일주의 희생이 예상된다. 巳월에 丁·癸의 기운변화로 癸卯가 주관하게 되고 癸卯는 巳 중 庚을 취하려한다. 癸卯-丁巳로 巳 중 庚을 형성하여 辛을 완성하고 亥 중 甲로 발현되어 辛이 가치를 얻는 흐름이다. 辛亥일주가 戊亥로 辛甲을 시도하고, 巳월에 水가 필요하니 亥일지를 통해 甲을 내야 한다. 그런데 亥는 사해-술해로 무력하고 인오술로 향하니 해 중 갑을 내기 어렵다. 사해충으로 사 중 경이 발현되는 것이다.

辛일간은 해에 의지하여 갑을 내기를 원하는데 亥남편이 제 역할을 못하는 꼴이다. 무력한 남편에 대한 불만이 있게 된다. 못 살겠다 하면서도 놓지 못하는 것은 亥가 필요하고, 亥는 辛을 품기 때문이다. 辛을 풀어 甲을 내기 위해서는 亥일지가 필요하기에 남편과 함께 가게를 운영하고 있다. 巳월에 丁과 더불어 경을 키워야하니 겁재와 함께하는 것이기도 하다. 사업으로 보면 프랜차이즈 또는 OM방식의 사업이니 남편과 함께 프랜차이즈 뼈다귀 해장국식당을 운영하고 있다. 실질적 운영은 본인이 하고 있으니 丁巳의 직업적 성취 즉 가장의 모습이다. 30세 庚申대운부터 금운으로 사월의 목적을 달성하게 된다. 辛酉대운 乙酉년에 정신-사유축으로 구성되니 개업하여 돈을 많이 벌었다. 亥의 식당 물상은 해장국, 잡탕, 국밥 등이고, 辛亥이니 뼈다귀해장국이다.

◆ 己巳

己巳는 丁巳와 유사한 간지이다. 己는 丁에 비하여 응집작용이 강하기에 巳의 분산을 막는다. 己巳는 丁巳에 비해 재관활동이 약화되고 인성작용이 강화된다. 목을 끌어들여 활동력을 통제하기 때문이다. 甲이 오면 甲己합이 되고, 寅이 오면 寅巳형이 된다.

己巳에서 甲·寅이 손상되니 생명체의 손상을 의미한다. 달리 말하면 목을 끌어들여 조절하니 글, 그림, 서예, 작가, 만화가 등 직업성이다.

결국 巳 중 庚이 응집되니 군·검·경찰, 의료, 가공·제련 등 수술·가공의 상이다. 조직·단체, 항공, 통신, 전기·전자 등 巳(화·금)의 모양새를 다듬고 가공하는 직업 등에서 능력을 발휘한다.

```
己己戊壬  坤   辛壬癸甲乙丙丁9
巳丑申戌      丑寅卯辰巳午未
```

토가 많으면 조절능력이 좋은 반면에, 생각이 분산되어 결정력이 떨어지는 경향이 있다. 사주구성이 집약되지 않으면 방향성을 잃기 쉽다. 己일간이 申월에 앉았지만 사유축으로 구성되어 일관성을 유지하고 있다. 己일간이 申월에 앉았으니 戊입장에서 생각하고 행동해야 한다. 戊申월은 화가 필요하고 금을 형성하고자 하는 의지가 강하다. 己巳시주를 취하여 능력을 발휘함이 바람직하니 개인적 취향·취미와 관련된 직업성이다. 사유축을 기축일주에서 마무리하니 대외적 성공은 크지 않을지라도 알차게 성취하게 된다. 남자 또는 배우자의 도움이 있거나 결혼 후에 발복하는 경향이 있다.

丁酉년 현재 결혼하지 않고 연애·방송 작가로 유명한 인터테인먼트 간부로 일하고 있다. 己는 甲을 끌어들이려는 속성이 있고, 巳는 사유축으로 펼쳐진 화려함을 집약한다. 己巳를 작가의 상으로 발현시킨 것인데, 이는 戊申의 직업성과도 상통한다. 戊申은 불특정 다수를 대상으로 홍보하고 알리는 형상이다. 戊申-壬戌 년·월 환경은 부합하지 않는다. 직위보다 능력을 발휘하는 직능이 좋고, 명(名)보다 실(實)이 좋다. 큰 단체보다 작은 단체에서 없어서는 안 될 위치에 있는 것이 실익이 있다. 戊申의 펼치는 기운을 壬戌이 방해하기 때문이다.

39세 甲辰대운은 甲을 끌어들이고 丑辰파로 가공한다. 사유축의 모양새를 조절하여 신자진으로 목을 발현하니 작가로서 잠재력을 발휘할 수 있다. 설령 모양새는 작고 축소되더라도 폭발력을 갖게 된다. 부부인연은 약한 구조이지만 동종업계에 종사하는 사람과 배우자 인연이 있다. 사회활동으로 능력발휘하고 친구 같은 동반자를 만나면 불안정을 해소할 수 있다.

◆ 辛巳

辛은 사 중 경에서 나오고, 巳는 경을 품고 있다. 巳는 사유축 운동의 시작점이고, 辛은 巳酉丑 운동의 왕지이다. 다만 辛은 금을 응집하고 巳는 금을 펼치니, 巳에서 庚을 내어 辛을 완성하기 쉽지 않다. 乙亥와 마찬가지로 꿈은 원대해지는데 세속적 성공에 시간이 걸린다.

辛은 자신의 뿌리를 얻은 셈이다. 辛은 스스로 빛나려하고 巳의 도화·인기성은 辛을 빛나게 한다. 축소된 대인관계에서 인기성을 발휘한다. 자신이 이성을 찾기도 하지만 이성에게 인기가 좋고 이성을 불러들이는 힘이 있다. 배우자 인연은 원만하지 않음을 예고함이다.

辛巳는 비겁을 품고 있으니 주위 도움도 있고 타인으로 인한 손해도 동반한다. 방어본능이 있고 받으려는 속성은 강한 반면에 베푸는 행위는 약하다. 공주타입이거나 얌전한 고양이 부뚜막에 먼저 올라가는 격이다. 겉으로 판단하기 어렵다는 점에서 辛亥와 유사하다.

巳 입장에서 辛은 장성살에 해당하기에 현실적으로 복잡해진다. 케케묵은 일이 드러나거나, 해결됐던 문제가 다시 불거진다. 반면에 복잡하고 묶여 있던 일들이 풀리기는 한다.

辛巳에 수기가 없으면 辛은 巳에 의해 달궈져 예리해진다. 배우자 인연이 왜곡되거나, 우울증·조울증 등 정신건강에 이상이 있거나, 비겁으로 인한 재관 손실이 발생한다.

辛巳은 丙辛관계이다. 丙辛은 무의·음란지합으로 언제든지 무너질 수 있다. 申이 오면 巳申합으로 巳가 庚을 키우느라 辛을 버리거나 떠나게 된다. 도리어 금이 왕하여 금생수하지 않으니 辛은 申 중 壬을 얻지 못하는데, 이것이 금왕의 巳申형·합이다.

　　丙辛癸丁　坤　庚己戊丁丙乙甲 8
　　申巳丑未　　　申未午巳辰卯寅

辛일간이 축월에 앉았고, 축월에 丁·辛이 주재한다. 일·시가 丙辛-巳申구성이고 지지전체가 사유축에 있으니 丁壬(丁辛)-사유축으로 구성된다. 그런데 丁癸-丑未로 기운을 돌리니, 丙庚-인오술로 전환하려한다. 癸丙 방향성으로 가자니 丙辛이 걸림돌이고, 丁壬 방향성으로 가자니 巳申이 걸림돌이다. 축월에 갑을 내야하는데 甲·寅이 없고 壬도 없으니 목을 키우지도 못한다. 巳申형·합이 발동하니 금생수하지 않으니 금(재물)을 손에 쥐고 놓지 않는 꼴이다. 丑월에 丁辛이 투출되었으나, 甲·寅으로 발현되지 못하니 丑창고에 금을 채우려는 욕구가 강하다. 더불어 선천기운(년·월)은 충으로 동하고, 후천기운(일·시)은 합으로 묶인다. 辛→甲, 丑→寅으로 발현되어야하니, 덕을 베풀지 않으면 발달할 수 없다는 것이 이 여명의 숙명이자 삶의 방향성이다.

丑월에 丙을 원하고 丙시간은 巳일지로 내려와 있다. 사일지가 투출하여 丙辛합을 이루고 병신-사신으로 다시 일지로 끌어들인다. 巳申으로 巳가 申으로 향하니 辛이 巳酉丑으로 다시 巳를 끌어들인다. 辛일간은 병신으로 묶이니 갑갑하지만, 申 중 壬을 얻어야하기에 巳일지를 놓지 못한다. 남편·자식에 대한 집착이 강하거나 남편의 대외활동력이 왕성하지 않는 경우가 많다. 辛일간-癸丑월주에서 酉子파를 가동하니 보험설계사로 일하고 있다. 이런 경우에는 경제적 안정도 중요하겠지만 남편을 돕기 위해 자신이 생활전선에 뛰어드는 경향이 있다. 병이 투출하여 부부인연이 약하다고 보면 안 된다.

丙辛과 巳申은 좋은 관계이지만 기반되는 경우가 많고 丙·巳이 손상되는 관계이다. 辛巳는 사유축에 대한 의지가 강하기에 집착이 강하고 내놓지 않으려는 속성이 강하다. 丑창고를 비우지 않으면 채워지지 않음을 자각해야 한다. 무릇 창고는 열고 닫음이 원활해야 곡식이 썩지 않고 가치를 찾는다. 사주구성에서도 여닫는 모습을 잘 살피면 성패가 보인다.

◆ 癸巳

 癸丙의 방향성이 그대로 표상화한 간지가 癸巳이다. 癸가 巳에서 목적을 달성하고 巳는 乙을 통해 庚에서 가치를 실현한다. 癸는 천을귀인을 얻은 격이고 정재를 깔고 앉은 형상이고 괘상으로 수화기제이다. 음양이 조화를 이루고 기상흐름이 완전한 간지 중 하나이다.

 癸巳는 壬午와 더불어 재관쌍미격(록마동향일)이라 하여 귀하게 본다. 특히 癸巳는 庚인성을 품었기에 명예를 소중히하고 학문(인성)적 성찰과 교육적 성향이 있다. 정관(戊)·정인(庚)·정재(丙)을 모두 갖추었으니 재관이 안정되고 배우자 인연이 원만하다.91)

 만약 癸巳가 巳酉丑으로 구성되면 癸가 사유축에서 힘을 상실하고 巳 중 庚이 무력해진다. 유자파가 발동하니 대박 아니면 쪽박이 될 수 있다. 금을 가공하거나 목을 발현되는 환경에서 대박을 터뜨릴 수 있지만, 금을 저장해야 하는 환경이면 쪽박을 차기 쉽다.

```
戊癸壬癸  乾  乙丙丁戊己庚辛7
午丑戌巳      卯辰巳午未申酉
```

 癸일간이 戌월에 환경을 잃었고, 술월에 임이 주재하고 무계로 묶이니 계일간이 주관할 환경이 아니다. 다만 대운이 癸활동환경을 제공하고, 인오술을 가동하니 삶의 방향성은 제시되어 있다. 戌월에 화가 필요하고 癸는 병으로 향하니 인생의 포인트는 癸巳년주에 있다. 국가에 비견되는 단체에서 명예·학문적 성향이니 대학교수이다. 계축일주는 酉子파로 자신을 가공하여 인오술-사유축으로 壬이 주도하는 환경에서 성취를 이루어야한다. 戌丑 중 辛을 壬이 저장하여 丑에서 甲을 내야 癸의 가치가 실현된다. 丙辰대운에 癸丙-辰巳로 인오술이 발

---

91) 癸巳와 壬午는 모두 재관을 품고 있다. 특히 癸巳는 재·관·인을 모두 갖추고 있기에 재관이 스스로 따른다는 점에서 壬午보다 가치가 크다. 壬午는 재관을 갖추었으나 인성이 없으니 재관을 쫓는 경향이 있기 때문에 계사에 비하여 굴곡·등락이 있을 수 있다.

동하니 명예를 높이는 직책을 얻었다.

월지환경에 부합하는 직업이기에 癸일간이 癸丙-巳戌로 인오술을 바탕으로 삼게 되었다. 여기서 丑戌형이 기운을 돌리고, 巳가 戌에 입묘하니 인오술로 갈 수 있다. 丑 중 癸가 투출되었지만 癸巳를 직업성으로 사용하니 가정생활은 원만하다. 수화기운은 충족되어 있는데 목금물상이 없으니 불안하고 성과를 내는데 제약이 있다. 그래서 사립대학교수다. 축일지에서 금을 가공하여 목을 발현시켜야하니 자수성가해야하고 부인의 도움을 원한다. 그런데 오축-술축으로 금이 묶이니 목이 발현되기 어렵다. 부인에게 만족하지 못하거나 부인을 두려워할 수 있다. 스스로에게 만족하지 못하고 항상 노력하는 타입으로 자신 스스로 일을 챙기고 타인을 배려하는 성격이다.

이 사주에서 몇 가지 되새겨보자. 일간이 월지환경을 잃었더라도 천간구성이 부합하고 운에서 환경을 만나면 성취를 이룰 수 있다. 이런 조건에서 월지가 년·일과 충·형·파·해 관계에 있으면 운의 흐름을 바꿀 수 있다. 또한 癸가 壬겁재를 옆에 끼고 있지만 癸에게 壬은 비견작용을 한다는 것들이다.

◆ 甲午

甲은 응집을 풀고 나온 목 본기이고, 午는 목→금으로 가공하는 응집작용이다. 갑은 丑 중 辛에서 발현되고, 丁(午)은 경을 가공하여 辛을 완성한다. 甲과 午는 辛이라는 근원적 속성은 같지만 방향성은 다르다. 甲·丁은 목생화 관계인데 물상의 흐름은 丁에서 甲이 나오니 환경에 따라 삶이 왜곡될 수 있다.

갑오는 음 본위 환경이 주어지면 발전을 주도하게 된다. 甲午가 壬·辛을 만나면 辛을 가공하여 甲을 내는 관계에 부합하니 발달한다. 다만 午에서 甲이 나오기까지 상당한 시간이 걸리기에 발달이 느리거나 늦게 발복한다. 장기적 안목으로 삶을 바라보는 혜안이 필요하다.

甲午에서 午 중 己는 갑의 터전이다. 己가 투출하여 甲己합이 되더라도 기반되지 않는다. 양 본위이면 왜곡·굴곡이 있을 수 있다.

갑오는 한 번에 이루지 못하거나, 잘 나가다가 깨뜨리고 다시 시작하는 아픔을 겪는다.

특히 갑오일주는 甲은 오에서 나오니 午를 놓을 수 없고, 午는 갑이 최종목적이니 갑을 버릴 수 없다. 자신의 능력이 미비하고 배우자에게 의지·내조하는 성향이다. 여자는 가장노릇으로 돈 벌면 남편이 털어먹는 경향이 있다. 금이 왕성하면 甲을 내기 어려운데 인오술로 금이 형성하니 방향성을 잃고 헤매거나 왜곡·굴곡이 동반되는 것이다. 갑오일주가 戌월을 만나면 더욱 심하다.

午의 조절로 심사숙고한 끝에 甲이 나온다. 교육, 필설, 전문기술, 예술, 디자인, 장식, 설계, 목공, 건축·토목 등 가상·가공 직업성이 어울린다. 만약 현실지향적이거나 탐욕을 부리면 불법·탈법·위법에 가담할 수 있다. 구설수에 휘말리거나 인생굴곡을 경험할 수 있다.

乙甲丁乙 乾　庚辛壬癸甲乙丙9
丑午亥巳　　辰巳午未申酉戌
戌월에 丁이 주재하고 화가 필요하니 丁亥월주가 삶의 바탕이다. 丁亥에 甲이 투출되니 丁壬-巳酉丑 구조이다. 그런데 일주가 甲丁-甲午로 구성되고 대운이 丙戌로 시작되니 선천환경에서 이미 甲일간이 매몰된 형국이다. 여기에 午亥로 갑이 발현되기 어렵게 만든다. 달리 말하면 가상·허상을 통한 자기실현이다. 년·시가 乙복음이고 午가 월간으로 발현되니 배우자·자식인연이 왜곡됨을 예고한다. 乙겁재가 년간에 자리하니 근원적으로 타인에게 빼앗기는 상이기도하다. 명예에 집착하거나 음덕·행운을 기대하면 발전하지 못하지만, 선천기운을 보충해야하니 정신을 소중히하고 덕성을 가져야한다.

亥월에 甲이 발현되기 위해서 丁이 필요한데 午亥로 암합하니 배우자에 대한 집착-번거로움이 동시에 일어난다. 한번 실패를 겪는 아픔이 있고, 다시 재개하는 상이다. 이혼했지만 좋은 배우자를 만나 재혼생활에 만족하고 있다. 丁壬(丁亥)으로 甲을 내고 甲丁-甲午-인오술로 가공하니 도시설계기술사이다. 癸未대운은 癸乙-亥卯未가 주관하니 좋지 않았다. 49세 壬午대운은 丁亥-甲午가 동하니 직업변화이고 자신만의 것을 만들려한다. 40대에 실패를 겪고 재기하려는 의지이다. 丁酉년은 사유축의 중간단계로 巳에서 계획한 바를 실행하고자 한다. 사업체를 직접 운영하려고 준비했지만 실행에 옮기지 못했다. 丁壬-午亥가 발동하기 때문이다. 주체적으로 뭔가를 하고 싶은데 丁·午가 亥를 붙드니 여러 군데에서 사업제의가 있었고, 결과적으로 직업궁만 들썩거리고 마음만 동했을 뿐 기회를 잡지 못했다. 戊戌년에 묶이는 것이 두려웠을 수도 있다. 辛丑년은 辛巳대운을 바라보는 시점에 있다. 辛이 투출하고 사유축으로 완성하니 원하는 결실을 얻을 수 있다. 乙未년에 행한 일들이 해결되거나 마무리되면서 보상을 얻게 된다.

◆ 丙午

丙이 펼친 기운을 丁이 거두어들이는 관계로 午성향이 그대로 발현된 간지이다. 丙은 본질을 얻고 丁은 근원을 얻은 격이다. 丙丁과 달리 丙午는 丙이 천간에서 기운을 펼치면 午가 지지에서 물상을 완성하려고 시도한다.

丙午와 丁巳는 모두 분산-응집을 통해 금을 완성하려고 시도한다는 점에서는 같다. 무한정 확산하는 丙의 질주본능을 丁이 브레이크 역할을 한다. 비록 겁재를 안고 있지만, 겁재를 이용한 재관 성취를 이루는 타입이다. 丙午·丁巳는 펼치고 거두는 작용이 원활하기에 겉보다 속을 채우는 건실함이 있다.

丙午는 인오술로 금물상을 완성하는 흐름이라면, 丁巳는 사유축으로 금물상을 완성하는 흐름이다. 丙午는 庚이 목적이라면, 丁巳는 辛이 목적이다. 丙午는 庚이 투출되어야 하지만, 丁巳는 巳 중 庚을 품고 있다. 재관성취의 안정성에 차이가 있다. 丙午는 丁巳에 비하여 실질적 재관성취가 낮거나 안정성이 떨어지는 편이다.92)

丙午에 庚이 투출하면 교육, 의료, 기술 분야 등에서 발달한다.

丙午에 辛이 투출하거나 수가 부족하면 종교·철학적 성향을 보인다. 해외 등 멀리서 구하는 일에서 흉이 해소되거나 발전한다.

庚癸丙丁　乾　己庚辛壬癸甲乙1
申卯午未　　亥子丑寅卯辰巳

이 사주를 조후론으로 보면 丙午월이니 수가 절대적으로 필요하다할 것이고, 격국으로 양인격이니 군인·경찰이 좋다거나 피를 본다고 해석할 것이다. 이를 기상명리 관점에서 보자.

癸일간이 午월을 득하고 癸丙庚으로 구성되어 있다. 丙午월주로 기둥을 세우고 卯午파로 인오술을 구성한다. 오월은 수가 필요하지만 강할 필요가 없으니 癸일간이 수기를 채우는데 문제가 없고, 화가 강하지만 庚申시주가 록을 세우니 화생금으로 금을 가공한다. 丙午는 금(재관)을 펼치고 거두는 작용을 하니 금이 없으면 재관성취가 불투명하고, 수기가 없으면 경(재관)을 완전하게 하지 못한다. 午월은 丙·庚이 주도하여 乙→庚을 완성하는 환경이다. 癸卯일주가 午월애 인오술을 구성하니 발전의 상이다. 乙이 투출되지 않았는데 卯일지에 임하니 배우자 덕이 있고, 乙이 투출되지 않고 병경이 투출한 상태에서 卯申 암합하니 흉하게 작용하지 않는다.

부모유산을 받아 땅에 투자했는데 대박이 난 것은 丙午월주가 바로서기 때문이다. 丙午의 펼치고 거두는 행위로 庚申(재물)을 챙기는 형태이다. 형제들에게 돈을 빌려줘서 사업을 하게 하고 일정 이익금을 챙기고 있다. 병오-경신으로 간여지동의 모양새이다. 이 남명은 卯午-卯申으로 깨뜨릴 수 있는데, 이

---

92) 丙午일주는 양인격이니 겁재 성향이 발동된다. 배우자·자식인연이 약하고 배우자 또는 자식에게 사전증여함으로써 인연을 이어가는 경향이 있다.

자·이익금 등이 들어오면 돈을 챙기지 않고 남에게 빌려주거나 투자하는 자금운용으로 복록을 지키고 있다. 악덕 사채업자가 아니라 형제·지인에게 투자하고 계모임을 주도하여 이익을 챙기는 정도이다. 돈을 떼이지도 않고 축적하였다.

이 사주는 환경조건은 좋지만 금을 저장할 창고가 없는 것이 흠이다. 辛丑대운에 丑창고가 들어오니 재물성취가 좋았다. 무엇보다 평생 별 다른 직업 없이 재물을 모을 수 있었던 것은 창고를 억지로 만들려하지 않고 형제·지인들을 재물창고로 삼았기에 가능했다.

◆ 戊午

戊午는 丙午와 마찬가지로 양인격에 해당한다. 丙은 펼치고 확산하는 기운이라면, 戊는 분산·확산을 조절하는 토이다. 戊가 분산·확산하는 기운을 조절·통제하고, 午는 분산·확산된 기운을 응집하여 하나로 집중하는 성질이 있다.

무오에 목 또는 금이 없으면 목적성이 뚜렷하지 않고 역동성이 떨어진다. 乙·庚이 투출하거나 寅午가 동반되면 목적성을 뚜렷해진다. 乙·庚이 투출되지 않아도 인오술(해묘미)을 완성하면 성과를 크다.

戊는 인오술 과정의 바탕이고, 午는 인오술 운동의 왕지이다. 설령 목·금이 없더라도 분산-응집작용으로 금을 만들어내는 능력이 있다.

丁戊癸乙　坤　己戊丁丙乙甲9
巳午未卯　　　丑子亥戌酉申

천간은 戊癸乙로 목을 펼치고 지지에서 해묘미로 목을 완성한다. 巳午未방국-未월에 庚·申이 없으니 돌파구가 없는 형국이다. 병경이 없으니 을묘를 통해 사 중 경을 얻으려한다. 戊는 癸·乙의 바탕이지만, 戊癸가 붙어있으면 乙·丙을 생하는 것을 잊어버린다. 戊癸-癸未로 癸작용력이 불미하고 癸乙형으로 乙

성장이 저지당한다. 乙卯-癸未-戊午-丁巳로 목을 가공하여 금을 얻으려는 의도가 확실하지만, 乙卯자체가 모습이 완전하고 庚·申이 없는 상태에서 巳 中 庚을 얻는데 시간이 걸린다. 戊午일주가 직접 인오술을 가동하려한다. 乙卯에 庚이 없으니 총알은 많은데 총이 없는 꼴이고, 씨앗은 많은데 심고기를 터전이 없는 형국이다. 이리저리 돌아다니고 이것저것 손댄다. 주위를 기웃거리고 한방을 노리는 경향이 있다.

午 中 丁이 투출하고 사오미로 연합하니 배우자 인연이 약하다. 丙戌대운은 乙을 키우고 인오술로 경을 얻기 좋은 환경인데 巳가 입묘하니 庚을 얻기 어렵다. 사업실패 등으로 부부가 서류상 이혼하고 같이 살고 있다. 그래도 인오술 환경에 있고 庚寅년·辛卯년에 금이 투출하니 프리랜서로 일하면서 경제적 실익이 많았다. 壬辰년에 丁壬으로 목을 내려하고 壬乙로 가공하니 위법·편법으로 크게 먹으려는 속성이 발동하고, 辰巳로 사유축을 부추긴다. 대출·차용·동업 등으로 타인의 자금을 이용하여 상가주택건물을 매입하고 식당을 개업하였다.

丁亥대운 들어서 3~4차례 간판을 바꾸고 종목을 바꾸었지만 그런대로 잘 유지하고 있다. 丁亥대운은 수기를 채워주면서 해묘미를 완성하니 천간기운 흐름과 부합한다. 대박은 아닐지라도 안정감을 얻게 된다. 서류상 이혼하고 부부가 함께 식당을 운영하는 것은 丁巳모습이고, 식당은 남편이 실질적으로 관장하고 본인은 프리랜서로 돌아다닌다. 戊午·丁巳의 모양새이다.

◆ 庚午

午가 인오술로 庚을 완전하게 형성하는 관계이다. 경은 까다롭고 민감한 금 물상이다. 庚은 화에 의해 성장하고 외형을 갖추지만 庚속을 채우기 위해서는 水가 필요하다. 화가 강하면 경이 손상되고, 수가 강하면 경이 익지 않는다.

庚은 깔끔한 것을 좋아하니 성격이 까칠하거나 결벽증이 있다. 水火 조절이 되지 않으면 두드러지고 정신이상 증세를 보이기도 한다.

庚午일주는 잘난 배우자를 두거나, 자신이 잘 난체 한다.

庚午월주이면 水가 있어야 한다. 자신만의 화려함을 추구하고 폼 나게 써먹으려한다. 능력도 있고 행운도 따르는 편이다. 庚을 키우기에 사업적 성향을 보이지만 단체를 통해 번영·발전을 도모하는 것이 좋다. 정치, 상업디자인·상업광고, 상업예술(예능·연애·음악·무용·미술·조형·모델) 등 독특하거나 크게 활용하는 직업성이다.

丁癸庚己　坤　丙乙甲癸壬辛4
巳亥午未　　　子亥戌酉申未

癸일간이 庚午월주에서 경을 형성하겠다는 의지가 확고하다. 해묘미-사오미로 丙庚 방향성이다. 癸-庚午 조합은 좋은데 기묘년주가 응집하니 년월 환경이 부합하지 않고, 일·시에서 丁癸·巳亥로 기운을 돌리는데, 대운이 음 본위로 흐르니 신자진으로 되돌려진다. 계는 乙을 얻어야 경을 완전하게 하기에 해 중 갑에서 乙을 얻기 위해 巳亥로 인오술로 향하려하고, 丁은 亥에서 갑을 내기 위해 巳亥충으로 신자진으로 돌리려한다. 亥일지는 이러지도 저러지도 못하는데 午亥로 사유축-신자진으로 끌려가니 癸일간이 경을 내기 어렵다.

亥일지가 가장 필요한 인자인데, 丁壬-午亥로 암합하고 巳亥로 방향성을 바꾸니 변색이 심하다. 아직 결혼하지 못한 상태이다. 특히 인생의 황금기인 甲戌대운에 해 중 갑이 투출되고 인오술을 형성하니 정상적인 방법으로 성과를 얻기 어렵다. 庚午는 불법·편법 등에 스스로 가담하지 못하니 발달이 저해될 수밖에 없다. 여명이니 더욱 그러하다. 庚午월주를 취하니 미술을 전공했지만 성취가 크지 않다. 乙은 없고 화가 왕하여 경이 손상된 탓이기도 하다. 庚손상은 직업 또는 부모(아버지)의 손상으로 나타나기도 한다.

다만 甲戌대운에 亥일지가 동하고 丁巳시주가 동하니 배우자 인연을 구할 수 있다. 庚子년에 경이 투출하니 배우자 인연을 잡는 것이 좋다. 자식을 얻어야 안정될 수 있고, 그럼으로써 乙亥대운에 해묘미로 돌릴 수 있다. 그렇지 않으면 해묘미로 乙이 기반되어 庚을 보호하지 못한다.

이 사주는 일간이 월지를 얻었기에 지지환경을 제대로 보지 못하니 발달이 더디고 삶에 대한 의지도 강하지 않다. 더구나 丁癸·午亥로 午간섭이 심하니 환경을 인식하지 못함이다.

◆ 壬午

壬은 흐르고 떠도는 속성이 있고, 午는 끌어들이고 응집하는 속성이다.[93] 흐르다 머물고 머물렀다 다시 흐르는 모양새이다. 丁壬 관계로 辛을 품은 안정된 모습으로 재관(丙己丁)을 품었기에 癸巳와 더불어 재관쌍미(록마동향일)라 칭한다.

여름의 수와 겨울의 화는 강할 필요가 없다.[94] 壬午월에 수가 많으면 재관쌍미가 아니라 도리어 삶이 곤궁해진다. 종교·철학·학문 등 정신적인 것을 추구하거나, 해외 또는 먼 곳으로 떠나게 된다. 기술을 위주로 한 자기성취를 보아야 한다.

丙乙壬庚　坤　乙丙丁戊己庚辛3
戌亥午子　　　亥子丑寅卯辰巳

乙일간이 午월에 丙庚으로 구성되어 천간환경이 양호하다. 壬午월주는 이상적이나 壬·亥·子로 수가 많으니 을경을 완성할 수 없다. 壬午 재관쌍미격이 박복으로 바뀐 것이고, 월주간지가 완벽한 여명은 능력발휘는 좋지만 배우자 인연 등 삶이 왜곡될 여지가 있다. 壬이 투간되고 壬午-午亥로 암합하니 더욱

---

93) 午년에 벌리거나 크게 투자하면 손실이 있게 된다.
94) "今人不知命理, 見夏水冬火, 不問有無通根, 便爲之弱", 『子平眞詮』.

그러하다. 여기에 壬乙로 연접하니 불법·위법의 상이 된다. 자신 또는 배우자의 외정, 음란이 복잡함을 의미한다.

丁丑대운 丁亥년에 이혼하였다. 丁丑대운에 해자축으로 해가 동하고 정임이 합하고, 丁亥년에 또다시 亥가 발동하여 정임-오해 암합한다. 수가 왕하여 목을 내지 않는 상황에서 난잡한 음란지합이 되었다. 이혼하고 얼마 지나지 않았음에도 재혼하기를 원했고 동거하였다. 壬乙의 위법성으로 발현되니 수치를 모르고 염치가 없다. 한편 丁丑대운은 丁壬-巳酉丑으로 구성되니 방향성이 왜곡되지만, 금을 완성한다는 의미는 있다. 庚子년주를 끌어들여 축에 담으니 가정을 파하였고, 그 연후에 공인자격증을 취득한 것과 금을 완성한 것과 같다.

여기서 壬午를 재관쌍미격 공식으로 적용하면 오류를 범한다는 점, 천간구성과 일간-월지가 부합하더라도 수화기운이 조절되지 않으면 목금물상이 완성되지 못한다는 점을 상기하자.

◆ 乙未

乙이 未에 입고하고 묘오파 관계이다. 을이 미에 붙들려 경을 보지 못하는 답답한 상황이다. 乙활동력에 제동이 걸리니 벗어나려는 속성이 발동하고, 乙은 메마른 未에서 벗어나 살아남기 위해 물을 찾아 밖으로 나돌게 된다. 그렇지 않으면 활동력을 제약당한 채 무능하거나, 활동장애, 애정문제, 수술·가공 등의 문제가 야기된다.

입고의 답답함에서 벗어나려는 몸부림은 乙未가 辛丑보다 강하다. 정신(학문)적인 것을 추구하거나 종교적 성향을 갖기도 한다.

乙未는 庚·申을 만나야 돌파구를 찾는다. 수기를 채워 금 물상을 형성해야 하지만, 사주구성에 따라 乙을 강화해야 할 때도 있다. 을미에서 목을 강화하면 성공 뒤에 왜곡·굴곡을 초래할 수 있다.

乙未구성에서 庚을 얻는 환경이면 乙은 식상을 발휘하여 기존의 틀을 깨고 성취를 이루게 된다. 반대로 辛甲의 흐름이면 乙은 성향(작용)을 잃고 甲 모습을 대용하여 살아가야 한다.

　乙未에 甲(寅)이 투출되거나 戌이 오면 손재, 명예실추, 사건·사고, 장애, 불임·난산·유산, 생명 등 목 손상이 발생한다. 甲戌에 乙(卯)이 투출되거나 未가 와도 마찬가지이다. 갑술·을미가 동주하거나 갑술 또는 을미에 묘술미 또는 오술미로 구성되면 목 손상이 가중된다. 木 입고로 인한 활동장애에 戌未파가 발동하기 때문이다.

　乙未일주는 未가 乙을 말리거나 乙이 未를 극한다. 배우자로 인한 고충이 있거나 배우자를 극하게 된다. 庚·申이 동반되면 성취를 이루고 부부애정에 안정을 얻을 수 있다. 만약 금이 왕하면 乙활동력이 상실되어 무능력해지기도 한다.

　乙未는 丁卯의 직업성과 유사하다. 庚 또는 申을 얻으면 도화성 또는 프리랜서 직업성으로 발현된다. 乙의 재능(손재주)와 丁의 조절·가공능력 즉 묘오파를 이용하면 발달한다. 전기·전자, 조각·석공, 한전, 전력·전기수리, 전문기술, 건축·토목, 글, 그림·미술, 예술, 의사, 간호사, 교육·학문·선생, 부동산, 무역 등 직업성이다. 庚이 동반되면 도금, 금융 등 금을 가공하는 일에서도 발달한다.

　己己乙辛　坤　壬辛庚己戊丁丙5
　巳未未丑　　　寅丑子亥戌酉申
　己己未未丑으로 己土 인자로 구성된 사주이다. 己일간이 未월에 응집작용을 강화하고, 수기가 없는 메마른 乙未에서 乙이 입고하여 목이 발현되기 어렵다. 未월에 수기를 채우든지 巳 중 庚을 취해야 한다. 乙-辛 丑-未로 년·월이 동하여 사유축-신자진으로 방향을 잡는다. 己는 목의 발현처이고 사유축으로 금을 마무리하여 축에서 寅이 발현되어야 한다. 未월은 丑 중 癸에서 수기를 채워야하고 대운도 辛甲 방향성에 있으니 巳 중 庚에 의지하지 않고 辛丑에 의탁하게 된다. 신갑-사유축에서 酉子파로 갑을 내기 위해 인고하는 모습이다.

을미에서 乙의 입고는 을에서 갑으로의 전환점이고, 갑은 미에 입묘하지만 다음을 기약하는 희망이 있다. 갑이 투출하지 않았으니 乙을 통해 발현되어야 하는데, 을이 입고한다는 것은 갑에게 나쁘지 않다. 辛丑은 정신·윤회, 교육·학문 등 움직임이 적은 직업성이고, 년에 있으니 국가·조상·자격·해외 등과 관련된 일이다. 辛丑년주를 돌려 사유축으로 보이지 않는 甲을 발현시키고, 乙未는 卯午로 乙을 가공하니 초등학교 선생님이다. 未 중 己가 시간에 투출하고 己己 복음이니 아들도 교사이다. 만약 乙未 직업성이 아니거나 자식이 유업을 이어가지 않으면 가정이 편안하지 않은 구조이다.

辛丑대운 丁酉년에 교장 승진을 희망하고 있다. 辛丑대운은 辛丑년주와 복음이니 한 번에 이루기 어렵지만 선천기운을 얻기도 한다. 丁酉년은 丁이 사유축을 완성하지만, 酉에 의해 辛년간이 동하니 명(命)은 얻되 실(實)이 없는 형국이다. 이럴 경우에는 戌년에 해결되는 경향이 있다. 酉戌은 방합으로 천작용을 하기 때문이다. 戊戌년은 명(命)을 얻었던 辛을 끌어들여 酉戌천으로 가공하고 丑戌未로 연결해주니, 戌은 辛丑(년주·대운)의 과정으로 디딤돌이 된다. 다만 戌는 乙활동의 바탕이기에 승진 아니면 명예퇴직이 될 수 있다.

◆ 丁未

丁未는 사막이 연상되는 간지이다. 메마른 땅에서 丁이 木생명체를 조절하고 가공하는 모양새이다. 乙을 가공하여 금을 내려는 의지가 강하다. 현실적으로는 사업부도, 현금부족, 담보대출, 왜곡·굴곡, 활동장애 등 움직임을 상실하거나 묶이는 상황이 발생한다.

丁未는 양인이고, 丁은 未의 천살삼합인자이다. 양인은 의사, 간호사 등 죽이고 살리는 일에 적합하다. 천살은 선생, 학자, 의사, 경찰, 기술·자격 등 하늘도 모르거나 하늘과 같은 배타적 직업성이다.

丁未는 卯午파 구조로 乙未·丁卯와 유사한 간지로 직업성도 유사하다. 공부에 성과가 있고 교육·학문을 통해 성공을 이룰 수 있다. 水 또는 木이 채워지면 丁을 학문으로 사용하여 가치를 크게 한다.

己甲丁壬　乾　戊己庚辛壬癸9
巳辰未子　　　申酉戌亥子丑

천간은 己壬丁甲으로 甲을 내는 환경이 조성되어 있고, 지지는 전체적으로 해묘미 과정에 있고 자미천으로 해묘미를 구성하면서 신자진으로 되돌린다. 未월에 주재할 기운이 없고 甲이 발현되기 어려운데 자미천으로 돌리니 이롭게 작용한다. 또 未월에 水가 필요한데 壬子년주에서 수기를 공급하니 임자에 의지한다. 丁未월주는 수기를 채우니 丁이 묘오파로 조절·가공 작용력을 발휘할 수 있는 조건이다.

여기서 갑기는 합으로 기반되지 않지만 발현환경이 조성되지 않으니 金을 취하려는 속성이 있다. 갑은 신자진에서 발현되는데 임자가 해묘미로 향하니, 巳 중 庚을 끌어들여 신자진으로 방향성을 돌리려한다. 甲의 근원은 金이고, 경은 辛의 뿌리이고 未월의 방향성은 申이기 때문이다. 대운이 金운으로 이어지니 금융업계에 종사하지만, 대출업무 영업사원이다. 甲辰의 모습인데 무늬만 은행이고 프리랜서 형태이다. 지지환경이 어긋나니 같은 길을 가면서도 좋지 않은 선택으로 가는 것이다. 여러 은행·보험회사에서 스카웃 제의를 받는 등 성실함과 능력을 인정받지만, 떠돌이 대출영업사원 이상은 아니다.

이처럼 천간-지지본위가 부합하지 않으면 똑똑하고 재능·능력이 있어도 크게 발달하지 못한다. 한편 甲辰일주 남자는 배우자에게 안정을 얻지 못하거나 만족하더라도 다른 이성을 찾는 경향이 있다. 이 또한 간지 경향성을 이해하는 사주간법의 공식에 불과하다. 이 사주는 천간흐름에서 甲이 신자진을 구성해야하니 辰이 꼭 필요하고, 금을 얻기 위해서 巳가 필요하다. 배우자·자식을 얻고 안정되는 구조이고, 실제로도 부인과 자식에 대한 애정이 넘치고 섬세한 성격의 소유자이다.

◆ 己未

乙未는 乙이 작용력을 발휘하려하고, 丁未는 丁이 작용력을 발휘하려한다. 乙未·丁未에서는 목을 조절·통제하여 사용한다면, 己未에서는 목 물상을 사용하기 어려운 환경이다. 사막이 아닌 황무지 같은 땅이니 개척할 수 있다는 의미도 된다. 己未에 木이 들어올 수 없으니 자존심이 강하고 목을 키우려는 집착이 강하게 발동한다.

己未일주는 가족·배우자 등 내 것에 대한 집착이 강하고 대인관계를 넓히지 않는다. 자신 또는 배우자가 고집이 세고 수구적이다. 未일지는 스스로 살아남기 위해 밖으로 나돌거나 다른 이성을 찾지만, 자신을 지키려는 속성이 강하기에 이별하는 경우는 적다. 부부 중 한 사람은 밖으로 나돌고 한 사람은 집을 지키는 경우가 많다.

乙未·丁未와 마찬가지로 수 또는 목이 채워지면 교육·선생, 의료, 치과, 산부인과, 군인·경찰 등 배타적 직업성을 갖는다. 癸·子가 있으면 미에 입묘되니 종교·철학적 성향을 보이기도 한다. 개인사업보다는 교육, 임대업 등 인성 또는 문서재산을 이용한 삶이 좋다.

乙己戊乙 坤　乙甲癸壬辛庚己2
丑未子巳　　未午巳辰卯寅丑

己일간이 子월에 임했으나, 子는 분산작용을 하고 戊子에 乙이 투출되고 해묘미를 구성하니 己일간이 주도할 환경이 아니다. 子월에 화가 필요하니 乙巳를 취하는데 子巳암합하고, 무가 乙바탕을 이루는데 子가 子未천으로 손상된다. 己未는 子월을 득했으니 응집력을 잃지 않으려하고 己未일주는 자기 것에 대한 집착이 강하다. 환경을 인식하지 못하고 자기 잘난 맛에 사는 꼴이다. 戊입장에서 해묘미로 乙을 완성하여 乙巳에서 庚을 내야하는데, 己가 자기를 고집하니 축에서 갑을 내려한다. 평생 남편을 내조하고 자식을 키우면서 무난하게 살고 있다. 남명이라면 삶이 고달픈 인생이 되기 쉽다.

기미일주에 乙丑-乙巳로 구성되니 부부인연을 유지하기 어렵다. 己未모습 그대로 남편·자식·가정을 지키는 삶을 살기를 거부하지 않기에 가정을 유지하였다. 또한 남편이 45세 이전에는 사업차 돌아다녔으니 乙巳의 모습이고, 45세 이후에는 기도·종교인으로 살아가니 乙丑의 모습이다. 남편이 도화·음란성을 사용하고 乙巳-乙丑 모습을 사주궁위의 시간흐름에 부합한 직업성을 가졌으니 흉이 해소된 것이다.

이렇듯 사주팔자는 삶의 모양새와 방향성을 제시한다. 흉함을 해소하는 모양새를 찾아 살아가느냐, 흉한 모습 그대로 사느냐는 각자의 몫이다. 이 여명은 기미일주가 子월에 앉아 乙戊-亥卯未 환경을 인지하지 못하고 己未를 고집한 것이 도리어 부부인연을 유지하는 요인이 되었다. 만약 戊로 바꾸어 戊子 또는 乙巳모습을 본인이 취했다면 능력은 발휘했을지라도 부부인연을 깨뜨렸을 수 있다. 어떤 삶이 바람직한지는 시대상황과 배우자인연에서 결정되기도 한다.

◆ 辛未

未 중 丁이 辛을 담금질하는 모습으로 丁·辛이 재현된 간지이고 午酉형을 안고 있다. 丁은 巳酉丑으로 화생금을 시도하고, 辛은 申子辰으로 수생목을 시도한다. 丁辛 전체흐름은 화생금으로 인오술 과정에 있으니 未가 辛을 완성하는 관계이다.

未 중 乙이 도사리고 미에서 수기를 말리니 辛이 작용력을 발휘하지 못하거나 손상되기 쉽다. 그래서 辛未는 발전적 기상을 만들기 쉽지 않은 구조이다.

간지의 고유성향으로 보면 辛은 조직·단체(庚)에서 분리된 단절·고독의 상이고, 미는 수기가 없는 메마른 땅이다. 辛은 시시비비를 가리기를 좋아하고, 未는 미정의 인자이다. 辛의 예민함은 수가 풀어주는데 미에는 수기가 부족하니 辛은 더욱 예민해진다.

　辛未 일주는 未를 깔고 있으니 결혼에 불미하다. 辛未에서 未는 庚겁재로 가려는 속성이 있으니 배우자가 밖으로 나도는 경향이 있다. 남자 辛未일주는 여자 己未일주와 마찬가지로 고집이 세고 가정·배우자에 대한 집착이 강하게 된다.

　辛未에서는 乙을 사용할 수 없으니 丁으로 辛을 다듬어야한다. 특수기술, 국가조직, 군·검·경찰, 기술·자격, 공학, 수술·제조·가공 등 편관·편인성향 또는 午酉형의 직업성이 어울린다.

```
丙甲甲辛 乾  丁戊己庚辛壬癸2
寅寅午未     亥子丑寅卯辰巳
```
甲일간이 午월에 앉았고 초년대운이 양 본위에 있으니 자신이 삶을 주도하는데 제약이 있다. 그런데 천간은 辛甲으로 방향성이 확실하고 甲午월주가 인오술로 辛년간을 취하는 방향성에 있다. 음양 본위는 다르지만 甲·午 모두 辛을 취하여 금을 완성하는 방향성은 일치하고, 중년이후에 대운이 도우니 자신을 낮추고 후일을 도모하는 모양새이다. 甲寅일주가 午월에 辛未의 척박함에서 甲을 내려하니 몸을 쓰는 부사관이다.
甲寅일주에 甲甲으로 투출되고 비겁이 동주하니 배우자 인연을 해칠 수 있다. 다만 辛이 甲을 안정시키고, 水가 없는 상황에서 丙寅이 많은 목을 성장시킨다. 배우자 인연이 흉한 구조이지만 조상-자식이 도와주는 형국이다. 특히 목(비겁)이 왕하기에 재관탈취 등 삶이 왜곡될 수 있는데, 丙寅시주가 寅巳형을 가동하니 자식을 얻고 안정되기에 일찍 결혼하였다. 자신 또는 배우자가 甲午 모습이거나 자식이 유업을 이어면 부부애정을 유지할 수 있다. 목생화로 화가 왕해졌다거나 목을 설기했다는 등 상생에만 얽매이면 안 된다. 수기가 부족한 목은 화가 목을 키워야 한다는 것이 기상명리의 논지이다.
辛卯대운은 卯午未합·파로 辛未-甲午년·월이 동하니 직업궁의 근원적 변동이다. 부사관 직업군인이 되고자한다. 丁酉년은 午월지가 발동하니 발전의 상이고 辛년간이 동하여 묶이니 손에 쥐기 어려운 상황이다. 부사관 확정심사에서 탈락하였다. 戊戌년은 戊가 금 환경을 펼치고 인오술을 완벽하게 구성한다. 갑 손상을 기반으로 금이 완성되는 흐름이다. 흉이 동반되는데 갑인-갑오 구성으로 흉함이 크지는 않다. 또 인오술에서 甲이 나오는데 시간이 걸리니 한 번에 성과를 얻기 어려운 운세이다. 丁酉년에 고배를 마셨기에 좋은 결과를 얻을 수 있을 것이다. 丁酉년의 실패는 가정·직업 등을 길게 유지하기 위한 하늘의 음덕이라 볼 수도 있다. 한 번 깨뜨리고 다시 시작해야 하는 것이 甲午의 모습이고, 丁酉에 辛甲-酉寅로 하늘기운을 취하는 것이니 부모·형제의 문제가 동반되기 때문이다.

◆ 癸未

癸는 未에 자좌입묘로 작용력을 상실하지만, 未에 수기를 채우니 이상적인 간지이다. 子未천 구조로 癸는 未 중 乙을 돕지 못한다. 활동장애, 금전손실, 애정왜곡 등이 발생할 소지가 있다. 수기가 조절되면 안정을 얻거나 발달하는데, 癸보다 壬이 좋다.

未에서 癸는 丁·壬으로 전환되어야 한다. 癸未에서 癸는 자신이 펼쳐놓은 乙에서 庚이 형성되어야 가치를 얻는다. 해묘미로 구성되면 癸가 가치를 실현하게 되고, 을이 경을 키우는 환경이면 乙을 이용한 직업성에서 성공을 이루게 된다. 개인사업보다 인성, 교육, 자격증을 통한 성취가 좋고, 문서(부동산) 재산이 유리하다.

수기가 없으면 척박한 땅(未)을 癸 스스로 헤쳐 나가야 하니 해외로 나가거나, 건설현장을 누비고 다니거나, 부동산중개업 등 직업을 갖는다. 정신적인 것을 추구하는 삶에서 편안함을 얻기도 한다.

癸가 未에 수기를 채워주는데 未는 더 달라고 재촉하니 주고도 욕먹는 꼴이다. 癸未일주는 고개 숙인 형상으로 배우자를 존중하는 타입이다. 癸는 未 중 乙을 얻어야 하고, 未는 癸에게 수기를 얻기에 무난한 구조이다. 무시로 반항기질이 발동하고 벗어나려는 속성이 있다.

미가 반안살이면 편안하게 사용하지만, 천살·월살·장성살이면 애매하고 답답하게 사용한다. 스스로 결정을 내리지 못하거나, 타인에 의해 바꿔진 환경을 자신의 것으로 만들어가야 한다. 특히 천살이면 더욱 그러하다.

어떤 경우든 未는 능력에 비하여 성공이 크지 않거나, 성공여부와 상관없이 만족도가 떨어지는 속성이 있다. 열심히 노력하고 이중 직업을 갖는 원인이 된다. 그것이 癸가 살 길이다. 다만 계미는 해묘미로 겁재를 이용하여 성취를 이루는 관계이니 행운이 따른다.

庚辛乙癸　乾　戊己庚辛壬癸甲4 2003년생
寅卯卯未　　申酉戌亥子丑寅

卯월에 지지가 모두 목으로 구성되는데, 수기가 없고 목을 키울 화도 없다. 금으로 목을 다듬어 완성해야 하니 성격이 까칠하고 예민하다. 庚寅-辛卯로 직접 목을 다듬으니 피곤하지만 목이 왕하니 나쁘지 않다. 천간은 庚-辛으로 乙을 발현시키는 흐름으로 신자진 구성이다. 辛일간이 卯월에 환경을 잃었지만 할 일이 있고 대운이 받쳐준다. 또 卯월에 辛卯일주이니 庚모습으로 방향성을 잡아 신자진으로 사주팔자를 주도할 수 있다. 卯월에 수가 필요하니 癸未를 취하는데, 癸未는 척박한 땅에서 스스로 살아남아야 한다. 未 중 乙을 통해 庚을 얻어야 가치를 실현하니 발달하는데 시간이 걸린다. 차근차근 준비하는 것이 좋다.

癸-乙로 발현되어야 하니 입·말 또는 몸을 이용한 직업성이다. 癸丑대운 丁酉년에 중학교 2학년인데 요리사를 꿈꾸고, 戊戌년에 한식·일식·중식 자격증을 취득하였다. 계미는 물을 이용하거나 분석하는 등 척박한 땅을 개척하는 것이고, 金으로 木생명체를 다루는 구조이니 요리와 어울린다. 辛에서 乙

로 변환되기 위해서는 丑바탕이 필요한데 癸丑대운에서 유자파를 가동하니 운세를 얻었다. 癸가 투출하여 수기를 채우고, 축미로 癸未년주가 동하니 국가자격증을 취득하는 운세이다. 계미로 乙을 키우기 위해서는 수기가 필요하니 임이 투출하면 좋고, 을이 발달하기 위해서는 해묘미를 구성되면 좋다. 壬子 대운에 壬이 수기를 채우면서 해묘미를 구성하니 대박-쪽박을 넘나들 수 있다. 신해대운에 안정을 얻으니 실패할지라도 큰 문제는 되지 않지만 경거망동을 삼가야한다.

사주원국에서 도움을 얻을 만한 인자가 없으니 자수성가의 의지가 있었고, 癸未가 子未천으로 기운을 돌려 해묘미를 가동시키니 꿈을 일찍 펼칠 수 있었다. 무엇보다 이름을 개명하는 등 본인의 의지가 가미되었기에 성취를 이룰 수 있었다.

◆ 甲申

甲申은 천간으로 甲庚이고, 지지로는 寅申 관계이다. 庚寅과 유사한 구성으로 목금 물상으로 구성된 간지이다. 申 환경에서 甲은 제 모습을 갖추기 못하지만 寅申으로 기운을 돌리는 작용을 하기에 지지환경이 부합하면 발전하게 된다.

寅申은 물상이면서 수화 기운을 내는 인자이다. 인은 인오술로 금 물상을 형성하는 시발점이고, 申은 신자진으로 목 물상을 발현시키는 시발점이다. 寅申은 상반된 물상이지만 서로에게 뿌리가 되는 존재인 것이다. 자신들이 가고자 하는 방향성에 '동기부여'가 된다.

甲申이 寅을 만나면 갑이 발현되는 동기부여가 되지만 寅午戌로 구성되면 갑이 상실되니 실패의 기회가 된다.

甲申이 申子辰으로 구성되면 갑이 발현되니 번영의 기회가 된다.

甲申월인데 갑이 왕성하면 결실을 수확하기 어렵게 될 것이요, 甲이 홀로 약하면 금 결실을 수확이 쉬우니 쉽게 돈을 번다는 의미가 된다. 甲이 申월 환경이면 甲의 통근 여부와 상관없이 金 속성인 국가·단체

등 큰 조직과 손잡고 하는 일이 좋다.

乙戊甲庚 坤　丁戊己庚辛壬癸9
卯子申戌　　丑寅卯辰巳午未

戊는 펼치고자 하는 성향이 있고 양 본위의 바탕이다. 戊일간이 申월에 乙庚을 조성하고, 未午巳辰卯로 庚을 형성하는 흐름에 있다. 申월은 사유축으로 경술년주를 완성하려는 의지가 있다. 乙卯를 통해 戊일간이 갑경으로 庚을 완성하는 흐름이다. 甲申-甲庚으로 甲을 재촉하여 경을 얻으려하는 것이다. 庚년간을 취하니 공무원이고, 乙卯에서 발현되니 사회복지업 무책임자이다. 갑신월주가 기운을 돌리니 직업적 성취가 있음이고, 申월에 부족한 화기를 초년대운에서 채워주기에 안정되었다. 여명이니 사회활동으로 안정을 도모해야한다.

을경 환경에서 지지가 신자진 흐름에 있으니 경술에서 庚-辛을 통해 갑을 내려한다. 경술에서 庚辛을 완성하여 戊子일주가 신자진으로 돌려 乙卯를 내려하니 방향성이 왜곡된다. 庚辰대운에 신자진으로 변색되니 딜레마에 빠지게 된다. 庚辰대운 내내 그만두고 싶다는 말을 입에 달고 살지만 실행에 옮기지는 않는다. 신자진 흐름은 결국 乙卯가 완성되기 때문이다. 성장 속 혼란 또는 정체 속 발전이다. 己卯대운은 甲己庚으로 갑이 묶이고 자묘형을 가동하여 을경-묘신으로 방향성을 다시 돌린다. 子卯가 을경 환경을 조력하고, 卯申으로 乙이 庚으로 향하는 기운흐름을 돕는다. 2가지 일로 성과를 이루는 운세이다. 乙卯-子卯는 이중성이 강한 인자이기에 하고 싶은 일·취미를 찾아야한다. 그렇지 않으면 삶이 왜곡될 수 있다.

이 여명은 성격이 쾌활하고 자유롭게 살고 싶어 한다. 년·월에서 甲申庚으로 기운을 돌리고 일·시에서 乙卯子로 분산하기 때문이다. 공무원이라는 직업적 환경이 답답하게 여겨진다. 경진대운이 신자진으로 구성되고 을묘가 주관하는 나이가 겹치니 더욱 그러하다. 제한된 환경이지만 왔다갔다하는 직업성이고, 자기 하고 싶은 것을 하면서 해소하고 있다. 子일지가 년·월-일·시 환경을 조율하고 戊일간이 원하는 乙卯의 활동력을 조절하면서 돕는다. 남편도 같은 직장에서 일하는 공무원이다. 일·시 子卯형임에도 부부애정이 원만하다. 일지가 충·형·파·해 등으로 구성되면 부부인연이 흉하다고 보는 것은 공식논리에 불과하다.

◆ 丙申

丙申은 丙·庚으로 안정된 천간구조이지만, 巳申형·합 관계이다. 火-金구조는 기운-물상의 반응으로 속을 채우니 충(盅) 효과가 있다.

丙申에 寅이 오면 申이 동하여 결실을 빨리 보게 된다. 만약 인오술로 구성되거나 丙·丁이 동하면 申이 손상된다.

丙申이 壬을 만나고, 丁酉가 癸를 만나면 금을 완성하지 못한다.

丁酉도 丙申과 마찬가지로 화생금으로 완성하는 관계이다. 정유에 수기를 만나면 화생금으로 지친 丁은 더욱 무력해진다. 丁은 그 곳을 벗어나려하니 酉를 품지 못한다.

丙申에 화가 강하면 申(庚)이 손상될 우려가 있다. 화가 강하고 금이 약한 구조에서, 丙庚으로 연접하면 기적(정신적) 문제가 발생하고, 巳申으로 연접하면 질적(물상적) 문제가 발생한다. 결실을 이루는데 제약이 있고, 결실을 이루더라도 지키지 못하거나 남 좋은 꼴이 된다.

丙申에 금이 강하면 丙이 손상되니 庚이 제 모습을 갖추기 어렵다.

丙申에 수가 강하면 庚열매가 익지 않고 썩어버린다. 丙에 의지하던 申이 水로 변하여 도리어 丙을 반극하니 병 손상이 가중된다. 배신·배반·반역을 당하는 꼴이다.

丙申일주는 火·金으로 음양조화를 이루고 재중유살이 자리한다. 문창에 편재를 깔고 있으니 돈으로 공부하거나 돈을 투자해야 성공한다.

배우자 덕이 있는 구조이지만 壬을 보거나 水가 강하면 배우자로 인한 고통·배신·외도, 활동장애, 무리한 사업확장 등으로 인한 해로움이 있다.

甲戊丙丙 乾　癸壬辛庚己戊丁1
寅辰申午　　卯寅丑子亥戌酉

戊일간이 丙申월주를 얻었으니 경을 완성하려한다. 申월에 화가 필요하지만 丙申-丙午년주를 동반하여 화에 의해 庚(申)이 손상될 우려가 있다. 지지전체는 인오술로 구성이지만 신자진으로 변색될 여지가 많다. 화가 왕하여 신이 손상되지만 강한 화가 甲寅시주를 키우는데 치중하여 申을 공격하지는 않는다. 비록 경을 얻는 환경에 있지만 庚→乙로 변환하여 진에서 완성하는 것이 좋다. 庚을 얻기 위해서 乙이 필요하고 많은 화를 통제하기 위해서 수가 필요하다. 辰일지를 취할 수밖에 없으니 부인의 도움이 있는데, 申을 무르게 하니 불만을 갖게 된다. 辰입장에서도 자신을 가공해야하니 피곤해진다. 본인 또는 배우자가 돌파구를 찾아 밖으로 나돌게 된다.

庚子대운에 경이 투출하여 성취기회를 잡은 격이고 子가 수기를 채워주고 癸·乙 발현을 돕는다. 시간이 지나면서 신자진으로 돌리니 엉뚱한 방향으로 가기도 하겠지만 甲寅시주에서 목을 완성하여 辰에 담으니 결국 자신이 취하는 구조이다. 辛丑대운은 丙辛-申丑으로 금을 다듬고 사유축으로 완성하는 흐름이다 辰丑파로 인오술을 가동하면서 辛→乙 변환이 급박하게 이루어지니 대박-쪽박의 상이다. 건축·컨설팅 프리랜서로 일하면서 능력도 인정받고 재물성취도 좋았다. 경거망동하게 되니 동업사업으로 실패하여 임진년에 신용불량자가 되었다. 乙未년에 다른 사람 명의로 부동산 컨설팅·분양대행업을 시작하여 재기를 노리고 있으나, 丁酉년에 壬寅대운으로 바뀌니 더욱 곤궁해지고 묶여 꼼짝 못하고 있다.

壬寅대운은 丙申월주가 동하니 발전을 모색하는데, 巳申형·합이 발동하여 도리어 金이 손상된다. 목을 취하려는 욕구는 강하지만 금이 손상되면 목을 얻을 수 없다. 특히 丁酉년은 酉寅으로 직접 목을 내려고한다. 거래처도 부실하여 채권을 회수하지 못해 소송을 준비하고 있다. 다만 丙午년주가 발동하고 午酉형을 발동하니 망자를 위한 비영리사업을 추진하고 있다. 이 사주는 甲寅이 포인트이니 자신이 삶을 주도하면 실패가 있고, 덕을 베풀어야 丙午가 申을 손상시키지 않는다. 지금은 아들이 일을 돕고 있다.

◆ 戊申

戊는 乙庚 물상을 펼치는 장소로 申의 바탕·터전이다. 戊申은 금 물상을 펼쳐놓은 모습으로 벼가 익어 황금물결을 이룬 형상이다. 재관을 펼쳐놓은 것과 같으니 재관성취를 의미하지만, 온전히 내 것으로 만들지 못한다는 의미도 있다. 재물을 위주로 하면 굴곡이 따를 것이요, 명예를 위주로 한다면 이름을 높일 것이다. 재가 드러나면 손상되기 쉽고, 관은 드러날수록 가치가 있기 때문이다.

戊申은 丙申과 마찬가지로 문창에 해당하고 편재(壬)를 암장한다. 戊申에 丙·庚을 동반하면, 신생사업을 펼치거나 새로운 것을 알리거나 불특정 다수에게 홍보·판매를 위주로 하는 직업에서 발달한다.

만약 戊申에 壬·甲이 동주하면 왜곡·굴곡이 예상된다. 고정된 고객이나 특정한 부류의 사람들을 상대하는 직업 또는 단골을 위주로 하는 사업이라면 발달할 수 있다. 다만 새로운 메뉴·분위기 등 고정 속에서 변화로 풀어내야 성공을 이룰 수 있다.

庚辛癸戊　坤　丙丁戊己庚辛壬3
寅卯亥申　　　辰巳午未申酉戌
辛일간이 亥월을 득하였다. 천간 戊癸는 천간방향성이 아니고, 癸乙-癸丙 등으로 구성되어야 방향성이 제시된다. 지지는 신자진으로 卯일지에서 완성되는 흐름이다. 천간은 庚癸戊로 구성되고 辛일간이 亥월을 주재하니 申子辰으로 돌린다. 庚癸戊가 申子辰으로 돌릴 수 있는 것은 卯일지가 있기 때문이고, 辛卯에서 辛은 庚으로의 전환을 거부하지 않기에 가능하다. 남편 덕이 있음을 의미하고 어느 환경이 와도 살아남을 수 있는 환경이 된다. 전체적으로 庚-辛이 癸亥에서 甲을 내고 乙을 완성하는 흐름이니 직업적 성취도 있다. 남편은 사업으로 경제능력이 좋고 이 여명도 직업성취가 있다.

해월에 갑을 내는 것이 순리이고 화가 필요한데 없으니 寅 중 丙을 원한다. 申亥천은 이롭지 않으나 庚辛이 투출되었으니 亥 중 寅을 낼 수 있고 자식이 장성하면 발현이 좋게 된다. 남편과 자식을 곁에 두는 것만으로 인생복록은 챙길 수 있는 좋은 여자팔자라 할 수 있다. 아들들도 공부를 잘하고 착한 편이다. 己未대운은 己가 辛 바탕을 이루어 甲을 불러들이고, 해묘미를 구성하니 庚癸戊도 방향성을 얻는다. 보이지 않는 천간의 신자진 운동을 지지에서 해묘미로 연결하여 庚癸戊 기운흐름을 연결해준다. 己未대운에 부동산중개업을 개업하여 상당히 많은 돈을 벌고 있고, 戊午대운 들어서 골프치고 다니면서 여가활동도 왕성하다. 戊午대운은 인오술로 庚辛이 완성되고 庚寅을 발현시키니 취미성 직업이고 멀리서 구하는 행위이다. 戊申에서 촉발하여 庚寅에서 발현되니 하고 싶은 일과 취미로 복록을 누리는 것이다.

◆ 庚申

庚申은 양 본위의 결과물이고, 申은 베풀고 생을 이어간다는 의미가 있다. 金결실 즉 열매가 주렁주렁 달린 형상이니 재물성취가 있고 돌봐야 할 식구도 많음을 뜻한다. 재관을 나누고 베풀어야 하는 숙명이 주어진 간지라 할 수 있다.

金은 재물·명예를 통칭하기에 재관을 거머쥐는 힘이자 성공인자를 대표한다. 庚申은 비견관계로 도움을 주고받는 관계이다. 받기만 하고

주는데 인색하면 비견은 흉으로 작용한다. 나누고 베풀면 성취가 크겠지만, 탐욕을 부리면 인생을 망칠 수도 있다.

庚申월이면 육친 길흉에 불문하고, 자신 또는 부모의 직업적 성취가 있다. 다만 申은 申子辰 水 운동으로 변색되면 재관손실, 활동장애를 겪을 수 있다. 만약 庚癸乙 구성에 申子辰으로 목을 완성하는 흐름이면 도리어 성취를 이루게 된다.

庚申일주는 부부애정과 덕이 약하거나 굴곡을 초래할 수 있다. 자신이 쥐려고 하는 속성이 있고, 자신을 부풀리는 과장·허풍이 있다.

辛庚丙己 乾　己庚辛壬癸甲乙3
巳申寅酉　　未申酉戌亥子丑

庚일간이 寅월에 수기가 없다. 천간에서 丙庚이 금을 완성하려는데, 지지에서 인오술을 형성하지만 인월에 酉寅이 합세하여 갑을 내려한다. 수기가 없는 寅월에 丙寅으로 목이 손상되고 巳申으로 금이 급박하게 가공된다. 寅월임에도 寅巳로 금을 다듬고 인오술로 金을 완성해야한다. 庚일간도 화가 필요하니 丙·巳를 취하게 된다. 丙寅월주에서 금을 가공하니 직업적 성공을 이룰 수 있는 조건이지만, 寅 손상으로 금의 뿌리가 없는 격이니 위법·불법의 상이 되고 목이 성장하지 못하는 아픔이 있다. 오로지 화에 의해 금을 가공해야하니 안정감을 얻기 어렵다.

기유-유인으로 척박함에서 목을 내려하고, 寅월의 본의를 찾으려하니 종교·철학에 관심이 많다. 庚丙辛으로 윤회로 돌아가기에 庚이 작용력을 발휘하지 못하는데 庚申으로 본위를 고집하기에 발달을 저해하게 된다. 庚申일지에 辛겁재가 투출하여 巳와 합하고 다시 사신으로 합한다. 파가 발동하니 壬戌대운에 이혼하였다. 지금은 빈털터리지만 한 때는 건설업으로 크게 성공했다고 하는데, 곧이곧대로 믿기는 어렵다. 수기가 없는 丙庚이 직접 만나 庚申으로 구성되기에 부풀리고 과장·

허풍성향이 있기 때문이다.

한편 寅巳申亥는 戊를 바탕으로 기운을 펼치는 생지이다. 戊는 십신으로 편재성향이 있고, 편재는 공공의 재물이라 하였다. 戊는 십신적 편재 성향과 더불어 지표면 위(양 본위)에서 펼치는 분산속성을 의미한다. 확실한 내 것을 만들기 어렵다는 의미가 있다. 실질적으로 양에서 음으로 전환되는 구간이니 남 좋은 일에 참여하는 경향이 있다. 戊가 없더라도 寅巳申亥로 구성되면 편재의 속성 즉 거두는 작용이 약하다. 이 사주는 寅巳申으로 구성되고 월일이 병경으로 구성되었다. 더구나 寅巳申은 인사 화왕의 형, 사신 금왕의 형이 발동한다. 수가 없는 상태에서 화금이 강한 형이 발동하여 사주전체를 말린다. 목이 타버리니 기초 없이 건물을 짓는 꼴이고 모래성이 되어 무너지기 십상이다. 庚이 辛으로 변환을 거부하기에 발전을 견고하게 하지 못하는 것이다.

◆ 壬申

壬申은 丙寅과 마찬가지로 자신이 장생지에 앉은 격이다. 장생지에 앉았으니 믿는 구석이 있고 재치와 임기응변에 강하다.

丙寅은 寅巳형 구조이고, 壬申은 申亥천 구조이다. 寅巳는 드러난 모양새를 꾸미고 변화시켜 시선을 사로잡는 것이라면, 申亥는 감춰진 모습을 가꾸고 변화시켜 시선을 집중시킨다는 점에서 차이가 있다.

申亥천은 기존의 것을 깨뜨리고 갑을 취하려는 경향성이다. 丁辛이 申子辰을 만나면 드러나지 않은 가운데 변혁을 가하여 재관을 이루게 된다. 다만 壬申월이면 화기를 만나야 한다.

壬은 정신·윤회 인자이고, 申은 정신·윤회의 통로이다. 壬편인 성향에 따라 기술·자격, 임대업, 대행업, 교육, 학문, 종교·철학·수행 등 정신적인 것을 추구한다. 앉아서 하는 일이나 손 안 되고 코푸는 일을 좋아한다. 만약 壬의 방황(방랑) 성향이 발동하면 한 곳에 머물지 못하거나 위법·불법적인 일에 가담하기도 한다.

庚戊壬甲 坤 丙丁戊己庚辛6
申戌申寅   寅卯辰巳午未

戊일간이 申월을 얻어 대운흐름이 좋으니 인생가치를 얻을 수 있다. 申월에 戊庚으로 투출되고 인오술을 구성하는데 화가 없고 壬이 투출되었으니 戊일간이 경을 완성하는 조건이 미비하다. 인 중 병을 원하고 壬申월주에서 穿이 발동하고 寅申이 동하니 신자진으로 甲寅년주를 키우려한다. 삶의 행운과 함께 왜곡을 의미한다. 戊일간은 庚申으로 금을 완성하여 寅申-申亥로 甲寅을 완성하는 흐름에 놓인다. 寅申충으로 방향을 돌리니 申에서 酉를 내어 壬甲으로 향하여 寅 중 丙을 얻을 수 있다. 己巳대운에 해외여행에서 착안하여 서적도매 및 판매대행 등으로 제법 많은 재물을 모았다. 己가 주도하여 庚壬甲으로 책을 펼치는 모습으로 발현되었다. 寅巳申을 가공하여 널리 펼치고 분산하니 영업·판매대행이다.

戊戌일주에 甲壬庚-寅申申 등으로 양이 표출되고 申戌申로 戊일지에서 복음을 이루니 배우자 애정에 문제를 동반한다. 戊일간은 申을 통해 壬甲으로 타인을 통한 자기발현을 꿈꾸는데, 戊일지가 인오술을 고집하면 壬甲의 방향성을 방해하게 된다. 戊일간은 戌을 믿지 못하고, 戊일지는 火가 없는 상태에서 많은 庚·申을 가공해야 하니 힘들어진다. 戊辰대운에 이혼하고 아들과 함께 살고 있다. 戊辰대운은 辰戌충으로 戊일간이 동하여 자기고집을 부리게 되고, 戌일지가 동하여 인오술을 강화하니 壬甲을 낼 수 없다. 방향성이 왜곡되니 사업도 정체가 있고 남편의 외도로 부부인연을 끝냈다.

이 여명이 도서판매대행으로 앉아서 수월하게 돈을 벌어들인 것은 己巳대운에 壬己甲으로 壬申월주가 동하고 寅巳申으로 금을 가공하기 때문이다. 이는 戌이 있기에 가능하다. 庚申-戊戌로 申월에 庚이 완성된 상태이고 庚물상은 결국 甲으로 변환되어야 한다. 庚이 甲으로 가기 위해서는 辛으로 전환되어 발현되어야 하는데 庚-辛을 조절하는 곳이 戌일지이다. 戌 중 丁·辛이 午酉로 壬·甲작용을 돕는데, 인오술로 방해하기도 하니 있으면 번거롭고 없으면 아쉽게 된다. 戌이 壬·甲의 뿌리임을 모르기에 戊辰대운에 이혼함으로써 戌배우자가 없어지니 壬·甲의 뿌리가 없어진 형국이다. 丙申년에 하던 일에 정체함이 심하고 자식으로 인한 고충이 있었다. 丁酉년에 丁壬-酉寅으로 변화를 모색하니 일과 인간관계를 정리하고 이사를 하였다. 다음해가 戊戌복음이고, 己亥년부터 丁卯대운이 시작되니 다시 시작하려 하지만 丁壬-卯申으로 방향성을 잃을 수 있다. 좋지 않은 변화인 셈이다.

◆ 乙酉

乙은 경을 얻고자 하고, 酉는 갑을 내고자 한다. 乙은 분산작용을 하고, 酉는 응집작용을 한다. 乙과 酉는 방향성과 운동성이 완전히 다른 卯酉 관계이다. 乙酉는 乙辛, 卯酉충의 관계이다.

생극논리로 보면 乙이 손상되는 관계이지만, 酉는 완벽한 물상이기에 乙보다 酉의 고충으로 나타나는 경우가 많다.

乙이 강하면 酉가 작용력을 상실하고, 酉가 강하면 乙이 작용력을 상실한다. 특히 乙酉월이면 수확의 계절이니 乙이 강하면 수확을 하지 못한다. 乙酉 관계에서 酉가 환경을 지배한다면 乙이 손상되어도 나쁘지 않다.

乙일간이 酉월에 갑이 주도하는 환경이면 乙은 경거망동하지 않고 갑의 모습으로 살아가면 발달한다. 甲이 申월에 乙이 주도하면 乙모습으로 살아가야하는 것과 같다.

乙酉 또는 甲申일주는 배우자로 인한 번거로움은 있지만 수시로 기운을 전환시키니 미워할 수 없는 관계이다.

대체로 辛卯, 乙酉, 甲申, 庚寅 등 충 관계에 있는 간지는 사주구성의 방향성이 하나로 집약되지 않으면 안정감이 떨어지거나 종교·철학적 성향을 보인다.

甲乙甲辛　坤　辛庚己戊丁丙乙5
申酉午丑　　　丑子亥戌酉申未

乙일간이 午월에 임했으나, 辛甲-사유축으로 甲이 주도하는 환경이다. 대운도 辛을 가공하여 甲을 얻는 흐름에 있으니 을이 주도할 수 있는 환경이 아니다. 乙일간이 午월 환경에 빠져있으면 신세를 한탄하게 된다. 甲을 위주로 한 삶에서 안정을 얻어야 하는데, 甲 또한 甲申-甲午로 작용력이 상실되는 관계이다. 乙일간이 甲으로 살아야 할지 乙로 살아야 할지 방향성을 찾지 못한다. 다만 乙酉일주로 자신을 고집하지 않기에 환경에 적응할 수 있다. 일간이 주도하는 환경이 아니면 약한 것이 오히려 좋을 수 있다. 酉남편이 기운을 돌리니 번거롭지만 내조하는 상이 된다. 경거망동을 하지 않고 비서격 또는 남을 돕는 일에서 성취를 이루어야한다.

이 사주는 辛甲으로 갑이 발현되면 乙이 손쉽게 쟁취할 수 있다. 壬이 투출해야 사유축으로 辛丑-甲午에서 갑을 얻을 수 있다. 壬대운이 오지 않으니 甲午월주가 戌을 끌어들여 금을 완성하여 戌丑-辛丑에서 甲을 내야한다. 허상으로 물상을 내는 상이고, 년주를 돌려야하니 정신·윤회의 상이다. 그런데 乙이 午월에 午酉형으로 금을 가공하고 甲申시주에서 庚을 완성하고 있으니 정신·윤회를 잘 사용하지 못한다.

乙酉일주는 남편으로 인한 번거로움이 있고 辛이 투출되어 부부애정에 문제를 안고 있다. 乙酉일주에 乙이 환경을 잃은 상태에서 辛이 투출되고, 辛은 甲으로 향하고 甲은 乙로 발현되기에, 辛丑으로 남편에 대한 집착이 있게 된다. 다행히 남편이 운전을 직업으로 삼으니 남편의 모양새를 갖추었다. 辛남편이 甲을 내어 乙에게 주기에 부부인연을 깨뜨리지는 않는다. 남편의 작은 보상을 크게 느끼기도 한다.

戊戌대운은 乙이 인오술을 가동하니 성공 뒤 실패의 운세이다. 己亥대운은 해가 발동하여 갑을 내려고 하는데, 甲己로 묶이고 午亥암합이 발동하여 뜻대로 되지 않지만 무술대운과 달리 경거망동하지는 않는다. 庚子대운은 甲午월주가 동하니 직업변화를 통한 발전을 도모할 수 있다. 酉子파로 乙이 동하여 분산작용이 강화되지만, 申子辰으로 갑을 내어 乙로 발현되어야 복록을 누릴 수 있다. 교육, 종교·철학, 봉사, 상담 등 덕을 쌓거나 그로 인한 발현이다. 庚子대운 丁酉년에 사주공부에 매진하는 것은 午酉-신자진의 흐름에 부합하지만, 을이 발동하여 午酉가 발동하니 庚을 놓지 못한다. 庚子대운 庚子년은 대운과 복음이고, 辛丑년은 년주와 복음이다. 이 시기가 지나야 庚을 포기할 수 있다.

◆ 丁酉

丁은 사유축 운동, 酉는 신자진 운동으로 음 본위 활동영역에서 화생금으로 丁이 酉를 다듬는 관계이다. 화·금이 연접하면 자칫 금이 손상될 우려가 있다. 丙申, 丁酉, 丙庚, 丁辛 등이다.

丁酉에 寅午戌-巳酉丑으로 금을 형성하는 과정으로 단체가 무리지어 들어오는 형상이다. 큰 손님을 상대하거나 단체의 도움으로 발전하게 된다. 午酉형 구조로 폭발력을 잠재하고 있다.

丁酉는 水를 만나면 발전하는데, 癸·子를 만나면 酉子파가 발동하여 酉가 갑자기 변환되기에 酉의 손상이 동반된다. 丁酉가 신자진으로 구성되면 대박-쪽박의 상으로 등락이 크게 된다.

丁酉일주가 水가 동반되면 인기가 좋고 능력이 뛰어난 만큼 이성관계도 복잡한 경향이 있다. 만약 癸·子를 만나면 유자파가 발동하니 배우자로 인한 고충이 있거나 애정문제가 발생한다.

丁酉는 丁이 酉물상을 가공하는 이상적인 관계로 사업의 상이다. 직업적 프로기질이 있고 정제된 모양새이다. 공무원, 군·검·경찰, 금융·세무, 수술·가공·정제, 소방·제련, 丑과 관련된 직업성을 갖는다. 水조절이 적절하고 환경이 좋으면 고위직 또는 거부의 상이다.

火·金은 윤회궁을 관장하니 종래는 정신적인 것을 추구하게 된다.

壬辛丁丙 乾　甲癸壬辛庚己戊6
辰卯酉申　　辰卯寅丑子亥戌

酉月에 丁辛壬으로 구성되어 금을 완성하여 壬辰시주에 담는 흐름이 일관된 구조이다. 수가 없으니 화로 금을 가공해야하니 丁酉월주가 사주흐름을 주도한다. 辛의 최종점은 乙이다. 丙辛-丁酉-辛-壬辰-卯로 사주흐름이 양호하고 대운흐름이 돕는다. 辛일간이 주도하는 환경임에도 丁辛壬-丙丁辛 등으로 천작용이 발동하고 辛卯일주로 卯가 분산작용을 하니 辛일간의 주도력이 떨어진다. 卯辰천으로 卯일지에서 완성되니 부인·자식을 얻고 안정을 취하거나 발달하는 구조이다. 금의 발현처가 卯일지 밖에 없으니 부인의 내조·도움 또는 부인에게 의지하는 속성이 있다. 관상으로 보면 눈꼬리 주름이 지나치게 길거나 윗입술이 얇은 형상에 비유된다.

辛일간이 酉월을 득했는데 정신-묘유-신묘로 기운을 돌리고 금생수로 목을 내는 게 아니라 화생금으로 목을 발현시켜야하니 가치가 떨어진다. 지지는 申酉卯로 이어지고 신자진을 구성하여 壬辰시주에서 수기를 보충하기에 가정적인 사람이다. 申에서 酉를 분리되어야하니 丙申년주를 뿌리로 삼아 丁酉월주를 직업적으로 사용한다. 丙申은 국가·조직·단체의 상이고, 丁酉는 金, 丑, 午酉형과 관련된 직업성이다. 대기업 중공업분야에서 근무하였다. 오유형-유자파로 이어지면 발달이 크다.

壬寅대운 55세 庚寅년에 명예퇴직을 하였다. 壬이 투출하여 수기를 채우고 기다리던 寅이 드러나니 壬-甲으로 발현되기 좋은 환경이다. 그런데 丁壬-酉寅으로 정유월주가 동하여 파하면서 급박하게 진행된다. 경거망동의 형상이라 할 수 있다. 다음해 辛卯년에 癸卯대운으로 이어진다. 庚寅-辛卯-壬辰-癸

巳년으로 흐르니 酉子-子卯로 뻥튀기하려는 속성이 발동한다. 명예퇴직을 부추기고 사업을 종용하게 된다. 壬寅대운이 계속 되었다면 사업에 가담하여 손실이 컸을 수 있다. 癸卯대운은 丁癸-卯酉로 丁酉월주가 동하니 직업변동을 의미한다. 가만히 있지 못하거나 크게 먹으려는 속성이 발동한다.

壬辰 수기가 필요한 구조이니 노년에 임진을 사용하게 된다. 임진은 목을 발현시키는 작용력이 있고 생명력을 주관한다. 壬癸乙 구조로 정보력을 수집하여 분석하는 능력이 있다. 木과 관련된 일에서 성취를 얻을 수 있지만, 후일간이 주관하면 성공하기 어렵다.

◆ 己酉

酉는 재물이고, 己는 물상의 터전이다. 己酉는 酉(씨앗, 보석)를 己(땅)에 담는 형상이다. 酉가 조직·단체에서 완전히 분리된 단절·고독의 형상이다. 己가 酉를 품어야하니 지키고 감추려는 성향이 있다.

酉는 시시비비를 가리고, 己는 甲을 끌어들이지만 갑이 발현된 것은 아니기에 未 속성이 있다. 미정의 인자라는 점에서 辛未와 유사하다.

丁酉는 酉물상을 완성한다면, 己酉는 酉물상을 땅에 묻는다. 己酉는 금을 완성하는 흐름이면 성취가 크고, 甲을 내는 환경이면 발현되는데 시간이 걸린다.

丁酉와 달리 사업성취는 약한 편이고, 이성의 인기보다 애정굴곡이 있다. 만약 갑이 투출되고 水가 없으면 예민하고 고독한 상이 된다. 사회적 발달이 어려우니 학문·철학적 성향을 보이게 되고, 결혼이 불미한 경향이 있다.

己酉는 특수기술, 국가조직, 기술자격, 공학, 종교·철학, 연구·개발, 학문, 선생, 세무, 감찰, 부동산 등 분야에서 편향된 성격의 직업성이 어울린다. 축과 관련된 직업에서 안정을 얻기도 한다.

```
丙己丁己  坤  甲癸壬辛庚己戊9
寅丑丑酉      申未午巳辰卯寅
```

己일간이 丑월에 임하고 丁丑월주에서 화기를 보충한다. 축은 인으로 발현되어야 하는데 丑寅으로 발현처가 갖추어졌다. 土가 많고 기운-물상이 조화를 이루지 못했지만, 사유축 구성에서 酉-丑-寅으로 발현되는 흐름이 양호하고 한 방향뿐이다.

己丑일주에 己酉 년·월 복음이고 丑丑으로 월·일이 복음이다. 부부인연에 문제를 안고 있는 구조인데, 남편이 己酉·丁丑의 모습으로 운전관련 직업이기에 큰 문제를 일으키지 않고 있다. 酉丑丑으로 정체된 기운이 丙寅으로 급박하게 돌출되니 40대 이후에 남자관계가 복잡해질 수 있다. 남편이 丁丑 모습이니 자신이 丑寅으로 나가는 모습을 취하고 있다. 酉가 丑丑에서 묶여있으니 남편의 활동력은 약화된 모습이고, 축인으로 발현되니 자신은 도화성으로 발현되는 것이다.

己己丑丑으로 己土구성인자이다. 뭐든 품고 내려는 속성은 도화성으로 발현되었다. 이 사주에서 丙寅이 중요한 작용을 한다. 丙이 酉丑丑으로 음습된 기운에 화기를 채워주고, 寅으로 발현시킨다. 寅巳형이 좋은 작용을 하는데, 刑발동은 번거로움을 동반한다. 丙寅이 시에 있으니 그동안 참아왔던 것을 실현한다는 의미가 있다. 하고 싶은 것을 참지 못하고 브레이크를 잡지 못하니 방종, 위법·편법에 편승될 여지가 있다.

丁丑에서 금을 조절하니 직업성취는 있다. 戊申은 불특정 다수를 상대하는 공개된 모습이라면, 己酉는 특정 부류를 상대하는 편향된 모습이다. 丁丑이 己酉를 품으니 사업규모-선택 종목이 약간 한정된 모양새를 취한다. 국가가 인준하는 공인 자격증을 취득하여 직업으로 삼았다. 辛巳대운에 辛이 투출하니 국가와 관련된 성취이고, 巳酉丑으로 구성되니 己일간이 원하는 바를 얻었다. 己丑년에 개업하였다. 己丑일주가 복음으로 동하여 寅을 내려는 욕구가 발동한 것이다. 특히 辛巳대운은 辛투출로 년·월·일·시 지지가 모두 동한다. 묶여 있던 기운이 丙寅으로 갑자기 터져 나오니 방종함도 뒤따른다.

◆ 辛酉

辛은 庚(금기)을 응집하여 음 본위의 금 본질이고, 酉는 실질적인 음 본위 물상이다. 辛酉는 정신·윤회 인자로 인간 본성을 찾고 자신의 존재가치를 통찰하고자 하는 속성이 있다.

반면에 金물상을 응집하니 재관에 대한 욕구와 장악력이 강하다. 집념과 독립성이 강한 장점은 있지만, 단절·고독의 상으로 집착이 강한 것이 단점이다. 비견구조이니 재관성취가 크지 않다.

辛酉는 무엇보다 수가 필요하다. 辛은 壬에게 자신을 의탁하여 안정되거나, 癸에 의해 갑으로 재탄생해야 한다. 辛金은 壬水를 원하지만 상황에 따라서 癸水도 좋다. 경금이 병화만을 원하지 않는 것과 같다.

辛酉에 水가 없으면 火로 辛을 가공해야 한다.

辛이 壬에 품어지려면 丁이 필요한데, 水가 많고 丁火를 얻지 못하면 辛이 물러지고 소용가치가 없어진다.

수기가 약하면 辛이 수기를 강하게 빨아들인다. 세상의 모든 것을 버리고 종교·철학에 빠져들거나 주색잡기, 방황, 위법·편법에 가담하기 쉽다. 우울증·조울증 등 정신적 이상을 겪기도 한다.

```
辛辛己庚 乾  丁丙乙甲癸壬辛庚1
卯酉卯子    亥戌酉申未午巳辰
```
辛일간이 卯월에 환경을 잃었지만, 천간이 금을 완성하는 구성이고, 지지는 卯酉로 신자진 구성에 있다. 신갑-신자진 구성인데, 卯월에 수가 필요하고 묘는 경으로 향하니 庚子를 취하고자한다. 庚子-子卯 구성으로 신자진 방향성을 잡으니 庚子년주를 취하면 발달할 수 있다. 국가·단체를 통한 발현이고, 타인을 통한 가치실현이다. 대기업 조선분야에서 근무하였다. 국가에 비견되는 단체이고, 금수와 관련된 직업성이다.

辛卯일주에 辛辛庚으로 투출되어 부부인연을 유지하기 어려운 구조이다. 자신이 庚子직업성을 사용했지만 사별하였다. 辛·卯가 많은 상황에서 酉일지가 묘유로 동하니 수기가 절대적으로 필요하다. 여기에 지지가 자묘유묘로 구성되어 조절력이 상실한 상태이다. 자묘오유는 자체만으로 도화성이 발현되지 않고, 본질을 지키려는 속성이 강하고 조절력이 없다. 이혼·주말부부·별거 등 조절장치를 거치지 않고 사별하는 경향이 있다.

乙酉대운은 卯酉가 발동하니 연월일시 지지가 모두 동한다. 현실적인 많은 변화를 예고한다. 乙庚을 완성하려하는데 경자-자묘가 발동하여 신자진으로 돌리니 경자의 변동이자 변색이다. 辛辛이 동하여 묶이고 충하니 酉일지에서 천이 발동한다. 본질적 문제와 직장·가정 등 총체적 문제를 해결해야한다. 이럴 경우에는 이사를 하거나 거처를 옮기는 등 기운을 바꾸는 것이 좋다. 乙酉대운 막바지인 乙未년에 명예퇴직을 하였다. 乙이 이중으로 투출되고 乙辛庚으로 천작용이 발동하니 왜곡·굴곡이 일어난다. 자미천으로 해묘미 방향성으로 돌리기에 흉하지는 않지만 명예퇴직이라는 현실로 드러났.

사주원국에 화가 없고 수기가 부족하다. 辛酉일주와 辛卯시주는 시간이 지나면서 수기를 더욱 필요로 하게 된다. 丙戌대운은 戌 중 辛이 동하고 화기를 끌어들이니 수화가 더욱 요구된다. 이 시기에 사주공부에 뛰어든 것은 수기를 채우기 위한 몸부림이고 자신을 지키는 방법이라 할 수 있다. 丙辛-卯戌로 辛卯시주가 동하여 파 작용을 하니 제2의 인생 또는 취미성 직업의 준비이다. 병신은 윤회·음란의 합이니 종교·철학적 경향성은 노년건강과 삶의 안정을 도모하는데 도움이 된다. 辰을 만나면 뜻하는 바를 이루거나 안정을 찾을 수 있다.

◆ 癸酉

癸酉는 정신·윤회를 돌리는 인자로 구성된 간지이다. 辛酉는 자신을 지키려는 속성이라면, 癸酉는 단단한 酉를 풀어 甲을 내려한다.

癸酉는 자체적으로 酉子파 관계이다. 癸가 辛→甲으로 환생시키는 생명수로 酉의 집착·단절·고독 등 감춰진 것을 밝혀준다.

癸丑은 수확한 벼(辛)을 丑에 저장하여 종자로 사용하는 것이라면, 癸酉는 수확한 벼(辛)를 가공해서 식량으로 삼는 것이다. 계유는 辛(酉)을 빨리 써먹는 것이니 뻥튀기 형상이고 수술·가공의 인자이다.

새로운 탄생을 주관하기에 기술, 자격, 분석, 교육 등 편인 성향의 직업에 어울린다. 창고업, 택배 등 보관했다가 드러내는 업종, 기술자격·첨단기술 등 독특함을 이용한 고부가가치 사업, 금을 가공하는 일 등에서 가치를 얻는다. 종교·철학에서 안정을 구하기도 한다.

壬丙癸甲 乾　辛庚己戊丁丙乙甲4
辰戌酉午　　巳辰卯寅丑子亥戌

丙일간이 酉월 환경을 잃었고 대운도 불미하다. 타인위주, 비서격, 가르치거나 기르는 일에 종사할 명이다. 그런데 중견기업인으로 크게 성공한 인물이다. 계유월주가 午酉-酉戌-酉子로 기운을 돌리고 辛→甲으로 발현된다. 일간이 월지 환경을 잃었지만 형·파·천 등으로 지지환경을 바꿀 수 있으니 발전의 계기가 마련되는 셈이다. 또한 丙戌은 중년에 戌 중 丁모습으로 바뀌어 酉월환경을 주도하게 된다. 만약 丙戌일주에 卯월이라면 자신이 주도하는 삶에서 성공이 크지 않았을 것이다.

사주전체 흐름을 보면 午酉-인오술로 금을 형성하고, 酉戌-사유축으로 금을 완성하여, 유자-신자진으로 금을 가공하여 辰戌에서 창고를 열고 닫는 모습이다. 午-酉-戌-辰으로 금(재물)을 창고에 저장하고 癸丙으로 甲년간에서 발현시킨다. 마치 벼를 수확하여 창고에 쌓고, 한편에서는 도정하여 식량으로 삼으면서 뻥튀기 튀밥으로도 가공하는 모습이다. 甲년간이 목표점이니 재물가치가 크고 재물로 명예를 산다는 의미도 있다. 국가·단체와 관련된 일이기도 하다. 국가의 승인·허가·신고 등으로 酉를 가공·정제하는 사업에서 대박을 터뜨렸다. 이는

인오술을 午酉-酉戌-酉子 형·파·천이 기운을 돌렸기 때문이
다. 충·형·파·천 등을 흉하게 보면 안 되는 이유이다.
　이 사주는 酉를 가공해야 발달한다. 己卯대운은 甲午년주가
동하여 크게 이루고 명예를 얻고자한다. 갑기는 기반되지 않
으니 묘오로 인오술을 가동하게 된다. 酉월지가 동하여 丁癸
로 기운을 돌려 癸甲으로 발현된다. 己는 甲의 바탕이고 인오
술을 가동하여 가상을 만들어내는데 유리하게 작용하지만 현
실적 명예를 쫓으면 성과가 없다. 己卯대운 막바지에 명예를
크게 얻기 위해 계획을 세웠지만 실행하지 못했다. 卯가 시간
이 지나면서 壬수기를 취하여 해묘미를 가동하기 때문이다.
壬·甲 즉 개인적 욕구, 명예욕이 동하지만 마음대로 되지 않
는다. 酉를 등한시하면 甲이 기반됨을 살펴야한다.

◆ 甲戌

　갑이 술에 입고하는 관계이다. 甲戌, 庚辰, 乙未, 辛丑 등은 물상이
입고하는 간지로 물상의 입고는 입묘에 비하여 손상되는 경우가 많다.
　특히 목은 생명체로 甲·乙의 입고는 현실적 답답함 또는 묶이는 상
황에 봉착한다. 乙未에서 乙은 未에 붙들린 채 庚을 보지도 못하는 답
답한 상황이고, 甲戌은 戌 중 辛이 자신의 씨앗이니 본원으로 돌아가
야 하는 기막힌 상황이 된다. 갑술을 삼합으로 보면 갑자기 인오술을
마감하고 신자진으로 己土에 들어가는 형국이다.
　甲戌에 乙(卯)이 투출되거나 未가 오면 손재, 명예실추, 사건·사고,
신체장애, 불임·난산·유산, 생명, 수술·가공 등 목 손상이 현실로 드러
난다. 甲(寅)이 투출되거나 戌이 와도 마찬가지이다.
　갑술-을미가 동주하거나 갑술 또는 을미에 묘술미로 구성되면 목
손상이 가중된다. 이는 木 입고로 인한 활동장애이고, 戌未파의 발동
조건이기도 하다. 갑술과 을미에서 목이 강화되면 결과적으로는 길하
게 작용하지 않는다.

甲戌일주는 식상·재성이 모두 입묘되니 애정·재관 활동에 장애를 안고 있다. 甲戌에 乙이 입묘하니 乙겁재를 끌어들인다는 의미도 있고, 자신의 능력을 발휘하지 못한다는 의미도 있다. 辛 또는 丑·辰 등이 와서 기운을 돌리면 발달할 수 있다.

甲일간이 戌월이면 음 본위로 환경조건을 갖추었으나, 갑은 수가 필요하고 술은 화를 끌어들인다. 갑은 양 본위로 전환되어야 하고, 술은 음 본위로 향하니 서로 원하는 바가 다르다. 삶을 펼치는 방향성이 다르기에 왜곡이 발생한다.

갑술의 일반적 속성과 직업성은 乙未와 유사하다.('乙未'편 참조)

癸甲乙丙 乾　壬辛庚己戊丁丙1
酉戌未子　　寅丑子亥戌酉申

갑일간이 癸乙丙 구조에서 未월 환경에 앉았으니 자신의 역량을 발휘하는데 제약이 있다. 다만 未월지가 자미-술미로 기운을 돌리고, 대운 흐름이 甲일간을 돕는다. 지지전체는 사유축 흐름에 있지만, 술미가 해묘미-인오술을 가동한다. 甲일간은 乙을 통해 자신의 가치를 실현할 수밖에 없다. 乙未는 부모궁·직업궁이니 부모의 유업을 이어받든지 乙未모습으로 살아가는 것이다. 한편 未월은 水가 필요하고 갑술일주는 점차 인오술을 가동하니 병자보다 癸酉를 사용하는 것이 좋다.

乙未는 금으로 변환되어야 가치를 얻는다. 酉 중에 庚·辛이 있으니 甲일간과 乙未가 원하는 자리는 癸酉이다. 癸酉는 酉를 가공하여 뻥튀기하는 酉子파 형상이다. 정상적이고 일반적인 일에서 성과가 미미하고, 기술·자격 또는 독특한 사업에서 고부가가치를 창출할 수 있다. 갑일간이 인오술로 금을 가공하여 乙未를 실현하는 것이다. 형·파·천으로 보면 유술-유자-묘오의 흐름이다. 기존의 것을 깨뜨리고 가공하여 새로운 모습을 내는 일이 적합하다. 육친으로 보면 자신이 부모의 유업을 잇거나 자식이 부친의 유업을 잇는 것이다. 자식을 얻고 발복한다는 의미도 된다. 또 戌일지에서 丙·乙을 담으니 부모유업을 이어받는 부인을 얻으면 재물을 담을 수 있다.

이 사주는 월·일이 목 입고간지이다. 乙未·甲戌이 동주하니 목(활동·생명)의 기운·물상이 모두 상실된 상태이고 未戌파가 발동된 상황이다. 일간(자신)·일지(배우자)의 손상문제를 안고 있다. 여기서 丙이 투출하여 미술형까지 발동하지만, 배우자를 얻으면 병을 조절하니 형작용이 완화된다.

戊戌대운 戊戌년 乙卯월에 고환암진단을 받고 수술·치료하였다. 사주원국의 未戌파를 대운·세운에서 연이어 동하게 만들고, 乙卯월은 未戌파의 응기가 되었다. 월일이 동하니 직업, 가정, 건강 등 문제가 발생하는데, 다행히 직업·가정을 이루지 않은 상태이고 군복무기간이다. 젊은 나이에 건강으로 발생했으니 불행 중 다행이라 할 수 있다. 피해갈 수 없는 흉이라면 적절한 시기에 겪는 것도 행운이다. 부모가 덕행을 쌓았기에 그 값을 얻은 것이니 부모의 음덕이다. 인생의 가치는 피흉추길에 있고, 피흉추길의 방법은 덕을 베푸는데 있다.

◆ 丙戌

丙戌은 壬辰과 마찬가지로 수화기운이 자좌입묘하는 간지이다. 화기가 필요한 戌에 丙이 앉았으니 좋은 관계이다.

다만 병은 밝음을 추구하고, 술은 어둠을 주관한다. 병이 펼치면 술은 응집해버리고, 병이 확산하면 술이 응집해버린다. 戌은 화기를 끌어들여 조절하는 작용을 하는 것이다. 병술에서 丙은 어느 정도 성장하면 점차 丁모습으로 바뀌어간다.

병술에 병은 응집되기에 현실적 성공에 제약이 있는데, 丁모습으로 辛을 얻는 환경에서 발전요소가 된다. 목보다 금을 만나면 발전한다.

마찬가지로 壬辰에서 壬은 시간이 지나면서 癸모습으로 분산작용(도화성)이 발동한다. 금을 만나는 것보다 목을 만나면 발전하게 된다.

戌의 이중성, 자좌입묘, 水火기운의 부조화 등은 현실을 등지고 종교·철학에 빠져들게 한다. 직업적으로는 한의사, 약사, 의사, 학자, 선생, 치료, 상담 등이 좋다.

壬丙戊丙　乾　丙乙甲癸壬申庚己3
辰子戌戌　　　午巳辰卯寅丑子亥

丙이 戌월에 임하고 대운이 40중반까지 亥子丑寅으로 구성된다. 간지구성을 보면 입묘간지로 구성되어 있다. 또 사주전체가 수화기운으로 구성되고 목금물상은 없다. 지지도 인오술-신자진이 동하여 기운으로 물상을 만들어내는 과정에 있다.

술월에 화가 필요한데 丙子일주 또는 丙戌년주를 원한다. 丙子는 점점 분산작용을 할 것이고, 丙戌은 점점 응집작용을 할 것이다. 병술은 시간이 지나면서 丁모습으로 바뀌고, 壬辰은 점차 癸모습으로 전환된다. 丙년간-壬시간이 丁·癸로 사주기운을 돌리는데, 그렇다고 丙·壬이 丁·癸로 완전히 바뀌는 것은 아니다. 중년이후에 丙子일주가 열고 닫는 행위를 주관하고, 壬이 신자진을 구성한다. 丙戌년주-壬辰시주가 丙壬-辰戌로 여닫는 행위가 원활해지고, 丁壬-丁癸로 수화기운을 여닫으니 보이지 않는 물상들이 드나들게 된다. 더불어 년·월-일·시로 나누어보면 년·월은 응집작용, 일·시는 분산작용이다. 대운도 42세까지는 음 본위이고, 43세이후는 양 본위이다. 40대에 이르러 木 발현을 통해 성공을 쟁취할 수 있는 흐름이다.

수화기운만 있고 목금물상이 없으면 음양본위로 논하는 것은 무의미하다. 물상이 없으면 발달하지 못하는 것이 이치이지만, 물상이 투출되지 않으면 어느 환경에서도 적응하여 물상을 낼 수 있다는 장점이 있다. 수화기운으로 물상을 내야하니 명예를 위주로 하는 일이나 국가와 관련된 일에서 성과가 있다. 또 가공의 물상을 만들어야하니 입·말 또는 허상의 모양새이다. 이상이 높고 물상에 대한 욕구가 강하게 되는데 탐욕을 부리면 실패가 따른다. 이 남명은 정치인으로 직업을 삼았다.

병술-임진의 모양새이기도 하다. 병술은 금으로, 임진은 목으로 발현되면 가치가 크다. 甲辰·乙巳 대운에 연속하여 명성을 얻었다.

◆ 戊戌

무술도 병술과 마찬가지로 자좌입묘하는 간지이다. 무는 乙-庚을 펼치는 바탕이고, 술은 辛을 완성하는 바탕이다. 무술의 흐름은 庚에서 辛을 얻어 戌에서 완성한다.

戊는 丙과 달리 물상을 직접 가공하는 기운이 아니기에 재관(목금)에 직접적인 영향을 미치지 않는다.

丙戌·戊戌은 술이 화를 끌어들이기에 음덕이 있고 귀인의 도움이 있다. 이런 관점에서 壬辰·癸未 등도 마찬가지이다.

戊·戌은 기운을 조절한다는 기본적 성향은 같다. 무는 펼쳐진 기운을 조절하고, 술은 응집 기운을 조절한다. 펼치고 응집하고, 주고받고, 뿌리고 거두는 등 조절작용을 거듭하는 모양새이다.

무술은 무가 펼친 것을 술이 잘 지켜낸다. 내 것을 잘 지키고 남의 것은 빼앗아오는 능력이 있다. 진술충의 경향·작용과 유사하다. 그래서 괴강(魁罡)95)이라 한다.

무술은 辛을 품어 안정되어야 하는데, 戌이 동하여 辛이 손상되면 술의 이중성이 발동하게 된다.

甲丙戊丙 乾 乙甲癸壬辛庚己3
午午戌寅   巳辰卯寅丑子亥

---

95) 괴강(魁罡)은 庚辰, 壬辰, 戊戌, 庚戌, 壬戌 간지이다. 괴강이 辰·戌에 자리한다는 것은 乙·癸와 辛·丁의 조절문제가 발생한다. 즉 수화기운과 목금물상의 조절은 불안정과 폭발성으로 발현되니 대박 아니면 쪽박이 된다.
 이를 破로 보면 酉子파와 卯午파이고, 刑으로 보면 子卯형과 午酉형이며, 穿으로 보면 子未·卯辰·午丑·酉戌천 등이다.

이 사주를 격국으로 火종격이라면 용신은 木·火가 된다. 초년에 水대운이다. 초년에 삶이 순탄하면 火종격이 아니라 수가 보충되어 좋았다할 것이고, 순탄하지 않았다면 火종격으로 운이 좋지 않은 탓이라 할 것이다. 만약 수가 용신이라면 壬寅·癸卯대운을 수운으로 봐야할지, 목이 용신이라면 木운으로 봐야할지도 명확하지 않다. 이현령비현령이 될 수 있음이다.

기상명리 관점에서 보면 丙이 戌월에 앉았지만, 천간 丙·戊에 지지 인오술로 구성되었다. 병일간이 할 일이 있음이다. 수기는 없고 화가 왕하고 목이 투출되니 화로 목을 키워 금을 완성하는 것이 삶의 가치를 실현하는 일이다. 많은 화를 戌월지가 조절하니 부모음덕이 있고, 戊戌은 펼치고 거두는 작용을 하니 삶에서 행운이 따른다. 甲午시주에서 목이 투출하여 인오술을 완성하니 이미 노년의 삶이 완성된 모양새이다. 관상으로 보면 입·턱이 방정한 형상이다. 급할 것도 다툴 것도 없으니 성격이 느긋한데 남이 보면 답답해 보이기도 한다.

丙午일주가 인오술을 구성하니 火 관련 일에서 금(재관)을 성취하는 것이 좋다. 가공할 물상은 寅년지와 甲시간이다. 화왕의 寅巳형은 확산력이 빠르고 기존 틀을 깨는 형상이고, 甲午는 가상·가공의 상이고 발현이 늦은 특징이 있다. 방송국에서 가상현실과 관련된 프로그램 일을 하고 있다. 갑오시주가 발현처이니 발달이 늦으니 인내가 요구되고, 재관성취 목적보다 하고 싶은 일이나 취미성 직업에서 발전하고 만족감을 얻는다. 육친으로 보면 자식을 빨리 얻기 어려우니 늦은 결혼이 좋고, 일찍 결혼한다면 늦게 자식을 얻는 것이 순리이다.

壬寅대운은 丙寅-甲午가 동한다. 丙·壬으로 기운을 돌려 壬甲으로 甲을 내고, 甲이 동하여 인오술로 흐르니 현실적 재관성취를 이루기 어렵다. 38세 이후에 午일지가 인오술을 주도하니 배우자를 얻고 원하는 바를 얻을 수 있다. 癸卯대운은 丙일간이 본의를 발현하는 시기이고, 卯午-인오술로 壬寅대운에서 형성한 甲을 키운다면 크게 발전하게 된다.

만물은 그 자체로 살아나고자 하는 의지가 있다. 아무리 척박한 땅에도 새싹을 내고, 말라버린 호수 밑바닥에도 생명력이 살아 숨 쉬고 있다. 사주팔자는 그 사람이 살아가는 모양새와 환경이 주어진 것이니 어떻게 사느냐가 중요하지 특정 오행이 많고 적음에 따라 운세가 결정되는 것이 아니다. 무엇보다 사주팔자가 격국·용신에 지배받는다면, 팔다리의 움직임에 따라 뇌가 동작하는 꼴이니 이치에 맞지 않다.

◆ 庚戌

庚戌은 인오술 과정으로 庚을 형성-완성하는 간지조합이다. 술은 인오술 화 운동으로 庚-辛을 형성-전환-완성한다. 경이 술에 앉았으니 급박하게 庚→辛을 내야하는 환경이다. 극단성과 폭발력을 내포하고 있다. 성정이 급하고 예민한 편이다. 괴강이라 칭한다.

경술은 辛을 수렴해야하니 숙살기운이 강하고, 금을 완성했으니 자신이 해야 할 일은 다한 셈이다.

경술은 강한 화가 필요한데, 만약 수가 강하면 庚이 모습을 갖추지 못하고 辛이 완성되지 못한다. 극단성과 폭발력은 방탕·음란성으로 변질되기도 하고, 신통력으로 발현되기도 한다.

기술성 직업, 고부가가치 사업, 수술·가공, 위법·편법, 뻥튀기 성향 등의 직업에서 발달한다. 모 아니면 도, 이빨이 없으면 잇몸으로 하는 기질이 있다. 그렇지 않으면 종교·철학, 학문, 자격, 저장·보관 등 편인 속성 또는 움직임이 적은 직업이 어울린다.

庚壬甲丁 乾 丁戊己庚辛壬癸4
戌子辰未　　酉戌亥子丑寅卯
壬일간이 辰월을 만났으나 천간은 壬甲丁으로 구성되고 지지는 신자진을 구성하여 寅丑子亥戌酉 대운환경을 맞았다. 丁壬이 주도하여 신자진으로 甲을 내는 방향성이다. 진월에 庚이 투출되었지만 辰未로 癸·乙이 조절되니 庚에서 辛을 얻어야한다. 庚이 戌에 앉았으니 壬일간 입장에서 辛을 얻기 좋은 조건이다. 진월에 필요한 수기를 壬이 담당하고 갑을 낸다. 임이 수집한 자료를 辰 중 癸가 분석하여 갑으로 발현하니 직업이 은행원이다. 亥辰과 유사한 직업성으로 분석가, 은행, 세무, 감찰 등에 해당한다. 甲辰월주는 갑이 乙환경에 앉았으니 남을 위해 계산하고 분석해주는 등 도와주는 일이다.

壬子일주에 子辰으로 子일지가 변색되니 배우자 인연을 유지하기 어렵다. 정임-신자진 구조는 윤회를 거쳐야하니 현실 삶에서 왜곡이 동반되기에 부부애정이 왜곡되기 쉽다. 이혼하고 부인이 자식을 데려갔다. 庚이 辛으로 전환되어야 안정되는 구조인데, 50대에 이르러야 庚에서 辛이 작용력을 발휘한다. 子부인이 있으면 庚을 끌어들여 신자진으로 甲을 내려한다. 하늘기운을 빼앗고 설익은 과일로 종자를 만드는 격이다. 가정·직업 등이 안정되지 못하고 견고하게 하지 못한다.

庚子대운에 庚시간과 子일지가 동하여 묶이니 주말부부 형태로 살아가야 부부인연을 유지할 수 있다. 己亥대운은 甲辰월주가 파하고, 壬일간이 동하여 진에 입묘한다. 亥가 신자진 운동을 가속화하는데, 갑기합으로 甲丁이 발동하고 술을 끌어들여 인오술로 구성하니 경이 급격하게 손상된다. 자식인연이 없음을 의미하기 때문이다. 申子辰에 운에서 亥辰이 발동하니 사주에 관심을 가지고, 사주분석력도 뛰어나다.

戊戌대운에는 庚에서 辛이 발현되는 조건이고, 甲辰월주가 동하여 인오술을 발동시킨다. 甲丁으로 근원적 문제를 해결해야 하고, 자신이 주도하는 일에는 성과가 적다. 본청보다 지청이 좋고, 간부보다 실권 있는 직책이 좋다. 내근보다 외근이 좋고, 반복되는 출납업무보다 대출업무가 좋다. 다른 사람과 구별되는 독특한 보직이나 분석·검증하는 직능에서 가치를 얻을 수 있다.

◆ 壬戌

壬戌은 壬이 戌 중 辛을 품는 관계이다. 지지로 戌亥(천라·괴강)다. 戌은 응집·고정성이 강한 반면에 이중·복합성을 내재하고 있다. 이중·복합성-천라·괴강 등은 종교·철학에 관심을 두게 된다.

술 중 辛이 안정되느냐, 갑으로 변환되느냐에 따라 壬戌의 방향성이 결정된다. 壬戌은 임에서 辛을 안정되게 품어지는 것이 좋다.

만약 辛이 발현되면 괴강·천라의 경향성이 드러난다. 뛰쳐나가려는 속성과 잠재된 폭발력이 터져 나오니 삶에 왜곡이 있게 된다.

```
壬戌己丙  坤  癸甲乙丙丁戊7
戌戌亥申     巳午未申酉戌
```

격국으로 시상편재격이니 재물이 많다고 할 수 있고, 戊戌괴강에 戌亥천라이니 팔자가 사납다고 할 수도 있다. 시상편재격이지만 부자도 아니고, 土비겁이 많아서 재물분탈 등으로 인해 삶이 황폐한 것도 아니다.

기상명리의 관점에서 보면, 亥月에 壬이 주도하고 己亥월주에서 갑을 내려한다. 戊일간이 亥월에 임했으나 직업적 성취는 있으니 사회생활로 발현해야한다. 지지는 申亥로 신자진 구성이지만, 亥월에 화가 필요하고 辛을 얻어야하니 丙申년주에서 申亥천으로 辛을 얻으려한다. 丙申이 인오술을 가동하고, 己亥가 신자진을 가동한다. 가공할 인자는 申년지이니 사유축으로 금을 완성해야 戊일간이 가치를 얻고 己亥에서 갑을 낼 수 있다. 丙-壬이 인오술-신자진을 사유축으로 기운을 돌려 辛을 안정되게 하니 번거로움이 있을지라도 궁색하지는 않는다. 배우자와 함께 하는 일이면 안정될 수 있다.

戊戌·壬戌에서 辛이 안정되는 것이 중요한데, 만약 辛이 투출되어 丙辛합하면 이롭지 않다. 또 丙·壬이 기운을 돌리기에 丙申-壬戌로 庚-辛의 전환이 안정된다. 여기서 戊-己는 丙-壬의 기운을 조절하고, 丙-壬에 의한 庚-辛을 조절한다. 술해에 저장된 금은 갑으로 발현되어야 하는데, 만약 목을 보지 못하면 천라지망에 걸리게 된다. 다행히 37세 乙未대운, 47세 甲午대운에서 목을 얻었다. 乙未대운은 未戌파로 乙이 손상되고 해묘미로 묶이니 배우자와 이별하였다. 戊戌일주에 戊戌로 복음이고 술일지가 병을 끌어들이니 반갑지 않은데 운에서 응했음이다. 甲午대운에 갑이 발현되고 목을 내야하는 구조이니 메이커 가구점을 운영하고 있다. 다만 직접 갑을 내려하니 재관성취가 크지 않다. 금을 통해 갑을 얻는 것이 이롭다.

◆ 乙亥

乙은 해 중 갑에서 장생을 얻고 亥卯未 과정에서 장성살(제왕지)에 해당한다. 乙이 亥를 만나면 꿈이 원대해지지만 세속적 성공에 시간이 걸린다. 乙은 亥 중 甲을 끌어내야 분산작용을 할 수 있는데, 亥는 甲을 품어 내놓지 않으려하고 해에서 갑을 내는데 시간이 걸린다.

乙亥는 壬乙관계로 크게 부풀이려는 속성이 있다. 壬이 乙을 끌어들이고 가공하니 불법·위법의 상이 되기 쉽다. 케케묵은 지난 일이 드러나거나, 해결됐던 문제가 다시 불거진다. 복잡하고 묶이는 경향이 있는데, 복잡하고 묶여 있던 일들이 풀리기는 한다.

乙과 亥는 이중성·도화성이 현실로 발현되는 인자이다. 해는 갑을 품는데 을이 발현되니 성숙되지 않은 상태에서 모습을 가공한 형상이다. 보기보다 실속이 없지만, 주위의 도움이 있다. 성실하고 인기가 있는데, 축소된 대인관계 속에서 인기·사회성을 발휘한다. 동성보다 이성으로부터 인기와 인연이 좋다. 자신이 이성을 찾기도 하고 이성을 불러들이기도 한다. 배우자 인연이 원만하지 않음을 의미한다.

乙亥에 甲 또는 寅이 없거나 火 또는 금이 없으면 삶에 왜곡이 있거나 발현이 늦다. 배우자 인연이 왜곡되거나, 정신병·우울증, 자식생산, 도화발현, 비겁으로 인하여 재관 손상 등이 발생한다.

辛庚乙己　坤　辛庚己戊丁丙6
巳寅亥未　　巳辰卯寅丑子

경일간이 해월에 앉았으나, 을경-해묘미로 구성된다. 乙亥월주에서 해묘미를 구성하니 직업적 성취가 있고, 亥寅으로 乙의 근원을 이룬다. 庚의 뿌리는 乙이고 乙은 寅에서 장생한다. 남편의 도움이 있다는 의미이니 좋은 배우자를 얻는 구성이다. 년·월-일·시를 나누어보면 년·월은 乙이 주관하고, 일·시는 庚이 인오술을 주도한다. 乙이 환경을 주도하여 庚에서 辛을 완성하고 辛巳에서 마무리하는 흐름이다. 여기서 寅巳는 형이 발동하지 않으면서 목생화-화생금으로 庚-辛으로의 변환·전환을 돕는다. 亥-寅-巳로 수생목-목생화-화생금으로 순차하여 목→금으로 전환되는 흐름이 조화롭다.

辛巳시주에서 결실을 완성되니 더디게 느낄 수 있고, 庚·辛을 담을 그릇이 없으니 결실이 만족스럽지 않을 수 있다. 미래의 모습은 완성되어 있는데 현실은 미흡하다고 생각하기 때문이다. 남편과 시댁의 혜택이 있고 3자녀를 두고 있으며, 자신은 프랜차이즈 커피숍을 운영하고 있다. 그런데도 본인은 언제쯤 재물이 들어올지를 묻는다. 亥월에서 乙은 甲이 나와야 모양새를 갖출 수 있고, 해월에는 화가 필요하다. 寅을 취함으로써 갑을 얻는 실마리가 되고, 寅 중 丙을 얻어 을경을 완성할 수 있다. 그래서 결혼하고 발복하게 되는 것이고, 직업성은 寅(甲)을 이용한 乙亥 모양새로 볼 수 있다. 甲(씨앗껍질)을 갈아서 乙亥의 모양새로 庚-辛으로 가공하는 것은 커피를 갈아서 새로운 물상을 내는 것과 유사하다. 해묘미의 모습이기도 하다. 남편의 내조로 사업체를 운영하는 것은 寅일지의 덕택이고, 그 근원은 시댁의 도움이니 乙亥의 모습이다. 시댁·남편의 도움으로 庚일간은 辛巳라는 물상을 완성하는 것이다.

이렇듯 사주구성과 흐름에 부합하는 삶 형태이면 복록과 안정을 누리게 된다. 사주구성에 따라 어떻게 살아갈 것인지 방향성을 제시하고자하는 것이 기상명리의 추론(追論)방법이다.

◆ 丁亥

丁亥는 丁壬의 간지합 구조이다. 亥는 화가 필요하니 丁의 따뜻한 열기가 고맙다. 丁이 壬으로 향하는 것은 辛을 저장하기 위해서이다. 辛→甲을 낸다는 점에서 丁·亥의 목적과 방향성이 부합한다.

정임에서 壬과 달리 정해에서 亥는 변색되기 쉽다. 壬은 유동성 중 유일성이고, 亥는 고정성 중 유동성이다. 亥는 지지구성에 따라 해묘미 방향성으로 선회하면 丁亥의 방향성이 흐트러진다.

丁은 식상에 해당하고, 亥는 인성에 해당한다. 재·관을 성취하여 조절하고 다듬을 준비가 되어 있다. 丁입장에서 亥는 정관이면서 천을귀인이다. 고급 관직에 몸담거나, 해외 조직에서 발달하거나, 사업적 성취가 있다. 관(조직·단체)을 통한 성취가 이롭다.

丁은 亥의 육해이니 기술·자격을 갖추어야 성취를 이룰 수 있다. 그렇지 않으면 정신적인 것을 추구하게 되는데, 기술·자격을 갖추지 못하면 현실 삶에서 발달하지 못한다는 의미도 된다.

壬丁丙辛　坤　壬辛庚己戊丁1
寅亥申酉　　　寅丑子亥戌酉

천간이 壬丁丙辛 합·파구조로 방향성을 잡지 못하는 모습이다. 丁일간이 申월에 앉았고 申월에 필요한 丙은 辛에 묶여 빛을 잃는다. 丙申월주로 자수성가의 상이고 가장노릇의 형상이다. 申월은 亥酉와 더불어 신자진을 구성하니 정임-신자진 구성조합인데 발전적 구조는 아니다. 남편은 보잘 것 없고 부친을 모시고 사는 가장모습을 띠고 있다. 申월에 丙이 필요하기에 부친을 모시고 산다고 할 수 있다. 丁일간은 丙이 좋아 보이는데, 정작 丙을 취하니 壬丁丙으로 번거로움이 발생하고 辛에게 가버리니 발전이 저해될 뿐이다.

丁亥일주에 壬이 투출하여 다시 丁壬합하고, 壬寅시주는 간지

-일시에서 다시 亥寅으로 합한다. 정임과 해인은 모두 목을 내려는 의지가 강하게 발동한다. 형·파·천 등 폭발력이 없으니 강한 음기를 寅시지로 발현되어야 한다. 목을 발현하는 방향성은 부합하지만 다합-파작용이 발동하고, 申亥寅으로 천작용이 발동하여 금생수-수생목이 원활하지 못하다. 육친으로 보면 亥남편에게 불만이 많아지고, 자식잉태가 되지 않는다. 申-亥-寅에서 寅이 발현되지 않으니 뻔히 보이는데도 취하지 못하는 꼴이다. 그만큼 조급해지고 욕심이 많아진다.

합이 많은 사주는 결정을 하지 못하는 경향이 있다. 특히 丁壬과 丙辛은 기운의 합으로 윤회합이자 음란지합이다. 합으로 묶이면 잘 풀리지 않으니 발전에 제약이 있다. 주체성이 약하고 결정력이 떨어지니, 확인하고 되묻고 자신이 납득할 때까지 따지는 스타일이 된다. 그런데 자신은 뒷말하지 않는 화통한 타입이라 주장하고 결정장애가 있다고 생각하지 않는다. 합이 많으면 다른 사람이 자신을 좋아하고, 뭐든 잘하고 능력이 있는데 운이 따르지 않는다고 생각하는 공주병이 있다.

丙申에서 가공한 辛酉가 丁壬-亥寅으로 발현되는 통로를 丙申이 다시 막는 꼴이다. 庚子대운은 경이 투출하여 직업적 성취를 이룰 수 있는 조건이 된다. 다만 신자진으로 향하니 경의 손상이 동반된다. 직업변화를 통한 발전을 모색하게 되니, 옷가게 점원으로 일하다가 丁酉년에 옷가게를 개업하였다. 寅을 내려는 의지이다. 경이 손상되어야하니 배신이요, 辛을 품어 寅을 내야하니 종목이 바뀌는 것은 아니고, 酉子파를 가동하니 대박을 노린다. 사주원국의 방향성에 맞는 직업성이니 큰 발전은 없을지라도 왜곡되지는 않을 것이다.

◆ 己亥

己는 응집작용으로 음 본위의 터전이고, 亥는 壬이 바탕을 얻은 셈이다. 己는 壬의 바탕이 되고 해 중 甲의 터전이 된다.

丁亥와 마찬가지로 해묘미로 향하면 亥가 변색된다. 이는 癸가 巳를 보는데 巳酉丑으로 무리 지으면 巳가 변색되는 것과 같다.96)

육친성으로 보면 亥정재가 甲관성을 품고 있는 관계이다. 배우자가 자식을 안고 있는 꼴이다. 亥가 甲을 안정되게 품고 있는데, 亥卯未가 되면 처가 자식을 데리고 나가는 형상이 된다.

그렇지 않으면 배우자와 함께 무리를 끌어들이는 접객업을 하는 경우가 있다. 간지가 甲己-己壬으로 묶이기 때문이다. 얼굴에서 눈 꼬리 주름이 지나치게 길고 깊은 형상에 해당한다.

丙丁己辛 坤 乙甲癸壬辛庚4
午未亥酉   巳辰卯寅丑子

丁일간이 亥월에 임하여 대운환경이 원활하고, 亥월에 丁辛이 투출하였으니 이상적인 조건이다. 그런데 亥未로 연접하여 해 중 갑이 발현되기 어렵고, 丁未·丙午로 수기를 말리니 木성장에 마땅치 않다. 해월에 辛酉년주가 뿌리를 제공하니 조상인 연·도움이 있고, 酉를 亥에 담아 목을 발현시키니 직업을 통해 발현하는 흐름이다. 辛酉, 丁未, 丙午 등 사주전체 기운을 亥월지가 담당해야하니 亥가 힘들어진다. 힘들게 일하거나 가장노릇이라는 의미도 부여된다. 丁未일주에 丙·丁·己가 모두 투출되었으니 배우자 인연을 유지하기 어려운 구조이다. 여기에 丁未가 다시 일시에서 午未합을 하고 있다.

사주원국에서 년·월-일·시는 전혀 다른 환경이고, 亥월지는 해묘미-신자진으로 변색되는 환경에 있다. 丁일간이 亥를 믿을 수 없는 환경인데, 丁辛-亥로 목을 내려하니 주위를 둘러보지 못한다. 년·월에 의지하여 자신의 처지를 인식하지 못하고, 금→목을 내야 하는 사주구성이니 어린 나이에 무속인이 되었

---

96) 지지삼합은 천간인자의 방향성과 천간합의 방향성에 부합하지 않으면 沖보다 좋지 않은 결과를 초래하는 경우가 많다. 乙이 申을 보는데 申子辰으로 구성되거나, 辛이 寅을 보는데 寅午戌로 구성되어도 마찬가지이다.

다. 辛丑대운에 금을 품어 酉子파로 辛씨앗을 터뜨리는데 수가 부족하고 목이 발현되기 어려우니 전생의 기운을 돌려 갑을 내야하는 숙명이 발동한 것이다.

년은 국가·단체·해외 등을 의미하지만 근원적으로 조상의 기운이다. 또 년·월은 성취가 크다는 의미가 있는데 현실적 재관성취만을 의미하는 것은 아니다. 이 여명은 丁壬 환경을 얻었음에도 후천(일·시)조건이 좋지 않으니, 국가를 기반으로 한 재관성취보다 조상을 기반으로 한 자기발현을 선택하였음이다.

◆ 辛亥

壬이 辛을 품어 甲을 내고자하는 목적이 확실하게 표현된 간지이다. 辛입장에서 亥 중 甲은 육친으로 재성이고 십신으로 비겁이다. 재성과 비겁을 동시에 품고 있는 꼴이니 재물에 대한 욕구가 강하다. 마땅히 亥 중 甲이 변색되는 것을 꺼리게 된다.

辛亥일주는 식상이 재성을 품고 있으니 배우자로 인한 금전적 혜택은 있다. 해 중 갑을 완전히 믿지 못하니 배우자에게 만족하지 못하는 경향이 있다. 믿을 수 없는 甲재성을 암장되어 있으니 구두쇠 기질이 있고, 겉으로는 느긋하고 화통하게 보이는 것은 식상의 모습이다.

여자는 자식에 대한 애정·집착이 강한데, 달리 말하면 자식인연이 좋지 않다는 의미도 된다. 관상에서 옹니와 유사한 성향이다.

辛亥가 午를 만나면 甲己·丁壬로 암암리에 재관을 취하는 모양새이다. 午는 亥의 변색(巳亥, 亥卯未)을 막아주고, 辛에게 午는 천을귀인이다. 또한 己가 투출하면 해 중 갑을 견인하여 바탕을 이루기에 재물성취가 있고 집착하거나 인색하지 않다.

辛亥는 金水상관 구성간지이다. 주색을 좋아하고 사람들과 잘 어울린다. 亥의 이중성과 甲의 발현은 인기·도화성이자, 辛-壬-甲은 윤회성이다. 현실성을 구하면서 종교·철학성을 가지는 등 겉으로 보고 판단하기 어려운 타입이다.

辛亥가 巳를 만나면 관성을 끌어들여 巳亥로 짝을 짓고, 丑이 오면 辛·壬이 丑에서 甲을 내려한다. 사유축으로 자신의 역량을 펼치고자 하거나 도화 성향이 발동하게 된다.

금수관련 또는 목을 내는 직업성에서 안정을 얻는다.

戊辛己庚　坤　壬癸甲乙丙丁戊9
戌亥卯戌　　　申酉戌亥子丑寅

辛일간이 卯월을 앉았지만 대운흐름이 부합하니 무난하다. 卯월에 필요한 수기를 亥일지가 제공하니 배우자의 도움이 있고, 묘의 방향성은 경에 있으니 조상음덕이 있거나 시댁혜택이 있다. 己卯월주는 음양본위에 부합하지 않지만, 경을 얻는 바탕이 된다. 전통적 직업으로 교육의 상이고, 건축·부동산 등과 관련이 있다. 丁丑대운에 부동산 관련분야에서 나이를 감안하면 상당한 돈을 벌었다. 辛亥일주가 己卯로 甲을 끌어들이니 인색하지 않다. 기묘월주가 일월에서 해묘미를 구성하여 辛일간이 물상을 얻고 근에 저장하는 모양새이다. 다만 전체적으로 인오술 과정에 있는데, 亥가 변색되어야하니 부부애정에 저해요소가 되지만, 亥가 戌亥로 변색되면 인오술로 금을 완성하는데 도움이 되기도 한다. 주말부부 형태가 이롭다.

辛亥 금수상관에 亥卯로 드러나니 대인관계가 좋고 인기가 많으며 미모가 있다. 卯월이 원하는 庚戌년주는 庚겁재와 戌 중 辛비견이 동주하니 배우자 인연이 견고하지 못함이고, 타인과 더불어 하는 일에서 손해를 볼 수 있음이다. 乙亥대운은 乙이 동하여 乙辛庚으로 손상되고, 지지전체가 戌亥-亥卯-卯戌로 동하여 묶이고, 己卯월주가 해묘미로 묶인다. 부모-직업-가정-자식 등 변화가 많은 운세이다. 乙亥대운 戊子년에 자식생산 과정에서 자식을 잃었고, 부부애정이 불안정했으며, 乙未년에 월주궁 육친이 사망하였다. 주식·부동산 등에 투자하여 손해도 보았다. 乙이 동하여 합·천으로 손상되고 지지에서 해묘미-자묘 등으로 동기부여 되기 때문이다.

甲戌대운은 해 중 갑이 투출되어 辛-甲으로 발현되는데 합으로 묶이고, 己卯월주가 동하여 합·파한다. 戌亥는 윤회성이니 종교·철학에 관심이 많고, 부부애정에 불안을 초래할 여지가 있지만, 직업변화를 통해 성취를 이루는 시기이다. 동업에서 성과가 적은 구조이지만, 경술년주가 동하니 庚겁재를 통해 戌 중 辛을 얻고 甲을 취하니 이익이 있을 것이다.

◆ 癸亥

계해는 60갑자 마지막 간지로 윤회인자이자 水(생명수)로 구성되어 甲생명체를 품은 간지이다. 癸는 분산작용으로 亥 중 甲을 내려하고, 亥는 응집작용으로 甲을 품으려한다. 亥에서 甲을 내는데 시간이 걸리고, 甲을 내더라도 乙로 발현되는데 시간이 걸린다.

계해에서 해가 해묘미로 변색되면 癸는 날개를 다는 꼴이다. 다만 계해월주에 해묘미로 구성되면 재관욕구가 많지만 성과가 적은 경향이 있다. 성취를 이루기도 하는데, 재물에 욕심을 내면 잃는다. 해묘미는 결실 없는 성과이고, 癸에게 甲은 겁재성향이 있기 때문이다.

정신을 추구하니 현실적 성공이 늦은 경향이 있다. 亥辰과 같이 壬·癸를 이용한 직업성이나 장기적 안목으로 성취를 이루는 직업이 좋다.

계해는 현실적 성과와 애정에 집착하지 않는 성향을 보인다. 그래서 음양차착살97)이라 하여 배우자·가정의 풍파로 보기도 한다.

癸亥는 공직·사무, 교육·학자·선생, 임대업, 모텔·사우나 등 직업성이다. 癸亥시이면 종교·철학, 산 중 기도 모양새로 살아가기도 한다.

---

97) 음양차착살(陰陽差錯殺)은 부부불화, 이별·사별, 독신 등 결혼풍파가 있다. 남자는 외가나 처가의 고독과 몰락을 보고, 여자는 남편 집안의 몰락을 본다. 음란으로 색난이 따르니 상중에 배우자를 얻거나, 임신 중에 혼인한다고 하였다. 일시에 있으면 작용력이 강하다.
　丙子　丁丑　戊寅(木)　丙午　丁未　戊申(火)
　辛卯　壬辰　癸巳(金)　辛酉　壬戌　癸亥(水)

```
庚乙癸戊  乾  庚己戊丁丙乙甲 7
辰巳亥子     午巳辰卯寅丑子
```

천간 戊癸乙庚으로 완벽한 구성인데, 乙일간이 亥월 환경이 불미하다. 사해로 亥가 변색되어 기운을 돌리니 좋다. 해월에 화가 필요하니 巳부인의 도움이 있고, 계해는 활동력이 왕성하지 않은 모습이다. 년·월에서 戊癸가 합하고 戊子로 합하고, 乙庚에 辰巳로 합하니 합다한 구조이다. 현실적 결정력이 떨어지고 고집스럽거나 우유부단하게 된다. 지지전체는 해묘미 구성이지만 신자진으로 변색될 여지가 많은데, 대운이 乙모양새를 잡아준다. 乙丑대운까지 신자진 환경에 놓이니, 어린 시절에 종교에 관심을 가지고 정신수련에 뛰어들었다.

대학교수로 직업적 성취를 이루었고, 기공수련에도 상당한 성과를 이루었다. 戊子-庚辰으로 년-시가 신자진으로 윤회를 돌리는데, 癸亥월주가 윤회를 담아 발현하는 모양새이다. 丙寅대운에 乙丙庚이 천간기운을 주도하고, 寅이 해묘미를 구성하여 목을 발현시킨다. 丁卯대운은 丁이 庚을 키우고 동시에 해묘미로 묶이니 학문과 수련을 병행하였다. 정신과 물질을 동시에 추구하는 직업성이니 이럴 경우에는 어떤 운이 오더라도 크게 영향을 받지 않는다.

한편 乙巳와 巳亥는 도화인자이다. 일·월이 도화인자로 구성되니 부부인연을 깨뜨리고 음란하다고 보면 안 된다. 도화는 인기·사회성이고 종교·철학성과도 연관된다. 이 남명은 도화를 종교·철학성으로 발현하여 능력을 발휘함으로써 추앙을 받았다. 도화를 정신도화로 사용하느냐 육체도화로 사용하느냐는 본인의 의지에 달려있고, 사주구성에서 방향성을 제시할 것이다. 이 남명은 천간흐름이 완벽하고, 亥일지의 변색이 오히려 좋게 발현되는 요인이 되었고, 대운이 받쳐주기에 정신을 추구하여 명성을 얻을 수 있었다.

※ 참고한 문헌들

『黃帝內經 素問』(王氷)
『黃帝內經 靈樞』(王氷)
麻衣相士 著, 『麻衣相法』, 台北:武陵出版有限公司, 2011.
陳希夷, 『神相全編』, 『古今圖書集成』本, 2003.
柳莊·袁忠撤, 『柳莊相法』, 台北:新文豊出版公司, 中華民國78.
小通天 著, 『面相秘笈』, 台北:永欣彩色印刷公司, 中華民國71.
萬民英 著, 『三命通會』, 台北:武陵出版有限公司, 2004.
徐升 編, 『淵海子平評註』, 台北:武陵出版有限公司, 2004.
沈孝瞻 原著, 徐樂吾 評註, 『子平眞詮評註』, 台北:進源書局, 2012.
任鐵樵 增注, 袁樹珊 撰輯, 『適天髓闡微』, 台北:武陵出版有限公司, 2011.
張南 著, 『標點命理正宗』, 台北:武陵出版有限公司, 2001.
沈孝瞻 原著, 徐樂吾 評註, 方成竹 白活評注, 『子平眞詮白活評註』, 北京:北京理工大學出版社, 2008.
陳素庵 著, 韋千里 校輯, 『命理約言』, 香港:香港上海印書館, 1980.
陳遵嬀, 『中國天文學史』, 臺北:明文書局, 1998.
崔鳳秀/權伯哲 講述, 『窮通寶鑑精解』, 서울:명문당, 2007.
유안 編著, 안길환 編譯, 『淮南子』, 서울:명문당, 2013.
풍우란, 박성규 옮김, 『중국철학사』, 서울:까치글방, 2013.
한동석 著, 『宇宙變化의 原理』, 서울:대원출판, 2007.
尹烈根, 「相學의 道敎修鍊的 접근」, 圓光大學校大學院 博士學位論文, 2016.
尹烈根, 「合沖刑害破가 사주분석에 미치는 영향」, 圓光大學校大學院 博士學位論文, 2014.

| 氣相 명리상담사 필수교재 |

기상명리

기(氣)와
상(相)으로 보는
명(命)의
이치(理致)

윤윤근 지음

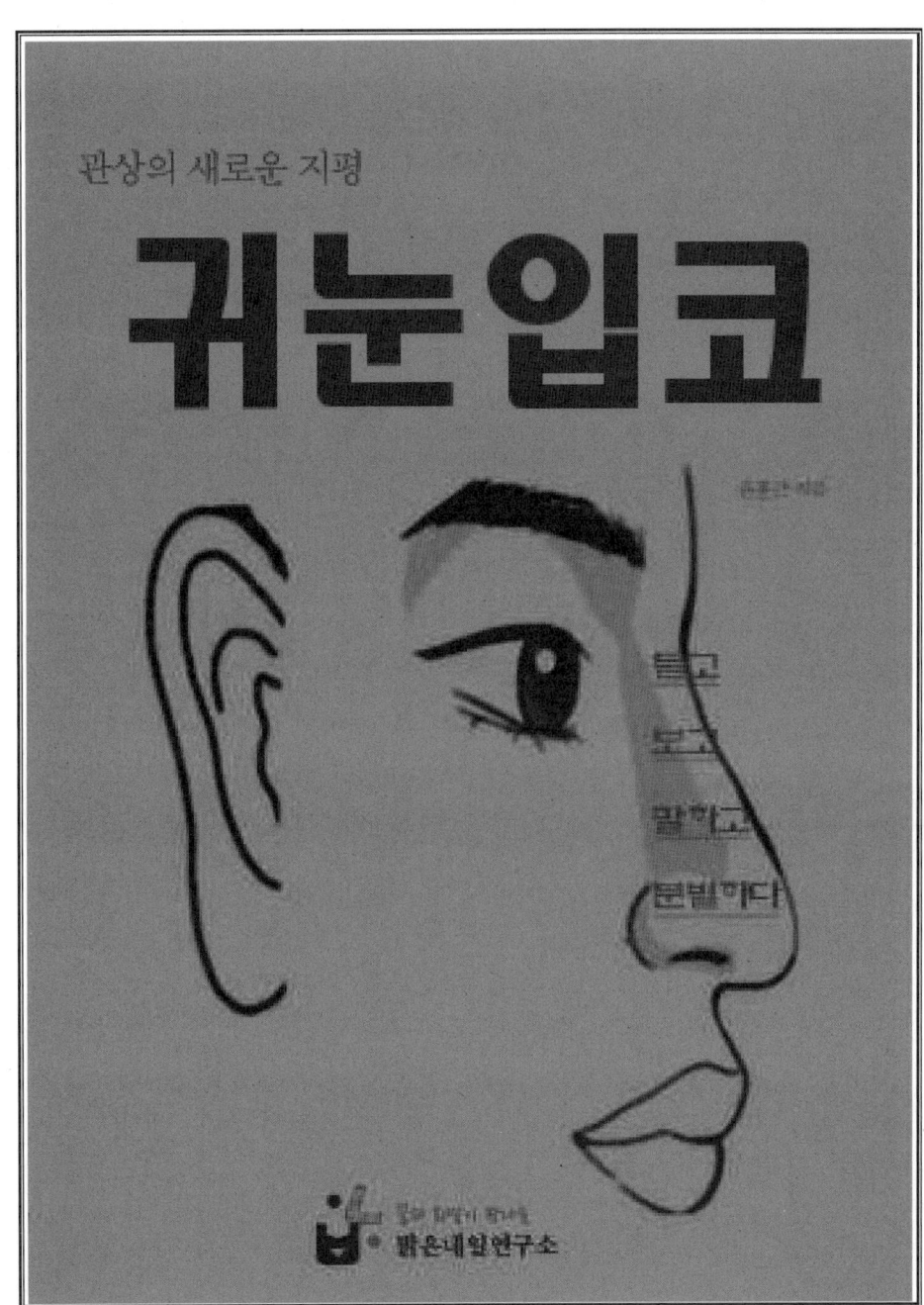